Versammlungsrecht

Erläuterungen zu Art. 8 Grundgesetz
und zum Versammlungsgesetz

2., überarbeitete und erweiterte Auflage

ISBN 978-3-86676-581-8

Dr. iur. Volker Stein

Versammlungsrecht

Erläuterungen zu Art. 8 Grundgesetz und zum Versammlungsgesetz

2., überarbeitete und erweiterte Auflage

ISBN 978-3-86676-581-8

Verlag für Polizeiwissenschaft
Prof. Dr. Clemens Lorei

Bibliografische Information der Deutschen Nationalbibliothek
Die Deutsche Nationalbibliothek verzeichnet diese Publikation in der Deutschen Nationalbibliografie; detaillierte bibliografische Daten sind im Internet über http://dnb.d-nb.de abrufbar.

Die Schriftenreihe wird herausgegeben von
der „Deutschen Gesellschaft für Polizeigeschichte e.V."
Wissenschaftliche Redaktion: Prof. Dr. Peter Nitschke, Vechta

Verlag für Polizeiwissenschaft, Prof. Dr. Clemens Lorei
Eschersheimer Landstraße 508 • 60433 Frankfurt
Telefon/Telefax 0 69/51 37 54 • verlag@polizeiwissenschaft.de
www.polizeiwissenschaft.de

Printed in Germany

Vorwort

Das vorliegende Buch beschäftigt sich mit dem Versammlungsrecht, d.h. vor allem mit Art. 8 GG und mit dem Versammlungsgesetz. Wegen der engen thematischen Verzahnung des Versammlungsrechts mit verfassungsrechtlichen Fragestellungen auch außerhalb des Art. 8 GG, mit dem allgemeinen Verwaltungs- und Polizeirecht und schließlich auch dem Straf- und Ordnungswidrigkeitenrecht erfolgen an geeigneter Stelle Exkurse in die genannten Rechtsgebiete.

Verständlichkeit und Überschaubarkeit für Studenten, die sich möglicherweise erstmalig mit dem Versammlungsrecht befassen, waren mir bei der Abfassung des Buches ein vorrangiges Anliegen. In Verfolgung dieser Zielsetzung habe ich versucht, die systematischen Strukturen und übergreifenden Zusammenhänge herauszuarbeiten. Allgemeine und systembildende Faktoren wurden in der Abfolge der Darstellung „vor die Klammer gezogen". Ich hoffe, die Systematik damit nicht überbetont zu haben, aber Rechtswissenschaft verdient meines Erachtens nur dann diese Bezeichnung, wenn regelmäßige, einigermaßen berechenbare Strukturen erkennbar sind. Da das Buch vor allem zum Erlernen und Verstehen des Versammlungsrechts konzipiert ist, wurden Diskussionen, bei denen ich den Eindruck hatte, dass sie für das Gesamtverständnis nicht entscheidend sind, auf ihre wesentlichen Aussagen reduziert. Nachrangig erscheinende Details wurden bisweilen relativ kurz abgehandelt. Auch habe ich an vielen Stellen auf eine Unterlegung durch Fußnoten verzichtet. Literatur und Judikatur zu versammlungsrechtlichen Themen sind mittlerweile fast unüberschaubar. Angesichts der Fülle von Veröffentlichungen wäre es problemlos möglich gewesen, bei jeder Seite auf zwei Drittel der Ausführungen in der Sache ein Drittel Quellenangaben und Zitate entfallen zu lassen - insbesondere bei kontrovers diskutierten Themen. Da eine solche Vorgehensweise nicht im Sinne einer verständlichen Darstellung für Lernende gewesen wäre, habe ich darauf verzichtet. Auch insgesamt war ich zu einer straffen und zuweilen etwas apodiktischen Darstellung gezwungen, um den äußeren Rahmen nicht zu sprengen. Aus Gründen der besseren Lesbarkeit habe ich davon abgesehen, in den Ausführungen jeweils die weibliche und männliche Form zu erwähnen oder gar geschlechtsneutrale Bezeichnungen zu erfinden. Durch diese rein sprachlich motivierte Vorgehensweise soll auch nicht ansatzweise eine Zurücksetzung des anderen Geschlechts angedeutet werden.

Der Text des VersG ist den jeweiligen Erläuterungen vorangestellt. Dies erscheint sinnvoll, um die Benutzung und das Verständnis zu erleichtern. Gerade das Versammlungsrecht lebt von der Interpretation des Gesetzeswortlautes und bietet zahlreiche Anwendungsfälle der grammatischen, systematischen, historischen und teleologischen Auslegung. Die juristische Methodenlehre triumphiert bei vielen der erörterten Problemfelder und kommentierten

Paragraphen; Friedrich Carl von Savigny und seine Rechtsschule der Gesetzesauslegung hätten im VersG ein ergiebiges „Exerzierfeld“ gefunden. Ob dies im Sinne wünschenswerter Normenbestimmtheit und Rechtsklarheit ist, ist eine andere Frage.

Das Versammlungsrecht war in den letzten Jahrzehnten eine relativ stabile Materie, die von tiefgreifenden Änderungen verschont geblieben ist. Dies könnte sich durch Verschiebungen in der Kompetenz zur Gesetzgebung möglicherweise in Zukunft ändern. Durch die Föderalismusreform aus dem Jahre 2006 ist das Versammlungsrecht in die Gesetzgebungszuständigkeit der Länder übergegangen. Über die Sinnhaftigkeit dieser Neuerung kann man geteilter Meinung sein. Die neue Rechtslage führt jedenfalls dazu, dass es zunehmend Vorstöße einzelner Bundesländer zur Reglementierung des Versammlungsrechts geben könnte. In den meisten Bundesländern existiert bislang kein eigenes VersG, so dass das VersG des Bundes den Erläuterungen zugrunde gelegt wurde. Ansonsten erfolgen die Betrachtungen in Zweifelsfällen auf der Grundlage des rheinland-pfälzischen Landesrechts, wobei kaum nennenswerte Unterschiede zur Rechtslage in anderen Bundesländern bestehen.

Aktuelle Entwicklungen im Versammlungsrecht waren in den letzten Jahren vor allem zu verzeichnen bei den Bannmeilen (§ 16 VersG), bei den historischen Erinnerungsorten (§ 15 Abs. 2 VersG), bei der Diskussion um die Verfassungswidrigkeit von Parteien oder Vereinigungen (§ 1 Abs. 2 VersG), bei der Zulässigkeit von Verboten einer Versammlung oder Auflagen wegen Gefahren für die öffentliche Ordnung (§ 15 Abs. 1 und Abs. 3 VersG), bei der Störerauswahl und beim polizeilichen Notstand, beim Videografieren öffentlicher Versammlungen (§ 12a, § 19a VersG) und bei der Frage der Grundrechtsbindung juristischer Personen des Privatrechts mit staatlicher Beteiligung - um nur einige der wichtigsten Themen zu nennen. Nach wie vor umstritten ist auch die zentrale Kategorie der Versammlung im Rechtssinne. In dieser fundamentalen Kontroverse um den „engen“ oder „weiten“ Versammlungsbegriff in seinen unterschiedlichen Schattierungen dürfte das letzte Wort noch nicht gesprochen sein. Auf all diese Aspekte wird an geeigneter Stelle eingegangen.

Boppard, den 15. April 2014 Volker Stein

Vorwort zur 2. Auflage

Nach 5 Jahren war es an der Zeit, eine Aktualisierung des Buches vorzunehmen. Die Gesamtkonzeption habe ich beibehalten. Einige weitere allgemeine Themen wurden vor die Klammer gezogen (Gefahren für die öffentliche Sicherheit oder Ordnung bei Versammlungen, die Problematik der Verantwortlichkeit/Polizeipflichtigkeit/Störereigenschaft, der Straftatbestand der Nötigung in versammlungsrechtlichem Kontext sowie Aspekte zum Presse- und Medienrecht und zum Recht am eigenen Bild im Zusammenhang mit Versammlungen). Die Darstellung erfolgt weiterhin auf der Grundlage des Versammlungsgesetzes des Bundes, welches in den meisten Ländern fortgilt. Auf die neuen Versammlungsgesetze einzelner Bundesländer (Bayern, Sachsen, Sachsen-Anhalt, Niedersachsen und Schleswig-Holstein) wird stellenweise eingegangen. Von einer durchgehenden Kommentierung ihrer Vorschriften habe ich jedoch abgesehen. Der Umfang des Buches wäre dadurch erheblich angewachsen und die Übersichtlichkeit hätte gelitten. Die zu befürchtende allmähliche Rechtszersplitterung im Versammlungsrecht durch unterschiedliches Landesrecht stellt erwartungsgemäß auch jene vor kaum lösbare Probleme, die diese Thematik rechtswissenschaftlich aufbereiten und erklären wollen.

Inhaltlich bestand Veranlassung, auf einige Themen vertieft einzugehen, die in den letzten Jahren Rechtsprechung und Literatur beschäftigt haben, vor allem die soeben erwähnte Gesetzgebung in einzelnen Bundesländern, verfassungswidrige Parteien oder Vereinigungen, Umgang mit „halbstaatlichen“ Veranstaltungen, Auftritte ausländischer Politiker bei Versammlungen, Versammlungen auf privatem Grund und Boden, Grundrechtsbindung Privater und Problematik des öffentlichen Forums, Zulässigkeit des behördlichen Videografierens von Versammlungen, private Bildaufnahmen und Medienberichterstattung von Versammlungen oder Versammlungsteilnehmern, echter und unechter Notstand im Versammlungsrecht, allgemeine Versammlungsverbote im Vorfeld durch Allgemeinverfügungen, generelle Flächenverbote von Versammlungen bezogen auf große Areale oder ganze Teile einer Stadt (etwa anlässlich des G-20-Gipfels in Hamburg), Benutzung öffentlicher Parkanlagen oder Grünflächen als Versammlungsort, Aufbau von Infrastruktur anlässlich einer Versammlung („Protestcamps“ u.ä.), Grenzen des kommunikativen Gemeingebrauchs, Straßenreinigungspflicht und Kostenerstattungsansprüche.

Nach wie vor ist es allerdings mein vorrangiges Anliegen, das Rechtsgebiet in seiner Gesamtheit zu erklären und die wesentlichen, systembildenden Strukturen herauszuarbeiten, weniger sämtliche aktuelle Entwicklungen und die diesbezügliche Judikatur darzustellen.

Boppard, den 20. März 2019 Volker Stein

Inhaltsverzeichnis

Literaturverzeichnis

Brenneisen, Hartmut / Wilksen, Michael:
Versammlungsrecht, Hilden, 4. Auflage, 2011

Denninger, Erhard / Hoffmann-Riem, Wolfgang / Schneider, Hans-Peter / Stein, Ekkehart:
Kommentar zum Grundgesetz, 3. Auflage, Neuwied, 2001

Dietel, Alfred / Gintzel, Kurt / Kniesel, Michael / Braun, Frank / Keller, Christoph:
Versammlungsgesetze, 17. Auflage, Köln, 2016

Dreier, Horst (Hrsg.):
Grundgesetz, Kommentar, Band I, 3. Auflage, Tübingen, 2013

Dürig-Friedl, Cornelia / Enders, Christoph:
Versammlungsrecht, München, 2016

Enders, Christoph / Hoffmann-Riem, Wolfgang / Kniesel, Michael / Poscher, Ralf / Schulze-Fielitz, Helmut:
Musterentwurf eines Versammlungsgesetzes, München, 2011

Fischer, Thomas:
Strafgesetzbuch, Kommentar, 66. Auflage, München, 2019

Götz, Volkmar / Geis, Max-Emanuel:
Allgemeines Polizei- und Ordnungsrecht, 16. Auflage, Göttingen, 2017

Gusy, Christoph:
Polizei- und Ordnungsrecht, 10. Auflage, Tübingen, 2017

Hettich, Matthias:
Versammlungsrecht in der Praxis, 2. Auflage, Berlin, 2018

Ipsen, Jörn:
Staatsrecht II/Grundrechte, 21. Auflage, Köln, 2018

Jarass, Hans D. / Pieroth, Bodo:
Grundgesetz, 15. Auflage, München, 2018

Kingreen, Thorsten / Poscher, Ralf:
Grundrechte, Staatsrecht II, 34. Auflage, Heidelberg, 2018

Kingreen, Thorsten / Poscher, Ralf:
Polizei- und Ordnungsrecht mit Versammlungsrecht, 10. Auflage, München, 2018

Köhler, Gerd Michael / Dürig-Friedl, Cornelia:
Demonstrations- und Versammlungsrecht, 4. Auflage, München, 2001

Kopp, Ferdinand / Ramsauer, Ulrich:
Verwaltungsverfahrensgesetz, 19. Auflage, München, 2018

Kopp, Ferdinand / Schenke, Wolf-Rüdiger / Schenke, Ralf Peter:
Verwaltungsgerichtsordnung, 24. Auflage, München, 2018

Lackner, Karl / Kühl, Kristian:
Strafgesetzbuch, Kommentar, 29. Auflage, München, 2018

Lisken, Hans / Denninger, Erhard / Bäcker, Matthias / Graulich, Kurt (Hrsg.):
Handbuch des Polizeirechts, 6. Auflage, München, 2018

Löffler, Martin / Wenzel, Karl Egbert / Sedelmeier, Klaus / Burkhardt, Emanuel:
Presserecht, 6. Auflage, München, 2015

von Mangoldt, Hermann / Klein, Friedrich / Starck, Christian (Hrsg.):
Grundgesetz, Kommentar, Band 1, 7. Auflage, München, 2018

Maurer, Hartmut / Waldhoff, Christian:
Allgemeines Verwaltungsrecht, 19. Auflage, 2017

Meyer-Goßner, Lutz / Schmitt, Bertram:
Strafprozessordnung, Kommentar, 61. Auflage, München, 2018

von Münch, Ingo / Kunig, Philip (Hrsg.):
Grundgesetz, Kommentar, Band 1, 6. Auflage, München, 2012

Ott, Sieghart / Wächtler, Hartmut / Heinhold, Hubert:
Versammlungsgesetz, 7. Auflage, Stuttgart, 2010

Peters, Wilfried / Janz, Norbert:
Handbuch Versammlungsrecht, München, 2015

Ridder, Helmut / Breitbach, Michael / Rühl, Ulli / Steinmeier, Frank:
Versammlungsrecht, Baden-Baden, 1992

Ricker, Reinhart / Weberling, Johannes:
Handbuch des Presserechts, 6. Auflage, München, 2012

Rüthers, Bernd:
Rechtstheorie, 2. Aufl., München, 2005

Sachs, Michael (Hrsg.):
Grundgesetz, Kommentar, 8. Auflage, München, 2018

Schenke, Wolf-Rüdiger:
Polizei- und Ordnungsrecht, 10. Auflage, Heidelberg, 2018

Schenke, Wolf-Rüdiger:
Verwaltungsprozessrecht, 15. Auflage, Heidelberg, 2017

Schönke, Adolf / Schröder, Horst / Eser, Albin u.a. (Hrsg.):
Strafgesetzbuch, Kommentar, 30. Auflage, München, 2019

Wessels, Johannes / Beulke, Werner / Satzger, Helmut:
Strafrecht, Allgemeiner Teil, 48. Aufl., Heidelberg, 2018

Wessels, Johannes / Hettinger, Michael / Engländer, Armin:
Strafrecht, Besonderer Teil 1, Straftaten gegen Persönlichkeits- und Gemeinschaftswerte, 42. Auflage, Heidelberg, 2018

Zeitler, Stefan:
Grundriss des Versammlungsrechts, St. Georgen, 2015

A. Überblick und Grundsätzliches 1

Maßgebliche Rechtsvorschriften im Versammlungsrecht sind auf Verfassungsebene Art. 8 GG und auf der Ebene des einfachen Rechts das Versammlungsgesetz des Bundes (VersG) oder zunehmend Versammlungsgesetze der Länder. Hinzu treten einige Nebengesetze, vor allem das Gesetz über die befriedeten Bezirke des Bundes und die Bannmeilengesetze der Länder. Thematisch eng verwoben mit dem Versammlungsrecht sind vor allem die Kommunikationsgrundrechte des Art. 5 GG, einzelne Straftatbestände des StGB sowie viele Befugnisnormen der StPO und der jeweiligen Landesgesetze des Polizei- und Ordnungsrechts.

I. Problematische Faktoren im Versammlungsrecht 2

Die Rechtsanwendung im Versammlungsrecht sieht sich erfahrungsgemäß mit bestimmten Schwierigkeiten konfrontiert. Teilweise liegen diese in der rechtlich nur schwer fassbaren Materie begründet. Teilweise haben sie auch ihre Ursache in Unabgestimmtheiten und Widersprüchlichkeiten der Normen des VersG. Bevor auf die einzelnen Rechtsprobleme und Vorschriften des Versammlungsrechts eingegangen wird, seien die strukturellen Besonderheiten kurz erwähnt, weil ihr Erkennen zum Gesamtverständnis der Materie beiträgt:

1. Naturgemäß fließende und nur schwer fassbare Situation der Versammlung

Versammlungen sind wegen der Vielzahl beteiligter Menschen, ihrer Dynamik, Vielgestaltigkeit und Variabilität rechtlich nur schwer fassbar. Die Versammlung ist keine rechtsfähige Personenmehrheit, wie beispielsweise ein Verein oder eine Gesellschaft, die als solche fixierbar und in ihrem Mitgliederbestand festgelegt sind und zwingenden, rechtlich durchsetzbaren Regeln unterliegen. Zumeist herrscht bei Versammlungen ein freies Kommen und Gehen der Teilnehmer, ohne rechtsförmliche oder konstitutive Akte. Dadurch entstehen Schwierigkeiten der rechtlichen Zuordnung, kaum lösbare Abgrenzungs- und Zweifelsfragen und schlagartig sich wandelnde Konstellationen. So können beispielsweise Fragen der folgenden Art auftauchen: Wer ist überhaupt Teilnehmer der Versammlung und wer ist möglicherweise nur Zuschauer oder sogar Störer? Handelt es sich um eine oder um mehrere, möglicherweise sogar konkurrierende oder sich feindlich gegenüberstehende Versammlungen? Hat sich ein Teil einer Versammlung aus einer anderen Versammlung abgespalten und verselbständigt? Welcher Teilnehmer gehört zu welcher Versammlung? Wer zeichnet für bestimmte Verhaltensweisen rechtlich verantwortlich und kommt als Adressat behördlicher Maßnahmen in Betracht?

2. Vielgestaltige und variable Versammlungstypen

Versammlungen können typologisch äußerst vielgestaltig sein. Das Spektrum reicht von den klassischen politisch motivierten Zusammenkünften (Wahlkampfkundgebungen, Parteiversammlungen, Protestveranstaltungen von Bürgerinitiativen u.ä.) über spontane Kundgebungen bis hin zu neueren Versammlungsformen („Events", „Happenings", „Flashmob", „Smartmob" u.ä.). Es gibt keinen geschlossenen numerus clausus der Versammlungsarten; dem Einfallsreichtum der Veranstalter und Teilnehmer sind keine Grenzen gesetzt. All diese unter Umständen sehr unterschiedlichen Versammlungsarten werden ein- und demselben rechtlichen Regelwerk unterworfen.

3. Spannungsfeld zwischen Art. 8 GG und den Regelungen des VersG

Es besteht kraft Natur der Sache ein Spannungsfeld zwischen den verfassungsrechtlichen Vorgaben des Art. 8 GG und den einfachgesetzlichen Aussagen des VersG. Art. 8 GG ist vor allem ein Freiheitsgrundrecht, welches den Bürgern das Recht auf Versammlungsfreiheit gegenüber den staatlichen Behörden garantiert. Das VersG hingegen ist ein Gesetz zur Abwehr von Gefahren für die öffentliche Sicherheit oder Ordnung, die typischerweise bei öffentlichen Versammlungen auftreten können. Das VersG verfolgt weniger die Zielsetzung, den Bürgern subjektive Rechte einzuräumen (ausnahmsweise geschieht dies durch § 1 Abs. 1 VersG). Es statuiert vor allem für die Behörden ein Regelwerk für die Durchführung öffentlicher Versammlungen, wobei gesetzliche Pflichten, Ge- und Verbote, Eingriffsbefugnisse, Bußgeld- und Straftatbestände normiert werden. Diese unterschiedliche gesetzgeberische Intention bei Art. 8 GG einerseits und dem VersG andererseits führt zwangsläufig zu Reibungsflächen.

4. Kontrovers diskutierter Versammlungsbegriff

Es besteht eine grundsätzliche Ungewissheit mit daraus resultierenden Meinungsverschiedenheiten in Literatur und Rechtsprechung über die Frage, was überhaupt eine Versammlung im Rechtssinne ist. Strittig ist dabei vor allem die Frage, ob jedwede Zusammenkunft mehrerer Menschen mit einer inneren Zweckbindung bereits als Versammlung anzuerkennen ist (weiter Versammlungsbegriff) oder ob diese Personenmehrheit eine Teilhabe an der öffentlichen Meinungsbildung und Meinungsäußerung beabsichtigen muss, ob ein politisches Anliegen im weiteren Sinne verfolgt werden muss, um Versammlung im Rechtssinne zu sein (enger Versammlungsbegriff). Zwischen diesen Gegenpolen haben sich eine Reihe vermittelnder Auffassungen gebildet. Obwohl die herrschende Meinung mittlerweile deutlich zum engen Versammlungsbegriff tendiert, ist die Grundsatzfrage nicht endgültig geklärt. Zudem bleiben angesichts der Unschärfe der Abgrenzungskriterien zahllose Grenzfälle. Es bedarf keiner großen Phantasie, um sich vorzustellen, dass diese ungelöste Ausgangsproblematik von fundamentaler Bedeutung sich in vielen Einzelfragen fortsetzt, gewissermaßen potenziert.

5. Stellenweise mangelhafte Synchronisierung zwischen Art. 8 GG und dem VersG

Die Kategorien der Versammlung i.S.d. Art. 8 GG und der Versammlung i.S.d. VersG sind nicht in jeder Hinsicht deckungsgleich. Auch sind Schutzbereich des Art. 8 GG und Anwendungsbereich des VersG rechtstechnisch nicht exakt aufeinander abgestimmt. So verlangt Art. 8 GG, dass die Versammlung friedlich und ohne Waffen abläuft. Zudem wird die Versammlungsfreiheit von Verfassungs wegen nur Deutschen garantiert. Diese Kriterien sind für die Anwendbarkeit des VersG grundsätzlich ohne Bedeutung. Dafür postuliert das VersG seinerseits Voraussetzungen, die für Art. 8 GG keine Rolle spielen, so vor allem, dass die Versammlung grundsätzlich öffentlich sein muss.

6. Anwendungsvorrang des VersG und Geltungsvorrang der Verfassung

Bei der erforderlichen Synchronisierung und Harmonisierung zwischen Art. 8 GG und dem VersG entstehen zwangsläufig Schwierigkeiten, denn jedes der beiden Regelwerke kann für sich in Anspruch nehmen, in gewisser Weise vorrangig zu sein: Einerseits ist das VersG bei Rechtstreitigkeiten und Lösungen praktischer Fälle vorrangig vor dem GG anzuwenden, insbesondere enthält nur das VersG hinreichend bestimmte Detailregelungen und Eingriffsbefugnisse, unter die subsumiert werden kann. Andererseits müssen sich diese einfachgesetzlichen Regelungen des VersG an den Vorgaben des GG messen lassen (Vorrang der Verfassung, Normenpyramide) und sind gegebenenfalls im Lichte der Verfassung (verfassungskonform) zu interpretieren, nicht zuletzt um die bei Überschreitung der verfassungsrechtlichen Eckdaten ansonsten drohende Konsequenz der Verfassungswidrigkeit zu vermeiden.

7. In seiner Reichweite umstrittenes Dogma von der Polizeifestigkeit des Versammlungsrechts

Eine besondere, bisweilen schon mysteriös anmutende Rolle spielt im Versammlungsrecht das traditionelle und in seiner Reichweite umstrittene Dogma von der Polizeifestigkeit des Versammlungsrechts. Dessen Aussagegehalt ist vor allem in der Literatur nicht ganz eindeutig: Einigkeit besteht dahingehend, dass das VersG als geschlossenes Regelwerk dem sonstigen Polizei- und Ordnungsrecht vorgeht. Teilweise wird darüber hinaus mit dem Schlagwort von der Polizeifestigkeit postuliert, das VersG verdränge das allgemeine Polizei- und Ordnungsrecht vollständig. Begründet wird dies mit der besonderen Bedeutung der Versammlungsfreiheit in einem demokratischen Gemeinwesen und mit der spezialgesetzlichen Regelung versammlungsspezifischer Gefahren im VersG. Hauptargument waren zudem historische und kompetenzrechtliche Erwägungen im Bereich der Gesetzgebungszuständigkeit (VersG traditionell als Bundesrecht / Polizeirecht als Landesrecht). Diese Faktoren stünden einer Anwendung der Befugnisnormen des allgemeinen Polizei- und Ordnungsrechts bei Versammlungen kategorisch entgegen. Wegen des fragmentarischen Charakters der Regelungen im VersG, welches sich bei genauer Betrachtung als ein sehr lückenhaftes Gesetz erweist, lässt sich dieses Dogma jedoch in vielen Konstellationen nicht durchhalten und zwingt - bei strikter Anwendung - zu juristischen Behelfskonstruktionen.[1]

---

[1] Eine pauschal verstandene Polizeifestigkeit des Versammlungsrechts im Sinne einer unüberwindbaren Sperrwirkung dürfte anerkannten Regeln der juristischen Methodenlehre widersprechen und erscheint in dieser Rigidität nicht überzeugend. Sinnvollerweise sollte man daher nicht undifferenziert von der Polizeifestigkeit des Versammlungsrechts sprechen, sondern nur den Grundsatz betonen, dass das allgemeine Polizei- und Ordnungsrecht dann keine Anwendung finden kann, wenn das VersG zur Lösung des streitigen Sachverhaltes Regelungen enthält. Umgekehrt dürfte das allgemeine Polizei- und Ordnungsrechtrecht sehr wohl anwendbar bleiben, wenn das VersG zu dem aufgeworfenen Interessenkonflikt schweigt und auch eine Anwendung versammlungsrechtlicher Regelungen im Wege der Analogie oder des Erst-recht-Schlusses nicht in Betracht kommt.

8. Von ordnungsrechtlichen Vorstellungen geprägter Versammlungstypus des VersG, Existenz vieler Ordnungs- und Sollvorschriften

Das VersG geht von einem ordnungsrechtlich geprägten, idealisierten Typus der von Anfang bis zum Ende geplanten und geordneten, hierarchischen Versammlung aus (Anmeldung, Einladungen; Veranstalter, Leiter, Ordner, Teilnehmer). Solche Versammlungen mögen zwar aus Sicht der Ordnungsbehörden wünschenswert sein, sind aber von Art. 8 GG keineswegs zwingend gefordert und entsprechen auch nicht immer der Realität. Auch ungeordnet oder etwas „chaotisch" ablaufende Versammlungen bewegen sich im Schutzbereich des Art. 8 GG. Wegen des Geltungsvorrangs des GG vor dem einfachgesetzlichen VersG ist letzteres auch nicht in der Lage, den ihm vorschwebenden, ordnungsrechtlich geprägten Versammlungstypus für verbindlich zu erklären. Zumindest fehlt es an der rechtlichen Durchsetzbarkeit der entsprechenden Vorschriften des VersG. Diese bleiben oftmals bloße Sollvorschriften (lex imperfecta). Sie laufen weitgehend leer, insbesondere wenn man es mit spontanen und ungeordneten Versammlungen zu tun hat.

9. Rechtlich und tatsächlich schwierige Durchsetzbarkeit vieler Vorgaben des VersG

Das VersG ist durchzogen von Vorschriften, die zwar bestimmte Ge- oder Verbote statuieren, die sich jedoch aus rechtlichen oder tatsächlichen Gründen oftmals nicht durchsetzen lassen. Dies ist durch folgende, geradezu diametrale Situation bedingt:

a) Einerseits ist bei Versammlungen eine Vielzahl von Teilnehmern anwesend und es gibt zahlreiche Verbotsvorschriften, Straftatbestände und Ordnungswidrigkeiten, gegen die - gerade bei Versammlungen in aufgeladener Atmosphäre - verstoßen werden kann. Das Spektrum beginnt bei einfachen verwaltungsrechtlichen Ordnungsvorschriften und reicht bis hin zu klassischen Straftatbeständen (beispielsweise Nötigung, Beleidigung, Sachbeschädigung, Körperverletzung) sowie spezifisch versammlungsrechtlichen Verboten mit Strafbewehrung (z.B. das Störungs-, Waffentragungs-, Uniform-, Schutzwaffen- oder Vermummungsverbot).

b) Andererseits kann vor dem Hintergrund des Art. 8 GG nicht jeder untergeordnete Verstoß gegen eine Rechtsvorschrift, begangen von möglicherweise einzelnen Versammlungsteilnehmern einer ansonsten sich korrekt verhaltenden Versammlung, ein rigoroses polizeiliches Einschreiten nach sich ziehen. Dies wäre nicht nur praktisch und einsatztaktisch wenig sinnvoll, weil damit gegen das Gebot zur Kooperation und Deeskalation verstoßen würde, sondern auch rechtlich bedenklich, weil das Fehlverhalten einzelner nicht zu Lasten der übrigen Versammlungsteilnehmer oder gar der gesamten Versammlung gehen darf. Würden die Behörden jeden kleinen Verstoß gegen eine Vorschrift zum Anlass nehmen, gegen eine Versammlung vorzugehen, so bestünde die Gefahr, dass die Versammlungsfreiheit des Art. 8 GG nur noch auf dem Papier stünde. Daher muss sich im Versammlungsrecht das staatliche Vorgehen in besonderem Maße von der Ausstrahlungswirkung des Art. 8 GG, von der praktischen Konkordanz widerstreitender Rechtsgüter, vom Grundsatz der Verhältnismäßigkeit und von den Geboten zur Kooperationsbereitschaft und zum versammlungsfreundlichen Verhalten seitens der Behörden leiten lassen.[2] Dies kann letztendlich dazu führen, dass rechtliche Vorgaben nicht in dem Maße umgesetzt oder sanktioniert werden können, wie man dies aus anderen Rechtsgebieten vielleicht gewohnt ist.

10. Rechtszersplitterung im Versammlungsrecht

Da das Versammlungsrecht durch die Föderalismusreform im Jahre 2006 in die Gesetzgebungskompetenz der Bundesländer übergegangen ist, besteht die Gefahr einer Rechtszersplitterung, zumindest dann, wenn jedes Bundesland sein eigenes VersG erlassen sollte und es keine inhaltliche Abstimmung gibt. (Zur kompetenzrechtlichen Situation und aktuellen Landesgesetzgebung siehe Rdnr. 16 ff.) All diese Faktoren erschweren das Verständnis des Versammlungsrechts und die Rechtsanwendung.

3

II. Das Verständnis und die Rechtsanwendung erleichternde Faktoren im Versammlungsrecht

Bei all diesen problematischen Faktoren im Versammlungsrecht sind auch positive Aspekte zu verzeichnen, die den Umgang mit diesem Rechtsgebiet erleichtern. Zu nennen sind in der hier gebotenen Kürze vor allem folgende:

1. Überschaubares Regelwerk

Vereinfachend wirkt, dass man es im Versammlungsrecht mit einer überschaubaren und vergleichsweise geringen Anzahl an Vorschriften zu tun hat. Zu nennen sind insoweit vor allem Art. 8 GG und das VersG des Bundes oder das VersG des jeweiligen Bundeslandes. Ersteres besteht aus 30

[2] BVerfGE 69, 315 (Brokdorf-Beschluss).

Paragraphen, was in der heutigen Zeit der geradezu inflationären Gesetzes- und Paragraphenflut eine wohltuende Ausnahme bedeutet. Auch die VersG der Länder sind in ihrem Umfang überschaubar.

2. Wiederkehrende Strukturen, Triumph der juristischen Methodenlehre

Auch gibt es im Versammlungsrecht Argumentationsmuster und Rechtsfiguren, die immer wieder auftauchen, das gesamte Rechtsgebiet gleichsam wie ein roter Faden durchziehen. Zu nennen sind beispielsweise die Konstruktion der Eingriffsgrundlage im Erst-recht-Schluss (argumentum a maiori ad minus; sog. Minus- oder Mindermaßnahme) oder das Aufleben des allgemeinen Polizei- und Ordnungsrechts, wenn die gegebene Situation nicht dem Anwendungsbereich des VersG unterfällt. Das Versammlungsrecht ist in weiten Teilen ein Lehrstück der juristischen Methodenlehre. Sind diese Grundstrukturen entschlüsselt und verstanden, so lassen sich vermeintlich neue und unbekannte Fälle häufig auf die bereits bekannten Lösungen und Argumentationsmuster zurückführen.

3. Aufleben bekannter Rechtsgebiete

Das Versammlungsrecht ist eng verzahnt mit bekannten Rechtsgebieten des klassischen öffentlichen Rechts. Vertraute Problemfelder und Strukturen aus dem Verfassungsrecht, dem allgemeinen Verwaltungsrecht, dem Verwaltungsprozessrecht, dem Polizei- und Ordnungsrecht und dem materiellen Strafrecht leben im Rahmen des Versammlungsrechts wieder auf. Bei einzelnen Rechtsfragen geschieht dies in außergewöhnlich signifikantem Maße, dergestalt, dass eine Thematik, die auf den ersten Blick im VersG angesiedelt erscheint, sich bei intensiverer Beschäftigung mit ihr inhaltlich zunehmend als eine solche aus den soeben genannten Materien entpuppt. Man denke etwa an die polizeiliche Generalklausel im Rahmen der § 15 Abs. 1 und Abs. 3 VersG, an das allgemeine Persönlichkeitsrecht bei § 12a, § 19a VersG, an die Strukturen des Allgemeinen Teils des StGB bei Anwendung der §§ 21 ff. VersG (z.B. Verwaltungsaktakzessorietät), an die Straftatbestände des Besonderen Teils des StGB bei §§ 5, 13 und 15 VersG, an die Lehren zum Verwaltungsakt bei Maßnahmen nach §§ 5, 13, 15, § 17a Abs. 4, § 18 Abs. 3, § 19 Abs. 4 VersG u.a. Dort gelangen auch die Grundsätze zur aufschiebenden Wirkung von Rechtsbehelfen und zur sofortigen Vollziehbarkeit von Verwaltungsakten aus der VwGO zur Anwendung. Die Liste der für das Versammlungsrecht relevanten Bezüge aus allgemeinen Rechtsgebieten ließe sich beinahe beliebig fortsetzen.

4 **B. Verfassungsrechtliche Grundlagen - das Grundrecht auf Versammlungsfreiheit aus Art. 8 GG**

I. Schutzbereich des Art. 8 Abs. 1 GG

Art. 8 Abs. 1 GG gewährleistet das Recht, sich als Deutscher mit anderen friedlich und ohne Waffen zum Zwecke gemeinsamer Erörterung und/oder Kundgabe mit dem Ziel der Teilhabe an der öffentlichen Meinungsbildung und/oder Meinungsäußerung (str.) zeitlich befristet zusammenzufinden. Zur Definition der Versammlung im verfassungsrechtlichen Sinne und zur Diskussion um den weiten oder engen Versammlungsbegriff siehe ausführlich unter Rdnr. 29 ff.).

5 **1. Bezüge zu den Staatszielbestimmungen, insbesondere zum Demokratieprinzip**

Art. 8 Abs. 1 GG weist enge Bezüge zum Demokratiegebot als Staatszielbestimmung auf. Das Recht, sich zu versammeln und in einer bestimmten Angelegenheit eine gemeinsame Meinung zu bilden und zu äußern, ist für das Funktionieren einer Demokratie ein essentielles Grundrecht. Dies gilt in besonderem Maße für eine repräsentative Demokratie, in der ansonsten kaum Elemente direkter Volksbeteiligung an der politischen Willensbildung zu finden sind.

6 **2. Verhältnis zu anderen Grundrechten - Konkurrenzen**

Eine besondere Nähe hat die Versammlungsfreiheit des Art. 8 Abs. 1 GG vor allem zu den Kommunikations- und Mediengrundrechten, d.h. zur
- Meinungsfreiheit gem. Art. 5 Abs. 1 GG,
- Pressefreiheit gem. Art. 5 Abs. 2 GG,
- Rundfunkfreiheit gem. Art. 5 Abs. 2 GG.

Regelmäßige Berührungspunkte bestehen auch zu den Grundrechten
- auf Freiheit der Person (persönliche Fortbewegungsfreiheit) gem. Art. 2 Abs. 2 S. 2 GG,
- der allgemeinen Handlungsfreiheit gem. Art. 2 Abs. 1 GG.

Im Einzelfall zu Überschneidungen kann es kommen vor allem mit
- der Freiheit der Kunst gem. Art. 5 Abs. 3 GG,
- der Religionsfreiheit gem. Art. 4 Abs. 1 und 2 GG,
- der Gewissensfreiheit gem. Art. 4 Abs. 1 GG,

- der Bekenntnisfreiheit gem. Art. 4 Abs. 1 GG,
- der Vereinigungsfreiheit gem. Art. 9 Abs. 1 GG.

Das Konkurrenzverhältnis im Einzelnen ist umstritten und hängt auch sehr vom konkreten Gepräge und den Beweggründen und Begleitumständen der jeweiligen Versammlung ab. Grundsätzlich ist mit den meisten der genannten Grundrechte eine Idealkonkurrenz möglich. Das gilt in besonderem Maße für die Kommunikations- und Mediengrundrechte aus Art. 5 Abs. 1 GG, die Freiheit der Kunst aus Art. 5 Abs. 3 GG und die Religions- und Bekenntnisfreiheit aus Art. 4 Abs. 1 GG.[3] Vor allem die Meinungsfreiheit gem. Art. 5 Abs. 1 GG ist eine typische Begleiterin und Ergänzung der Versammlungsfreiheit und tritt häufig neben letztere.[4] So hat das BVerfG mehrfach entschieden, dass zwischen diesen beiden Grundrechten Gleichklang besteht und dass Äußerungen, die im Rahmen des Art. 5 Abs. 1 GG zulässig sind, nicht zum Anlass für Einschränkungen der Versammlungsfreiheit genommen werden dürfen.[5] Die subsidiäre allgemeine Handlungsfreiheit des Art. 2 Abs. 1 GG wird hingegen von der spezielleren Versammlungsfreiheit aus Art. 8 GG verdrängt.

3. Einzelne Ausprägungen des Schutzbereichs 7

a) Art. 8 Abs. 1 GG umfasst das Recht, zu einer Versammlung aufzurufen, sie zu veranstalten und daran teilzunehmen.

b) Des Weiteren gewährleistet Art. 8 Abs. 1 GG das Selbstbestimmungsrecht über Ort und Zeit der Versammlung.

Beispiele:
- Aufsuchen eines besonders geschichtsträchtigen Ortes.
- Wahl eines symbolhaften Datums.
- Veranstaltung eines Aufzuges in der Innenstadt und während der Hauptverkehrszeit, weil dadurch eine möglichst große Aufmerksamkeit erreicht wird.

c) Garantiert sind durch Art. 8 Abs. 1 GG auch die im Rahmen einer Versammlung erfolgenden Aktivitäten. Erfasst werden hier sämtliche Modalitäten der Präsentation des Versammlungsgeschehens bis hin zum äußeren

---

3 Kunig, in: von Münch/Kunig, GG, Art. 8, Rdnr. 38 m.w.N.
4 Kunig, a.a.O.
5 BVerfG, NJW 2001, 2069; BVerfG, NJW 2001, 2072; BVerfGK 2, 1; BVerfGE 111, 147.

Erscheinungsbild der Teilnehmer und zu Verhaltensweisen, die die Aufmerksamkeit Dritter erregen sollen.

Beispiele:
- Einsatz von Lautsprechern.
- Verteilen von Informationsmaterial.
- Tragen auffälliger oder gleichartiger Kleidung.
- Künstlerische Ausdrucksformen (Musik, Gesang, Tanzdarbietungen u.ä.).

d) Unter zeitlichen Gesichtspunkten schützt Art. 8 Abs. 1 GG nicht nur die Phase der Durchführung der Versammlung selbst, sondern auch die Anreise zu einer Versammlung sowie das ungehinderte Verlassen einer Versammlung.

e) Nicht mehr in den Schutzbereich des Art. 8 Abs. 1 GG fallen hingegen destruktive Aktivitäten, die zwar auf den ersten Blick ein versammlungsähnliches Gepräge zu haben scheinen, denen es aber vorrangig um die Ausübung von Gewalt, die Nötigung anderer oder die gewaltsame Erzwingung bestimmter Verhaltensweisen geht.[6] Die Abgrenzung kann sehr schwierig sein; teilweise berührt die Problematik auch das Merkmal der Unfriedlichkeit in Art. 8 Abs. 1 GG.

Beispiele:
- Gewaltbereites Zugehen auf eine andere Versammlung, um diese zum Abbruch ihrer Aktivitäten zu nötigen.
- Blockade einer vielbefahrenen Straße, um von den Behörden eine bestimmte Entscheidung zu erzwingen.

f) Eingriffe in den Schutzbereich des Art. 8 Abs. 1 GG sind demnach beispielsweise folgende Maßnahmen:

- Kontrollen anreisender Versammlungsteilnehmer im Vorfeld.
- Verhinderung der Teilnahme einzelner Personen an einer geplanten Versammlung.
- Festlegung einer anderen Marschroute, die von der Versammlung einzuhalten ist.
- Bestimmung einer anderen Örtlichkeit oder einer anderen Zeit für die Durchführung der Versammlung.
- Auflagen bezüglich des Gesamterscheinungsbildes, etwa das Verbot bestimmte Transparente zu zeigen oder Fackeln oder Trommeln zu tragen.

---

[6] BVerfGE 84, 203; BVerfGE 104, 92; Jarass/Pieroth, GG, Art. 8 Rdnr. 5, 5a; Schenke, Polizei- und Ordnungsrecht, Rdnr. 361.

- Aufforderung an einzelne Versammlungsteilnehmer, eine Uniformierung abzulegen.
- Gebot, bestimmte Gegenstände, die Versammlungsteilnehmer mit sich führen, abzugeben.
- Umstellung einer Versammlung durch die Polizei (einschließende Begleitung).
- Bild- und/oder Tonaufnahmen von Versammlungsteilnehmern.

4. Dogmatische Struktur des Art. 8 Abs. 1 GG 8

a) Seiner dogmatischen Struktur nach ist Art. 8 Abs. 1 GG vor allem ein subjektives Abwehrrecht gegen staatliche Eingriffe.

b) Darüber hinaus ist Art. 8 Abs. 1 GG eine Grundsatznorm des objektiven Rechts (Element der objektiven Werteordnung).

c) Vorstellbar ist Art. 8 Abs. 1 GG in Ausnahmesituationen auch als Leistungs- und Teilhaberecht; dort liegt aber eindeutig nicht der Schwerpunkt.

d) In gewisser Weise stellt Art. 8 Abs. 1 GG auch eine institutionelle Garantie dar, nämlich die der freien Versammlung in einem demokratischen Staatswesen.

5. Grundrechtsberechtigter 9

a) Status der juristischen Personen und Personenvereinigungen

Nach h.M. können sich nicht nur natürliche Personen auf die Versammlungsfreiheit berufen, sondern auch juristische Personen.[7] Dagegen spricht zwar der Wortlaut des Art. 8 GG, denn juristische Personen können sich naturgemäß als solche nicht versammeln, also räumlich an einem bestimmten Ort vorübergehend real zueinander finden. Diese Interpretation des Art. 8 GG wird von der h.M. jedoch als vordergründig und zu sehr am Sprachgebrauch haftend abgelehnt. Ähnlich wie bei anderen Grundrechten sei es bei wertender Betrachtung und abstrahierender Sichtweise auch einer juristischen Person möglich, von den Garantien des Art 8 GG - zumindest mittelbar - Gebrauch zu machen.

---

[7] Kunig, in: von Münch/Kunig, GG, Art. 8, Rdnr. 10 f. m.w.N.

10 **b) Eigenschaft als Deutscher i.S.d. Art. 116 GG**

Voraussetzung einer Geltendmachung des Art. 8 GG ist aufgrund seines Wortlautes *(„Alle Deutschen ...")* bei natürlichen Personen grundsätzlich die Eigenschaft als Deutscher i.S.d. Art. 116 GG, bei juristischen Personen die Eigenschaft als inländische juristische Person. Allerdings dürfte bei Unionsbürgern und juristischen Personen oder Personenvereinigungen innerhalb der Europäischen Union eine Verpflichtung zur Gleichbehandlung bestehen.

11 **c) Kein Grundrechtsschutz für staatliche Versammlungen**

Staatlicherseits initiierte Versammlungen fallen nach allgemeinen Regeln nicht in den Schutzbereich des Art. 8 GG.[8] Ihre Teilnehmer können sich daher nicht auf die Versammlungsfreiheit aus Art. 8 GG berufen, da die Grundrechte Abwehrrechte gegen den Staat sind, nicht hingegen Rechtspositionen für Hoheitsträger vermitteln. (Häufig anzutreffender „Anfängerfehler", da solche Veranstaltungen aufgrund ihres äußeren Erscheinungsbildes in mancherlei Hinsicht wie „normale" private Versammlungen wirken können.)

Beispiele:
- Öffentliches Gelöbnis von Rekruten.
- Großer Zapfenstreich der Bundeswehr zur Verabschiedung eines Politikers.
- Offizielle Festveranstaltung zum Tag der deutschen Einheit oder zum Volkstrauertag.
- Internationale Treffen von Politikern, Staatsbesuche, Wirtschaftsgipfel.

12 **d) Beteiligung ausländischer Politiker an Versammlungen**

Sehr facettenreich ist die Frage, inwieweit ausländische Politiker sich für Auftritte in Deutschland auf die Versammlungsfreiheit des Art. 8 GG berufen können bzw. dem Rechtsregime des VersG unterliegen. Die Problematik ist vor allem virulent geworden bei Besuchen des türkischen Staatspräsidenten Erdogan auf Veranstaltungen seiner Anhänger. Teilweise handelte es sich um leibhaftige Erscheinungen Erdogans, teilweise nur um Übertragungen seiner Ansprache auf einer Leinwand.

---

[8] Dietel/Gintzel/Kniesel, Versammlungsgesetze, Teil I, Rdnr. 82 ff.

Die h.M. tendiert dazu, für derlei Aktivitäten den Schutzbereich des Art. 8 GG zu verneinen.[9] Zumindest wenn das ausländische Staatsoberhaupt oder Regierungsmitglied sich auf der Veranstaltung in seiner Eigenschaft als Hoheitsträger - quasi amtlich - zu politischen Fragestellungen äußern wolle, sei dies nicht mehr von Art. 8 GG gedeckt.

Für diese Sichtweise sprechen gute Argumente:
- Erstens ist Voraussetzung für eine Berufung auf Art. 8 GG, dass eine Privatperson agiert und kein Hoheitsträger, vor allem kein inländischer, aber auch kein ausländischer.
- Zweitens ist der Schutzbereich des Art. 8 GG seinem ausdrücklichen Wortlaut nach nur für Deutsche eröffnet.
- Drittens sind durch derlei Auftritte die auswärtigen Beziehungen der Bundesrepublik Deutschland zu anderen Staaten betroffen. Diese unterliegen einem ausschließlichen Reglement in besonderen Artikeln des Grundgesetzes. Danach ist es Aufgabe der verfassungsrechtlich legitimierten Staatsorgane der Bundesrepublik Deutschland zu entscheiden, ob und unter welchen Rahmenbedingungen sich ausländische Politiker auf deutschem Staatsgebiet im öffentlichen Raum politisch betätigen dürfen. Dies gilt erst recht, wenn sie in ihrer Eigenschaft als Staatsoberhaupt oder Regierungsmitglied agieren und mehr oder weniger amtliche Äußerungen abgeben wollen. Die diesbezügliche Entscheidung könne nicht den privaten Veranstaltern von Versammlungen allein überlassen werden.[10]

So sehr die genannten Erwägungen im Grundsatz überzeugen, so sehr dürfte Raum bleiben für vielfältige Grenzfälle und Interpretationsspielräume, die angesichts der zunehmenden internationalen Verflechtungen vermutlich auch in Zukunft deutsche Behörden und Gerichte beschäftigen werden:
- Wie verhält es sich bei ausländischen Politikern, die keine Regierungsämter, sondern nur Parteiämter innehaben und somit zumindest formal keine Hoheitsträger sind?
- Wie ist zu verfahren, wenn der ausländische Politiker oder Amtsträger behauptet, bloß als Privatperson nach Deutschland kommen zu wollen oder nur über unpolitische Belange auf einer Versammlung sprechen zu wollen?
- Bestehen insoweit Unterschiede in der Behandlung von Politikern bzw. Hoheitsträgern aus Mitgliedstaaten der EU und solchen aus (nichtprivilegierten) Drittstaaten? Zumindest für Bürger aus EU-Staaten besteht auf-

---

[9] OVG NW., NVwZ 2017, 648.

[10] Vor allem mit dieser letztgenannten Begründung wurde dem Veranstalter einer größeren Versammlung durch eine Auflage untersagt, eine großflächige Video-Leinwand aufzustellen, über die der türkische Staatspräsident Erdogan und andere Mitglieder der türkischen Regierung zu den Teilnehmern der Versammlung über einen versuchten Militärputsch in der Türkei sprechen sollten (OVG NW, NVwZ 2017, 648).

grund der EU-Verträge eine Verpflichtung zur Gleichstellung mit Deutschen, was die Deutscheneigenschaft i.S.d. Art. 8 GG überspielt.

Auch verwaltungsverfahrensrechtlich und verwaltungsprozessual ist die Problematik sehr vielschichtig und komplizierter, als sie sich hier in komprimierter Form darstellen lässt, denn der Veranstalter der Versammlung und der ausländische Politiker sind regelmäßig personenverschieden. Vor allem ersterer wird sich typischerweise auf Art. 8 GG berufen und den deutschen Behörden gegenüber als Rechtssubjekt im Verwaltungsverfahren und ggf. im Verwaltungsprozess gegenübertreten; letzterer wird meist nur als Gast und mittelbar Beteiligter in Erscheinung treten.[11] Dies macht es juristisch schwer, pauschal von einem Verhalten außerhalb des Schutzbereichs des Art. 8 GG zu sprechen - es sei denn, man würde dem Veranstalter unterstellen, nur eine „gelenkte Marionette" einer ausländischen Staatsregierung zu sein, was letztendlich auf den Vorwurf eines Rechtsformmissbrauchs in Bezug auf Art. 8 GG hinausliefe.

13

6. Grundrechtsverpflichteter

a) Staat bzw. öffentlich-rechtlich verfasste Institutionen

Grundrechtsverpflichteter ist bei Art. 8 GG nach allgemeinen Regeln der Staat. Darunter versteht man im Sinne der Grundrechtsdogmatik die Bundesrepublik Deutschland, die Bundesländer und die mittelbar staatlichen juristischen Personen des öffentlichen Rechts (Gemeinden, Gemeindeverbände und Landkreise, Universitäten, öffentlich-rechtliche Personalkörperschaften etc.). Staat ist daher in diesem Zusammenhang gewissermaßen eine Metapher für sämtliche öffentlich-rechtlich verfassten Rechtsträger; deren Organisationseinheiten sind an die Vorgaben des Art. 8 GG gebunden. Das gilt auch für Privatrechtssubjekte, die ausnahmsweise vorübergehend und punktuell in staatliche Institutionen inkorporiert werden und damit zur Ausübung hoheitlicher Befugnisse berechtigt sind (Beliehene, Verwaltungshelfer).

Einigkeit besteht dahingehend, dass für natürliche Personen und juristische Personen des Privatrechts Art. 8 GG grundsätzlich nicht unmittelbar gibt. Gleiches gilt insgesamt für den Privatrechtsverkehr. Insoweit kommt allenfalls eine mittelbare Drittwirkung der Grundrechte in Betracht.[12]

---

[11] Hettich, Versammlungsrecht, Rdnr. 141.
[12] Jarass/Pieroth, GG, Art. 1 Rdnr. 48 ff. m.w.N.

b) Privatrechtssubjekte, die vom Staat beherrscht werden 14

Problematisch und kontrovers diskutiert ist die Grundrechtsbindung bei Privatrechtssubjekten, die von staatlichen Einrichtungen beherrscht werden oder an denen der Staat in nicht unerheblichem Umfang beteiligt ist. Die Problematik entsteht durch die Tendenz zur Privatisierung im Bereich der öffentlichen Verwaltung. Diese wird teilweise nur als **funktionale Privatisierung** betrieben, dergestalt, dass Behörden sich der Handlungsformen des Privatrechts bedienen.

Beispiel:
Das Fremdenverkehrsbüro der Kurstadt K verwaltet die öffentlichen Parkanlagen und schließt in diesem Rahmen Nutzungsverträge aller Art.

Zunehmend zu beobachten sind aber auch **organisatorische Privatisierungen**, die bereits die Organisationsform als solche erfassen.

Beispiel:
Das Fremdenverkehrsbüro wird aus der Stadtverwaltung ausgelagert und in der Rechtsform einer GmbH betrieben, deren Anteile sich in den Händen der Kommune befinden.

Hier ist vieles umstritten - auch in Bezug auf die Grundrechtsbindung.[13] Teilweise wird nach den wahrgenommenen Aufgaben differenziert (Verwaltungsprivatrecht, erwerbswirtschaftliche Betätigungen, fiskalische Hilfsgeschäfte). Teilweise wird nach dem Ausmaß der staatlichen Beherrschung und möglichen Einflussnahme differenziert. Im Ergebnis soll jedenfalls verhindert werden, dass staatliche Institutionen durch Gründung oder Zwischenschaltung formal privater Rechtsträger (Aktiengesellschaft, GmbH u.ä.) ihre Grundrechtsbindung ausschalten.

Diese Tendenz hat auch das BVerfG in seiner Fraport-Entscheidung zu Art. 8 GG erkennen lassen.[14] Darin wurde die Fraport AG, Betreiberin des Frankfurter Flughafens, verpflichtet, in näher bestimmtem Umfang öffentliche Versammlungen auf dem Flughafengelände zu dulden, obwohl die Fraport eine Aktiengesellschaft ist und die Grundstücke formal in ihrem Privateigentum stehen. Dem Urteil lässt sich die Aussage entnehmen, dass die Grundrechte im Allgemeinen und Art. 8 GG im Besonderen unmittelbar auch für solche Privatrechtssubjekte gelten, die von der öffentlichen Hand

---

[13] Jarass/Pieroth, GG, Art. 1 Rdnr. 38 ff. m.w.N.
[14] BVerfGE 128, 226 (Fraport-Urteil).

beherrscht werden.[15] Dazu zählen vor allem im Alleineigentum des Staates stehende öffentliche Unternehmen in den Formen des Privatrechts, aber auch gemischtwirtschaftliche Unternehmen in Privatrechtsform, sofern der staatliche Einfluss auf die Willensbildung und die internen Abläufe erheblich ist. Diese Kriterien waren bei der Fraport AG erfüllt. Ein Indikator dürfte vor allem die Höhe der gesellschaftsrechtlichen Anteile sein.

15 c) Öffentliches Forum

In diese Gesamtproblematik gehört auch eine jüngere Entscheidung des BVerfG zu öffentlichen Foren.[16] In dem zugrundeliegenden Sachverhalt hatte ein privater Eigentümer (eine GmbH&Co. KG) dem Veranstalter einer Versammlung deren Durchführung auf seinem Gelände untersagt, unter Bezugnahme auf seine Eigenschaft als juristische Person des Privatrechts und unter Berufung auf seine Eigentümerstellung und sein Hausrecht. Es handelte sich um einen zentral gelegenen Platz, der von vielen Geschäften umsäumt war. Das BVerfG ist dieser formalen Sichtweise entgegengetreten. Art. 8 GG verschaffe zwar kein Zutrittsrecht zu beliebigen Orten. Insbesondere gewähre die Versammlungsfreiheit dem Bürger keinen Zutritt zu Orten, die der Öffentlichkeit nicht allgemein zugänglich sind oder zu denen schon den äußeren Umständen nach nur zu bestimmten Zwecken Zugang gewährt wird. Demgegenüber verbürge die Versammlungsfreiheit die Durchführung von Versammlungen dort, wo ein allgemeiner öffentlicher Verkehr eröffnet ist. Dies sei nicht nur bei den öffentlichen Straßen, Wegen und Plätzen im engeren rechtlichen Sinne der Fall, sondern auch bei Einkaufszentren, Ladenpassagen und sonstigen Plätzen, die als Orte des Verweilens, der Begegnung, des Flanierens, des Konsums und der Freizeitgestaltung geschaffen worden sind, auch wenn sie in Privateigentum stehen. Entscheidend sei, dass die in Rede stehende Örtlichkeit dem Publikumsverkehr bewusst geöffnet wurde und dem Leitbild eines öffentlichen Forums entspricht (Ort des allgemeinen kommunikativen Verkehrs).

Diese und ähnliche gerichtliche Entscheidungen[17] zeigen, dass eine rein formale Argumentation im Stile eines „der Eigentümer des Versamm-

---

[15] Kritisch zu dieser neueren Rechtsprechung Schenke, Polizei- und Ordnungsrecht, Rdnr. 361, der zu Recht darauf hinweist, dass dieser Sichtweise aus Gründen des Art. 14 GG Grenzen gesetzt sein müssen.

[16] BVerfGE 139, 378 (Beschluss vom 13. Juli 2015, Az. 1 BvQ/15).

[17] BVerfG, NJW 2014, 2706 (Großer zentraler Friedhof der Stadt Dresden); BGH, NVwZ 2015, 1622 (Gelände des Flughafens Berlin-Schönefeld); OVW NW, Beschluss vom 27.2.2014, Az. 5 B 243/14 (Grünfläche vor einem Lebensmittelmarkt); OVW NW, Beschluss vom, 29.12.2016, Az. 15 B 1500/16 (Vorplatz vor einem Zirkus).

lungsgeländes ist ein privates Rechtssubjekt, also kann Art. 8 GG dort nicht gelten" nicht tragfähig ist. Erforderlich ist vielmehr - insbesondere in Grenzbereichen - eine wertende Betrachtungsweise unter Berücksichtigung all der oben erwähnten Aspekte.

7. Kompetenzrechtliche Aspekte 16

a) Gesetzgebung

Das Versammlungsrecht zählt seit der Föderalismusreform aus dem Jahre 2006 zur ausschließlichen Gesetzgebungszuständigkeit der Länder, denn die Materie Versammlungsrecht ist - im Gegensatz zur früheren Rechtslage - in den katalogartigen Auflistungen der Kompetenztitel der Art. 73, 74 GG nicht mehr erwähnt. Daher gilt nunmehr der allgemeine Grundsatz des Art. 70 Abs. 1 GG, demzufolge die Länder das Recht zur Gesetzgebung haben, soweit das Grundgesetz nicht dem Bund eine Gesetzgebungszuständigkeit verleiht. Das bisherige Versammlungsgesetz des Bundes gilt jedoch als Bundesrecht in den Ländern fort, so lange diese kein eigenes, neues Versammlungsgesetz erlassen haben (so auch in Rheinland-Pfalz).

Art. 125a GG [Fortgeltung von Recht bei Kompetenzverschiebung]

(1) Recht, das als Bundesrecht erlassen worden ist, aber wegen der Änderung des Artikels 74 Absatz 1 ... nicht mehr als Bundesrecht erlassen werden könnte, gilt als Bundesrecht fort. Es kann durch Landesrecht ersetzt werden.

Der tiefere Sinn dieser Reform bleibt schleierhaft; überzeugende sachliche 17
Gründe sind kaum zu finden. Man könnte allenfalls den Vorteil der Vereinigung der Gesetzgebungszuständigkeiten für das allgemeine Polizei- und Ordnungsrecht und für das Versammlungsrecht in der Hand des jeweiligen Landesgesetzgebers anführen. Letzterem wäre es bei sorgfältiger Vorgehensweise möglich, die beiden Rechtsgebiete zu synchronisieren und mögliche Abstimmungsprobleme und Wertungswidersprüche zwischen dem (Bundes)Versammlungsgesetz und dem (Landes)Polizeigesetz auszuräumen. Vermutlich ging es aber vorrangig um Kompensation und Abfindung: Die Bundesländer sollten für an anderer Stelle erlittene Zuständigkeitsver-

---

In diesem Zusammenhang sind auch zu erwähnen die Beschlüsse des VG Aachen und des OVG Nordrhein-Westfalen im Jahre 2018 zur grundsätzlichen Zulässigkeit von Demonstrationen im Hambacher Forst gegen die dort beabsichtigten Rodungen und den Braunkohleabbau.

luste entschädigt werden.[18] Die dadurch zu erwartenden Nachteile wiegen schwer:[19] Die Verlagerung der Gesetzgebung auf die Bundesländer wird vermutlich zu einer Zersplitterung des Versammlungsrechts führen, was wiederum Rechtsunsicherheit und Folgeprobleme für die zur Rechtsanwendung berufenen Behörden heraufbeschwören könnte.[20]

Beispiel:
Ein Demonstrationszug bewegt sich von Ulm nach Neu-Ulm. An der Landesgrenze von Baden-Württemberg zu Bayern ändert sich das geltende Recht. Verhaltensweisen, die zuvor legal waren, sind nun möglicherweise illegal, verwirklichen sogar Ordnungswidrigkeiten- oder Straftatbestände.

18 Bislang haben 5 Bundesländer eigene Versammlungsgesetze erlassen, nämlich (in zeitlicher Reihenfolge)
- Bayern,
- Sachsen-Anhalt,
- Sachsen,
- Niedersachsen und
- Schleswig-Holstein.

Einen Sonderweg hat das Land Berlin gewählt (s.u.).

19 Den Beginn machte im Jahre 2008 Bayern. Das erste bayerische Versammlungsgesetz offenbarte jedoch ein sehr ordnungsrechtlich geprägtes Verständnis der Versammlungsfreiheit[21] und normierte einen entsprechenden Typenzwang für Versammlungen. Vor allem die folgenden Verschärfungen des geltenden Versammlungsrechts erregten Unmut:
- Für die Veranstalter von Versammlungen wurden relativ strenge Anzeige- Mitteilungs- und Mitwirkungspflichten festgelegt. Jede geplante öffentliche Versammlung ab 2 Personen sollte den Behörden ausführlich und formali-

---

[18] Kunig, in: von Münch/Kunig, GG, Art. 8, Rdnr. 1.

[19] Dietel/Gintzel/Kniesel, Versammlungsgesetz, 16. Aufl., Teil B, Vorbem., Rdnr. 3: *„Diese Neuregelungen zeigen, ... dass das Versammlungsrecht eine besorgniserregende Entwicklung nimmt.“*

[20] Um dieser Gefahr entgegenzuwirken, existiert mittlerweile ein Musterentwurf eines Versammlungsgesetzes mit ausgewogenen und sorgfältig abgestimmten Regelungen (ähnlich dem Musterentwurf eines einheitlichen Polizeigesetzes des Bundes und der Länder) von Enders, Hoffmann-Riem, Kniesel, Poscher und Schulze-Fielitz. Es wäre meines Erachtens sehr zu begrüßen, wenn zukünftige Versammlungsgesetze der Länder sich an diesem Musterentwurf orientieren würden.

[21] Die Gegner des Gesetzes und späteren Beschwerdeführer vor dem BVerfG sprachen von einem *„grundlegenden Paradigmenwechsel von der Versammlungsfreiheit hin zu einem Präventionskonzept“*.

siert angezeigt werden müssen, ungeachtet ihrer Größe, Dimension und Begleitumstände.
- Bereits am Einladungsverfahren sollten die Behörden zu beteiligen sein.
- Die Leiter von Versammlungen sollten verantwortlich sein für den geordneten Ablauf der Versammlung bis hin zu einer quasi garantenähnlichen Stellung für Fehlverhalten der Teilnehmer.
- An die Verletzung der genannten Ordnungsvorschriften knüpften zahlreiche Bußgeldtatbestände an.
- Auch eröffnete das bay. VersG den Behörden die Möglichkeit, ohne Vorliegen konkreter Gefahren Bild- und Tonaufnahmen vom Versammlungsgeschehen anzufertigen, sowohl offen als auch verdeckt. Dabei sollten auch Unbeteiligte miterfasst werden dürfen und die gewonnenen Daten sollten weitgehend unbegrenzt verwendbar sein.

Viele der genannten Vorschriften wurden vom Bundesverfassungsgericht im Jahre 2009 wegen Verstoßes gegen Art. 8 GG im Wege einer einstweiligen Anordnung vorläufig außer Kraft gesetzt.[22] Vor allem an der Möglichkeit zur uneingeschränkten Videografierung des Versammlungsgeschehens nahm das BVerfG Anstoß. Der bayerische Gesetzgeber kam nicht umhin, die gerügten Regelungen nachzubessern. Das Verfahren zeigt eindrücklich, dass der Gestaltungsspielraum der Bundesländer im Versammlungsrecht begrenzt ist, da die Materie durch die Rechtsprechung des BVerfG zu Art. 8 GG in vielen Bereichen geprägt und festgelegt ist.

Nach diesen Geschehnissen waren andere Bundesländer zurückhaltender **20**
mit dem Erlass eigener Versammlungsgesetze, insbesondere wenn es um die Verschärfung des Versammlungsrechts durch neue Eingriffsbefugnisse ging.

Sachsen-Anhalt hat im Jahre 2009 ein eigenes Versammlungsgesetz erlassen, welches sich jedoch weitestgehend an das VersG des Bundes anlehnt und auf durchgreifende Neuerungen verzichtet. Über weite Strecken wurde der Wortlaut der Vorschriften des BVersG übernommen und sogar die numerische Abfolge der Paragraphen blieb stellenweise bestehen.

Es folgte im Jahre 2010 das Bundesland Sachsen mit einem eigenen Versammlungsgesetz. Das BVersG sollte ursprünglich nur in Landesrecht überführt werden. Die diesbezügliche Gesetzgebung war jedoch von verfahrensrechtlichen Unstimmigkeiten begleitet. Nachdem der sächs. VerfGH das Verfahren beanstandet hatte, musste 2012 ein neues sächs. VersG in

[22] BVerfGE 122, 342 (bayerisches VersG).

Kraft gesetzt werden. Auch dieses deckt sich inhaltlich in weiten Teilen mit dem BVersG und enthält nur wenige Neuerungen.

Niedersachsen hat 2010/2011 ein eigenes VersG erlassen, welches an einigen Stellen Änderungen gegenüber dem bisherigen Bundesrecht enthält und vorsichtige eigene Ansätze verfolgt (z.B. wird das Uniformverbot als Teilaspekt der Friedlichkeit einer Versammlung interpretiert, die Anmeldefrist für Versammlungen wird anders berechnet als bisher und die Möglichkeiten zur Auflösung von Versammlungen in geschlossenen Räumen werden generalklauselartig beschrieben).

Vor allem das im Jahre 2015 erlassene VersG von Schleswig-Holstein (schl.-holst. VersFG) weicht stellenweise von den bisherigen Mustern des BVersG ab und statuiert - ebenso wie das bay. VersG - eigene Regeln (s.u.).

Fast alle neuen VersG der Bundesländer enthalten Legaldefinitionen der Versammlung, in denen sie sich deutlich zum engen Versammlungsbegriff (dazu Rdnr. 29 ff.) bekennen: Typisch ist die Formulierung: *„Eine Versammlung liegt vor, wenn mehrere Personen zur gemeinschaftlichen, überwiegend auf die Teilhabe an der öffentlichen Meinungsbildung gerichteten Erörterung oder Kundgebung zusammenkommen."*

Auch wird die Möglichkeit behördlicher Bild- und Tonaufnahmen von Versammlungen bzw. Versammlungsteilnehmern ausdifferenziert geregelt - in Befolgung der Vorgaben des BVerfG.[23] Es wird unterschieden zwischen verschiedenen Abstufungen der Gefahren, Übersichts- und Nahaufnahmen, dauerhaften Aufzeichnungen und bloßer Monitorübertragung sowie offenen und verdeckten Aufnahmen. Letztere sind durchweg nicht zulässig.

Rechtsdogmatisch eigene Wege geht vor allem das schleswig-holsteinische VersFG. Neben den soeben genannten Aspekten sind hier insbesondere zu nennen:
- Erfordernis von mindestens 3 Personen für das Vorliegen einer Versammlung (§ 2 Abs. 1 schl.-holst. VersFG).
- Erweitertes Verständnis des Merkmals „öffentlich". Auch die bloße Kundgebung an die Öffentlichkeit im räumlichen Umfeld einer Versammlung soll dazu genügen (§ 2 Abs. 2 schl.-holst. VersFG).
- Grundsätzliche Geltung des VersG sowohl für öffentliche als auch für nichtöffentliche Versammlungen (§ 2 Abs. 3 schl.-holst. VersFG).

[23] BVerfGE 122, 342.

- Eigene Standardmaßnahmen wie etwa Durchsuchung, Identitätsfeststellung (§ 15 schl.-holst. VersFG).
- Der missverständliche Begriff der Schutzwaffen wurde ersetzt durch die treffendere Kategorie der Schutzausrüstung (§ 17 schl.-holst. VersFG).
- Versammlungsrechtlicher Umgang mit Verkehrsflächen in Privateigentum, die dem allgemeinen Publikum geöffnet sind (Problematik des öffentlichen Forums; § 18 schl.-holst. VersFG).
- Viele der unübersichtlichen Straftatbestände des BVersG wurden abgeschafft oder durch Ordnungswidrigkeiten ersetzt (§§ 23, 24 schl.-holst. VersFG).

Einen rechtstechnisch eigenartigen Weg hat das Bundesland Berlin im Jahre 2013 beschritten. In Berlin gilt grundsätzlich das VersG des Bundes fort. Lediglich die Frage des Videografierens von Versammlungen unter freiem Himmel wurde neu geregelt. Der insoweit einschlägige § 19a VersG und damit mittelbar auch die Aussagen des § 12a VersG wurden ersetzt durch ein neues Berliner Landesgesetz über Aufnahmen und Aufzeichnungen von Bild und Ton bei Versammlungen unter freiem Himmel und Aufzügen.[24] Ziel dieses neuen Gesetzes ist es vor allem, polizeiliche Übersichtsaufnahmen von großen und unübersichtlichen Versammlungen zu ermöglichen und zu reglementieren. Derlei Aufnahmen sind nach dem neuen Gesetz einerseits weitgehend gefahrenunabhängig und losgelöst von der hohen tatbestandlichen Eingreifschwelle der § 12a, § 19a VersG möglich. Andererseits müssen sie offen erfolgen, dürfen nicht aufgezeichnet werden und dürfen nicht zur Identifizierung von Teilnehmern genutzt werden. 21

Weniger dieser (materielle) Inhalt, sondern die (formelle) gesetzgeberische Vorgehensweise hat Kritiker auf den Plan gerufen, da durch die teilweise und ausschnittartige Ersetzung einzelner Normen des VersG des Bundes durch Normen des Landesrechts die gebotene rechtsstaatliche Bestimmtheit leide und eine klare Abgrenzung zwischen Bundes- und Landesrecht kaum mehr möglich sei. Das Berliner Verfassungsgericht hat diese Bedenken jedoch im Ergebnis verworfen. Noch sei in Berlin im Versammlungswesen eine hinreichend klare Grenzziehung zwischen Bundesrecht und Landesrecht möglich.[25]

---

24 GVBl. 2013, S. 103.
25 VerfGH Berlin, NVwZ-RR 2014, 577.

22 **b) Verwaltung**

In verwaltungsrechtlicher Hinsicht ist die Ausführung des Versammlungsrechts reine Ländersache. Für jene Bundesländer, in denen das VersG gem. Art. 125a GG als Bundesrecht fortgilt, folgt dies aus den allgemeinen Regeln der Art. 83, 84 GG (Ausführung von Bundesgesetzen durch die Länder als eigene Angelegenheit). Für jene Bundesländer, die ein eigenes VersG als Landesrecht erlassen haben, ist eine andere Verwaltungskompetenz als die des Landes nach dem geltenden Staatsorganisationsrecht nicht vorstellbar. Daher richten sich auch die behördlichen Zuständigkeiten im Versammlungsrecht nach Landesrecht. Auch ist mit Polizei i.S.d. VersG aus dem genannten Grunde nur die Polizei der Länder gemeint.

Zuständige Ordnungsbehörden im Versammlungswesen sind in Rheinland-Pfalz grundsätzlich in Landkreisen die Kreisverwaltungen und in kreisfreien Städten die Stadtverwaltungen (§ 2 Nr. 9 der Landesverordnung über die Zuständigkeit der allgemeinen Ordnungsbehörden). In Durchbrechung dieses Grundsatzes sind in großen kreisangehörigen Städten deren Stadtverwaltungen zuständig - anstelle der grundsätzlich zuständigen Kreisverwaltung (§ 2 Nr. 9 zweiter Halbsatz der Landesverordnung über die Zuständigkeit der allgemeinen Ordnungsbehörden).

Auch in den anderen Bundesländern mit Flächenstruktur sind zumeist die Ordnungsbehörden auf Kreisebene die zuständigen Fachbehörden im Versammlungsrecht.[26] Dies ist jedoch nicht zwingend.[27] In den Stadtstaaten, in denen es grundsätzlich keine Kreisordnungsbehörden gibt, sind die Zuständigkeiten im Versammlungsrecht dem Polizeipräsidenten (Berlin), dem Innensenator (Hamburg) oder den Ortspolizeibehörden (Bremen) übertragen.

Bei alledem ist zu berücksichtigen, dass der Behördenaufbau und die Bezeichnungen der Behörden im Polizei- und Ordnungsrecht in den Bundesländern sehr variieren können. Entscheidend ist vor allem, ob das jeweilige Bundesland eine organisatorische Trennung zwischen Ordnungsbehörden (Sicherheitsbehörden, Gefahrenabwehrbehörden) und der Institution der Polizei (bewaffnete und grundsätzlich uniformierte Vollzugspolizei) vorgenommen hat (Trennungssystem). In den meisten Bundesländern ist dies der Fall. Baden-Württemberg, Bremen, Sachsen und das Saarland haben jedoch bislang am überlieferten Einheitssystem festgehalten. *(„Der Bürgermeister bzw. die Stadtverwaltung als Ortspolizeibehörde.“)*

---

[26] Dietel/Gintzel/Kniesel, Versammlungsgesetze, Teil I, Rdnr. 450 ff. m.w.N.

[27] In einigen Bundesländern sind offenbar die Polizeipräsidien zuständige Versammlungsbehörden, soweit ersichtlich in Brandenburg und Nordrhein-Westfalen.

II. Der Begriff der Versammlung i.S.d. Art. 8 GG 23

Die Frage, welche Kriterien eine Versammlung im Rechtssinne ausmachen, zählt nach wie vor zu den umstrittenen Themen des Verfassungsrechts.[28] Nach herrschender Meinung sind folgende Merkmale konstitutiv:

1. Zusammenkunft mehrerer Personen

a) Mindestanzahl an Personen 24

Umstritten ist, wie viele Menschen erforderlich sind, um von einer Versammlung im Rechtssinne ausgehen zu können.

α) Nach überzeugender Ansicht[29] müssen mindestens drei Teilnehmer vorhanden sein. Nach dem allgemeinen Sprachgebrauch kann frühestens ab dieser Zahl von einer Zusammenkunft mehrerer Personen im Sinne einer Versammlung die Rede sein. Der natürliche Wortlaut des Art. 8 GG spricht ebenso für diese Sichtweise wie das historische Verständnis und die systematische Auslegung der Norm.[30] Bei drei Personen kann man bereits von einer Gruppe sprechen und nicht nur von einem Paar.

β) Nach wohl h.M. sollen bereits zwei Teilnehmer genügen.[31]

γ) Vereinzelt wurden - in Anlehnung an das Vereinsrecht und an Art. 9 GG - sogar sieben Personen gefordert. Hintergrund waren mancherorts Bestrebungen in der älteren verfassungsrechtlichen Literatur, einen Gleichklang zwischen den stellenweise ähnlichen Grundrechten der Versammlungsfreiheit des Art. 8 GG und der Vereinigungsfreiheit des Art. 9 GG herzustellen. Da nach dem VereinsG mindestens 7 Personen erforderlich sind, um einen Verein gründen zu können, lag der Versuch nahe, diese Zahl ins Versammlungsrecht zu übernehmen. Durchgesetzt hat sich die Auffassung nicht.

---

[28] Eine ausführliche und sorgfältige Bestandsaufnahme der unterschiedlichen Meinungen findet sich bei Laubinger/Repkewitz, VerwArch. 92 (2001), 585 ff.

[29] Hoffmann-Riem, in: AK-GG, Art. 8 Rdnr. 15, 18; Laubinger/Repkewitz, VerwArch. 92 (2001), 585 (615) m.w.N.; in der Tendenz auch Jarass/Pieroth, GG, Art. 8 Rdnr. 4 sowie BVerfGE 104, 92. Eine Legaldefinition, die mindestens 3 Personen fordert, findet sich in § 2 Abs. 1 schleswig-holsteinisches VersFG.

[30] Hoffmann-Riem, a.a.O.

[31] Dietel/Gintzel/Kniesel, Versammlungsgesetze, Teil I, Rdnr. 66 m.w.N.; Dürig-Friedl/Enders, Versammlungsrecht, Einl., Rdnr. 26; Hettich, Versammlungsrecht, Rdnr. 3; Schulze-Fielitz, in: Dreier, GG, Art. 8 Rdnr. 24; Schenke, Polizei- und Ordnungsrecht, Rdnr. 362. Eine entsprechende Legaldefinition (2 Personen) findet sich in Art. 2 Abs. 1 bay. VersG und § 1 Abs. 3 sächs. VersG.

Möglicherweise spielten bei ihr auch mystische Traditionen der deutschen Rechtsgeschichte eine Rolle, denn die Sieben war in früher Zeit eine magische Zahl, die bei strittigen Rechtsfragen ein Mindestmaß markierte (nicht nur im Vereinsrecht, sondern beispielsweise auch im Gerichtsverfassungs- und Beweisrecht).

δ) Einigkeit herrscht jedenfalls, dass eine Einzelperson nicht genügt.[32]

Nicht ganz eindeutig wirkt diesbezüglich eine vereinzelt gebliebene, ältere Entscheidung des BVerfG.[33] Das Gericht führte seinerzeit aus, auch eine (Einzel)Mahnwache (im konkreten Fall vor dem Elternhaus des ehemaligen DDR-Staatsratsvorsitzenden Honecker anlässlich seines Besuches in der Bundesrepublik Deutschland) könne eine Versammlung i.S.d. Art. 8 und i.S.d. VersG sein. Vermutlich ging das BVerfG in dieser Entscheidung, bei der es um das Verbot der betreffenden Aktion bereits im Vorfeld ging, davon aus, die Mahnwache werde sich zu einer Versammlung entwickeln, da voraussichtlich noch andere Personen dazu stoßen würden und dies von dem Veranstalter auch so beabsichtigt war. Man wird dem BVerfG insofern zustimmen können, als vorbereitende Aktivitäten einer einzelnen Person der geschilderten Art im Schutzbereich des Art. 8 GG angesiedelt sein können. Auch wird die Meinungsäußerung des Einzelnen dann zu einer Versammlung, wenn andere sich mit ihm solidarisieren und ein gemeinsames inneres Band entsteht. So lange dies aber nicht geschehen ist, sollte es bei dem ehernen Grundsatz bleiben, dass eine einzelne Person keine Versammlung im Rechtssinne sein kann.

25 **b) Reale räumliche Anwesenheit**

α) Erforderlich ist die reale körperliche Anwesenheit der Betreffenden an einem bestimmten Ort. Der Begriff des Ortes ist dabei grundsätzlich weit zu verstehen. Die Teilnehmer können sich auch fortbewegen (Aufzug) oder eine Menschenkette bilden, die sich möglicherweise über Kilometer hinzieht.

β) Die Möglichkeiten der modernen elektronischen Kommunikationstechnologie (Übertragung und Zusammenschalten beweglicher Bilder verschiedener Personen, Videokonferenzen u.ä.) vermögen jedoch nicht, eine Versammlung im Rechtssinne zu begründen. Von einer solchen kann nur ausgegangen werden, wenn die in Rede stehenden Personen sich tatsächlich -

---

[32] Laubinger/Repkewitz, a.a.O.: *„Eine einzelne Person kann zwar möglicherweise `demonstrieren', aber keine Versammlung bilden."*

[33] BVerfG, NJW 1987, 3245 (Mahnwache vor dem Elternhaus von Erich Honecker).

als reale Existenzen „in Fleisch und Blut“ - zusammengefunden haben. Mit Zusammenkunft in dem hier gemeinten Sinne ist also nur die gemeinsame physische Anwesenheit von Menschen an einem bestimmten Ort gemeint.

c) Zeitlich befristet (vorübergehend, von kürzerer Dauer) 26

Häufig wird als weiteres Begriffsmerkmal einer Versammlung neben dieser örtlichen Komponente eine zeitliche Komponente gefordert, dergestalt, dass die Zusammenkunft einen bestimmten Höchstzeitraum nicht übersteigen darf. Dieses Merkmal der kürzeren Dauer und des Vorübergehenden grenze die Versammlung i.S.d. Art. 8 GG von der Vereinigung i.S.d. Art. 9 GG ab, die auf Dauer angelegt sein müsse.[34]

In der Sache hat das zusätzliche Begriffsmerkmal durchaus seine Berechtigung. Nach der Vorstellung des Verfassungs- und Gesetzgebers soll die örtliche Zusammenkunft der Versammlungsteilnehmer i.S.d. Art. 8 GG nicht dauerhaft angelegt sein; die kürzere oder zumindest zeitlich begrenzte Dauer dürfte der Versammlung gewissermaßen immanent sein. Zeltlager oder Hüttendörfer, beispielsweise auf öffentlichen Plätzen oder in öffentlichen Grünanlagen, die zeitlich unbegrenzt errichtet und regelrecht bewohnt werden, dürften wegen dieser letztgenannten Intention keine Versammlungen mehr im Rechtssinne sein[35] (losgelöst von dem sich in ihrer Errichtung manifestierenden Verstoß gegen baurechtliche und straßenrechtliche Vorschriften).

Allerdings ist zu sehen, dass die Rechtsprechung sehr großzügig ist bei der Bemessung der zulässigen Höchstdauer.[36] Auch längere, unter Umständen mehrwöchige Zusammenkünfte verlieren allein durch die zeitliche Dauer grundsätzlich nicht ihren Charakter als Versammlung.[37] Die beabsichtigte Dauer des gemeinsamen Handelns der Teilnehmer ist nach h.M. für das Vorliegen einer Versammlung grundsätzlich nur von nachrangiger Bedeutung.[38] Das postulierte zeitliche Element ist zudem als Abgrenzungsmerkmal ohnehin notorisch unscharf: Wie lange ist noch „von kürzerer Dauer“

---

[34] Dürig-Friedl/Enders, Versammlungsrecht, Einl., Rdnr. 27 m.w.N.

[35] Dürig-Friedl/Enders, a.a.O.; Bay. VGH, BayVBl. 2012, 756.

[36] VG Düsseldorf, NVwZ-RR 1992, 185 und OVG NW, NVwZ-RR 1992, 360 (mehrwöchiges Zeltlager von Roma am Rheinufer in Düsseldorf, die gegen ihre drohende Abschiebung protestieren möchten); BayVGH, NVwZ-RR 2016, 498 (zweimonatiger Hungerstreik abgelehnter Asylbewerber auf einem öffentlichen Platz, wo Pavillons errichtet und Betten aufgestellt wurden).

[37] Laubinger/Repkewitz, VerwArch. 92 (2001), 585 (616) m.w.N.

[38] Gusy, in: von Mangoldt/Klein/Starck, Art. 8, Rdnr. 21.

oder „vorübergehend“? In besonders gelagerten Fällen - bei Überdehnung jedweden zeitlichen Maßes - könnte auch die Schranke rechtsmissbräuchlichen Verhaltens eintreten. Die monatelange ununterbrochene Besetzung einer Örtlichkeit dürfte jedenfalls mehr den Charakter einer dauerhaften Besiedlung oder Landnahme aufweisen als den einer Versammlung i.S.d. Art. 8 GG.

Auch mit der ihm bisweilen zugedachten Rolle als Abgrenzungskriterium zu Art. 9 GG dürfte das Kriterium „zeitlich befristet“ bzw. „vorübergehend“ überbewertet sein. Der dabei konstruierte Vergleich und Kontrast zwischen Versammlung i.S.d. Art. 8 GG und Vereinigung i.S.d. Art. 9 GG ist etwas irreführend, denn beide Rechtsfiguren befinden sich auf unterschiedlichen Ebenen: Bei Vereinigungen geht es um juristische, abstrakte Rechtsbeziehungen ihrer Mitglieder zueinander (die den §§ 104 ff. BGB unterliegen), bei Versammlungen hingegen um rechtlich - zumindest rechtsgeschäftlich - weitgehend freie körperliche, reale Anwesenheit der Teilnehmer. Rein tatsächlich dürfte dieser letztgenannte Umstand dazu führen, dass dauerhaften Versammlungen physisch zeitliche Grenzen gesetzt sind.

27 **2. Gemeinsame innere Zweckbindung (inneres Band)**

Die Personenmehrheit muss durch einen gemeinsamen Willen verbunden sein. Es muss gleichsam ein inneres Band zwischen den Teilnehmern bestehen.[39] Zuweilen ist insoweit auch von einer inneren Struktur die Rede.[40] Durch dieses Kriterium unterscheidet sich die Versammlung von mehr oder weniger zufälligen Menschenansammlungen oder Zusammenkünften.[41] Bei letzteren spricht man von bloßen Ansammlungen.

Beispiele für bloße Ansammlungen:
- Volksfeste oder Volksbelustigungen.
- Interessenten an einem Verkaufsstand.
- Schaulustige nach einem Unfall.

Einen schwierigen Grenzfall beleuchtet ein Urteil des Bundesverwaltungsgerichts zu Informationsständen.[42] Das BVerwG ging in dieser Entscheidung davon aus, das Aufstellen eines Informationsstandes durch eine poli-

---

39 Laubinger/Repkewitz, a.a.O., bezeichnen diesen Aspekt zu Recht als kleinsten gemeinsamen Nenner aller Versuche, die Versammlung zu definieren.
40 Ipsen, Staatsrecht/Grundrechte, Rdnr. 529.
41 Dietel/Gintzel/Kniesel, Versammlungsgesetze, Teil I, Rdnr. 69 ff.
42 BVerwGE 56, 63 (politischer Informationsstand als Versammlung).

tische Gruppierung begründe für sich genommen und automatisch noch keine Versammlung im Rechtssinne, da den sich dort einfindenden Interessenten zunächst noch das gemeinsame innere Band fehle. Es gehe grundsätzlich nur um Verteilung von Informationen und Kommunikation mit zufällig des Weges kommenden Einzelpersonen. Unter Umständen könne dies aber Vorstufe einer Versammlung sein. Losgelöst davon kann die Gruppe derer, die den Informationsstand betreiben, bereits eine Versammlung sein. Die Verneinung der Versammlungseigenschaft mangels inneren Bandes erscheint also nur schlüssig, sofern der Informationsstand lediglich von einer einzelnen Person oder einem Pärchen betrieben wird.

3. Kommunikative Dimension (gemeinsame Erörterung oder Kundgabe) 28

Nach h.M. ist für eine Versammlung ein Mindestmaß an kommunikativem Anliegen unabdingbar.[43] Die Versammlungsteilnehmer müssen eine gemeinsame Erörterung oder eine gemeinsame Kundgabe beabsichtigen.[44] Das BVerfG spricht in diesem Zusammenhang auch von „gemeinschaftlicher, auf Kommunikation angelegter Entfaltung".[45] Der kommunikative Charakter ist dabei nicht auf verbale Formen der Kommunikation beschränkt; es sind auch nonverbale Ausdrucksformen möglich, Gestik und Mimik, Musik und Tanz u.ä.[46] An der kommunikativen Dimension fehlt es jedoch bei der bloßen selbsthilfeähnlichen Durchsetzung von Rechtspositionen oder bei Aktionen mit Zwangscharakter, die sich quasi in einer kollektiven Nötigung erschöpfen und die keine kommunikative Botschaft mehr enthalten.[47]

Beispiele (für selbsthilfeähnliche Aktionen):

- Einer Gruppe Roma wurde an einem deutsch-schweizerischen Grenzübergang die Einreise in die Schweiz verweigert. Daraufhin stellten die Betreffenden ihre Autos auf der Fahrbahn ab, um ein Gespräch mit den politischen Entscheidungsträgern zu erzwingen. Dessen Ergebnis sollte die Erlaubnis der bislang verweigerten Einreise in die Schweiz sein. Durch die abgestellten Autos wurde eine chaotische Verkehrslage herbeigeführt. Das BVerfG sah diese „Veranstaltung" als nicht mehr von Art. 8 GG geschützt

---

[43] BVerfGE 69, 315 (342 f.); BVerfGE 104, 92 (103 ff.); BVerfG, NJW 2001, 2459.

[44] Schenke, Polizei- und Ordnungsrecht, Rdnr. 361.

[45] BVerfGE 69, 315; BVerfGE 104, 92.

[46] BVerfGE 69, 315 (342 f.); BVerfGE 104, 92 (103 ff.); BVerfG, NJW 2001, 2459.

[47] Jarass/Pieroth, GG, Art. 8 Rdnr. 5 ff.; Dürig-Friedl/Enders, Versammlungsrecht, Einl., Rdnr. 34.

an, da es den Blockierern nicht vorrangig um die Kundgabe einer Meinung oder die Erregung öffentlicher Aufmerksamkeit für ein kommunikatives Anliegen gehe, sondern um die unmittelbare Durchsetzung ihrer Forderung im Wege der Selbsthilfe bzw. Nötigung.[48]

- Auch die Blockade des Publikumsverkehrs durch Sozialhilfeempfänger vor dem Sozialamt, um die Auszahlung bestimmter Geldleistungen zu erzwingen, würde als selbsthilfeähnliche Aktion mit Zwangscharakter ohne kommunikative Komponente nicht dem Schutzbereich des Art. 8 GG unterfallen.

- Ähnliches gilt für Veranstaltungen, deren alleiniges Ziel darin besteht, andere Veranstaltungen oder Versammlungen zu verhindern, beispielsweise durch systematisches Entfalten von Lärmquellen, damit Redebeiträge anderer nicht wahrnehmbar sind.[49] *Die Versammlungsfreiheit dient nämlich der geistigen, nicht der akustischen Auseinandersetzung.*[50]

Beispiele (für Grenzfälle):

- Problematisch verhält es sich mit einer Tanzveranstaltung an Karfreitag unter Verstoß gegen das einschlägige Feiertagsgesetz. Hier dürfte es weniger um einen Beitrag zur öffentlichen Meinungsbildung in Sachen Lockerung des Verbots von Vergnügungsveranstaltungen an den stillen Feiertagen gehen. Es handelt sich eher um eine rechtswidrige Übertretung, deren ideologisches Anliegen im konkreten Fall bereits in die Tat umgesetzt wird.[51] *(Zudem stellt sich die Frage, ob die von der h.M. bei Art. 8 GG geforderte Teilhabe an der öffentlichen Meinungsbildung und Meinungsäußerung vorliegt oder ob es nicht vorrangig um Tanz und Vergnügen geht.)*

- Gleichgelagert wäre wohl der Fall einer kollektiven Motorradfahrt auf einer gesperrten, für Motorradfahrer attraktiven Straße aus Protest gegen die Sperrung.[52]

Insoweit gilt auch der Grundsatz, dass Verhaltensweisen, die sich der Einzelne nicht herausnehmen darf, nicht dadurch erlaubt werden und sogar be-

---

48 BVerfGE 104, 92 (Blockade eines Grenzüberganges).

49 VG Lüneburg, Urteil vom 12.11.2014 (Az. 5 A 154/13).

50 Trurnit, NVwZ 2016, 873.

51 Bay. VGH, BayVBl. 2009, 629.

52 VGH Bad.-Württ., BWVP. 1992, 182. Anderer Auffassung Dietel/Gintzel/Kniesel, Versammlungsgesetze, Teil I, Rdnr. 23, 96, die die durchaus erwägenswerte Differenzierung vorschlagen, ob es sich um eine einmalige demonstrative Aktion handelt oder ob die Teilnehmer der Veranstaltung das in Rede stehende Verbot planmäßig und dauerhaft umgehen wollen, gewissermaßen Wiederholungsabsicht besteht.

sonderen Grundrechtsschutz durch Art. 8 GG genießen, wenn sie gemeinsam mit anderen begangen werden.[53] Andererseits können bestimmte kollektive Ausdrucksformen den Schutz des Art. 8 GG genießen, obwohl sie gefährlich nahe an der Illegalität bzw. der kollektiven Selbsthilfe oder Nötigung liegen.

Beispiele (für nach der Rechtsprechung noch im Schutzbereich des Art. 8 GG angesiedelte Aktionen):

- Gegner der Atomenergie klettern auf Bäume entlang der Bahnstrecke für Castor-Transporte und heften dort Symbole an (gelbe Kreuze in X-Form) als Zeichen ihrer Ablehnung von Atomkraftwerken und Castor-Transporten.[54]

- Nackte Fahrradfahrer radeln gemeinsam zur Hauptverkehrszeit in einem Korso durch die Innenstadt, um gegen den motorisierten Straßenverkehr zu demonstrieren und verursachen dadurch ein Verkehrschaos.[55]

- Asylbewerber beteiligen sich auf einem öffentlichen Platz gemeinsam an einem langfristig konzipierten Hungerstreik und verweilen dort etliche Wochen, um auf ihre Situation aufmerksam zu machen, ihre Anerkennung als Asylberechtigte zu erzwingen und weitere rechtliche Verbesserungen in ihrem Aufenthaltsstatus zu erreichen.[56]

Es bedarf keiner großen Phantasie, um zu ermessen, wie schwierig, bisweilen unmöglich es sein kann, die Grenzziehung vorzunehmen, ob eine örtliche Zusammenkunft von Menschen mit einem bestimmten gemeinsamen Ziel noch ein kommunikatives Anliegen verfolgt, ob eine gemeinsame Erörterung oder Kundgabe beabsichtigt ist, oder ob es ihnen nur noch um die zwangsweise Durchsetzung angemaßter Positionen geht, ob es sich möglicherweise schlichtweg um kollektiv begangene rechtswidrige Übertretungen handelt, eventuell sogar Bußgeldtatbestände oder Straftaten. Entscheidend kann hier nur eine Berücksichtigung aller Umstände des Einzelfalles sein, vor allem die Festlegung, wo der Schwerpunkt der Aktion liegt. In diesem Kontext ist auch das Problemfeld der Nötigung im Versammlungsrecht angesiedelt, insbesondere die Abgrenzung zwischen (zulässiger) demonstrativer Blockade und (unzulässiger) reiner Verhinderungsblockade.

---

53 Dietel/Gintzel/Kniesel, Versammlungsgesetze, Teil I, Rdnr. 23.

54 VG Lüneburg, Urteil vom 30.7.2014 (Az. 5 A 87/13).

55 VG Leipzig, Beschluss vom 6.6.2014 (Az. 1 L 398/14).

56 Bay. VGH, NVwZ-RR 2016, 498. Anderer Auffassung - mit triftigen Gründen - Dürig-Friedl/Enders, Versammlungsrecht, Einl., Rdnr. 34 (die besseren Gründe dürften hier für eine Verneinung des Schutzbereichs des Art. 8 GG sprechen).

29 **4. Thematischer Bezug zu politischen Angelegenheiten im weiteren Sinne (Teilhabe an der öffentlichen Meinungsbildung oder Meinungsäußerung)**

Hier liegt das wohl größte und nach wie vor nicht endgültig geklärte Grundsatzproblem des Versammlungsrechts. Umstritten ist nämlich die Frage, ob jedwede Zusammenkunft mehrerer Personen mit einem gemeinsamen Anliegen und der soeben skizzierten kommunikativen Komponente genügt, um eine Versammlung im Rechtssinne darzustellen (so der „weite Versammlungsbegriff") oder ob insoweit ein weiteres, ungeschriebenes Tatbestandsmerkmal zu fordern ist. Von der letzteren Prämisse geht der „enge Versammlungsbegriff" aus, der spätestens seit einer Entscheidung des Bundesverfassungsgerichts aus dem Jahre 2001 herrschende Meinung ist.[57] Um als Versammlung im Rechtssinne zu gelten, müsse die betreffende Veranstaltung thematisch und inhaltlich bezogen sein auf politische Angelegenheiten in einem weit verstandenen Sinne. Mit anderen Worten müsse eine Teilhabe an der öffentlichen Meinungsbildung oder Meinungsäußerung beabsichtigt sein. Gefordert wird also eine Beschäftigung mit Themen, die eine gewisse öffentliche (= politische) Bedeutung haben, also das Gemeinwesen berühren. Zwar genießen auch solche Veranstaltungen den Schutz der Versammlungsfreiheit, die ihre kommunikativen Zwecke unter Einsatz nonverbaler Ausdrucksformen, Musik und Tanz o.ä. verwirklichen. Dies gelte aber nur, wenn damit auf die öffentliche Meinungsbildung eingewirkt werden solle. Volksfeste, Vergnügungsveranstaltungen, kommerzielle Tanz- und Musikdarbietungen, auf Spaß und Unterhaltung ausgerichtete Massenpartys, Veranstaltungen, mit denen ein bestimmtes Lebensgefühl zur Schau gestellt werde u.ä. seien nicht im Schutzbereich des Art. 8 GG angesiedelt.

(Meines Erachtens sollte man das Begriffsmerkmal *„öffentlich"* in diesem Zusammenhang nur mit Vorbehalten gebrauchen, weil dieses Attribut als feststehender Begriff im Versammlungsrecht bereits an anderer Stelle Verwendung findet und dadurch eine erhebliche Verwechslungsgefahr heraufbeschworen wird: Das Versammlungsgesetz differenziert nämlich grundlegend zwischen *öffentlichen* und *nichtöffentlichen* Versammlungen. Dabei geht es um die Frage, ob nur ein individuell eingegrenzter Teilnehmerkreis an einer Versammlung teilnehmen darf, ob diese also *öffentlich* oder *nichtöffentlich* ist. Diese Problematik hat jedoch mit der hier erörterten nichts zu tun.)

---

[57] BVerfG, NJW 2001, 2459: Die Berliner Love-Parade sei keine Versammlung i.S.d. Art. 8 GG, weil es an der erforderlichen Absicht zur Teilhabe an der öffentlichen Meinungsbildung fehle. Es handele sich (lediglich) um eine öffentliche Massenparty.

Aus der Sicht dieses engen Versammlungsbegriffs sind Zusammenkünfte mit rein kulturellem, sportlichem, kommerziellem, wissenschaftlichem Hintergrund u.ä. keine Versammlungen im Schutzbereich des Art. 8 GG. Das gilt erst recht für private Zusammenkünfte unterhaltender oder geselliger Natur.

a) Die h.M. tendiert dazu, einen politischen Bezug, wenn auch in einem 30
weit verstandenen Sinne zu verlangen. Insoweit werden als Synonyme auch die Umschreibungen „Teilhabe an der öffentlichen Meinungsbildung oder Meinungsäußerung" und „thematischer Bezug zu öffentlichen Angelegenheiten" verwendet.[58]

b) Die in sich uneinheitliche Gegenauffassung[59] sieht keine Veranlassung, diese vom Wortlaut des GG nicht geforderte politische Dimension der Zusammenkunft zu verlangen, um sie als Versammlung i.S.d. Art. 8 GG zu qualifizieren.

c) Dazwischen haben sich eine Reihe vermittelnder Auffassungen gebildet[60], was auch daran liegen dürfte, dass die maßgeblichen Abgrenzungskriterien („Teilhabe an der öffentlichen Meinungsbildung oder Meinungsäußerung" u.ä.) dermaßen unscharf sind, dass man zwar dem Grunde nach weiß, was gemeint ist, in der konkreten Anwendung jedoch zahllose strittige Grenzfälle bleiben.

Die grundsätzliche Akzeptanz und Interpretation des strittigen Begriffsmerkmals hängen jedenfalls davon ab, ob man in Art. 8 GG ein weit ausgreifendes, allgemeines Freiheits- und Kommunikationsgrundrecht oder lediglich ein politisches Grundrecht sieht. Wenn die letztgenannte Sichtweise gilt, fallen konsequenterweise solche Zusammenkünfte, bei denen zwar ein gemeinsames inneres Band der Teilnehmer besteht und auch eine kommunikative Dimension vorhanden ist, nicht aber eine politische, das öffentliche Leben und das Gemeinwesen berührende Aussage getätigt wird, aus dem Schutzbereich des Art. 8 GG heraus.

---

[58] Schenke, Polizei- und Ordnungsrecht, Rdnr. 361 m.w.N.; Jarass/Pieroth, GG, Art. 8, Rdnr. 3 m.w.N.

[59] Kunig, in: von Münch/Kunig, GG, Art. 8, Rdnr. 17. In der Tendenz wohl auch Dietel/Gintzel/Kniesel, Versammlungsgesetze, Teil I, Rdnr. 99 ff. (Argumente für den weiten Versammlungsbegriff).

[60] Eine ausführliche Darstellung dieser Grundsatzproblematik mit Nachweisen zu den vertretenen Standpunkten findet sich bei Laubinger/Repkewitz, VerwArch. 92 (2001), 585 (618 ff.).

Beispiele für - unter Zugrundelegung des engen Versammlungsbegriffs - nicht dem Art. 8 GG unterfallende Veranstaltungen:
- Volksfeste, Straßenfeste.
- Geburtstagsfeiern, Hochzeitsfeiern, Jahrgangstreffen.
- Treffen von Sammlern, Auktionsbörsen.
- Musikdarbietungen, Rockkonzerte.
- Sportveranstaltungen, Fußballspiele.
- Theateraufführungen.
- Gemeinsames Anschauen von Kultfilmen, Nostalgiepartys u.v.a.

31 **d) Argumente für die enge Interpretation der Versammlung i.S.d. Art. 8 GG**

α) Art. 8 GG war vom historischen Verfassungsgeber wohl als politisches Grundrecht gedacht.[61] Die Vorläuferregelungen des Art. 8 GG lassen allesamt den Schluss zu, dass ein Mindestmaß an politischer Dimension erforderlich ist, um von einer Versammlung im Rechtssinne ausgehen zu können (Art. 8 § 161 der Frankfurter Reichsverfassung [Paulskirchenverfassung] von 1849, §§ 5 ff. des Reichsvereinsgesetzes aus dem Jahre 1908 sowie Art. 123 WRV aus dem Jahre 1919). Die Versammlungsfreiheit hat eine spezifische politische Bedeutung in einer Demokratie und weist einen erkennbaren (politischen) Bezug zur Staatszielbestimmung des Demokratieprinzips auf. Auch der Umstand, dass der Wortlaut des Art. 8 GG nur Deutsche als Grundrechtsträger erwähnt, deutet darauf hin, dass hier ein politisches Privileg und Mitspracherecht verliehen werden sollte.

β) Vom intuitiven Rechtsempfinden her wirkt es befremdlich, wenn gänzlich unpolitische Vergnügungsveranstaltungen als Versammlungen im Rechtssinne bezeichnet werden. Das Sprachgefühl sträubt sich dagegen. Der hohe Rang der Versammlungsfreiheit könnte im Rechtsbewusstsein der Bevölkerung dadurch verloren gehen.

γ) Versammlungen genießen eine Reihe verfassungsrechtlicher Privilegien (beispielsweise bevorzugte Behandlung bei der Nutzung öffentlicher Straßen und Plätze, Freistellung von der Einhaltung einzelner ordnungsrechtlicher Obliegenheiten u.ä.). Diese Privilegien gehen zwangsläufig einher mit nachteiligen Konsequenzen und Duldungspflichten für andere, vor allem Verkehrsteilnehmer, Anwohner, Gewerbetreibende.[62] Die unter Umständen eintretenden negativen Auswirkungen auf Dritte verbieten es, den Status

---

[61] Eingehende Darstellung bei Hoffmann-Riem, in: AK-GG, Art. 8 Rdnr. 1 ff.

[62] Insoweit gilt auch hier das Sprichwort, dass die Freiheit des einen die Unfreiheit des anderen nach sich ziehen kann.

als Versammlung beliebig auszudehnen und letztendlich „inflationär“ zu vergeben.

δ) Umgekehrt kann die Anwendung des Versammlungsrechts auf gänzlich unpolitische Vergnügungsveranstaltungen, private gesellige Zusammenkünfte u.ä. zu grotesken rechtlichen Konsequenzen führen. Sport- oder Musikvereine oder Wandergruppen müssten ihre Treffen dann gem. § 14 VersG bei der zuständigen Ordnungsbehörde anmelden, bei geselligen Kaffeekränzchen oder Kegel- oder Skatabenden müsste gem. § 7 VersG ein Versammlungsleiter bestellt werden u.ä.[63] Diese Konsequenzen sind erkennbar vom Gesetzgeber nicht gewollt.

e) Argumente für die weite Interpretation der Versammlung i.S.d. Art. 8 GG 32

α) Seinem Wortlaut nach stellt Art. 8 GG keine weiteren Anforderungen an die Thematik der Versammlung selbst, fordert insbesondere keine Teilhabe an der öffentlichen Meinungsbildung, keinen Bezug zu politischen Anliegen o.ä. In gewisser Weise handelt es sich bei dem soeben skizzierten engen Versammlungsbegriff um eine richterrechtlich veranlasste, teleologische Verengung des Art. 8 GG.[64]

β) Berücksichtigt man zudem, wie weit das Bundesverfassungsgericht und Teile der verfassungsrechtlichen Literatur den Schutzbereich anderer Grundrechte interpretieren, so leuchtet nicht recht ein, warum bei Art. 8 GG ein entgegengesetzter, strenger und restriktiver Maßstab angelegt werden soll.

γ) Auch würden mit einer weiten Interpretation des Art. 8 GG sich ansonsten auftuende Grundrechtslücken für unpolitische Zusammenkünfte vermieden.

δ) Überdies scheint sich auf europäischer Ebene ein weites Versammlungsverständnis durchzusetzen (Art. 11 EMRK).[65]

ε) Schließlich dürfte es vielfach kaum möglich sein, zwischen politischen und unpolitischen Veranstaltungen zu unterscheiden, zwischen solchen mit dem Ziel einer Teilhabe an der öffentlichen Meinungsbildung und solchen, bei denen dies nicht der Fall ist.

---

[63] Laubinger/Repkewitz, VerwArch. 92 (2001), 585 (622).

[64] Instruktiv zu der grundsätzlichen Problematik: Rüthers, Rechtstheorie, Rdnr. 913 ff.

[65] Kniesel/Poscher, in: Lisken/Denninger, Handbuch des Polizeirechts, Kap. K, Rdnr. 10 m.w.N.

Beispiel:
Die turnusgemäße Mitgliederversammlung eines Sportvereins dürfte keine Versammlung im Schutzbereich des Art. 8 GG sein, da es grundsätzlich nicht darum geht, auf die öffentliche Meinungsbildung einzuwirken. Ändert sich daran etwas, wenn einzelne Tagesordnungspunkte auch eine politische Dimension aufweisen - zumindest in einem weit verstandenen Sinne (beispielsweise Probleme bei der Integration ausländischer Mitglieder, rassistische Äußerungen von Fangruppen, Vandalismus bei Sportveranstaltungen, befürchtete Streichung von Subventionen oder finanziellen Zuschüssen des Staates u.v.a.)?

Auch können sich Zusammenkünfte, die auf den ersten Blick die genannten Anforderungen nicht erfüllen, zumeist ohne großen Aufwand eine politische Dimension verschaffen oder die Verfolgung eines Anliegens, welches auf die öffentliche Meinungsbildung zielt, mehr oder weniger vorspiegeln.[66]

Beispiele:
- Bei einem Konzert mit vorrangig unterhaltendem Inhalt und kommerziellen Absichten werden gesellschaftskritische „politische" Lieder ins Programm aufgenommen.
- Ein profanes Straßenfest wird mit dem Ziel versehen, dem guten Zusammenleben von Deutschen und Ausländern zu dienen.

33 Hier liegt meines Erachtens die eigentliche Schwachstelle des engen Versammlungsbegriffs - zumindest in der praktischen Rechtsanwendung. Die theoretischen und rechtsdogmatischen Argumente für seine Geltung erscheinen größtenteils überzeugend. Das dabei statuierte, maßgebliche Abgrenzungskriterium ist jedoch dermaßen schwammig, dass zahllose Zweifelsfragen entstehen und Grenzfälle bleiben. Es muss letztendlich jede Zusammenkunft im Einzelfall und unter Berücksichtigung sämtlicher Begleitumstände gewürdigt werden. Bei einer Gemengelage zwischen gänzlich unpolitischen und im weiteren Sinne politischen Themen muss versucht werden, den Schwerpunkt des Anliegens zu bestimmen.[67] Im Zweifel sollte

---

[66] Kunig, in: von Münch/Kunig, GG, Art. 8 Rdnr. 17:
„Eine sinnvolle Abgrenzung zwischen öffentlichen und privaten Angelegenheiten dürfte im Übrigen kaum zu leisten sein ..."

[67] BVerfG, NJW 2001, 2459; BVerfGE 104, 92; BVerwGE 129, 42; Jarass/Pieroth, GG, Art. 8 Rdnr. 3a.
So vielfach auch die Legaldefinitionen der neueren Versammlungsgesetze der Länder, die zwar grundsätzlich den engen Versammlungsbegriff normieren, aber eine *„überwiegend auf die Teilhabe an der öffentlichen Meinungsbildung gerichtete"* Zusammenkunft genügen lassen, um von einer Versammlung im Rechtssinne auszugehen (Art. 2 Abs. 1 bay. VersG).

dabei von letzterem, d.h. von einer Teilhabe an der öffentlichen Meinungsbildung, mithin vom Status einer Versammlung im Rechtssinne ausgegangen werden.[68]

Beispiele aus der jüngeren Rechtsprechung: 34

- Ein Rock-Konzert unter dem Motto „Rock für Dortmund - Laut gegen Sozialabbau, Masseneinwanderung und Perspektivlosigkeit" erfüllt - auch in Anbetracht der gesamten Begleitumstände des Konzertes - das für Art. 8 GG erforderliche Mindestmaß an politischem Inhalt.[69]

- Gleiches gilt für die meisten Skinhead-Konzerte, wenn die Lieder auch politische Botschaften enthalten.[70]

- Gleiches gilt für die Christopher-Street-Day-Umzüge, deren ursprüngliches Hauptanliegen ist, gegen Diskriminierungen von Homosexuellen zu protestieren.

- Ein Marsch von Fußballfans durch die Innenstadt, bei dem Hassparolen gegen einen anderen Fußballverein skandiert werden, ist hingegen keine Versammlung im Rechtssinne, weil es an der erforderlichen politischen Botschaft fehlt.[71] *Letzteres gilt grundsätzlich für alle Aktivitäten rund um den Fußball und den Sport. Völlig undifferenziert und apodiktisch lässt sich dies allerdings nicht konstatieren, denn in bestimmten Konstellationen können auch bei den Aktivitäten fußball-affiner Kreise politische Inhalte dominieren (beispielsweise bei Veranstaltungen unter dem Motto „Hooligans gegen Salafisten" o.ä.).*

- In bestimmten Fällen kann auch eine Aufteilung des Gesamtgeschehens in Versammlung und sonstige Veranstaltung geboten sein, beispielsweise die Hanfparade einerseits (Versammlung) und der Hanfmarkt der Möglichkeiten andererseits (kommerzielle Veranstaltung)[72]

[68] BVerfG, NJW 2001, 2459; BVerfGE 104, 92; BVerwGE 129, 42 (49). So durchweg auch die Rechtsprechung der übrigen Verwaltungsgerichte, die insoweit - trotz grundsätzlichem Bekenntnis zum engen Versammlungsbegriff - dem Prinzip „in dubio pro libertate" folgen.

[69] OVG NW, Beschluss vom 25.3.2015 (Az. 15 B 359/15).

[70] VGH Bad.-Württ., KommJur 2011, 107.

[71] OLG Oldenburg, NJW 2016, 887.

[72] VG Berlin, Urteil vom 11.12.2012 (Az. 1 K 354, 11).

35 **5. Deutsche i.S.d. Art. 116 GG**

Es muss sich zumindest bei einzelnen Versammlungsteilnehmern um Deutsche i.S.d. Art. 116 GG handeln. Nichtdeutsche können sich aufgrund des Wortlautes des Art. 8 Abs. 1 GG nicht auf dieses Grundrecht berufen.

Der Umgang mit dieser aus Zeiten überwiegend nationalstaatlichen Denkens stammenden Einschränkung ist heutzutage problematisch. In einer Ära der Europäisierung und Globalisierung mutet es unter Umständen befremdlich an, einem Ausländer das Grundrecht der Versammlungsfreiheit von Verfassungs wegen verwehren zu wollen. Für jene, die Art. 8 GG als überwiegend politisches Grundrecht interpretieren (siehe oben: enger Versammlungsbegriff), findet sich dafür immerhin noch eine dogmatische Erklärung: Die Versammlungsfreiheit sei vor allem eine staatspolitische Errungenschaft, die eine gewisse Nähe zu den demokratiebezogenen Bürgerrechten aufweise (wie etwa das Wahlrecht u.ä.). Auch dort werde regelmäßig an die Staatsangehörigkeit angeknüpft.

36 In Bezug auf Staatsangehörige aus Mitgliedstaaten der Europäischen Union bleibt jedoch die Frage, ob diese Sichtweise mit den europarechtlichen Vorgaben vereinbar wäre. Durch eine Reihe europäischer Rechtsakte (EU-Verträge, Verpflichtung der Mitgliedstaaten zur weitestgehenden Gleichstellung der Inländer mit Staatsangehörigen aus Staaten der Europäischen Union und damit einhergehendes Verbot der Diskriminierung, Status der Unionsbürgerschaft aufgrund der Unionsbürgerrichtlinie u.a.) bestehen insoweit Bedenken. Die besseren Gründe sprechen dafür, eine Modifizierung des GG durch das EU-Recht anzunehmen. Dies ließe sich mit den Auslegungsregeln der juristischen Methodenlehre auch gut begründen (lex posterior derogat legi priori [= die spätere Regelung verdrängt die früher ergangene] / lex superior derogat legi inferiori [= die höhere Regelung verdrängt die niedrigere]). Unionsbürger könnten sich demnach auf die Versammlungsfreiheit aus Art. 8 GG berufen.[73] Die Gegenauffassung will über den Umweg einer extensiven Anwendung der Art. 5 Abs. 1 und Art. 2 Abs. 1 GG, die nicht zwischen Deutschen und Ausländern differenzieren, im Ergebnis ebenfalls erreichen, dass Unionsbürgern die Versammlungsfreiheit zusteht.[74]

37 Sonstige Ausländer unterfallen nicht dem Schutzbereich des Art. 8 Abs. 1 GG. Allerdings bleibt ihnen im Zusammenhang mit Versammlungen eine Berufung auf andere Grundrechte möglich, insbesondere Art. 5 Abs. 1 GG [Meinungsfreiheit], Art. 2 Abs. 2 S. 2 GG [persönliche Bewegungsfreiheit],

---

73 Statt vieler: Jarass/Pieroth, GG, Art. 19 Rdnr. 12 m.w.N.

74 Statt vieler: Kunig, in: von Münch/Kunig, GG, Art. 8 Rdnr. 6 ff. m.w.N.

Art. 2 Abs. 1 GG [allgemeine Handlungsfreiheit], hilfsweise auch auf die einfachgesetzliche Garantie der Versammlungsfreiheit durch § 1 VersG sowie auf Art. 11 der Europäischen Menschenrechtskonvention - EMRK - .

6. Friedlich 38

Seinem ausdrücklichen Wortlaut nach garantiert Art. 8 GG nur friedliche Versammlungen. Unfriedliche Versammlungsteilnehmer bzw. Versammlungen genießen nicht den Schutz des Art. 8 GG. Rechtsdogmatisch kann man dies bereits als Begriffsmerkmal der Versammlung i.S.d. Art. 8 GG deuten und damit zum Schutzbereich gehörend behandeln. Ebenso ist es möglich, im Erfordernis der Friedlichkeit eine (sekundäre) verfassungsunmittelbare Schranke zu sehen. (Näher zu diesem Aspekt Rdnr. 44 ff.)

7. Unbewaffnet 39

Die Versammlung bzw. die Versammlungsteilnehmer müssen unbewaffnet sein. Auch dies folgt aus dem ausdrücklichen Wortlaut des Art. 8 GG. Es gelten strukturell die gleichen Überlegungen wie zum Erfordernis der Friedlichkeit: Das Unbewaffnetsein lässt sich systematisch bereits als (primäre) Einschränkung des Schutzbereichs des Art. 8 GG einordnen oder als (sekundäre) verfassungsunmittelbare Schranke deuten. (Näher zu diesem Aspekt Rdnr. 47 f.)

8. Gleichgültig für den Versammlungsbegriff i.S.d. Art. 8 GG ist hingegen 40
die Frage, ob es sich um eine *öffentliche Versammlung* handelt, also eine solche, zu der grundsätzlich jedermann Zutritt hat, oder um eine *nichtöffentliche Versammlung*, d.h. eine solche, zu der nur ein individuell eingegrenzter Teilnehmerkreis kommen darf. (Für die Anwendbarkeit des VersG spielt diese Unterscheidung hingegen eine wichtige Rolle.)

9. Irrelevant für den Versammlungsbegriff i.S.d. Art. 8 GG ist auch die 41
Frage der Räumlichkeiten bzw. Örtlichkeiten. Art. 8 GG schützt sowohl *Versammlungen unter freiem Himmel* als auch *Versammlungen in geschlossenen Räumen*. (Auch diese Differenzierung ist hingegen bei der Anwendung des VersG von Bedeutung.)

42 **III. Konstellationen, die nicht dem Schutzbereich des Art. 8 Abs. 1 GG unterfallen bzw. keine Versammlungen i.S.d. Art. 8 Abs. 1 GG sind**

Aus der soeben vorgenommenen Festlegung des Schutzbereiches des Art. 8 Abs. 1 GG folgt im Umkehrschluss, dass folgende Konstellationen keine Versammlungen im verfassungsrechtlichen Sinne sind:

1. Demonstrationen Einzelner

Beispiele:
- Stille Mahnwache einer einzelnen Person, die ein Plakat oder Transparent hochhält.
- Umstritten ist die Rechtslage, wenn es sich um ein Pärchen handeln würde.

2. „Zusammenkünfte" von Personen, die sich nicht körperlich und räumlich real treffen, sondern lediglich mit elektronischen Mitteln der Telekommunikation Kontakt herstellen

Beispiele:
- Videokonferenzen.
- „Chatrooms" o.ä. im Internet.

3. Dauerhafte Zusammenkünfte von Personen, bei denen zeitlich kein Ende in Sicht ist (strittig)

Beispiel:
Aufbau eines Zeltlagers oder Hüttendorfes auf einem Platz, wobei die Akteure dort aus Protest bis auf weiteres wohnen.

4. Zusammenkünfte von Personen, denen die gemeinsame innere Zweckbindung fehlt

Beispiele:
- Schaulustige nach einem Unfall.
- Interessenten an einem Verkaufsstand.

5. Veranstaltungen, denen die kommunikative Dimension fehlt, die in keiner Weise auf Erörterung oder Kundgabe gerichtet sind (selbsthilfeähnliche Aktionen oder kollektive Nötigungen)

Beispiele:

- Sitzstreik vor dem Sozialamt, um die Zahlung bestimmter finanzieller Zuwendungen zu erzwingen.
- Blockade einer Straße mit dem alleinigen Ziel, eine andere Veranstaltung zu verhindern.

6. Zusammenkünfte von Personen, denen es nicht (vorrangig) um öffentliche Meinungsbildung oder Meinungsäußerung geht; Versammlungen, deren Thema auch in einem weit verstandenen Sinne keine politische Dimension hat (strittig)

Beispiele:
- Geburtstagsfeiern, Hochzeitsfeiern, Jahrgangstreffen.
- Treffen von Sammlern, Auktionsbörsen.
- Sportveranstaltungen, Fußballspiele.
- Straßenfeste.
- Vergnügungsveranstaltungen, Massenpartys, Berliner Love-Parade.
- Musikdarbietungen, Konzerte (sofern keine dezidiert politischen Lieder gesungen werden).
- Theateraufführungen (sofern das dargebotene Stück keine erkennbare politische Botschaft enthält, deren Aktualisierung im Vordergrund stehen soll).
- Gemeinsames Anschauen von Kultfilmen oder Nostalgiepartys (sofern dabei nicht der politische Protest oder Vergleichbares im Vordergrund steht).

7. Versammlungen von Ausländern (die keine Europäischen Unionsbürger sind) (strittig)

Beispiel:
Demonstration abgelehnter Asylbewerber gegen drohende Abschiebungen.

8. Unfriedliche Versammlungen

Beispiel:
Vermummte Demonstranten schlagen anlässlich einer Protestveranstaltung die Fensterscheiben von Banken und Geschäften ein oder beschädigen geparkte Autos.

9. Bewaffnete Versammlungen

Beispiel:
Demonstranten führen (mehrheitlich oder zumindest in beträchtlicher Anzahl) Messer, Schlagstöcke, Metallstangen u.ä. mit sich.

43 ## IV. Verfassungsrechtliche Schranken des Art. 8 Abs. 1 GG

1. Verfassungsunmittelbare Schranken

Seinem ausdrücklichen Wortlaut nach garantiert Art. 8 Abs. 1 GG nur friedliche und unbewaffnete Versammlungen. Unfriedliche oder bewaffnete Versammlungsteilnehmer bzw. Versammlungen genießen somit nicht den Schutz des Art. 8 Abs. 1 GG. Methodisch kann man diese Aspekte bereits als Begriffsmerkmale der Versammlung i.S.d. Art. 8 Abs. 1 GG oder als verfassungsunmittelbare Schranken behandeln.

44 #### a) Friedlich

α) Um von einer unfriedlichen Versammlung sprechen zu können, muss eindeutig gewalttätiges Verhalten vorliegen, also Handlungen von einer gewissen Gefährlichkeit, typischerweise aggressive Ausschreitungen gegen Personen oder Sachen, Körperverletzungen, Sachbeschädigungen u.ä.[75] Friedlichkeit i.S.d. Art. 8 GG bedeutet nicht schlechthin Konfliktlosigkeit oder strikte Einhaltung der Rechtsordnung. Das Friedlichkeitsgebot ist als Parallelbestimmung zum Waffenverbot in Art. 8 GG zu sehen, so dass es nur um den Ausschluss schwerwiegenden Missbrauchs bei der Durchführung von Versammlungen gehen kann. Der Begriff der Unfriedlichkeit kann deshalb nicht durch einen erweiterten Gewaltbegriff definiert werden.[76]

Daher genügen beispielsweise lautstarkes Auftreten, Sitzblockaden, Gewalt i.S.d. weiten, vergeistigten strafrechtlichen Gewaltbegriffs des § 240 StGB, einfache Beleidigungen oder Nötigungen u.ä. grundsätzlich nicht zur Annahme einer unfriedlichen Versammlung, denn um die einschneidende Rechtsfolge des Verlusts der Garantien des Art. 8 GG zu rechtfertigen, muss das in Rede stehende Verhalten eine gewisse Schwere aufweisen.

Wenn man zur Begriffsbestimmung des Unfriedlichen im Strafrecht eine Anlehnung sucht, so dürfte diese am ehesten beim Tatbestandsmerkmal der Gewalttätigkeit i.S.d. § 125 StGB [Landfriedensbruch] zu finden sein:
Einsatz physischer Zwangsmittel durch aggressives positives Tun von einiger Erheblichkeit mit dem Ziel, Menschen oder Sachen in ihrer Substanz zu verletzen.[77]

---

[75] BVerfGE 69, 315 (359 ff.); BVerfGE 73, 206 (248 f.); BVerfGE 104, 92 (105 f.).
[76] BVerfG a.a.O.
[77] Lackner/Kühl, StGB, § 125 Rdnr. 4.

Das qualifizierte Gewaltverständnis als Gegenstück zum „friedlich" i.S.d. Art. 8 Abs. 1 GG hat auch seinen Niederschlag in den einfachgesetzlichen Vorschriften der § 5 Nr. 3 und § 13 Abs. 1 Nr. 2 VersG gefunden, wo sich insoweit die Umschreibungen „gewalttätig" und „aufrührerisch" finden.

Umstritten ist, ob bloße verbale Ankündigungen von Gewalttätigkeiten oder Aufforderungen zur Gewaltanwendung (die sich zudem möglicherweise auf außerhalb der Versammlung liegende Orte beziehen) genügen, um einer Versammlung bereits aus verfassungsrechtlichen Gründen die Berufung auf den Schutzbereich des Art. 8 GG zu nehmen oder ob sich für diese einschneidende Rechtsfolge die Gewalt vielmehr real manifestieren muss. Auf der Ebene des einfachen Rechts gibt es jedenfalls Vorschriften, die das Verbot oder die Auflösung einer Versammlung ermöglichen, auch wenn die Gewalt noch nicht zu Tage getreten ist, aber zu erwarten steht oder angekündigt wurde oder sonst zur Gewalt aufgerufen wurde. 45

β) Das unfriedliche Verhalten Einzelner genügt nicht, um eine Versammlung insgesamt als unfriedlich zu qualifizieren. Ansonsten läge es in den Händen einzelner böswilliger Versammlungsteilnehmer, der gesamten Versammlung den Schutz des Art. 8 GG zu nehmen. Erforderlich für die Annahme einer unfriedlichen Versammlung ist vielmehr, dass das gewalttätige Verhalten vom Veranstalter oder Leiter der Versammlung, von der Mehrheit oder zumindest einer zahlenmäßig starken Minderheit der Teilnehmer unterstützt, gutgeheißen oder zumindest toleriert wird.[78] 46

b) Unbewaffnet 47

α) Für das Kriterium des Bewaffnetseins gilt einerseits ein spezifisch versammlungsrechtlicher, weiter Waffenbegriff (der einfachgesetzlich in § 2 Abs. 3 VersG seinen Niederschlag gefunden hat). Waffen in diesem Sinne sind nicht nur alle Waffen im engeren und technischen Sinne (z.B. Pistolen, Revolver, Gewehre, Säbel, Hieb- und Stichwaffen), sondern auch all jene Gegenstände, die zur Verletzung von Personen oder zur Beschädigung von Sachen geeignet und bestimmt sind (z.B. Gebrauchsmesser, Macheten, Beile, Schraubenzieher, größere Taschenmesser, Metallstangen, Baseballschläger).

Bloße Schutz- oder Defensivwaffen, also Gegenstände, die nicht zum Angriff taugen (z.B. gepolsterte oder gepanzerte Kleidungsstücke, Helme), fallen nicht unter das verfassungsrechtliche Waffenverbot des Art. 8 Abs. 1

[78] BVerfGE 69, 315 (361); BVerfGK 11, 298.

GG (wohl aber unter das einfachgesetzliche Verbot des § 17a Abs. 1 VersG).

48 **β)** Die zum Kriterium „friedlich" skizzierten Zurechnungsregeln gelten für das Tragen von Waffen sinngemäß: Der Umstand, dass einzelne Teilnehmer einer Versammlung bewaffnet sind, nimmt nicht der gesamten Versammlung den Schutz des Art. 8 GG, sofern die Mehrheit sich von dem rechtswidrigen Verhalten der Bewaffneten distanziert.

49

2. Schranken aufgrund Gesetzesvorbehalts

Art. 8 Abs. 2 GG ermächtigt den Gesetzgeber, Versammlungen unter freiem Himmel durch Gesetz oder aufgrund eines Gesetzes zu beschränken. In Ausübung dieser Kompetenz wurde vor allem das Versammlungsgesetz erlassen.

50

3. Verfassungsimmanente Schranken

Entgegenstehende Grundrechte Dritter sowie Rechtsgüter mit Verfassungsrang sind nach allgemeinen Regeln geeignet, die Versammlungsfreiheit zu beschränken. Diese verfassungsimmanenten Schranken können sich auch in einfachen Gesetzen manifestieren. So werden die Vorschriften des Versammlungsgesetzes als Ausdruck der verfassungsimmanenten Schranken des Art. 8 Abs. 1 GG interpretiert, soweit es dort um die Reglementierung von Versammlungen in geschlossenen Räumen geht.[79]

---

[79] Jarass/Pieroth, GG, Art. 8 Rdnr. 21.

C. Der Anwendungsbereich des Versammlungsgesetzes 51

I. Der Begriff der Versammlung i.S.d. VersG

Erforderlich für die Anwendbarkeit des VersG ist vor allem, dass eine Versammlung (oder ein Aufzug) im Sinne dieses Gesetzes vorliegt. Ebenso wie das GG enthält auch das VersG keine Legaldefinition der Versammlung im Rechtssinne. Die ganz h.M.[80] interpretiert die einfachgesetzliche Kategorie der Versammlung so weit wie möglich in Anlehnung an die soeben skizzierte Kategorie der Versammlung im verfassungsrechtlichen Sinne. Gleichwohl sind beide Begriffe nicht völlig deckungsgleich. Im Einzelnen erfordert eine Versammlung i.S.d. VersG folgende Merkmale:

1. Zusammenkunft mehrerer Personen 52

Es gelten insoweit die gleichen Maßstäbe wie beim Begriff der Versammlung i.S.d. Art. 8 GG. Erforderlich ist demnach eine Mindestanzahl von zwei oder drei Teilnehmern (str.), deren reale räumliche Anwesenheit sowie der zeitlich vorübergehende Charakter der Zusammenkunft (str.) Zur Vermeidung unnötiger Wiederholungen kann auf die obigen Ausführungen verwiesen werden (siehe Rdnr. 24 - 26).

2. Gemeinsame Zweckbindung (Gemeinschaftsgefühl, inneres Band) 53

Auch dazu gelten die Ausführungen zur Versammlung im verfassungsrechtlichen Sinne: Die Personenmehrheit muss durch einen gemeinsamen Willen verbunden sein. Es muss ein inneres Band zwischen den Teilnehmern bestehen; eine innere Struktur muss erkennbar sein (siehe Rdnr. 27).

3. Kommunikative Dimension (gemeinsame Erörterung oder Kundgabe) 54

Auch für eine Versammlung im einfachgesetzlichen Sinne ist unabdingbar, dass die zusammengekommenen Personen eine gemeinsame Erörterung oder Kundgabe beabsichtigen. Eine kommunikative Aussage muss erkennbar sein. Daran fehlt es vor allem bei der bloßen selbsthilfeähnlichen Durchsetzung von Rechtspositionen oder bei Aktionen mit Zwangscharakter, die sich in einer kollektiven Nötigung erschöpfen (siehe Rdnr. 28).

---

[80] BVerfGE 69, 315 (343); BVerfG NJW 2001, 2459 (2460); Schenke, Polizei- und Ordnungsrecht, Rdnr. 361.

55 **4. Thematischer Bezug zu politischen Angelegenheiten im weiteren Sinn (Teilhabe an der öffentlichen Meinungsbildung oder Meinungsäußerung)**

Die h.M. fordert auch für das Vorliegen einer Versammlung i.S.d. VersG dieses Kriterium (enger Versammlungsbegriff). Eine nach wie vor vertretene Gegenmeinung lehnt dies ab (weiter Versammlungsbegriff). Die Diskussion im VersG gleicht der Diskussion zu Art. 8 GG (siehe Rdnr. 29 - 34).

56 **5. Öffentlich**[81]

Gemäß § 1 Abs. 1 VersG gilt das VersG nur für öffentliche Versammlungen und Aufzüge. Dieser Befund wird bestätigt durch die Überschriften des VersG zu den Abschnitten II und III, die ausdrücklich nur öffentliche Versammlungen erwähnen. Damit wird durch das VersG ein gänzlich neues Kriterium eingeführt und es entsteht eine erhebliche Diskrepanz zwischen der Versammlung im verfassungsrechtlichen Sinne und dem Anwendungsbereich des VersG.

57 **a) Definition „öffentlich"**

Öffentlich in diesem Sinne ist eine Versammlung, an der grundsätzlich jeder teilnehmen kann, zu der also ein unbegrenzter Teilnehmerkreis Zutritt hat.[82]

Beispiele:
- Wahlkampfkundgebung auf dem Marktplatz.
- Informationsabend einer Bürgerinitiative in einer Stadthalle.

Nichtöffentlich ist eine Versammlung hingegen, wenn der Teilnehmerkreis auf individuell bezeichnete Personen beschränkt ist.

Beispiele:
Treffen von Vereinsmitgliedern, Parteitagsdelegierten u.ä.

---

[81] Es handelt sich um eine bemerkenswerte Einschränkung gegenüber dem Schutzbereich des Art. 8 Abs. 1 GG, der sowohl öffentliche als auch nichtöffentliche Versammlungen garantiert.

[82] Schenke, Polizei- und Ordnungsrecht, Rdnr. 362 m.w.N.

b) Kriterien zur Abgrenzung zwischen öffentlichen und nichtöffentlichen Versammlungen 58

Die Frage, ob eine Versammlung öffentlich oder nichtöffentlich ist, lässt sich nur aus einer Gesamtschau aller Begleitumstände beantworten. Entscheidend für die Einordnung einer Veranstaltung als öffentlich oder nichtöffentlich sind dabei die tatsächlichen Verhältnisse vor Ort. Die Bezeichnung durch den Veranstalter ist nur von indizieller Bedeutung.

Die Öffentlichkeit wird nicht dadurch ausgeschlossen, dass der Veranstalter bestimmte Personen oder Personengruppen in der Einladung von der Teilnahme ausschließt. Auch die Erhebung von Eintrittsgeldern oder Unkostenbeiträgen sowie die Durchführung von Einlasskontrollen stehen der Öffentlichkeit nicht zwingend entgegen. Es handelt sich insoweit lediglich um widerlegbare Indizien für den nichtöffentlichen Charakter der Versammlung.[83]

Sinnvollerweise ist hypothetisch die Frage zu stellen, ob es jemanden gibt, der über eine Liste der Teilnehmer verfügt oder ohne große Ermittlungen ein derartiges Verzeichnis erstellen könnte. Wenn dies der Fall ist, spricht einiges für den nichtöffentlichen Charakter der Versammlung.

c) Möglichkeit der körperlichen Anwesenheit als allein maßgeblicher Umstand 59

Der öffentliche oder nichtöffentliche Charakter einer Versammlung wird nicht durch die Möglichkeiten einer optischen oder akustischen Kenntnisnahme vom Versammlungsgeschehen beeinflusst. Entscheidend ist allein die gegebene oder nicht gegebene Möglichkeit eines grundsätzlich unbegrenzten Kreises an Interessenten, körperlich bei der Versammlung anwesend zu sein.

Umstände, wie etwa
- die Einsehbarkeit des Versammlungsortes von außen,
- die Möglichkeit für Außenstehende, den Redebeiträgen zuzuhören,
- die Übertragung des Versammlungsgeschehens durch Lautsprecher, Videokameras u.ä.

sind für die Frage, ob die Versammlung öffentlich oder nichtöffentlich ist, irrelevant. Sie vermögen insbesondere nicht, einer nichtöffentlichen Versammlung den Charakter einer öffentlichen Versammlung zu verleihen. In-

---

[83] Schenke, Polizei- und Ordnungsrecht, a.a.O.

soweit gilt sinngemäß das oben bereits Ausgeführte unter anderen Vorzeichen: Entscheidend für die Kategorien und Begriffsbildungen des VersG (Vorliegen einer Versammlung überhaupt, öffentlich oder nichtöffentlich) ist die reale körperliche Anwesenheit der Betreffenden an einem bestimmten Ort bzw. die ungehinderte Möglichkeit dazu. Unbeachtlich sind hingegen bloß visuelle oder akustische Einbeziehungen oder die Optionen der modernen elektronischen Kommunikationstechnologie.

Von dieser - soweit ersichtlich in Literatur und Judikatur allgemein anerkannten - Interpretation des Attributes öffentlich, die sich vielfach auch in Legaldefinitionen der neueren VersG der Bundesländer niedergeschlagen hat, weicht neuerdings das schleswig-holsteinische VersFG ab. § 2 Abs. 2 schl.-holst. VersFG normiert, dass eine Versammlung auch dann als öffentlich anzusehen ist, wenn letztere auf eine Kundgebung an die Öffentlichkeit in ihrem räumlichen Umfeld gerichtet ist. Es bleibt abzuwarten, ob diese überraschende Umdeutung bzw. Erweiterung des Merkmales „öffentlich“, zu der sich der Gesetzgeber in Schleswig-Holstein hat hinreißen lassen, bundesweit eine Gefolgschaft finden wird.

60 **5.** Der Anwendungsbereich des VersG erfasst gleichermaßen Versammlungen von Deutschen, Versammlungen von Ausländern und insoweit gemischte Versammlungen. Auch gelten die Vorschriften des VersG für alle deutschen und ausländischen Versammlungsteilnehmer. Die Staatsangehörigkeit spielt für das VersG keine Rolle.[84] Bedeutsam ist dies vor allem im Hinblick auf § 1 VersG, der die Versammlungsfreiheit umfassend und unabhängig von der Nationalität garantiert und damit für Ausländer eine bedeutsame Vorschrift ist, weil diese sich grundsätzlich nicht auf Art. 8 GG berufen können.

61 **6.** Das VersG gilt sowohl für friedliche als auch für unfriedliche Versammlungen.[85] Gerade weil das VersG ein Gesetz zur Gefahrenabwehr und zur Bekämpfung versammlungsspezifischer Gefahren ist, wäre es widersinnig, wenn es bei unfriedlichen Versammlungen und gegenüber unfriedlichen Versammlungsteilnehmern nicht zur Anwendung gelangen würde. Selbstverständlich enthält das VersG aber Eingriffsgrundlagen, um unfriedliche Versammlungen zu verbieten oder aufzulösen oder auf sonstige Weise dagegen vorzugehen.

---

[84] Erweiterung gegenüber dem Schutzbereich des Art. 8 Abs. 1 GG, der nur für Deutsche gilt.

[85] Erweiterung gegenüber dem Schutzbereich des Art. 8 Abs. 1 GG, dessen Garantien nur für friedliche Versammlungen gelten.

7. Das VersG gilt sowohl für unbewaffnete als auch für bewaffnete Versammlungen.[86] Es gelten hier sinngemäß die unter 6. angestellten Überlegungen: Als Gesetz zur Abwehr versammlungsspezifischer Gefahren muss das VersG gerade bei bewaffneten Versammlungen und gegenüber bewaffneten Versammlungsteilnehmern zunächst einmal zur Anwendung gelangen. Auch insoweit gibt es im VersG aber Eingriffsgrundlagen, um bewaffnete Versammlungen zu verbieten oder aufzulösen oder auf sonstige Weise dagegen vorzugehen. **62**

---

[86] Erweiterung gegenüber dem Schutzbereich des Art. 8 Abs. 1 GG, dessen Garantien nur für unbewaffnete Versammlungen gelten.

63 **II. Anwendung allgemeiner Vorschriften, insbesondere des Polizei- und Ordnungsrechts**

Aus den Ausführungen unter I. folgt im Umkehrschluss, dass das VersG in folgenden Konstellationen grundsätzlich keine Anwendung findet:

1. Bei Demonstrationen Einzelner

Es gilt allgemeines Polizei- und Ordnungsrecht.

Beispiele:
- Stille Mahnwache einer einzelnen Person, die ein Plakat oder Transparent hochhält.
- Umstritten ist die Rechtslage, wenn es sich um ein Pärchen handeln würde.

2. Bei „Zusammenkünften" von Personen, die sich nicht körperlich und räumlich real treffen, sondern lediglich mit elektronischen Mitteln der Telekommunikation Kontakt herstellen

Es gilt allgemeines Polizei- und Ordnungsrecht.

Beispiele:
- Videokonferenzen.
- „Chatrooms" o.ä. im Internet.

3. Bei dauerhaften Zusammenkünften von Personen, bei denen zeitlich kein Ende in Sicht ist (strittig)

Es gilt allgemeines Polizei- und Ordnungsrecht (ggf. auch Baurecht oder Umweltschutzrecht).

Beispiel:
Aufbau eines Zeltlagers oder Hüttendorfes auf einem Platz, wobei die Akteure dort aus Protest bis auf weiteres wohnen.

4. Bei Zusammenkünften von Personen, denen die gemeinsame innere Zweckbindung fehlt

Es gilt allgemeines Polizei- und Ordnungsrecht.

Beispiele:
- Schaulustige nach einem Unfall.
- Interessenten an einem Verkaufsstand.

5. Bei Veranstaltungen, denen die kommunikative Dimension fehlt, die in keiner Weise auf Erörterung oder Kundgabe gerichtet sind (selbsthilfeähnliche Aktionen oder kollektive Nötigungen)

Es gilt grundsätzlich allgemeines Polizei- und Ordnungsrecht.

Beispiel:
- Sitzstreik vor dem Sozialamt, um die Zahlung bestimmter finanzieller Zuwendungen zu erzwingen.
- Blockade einer Straße mit dem alleinigen Ziel, eine andere Veranstaltung zu verhindern.

6. Bei Zusammenkünften von Personen, denen es nicht (vorrangig) um öffentliche Meinungsbildung oder Meinungsäußerung geht bzw. bei Versammlungen, deren Thema auch in einem weit verstandenen Sinne keine politische Dimension hat (strittig)

Es gilt grundsätzlich allgemeines Polizei- und Ordnungsrecht.

Beispiele:
- Geburtstagsfeiern, Hochzeitsfeiern, Jahrgangstreffen.
- Treffen von Sammlern, Auktionsbörsen.
- Sportveranstaltungen, Fußballspiele.
- Straßenfeste.
- Vergnügungsveranstaltungen, Massenpartys, Berliner Love-Parade.
- Musikdarbietungen, Konzerte (sofern keine dezidiert politischen Lieder gesungen werden).
- Theateraufführungen (sofern das dargebotene Stück keine erkennbare politische Botschaft enthält, deren Aktualisierung im Vordergrund stehen soll).
- Gemeinsames Anschauen von Kultfilmen oder Nostalgiepartys (sofern dabei nicht der politische Protest oder Vergleichbares im Vordergrund steht).

7. Bei nichtöffentlichen Versammlungen 64

Nach herrschender Meinung gilt für nichtöffentliche Versammlungen grundsätzlich allgemeines Polizei- und Ordnungsrecht.[87]

[87] Statt vieler: Schenke, Polizei- und Ordnungsrecht, Rdnr. 343, 353.

Beispiele:
- Treffen von Parteitagsdelegierten in einer Stadthalle.
- Zusammenkunft eines geschlossenen Kreises politisch Gleichgesinnter in einer Gaststätte.

Nach der Gegenauffassung sollen die Vorschriften des VersG bei nichtöffentlichen Versammlungen analoge Anwendung finden.[88]

Diese Streitfrage des Rechtsregimes nichtöffentlicher Versammlungen lässt sich leider nicht zufriedenstellend beantworten; sie gleicht der Wahl zwischen Skylla und Charybdis. Egal wie man sich entscheidet - es bleibt zumindest ein gewissen Unbehagen. Für die analoge Anwendung des VersG wird geltend gemacht, nur so könne der Bedeutung des Art. 8 GG Rechnung getragen werden. Dieser schützt öffentliche und nichtöffentliche Versammlungen gleichermaßen. Eine Anwendung des allgemeinen Polizeirechts auf nichtöffentliche Versammlungen führe zu dem widersinnigen Ergebnis, dass gerade diese besonders privilegierte Form einer Versammlung mit tendenziell geringem Gefahrenpotential und verfassungsrechtlich hoher Eingriffsschwelle dem allgemeinen Polizeirecht „ausgeliefert" werde.

Diese Argumentation wiegt schwer und erscheint auf den ersten Blick überzeugend. Sie ist jedoch unter verfassungsrechtlichen Gesichtspunkten in anderer Hinsicht problematisch, denn sie setzt sich über den eindeutigen Wortlaut des VersG hinweg. Derartige Korrekturen sind in einem demokratischen Rechtsstaat aber Aufgabe des Gesetzgebers, nicht einer berichtigenden Auslegung durch die herrschende Lehre - unter Umgehung des Parlaments.

Auch inhaltlich erscheint die Argumentation nicht in jeder Hinsicht zwingend. Die rechtstechnische Anwendung der Eingriffsgrundlagen des allgemeinen Polizeirechts im Zusammenhang mit Gefahren bei nichtöffentlichen Versammlungen muss nicht bedeuten, dass in der Sache die besonderen Wertungen des Art. 8 GG und des VersG dabei „unter die Räder" kämen. Diese können durchaus auch im Rahmen des allgemeinen Polizeirechts Berücksichtigung finden, vor allem bei der Ermessensausübung und beim Grundsatz der Verhältnismäßigkeit. Das allgemeine Polizeirecht lebt ohnehin auch bei öffentlichen Versammlungen wieder auf im Rahmen des VersG, und zwar bei einschränkenden Verfügungen (argumentum a maiori ad minus). Daher dürfte es mehr eine methodische und rechtstechnische denn eine inhaltliche Frage sein, ob man den Anwendungsbereich des all-

---

[88] Kingreen/Poscher, Polizei- und Ordnungsrecht mit Versammlungsrecht, § 19 Rdnr. 16; Dietel/Gintzel/Kniesel, Versammlungsgesetze, Teil I, Rdnr. 421.

gemeinen Polizeigesetzes bei nichtöffentlichen Versammlungen direkt eröffnet (in der Sache selbstverständlich unter Berücksichtigung der besonderen Wertungen des Art. 8 GG und der vergleichbaren Vorschriften des VersG) oder ob man den Anwendungsbereich des Polizei- und Ordnungsrechts indirekt über die Rechtsfigur des argumentum a maiori ad minus eröffnet.

Darüber hinaus handelt es sich beim VersG um ein lückenhaftes und an vielen Stellen redaktionell schlecht ausgearbeitetes Gesetz, dessen analoge Anwendung kritisch bedacht sein sollte. Nur Rechtsgrundsätze, die Ausdruck allgemeiner Rechtsgedanken sind und mustergültig in einer Regelung des positiven Rechts ihren Niederschlag gefunden haben, verdienen es nach allgemeiner juristischer Methodenlehre, analog angewandt zu werden. Dies dürfte bei vielen Paragraphen des VersG nicht der Fall sein.

Zudem stößt eine mögliche Analogie spätestens bei Straftatbeständen und Ordnungswidrigkeiten (§§ 21 ff. VersG) an ihre Grenzen, denn bei diesen endet die Auslegung gem. Art. 103 Abs. 2 GG an der Grenze des Wortlauts. Die besseren Gründe dürften daher für eine grundsätzliche Anwendung des allgemeinen Polizei- und Ordnungsrechts auf nichtöffentliche Versammlungen sprechen.

Losgelöst davon gibt es allerdings einzelne Vorschriften des VersG, die aufgrund ihres ausdrücklichen Wortlautes - unter Verstoß gegen die Gesamtkonzeption des VersG - auch auf nichtöffentliche Versammlungen Anwendung finden. Zu nennen sind hier vor allem § 3 [Verbot der Uniformierung] sowie die Strafbestimmungen der §§ 21, 23 und 28 VersG.

8. Bei nicht versammlungsspezifischen Gefahren 65

Wenn es um die Abwehr von Gefahren geht, die allein aus der Ansammlung vieler Menschen an einem dafür ungeeigneten Ort entstehen, unabhängig davon, ob eine Versammlung vorliegt, gelten insoweit vor allem die jeweiligen Fachgesetze des Besonderen Ordnungsrechts, subsidiär gilt das allgemeine Polizeirecht.[89] Das VersG selbst beschäftigt sich nämlich erkennbar nicht mit solchen Gefahrensituationen.[90]

Beispiele:
- Verbot, sich in einem baufälligen Gebäude zu versammeln, da Einsturzgefahr besteht.

[89] Dürig-Friedl/Enders, Versammlungsrecht, § 15 Rdnr. 10.
[90] Schenke, Polizei- und Ordnungsrecht, Rdnr. 382.

- Verbot gegenüber Personen, die an einer ansteckenden Krankheit leiden, sich in der Öffentlichkeit zu versammeln.
- Örtliche Verlegung einer Versammlung nach einer anonymen Bombendrohung.
- Schwierige Grenzfälle können entstehen im Zusammenhang mit Gefahren durch den Straßenverkehr. (Ist die Gefahr, dass ein unachtsamer Autofahrer den Teilnehmer einer Versammlung auf einer öffentlichen Verkehrsfläche anfährt, noch versammlungsspezifisch? u.ä.)

66 **9. Bei Geschehnissen im Vorfeld einer Versammlung**

Die Vorbereitungsphase einer Versammlung wird zwar vom Schutzbereich des Art. 8 GG erfasst. Das VersG beschäftigt sich aber grundsätzlich nur mit der Durchführung der Versammlung selbst, so dass für Vorfeldgefahren das allgemeine Polizei- und Ordnungsrecht zur Anwendung gelangt.

Beispiele:
- Anreisende Demonstranten in einem Bus möchten bewaffnet zum Ort der Versammlung.
- Die Polizei errichtet eine Kontrollstelle, um anlässlich einer bevorstehenden Versammlung nach verbotenen Gegenständen oder Waffen zu suchen.
- Geschehnisse auf Bahnhöfen oder an Bushaltestellen vor Beginn der eigentlichen Versammlung.

Auch insoweit gibt es vereinzelt Stimmen, die bei Vorfeldgefahren das VersG oder zumindest einzelne seiner Normen analog anwenden möchten. Der Streitstand ist strukturell ähnlich wie bei der Frage der Anwendbarkeit des VersG auf nichtöffentliche Versammlungen. Neben den dort bereits genannten Argumenten, die gegen eine analoge Anwendung des VersG sprechen, kommt hier der Umstand hinzu, dass es im VersG nur wenige Vorschriften gibt, die auf Vorfeldgefahren übertragbar wären, die analoge Anwendung daher a priori und rein rechtstechnisch kaum durchführbar wäre.

Zudem wird die hier skizzierte Trennlinie von einzelnen Vorschriften des VersG nicht eingehalten. So verbietet beispielsweise § 17a Abs. 1 und Abs. 2 VersG für öffentliche Versammlungen unter freiem Himmel das Tragen von Schutzwaffen und die Vermummung nicht nur während der Versammlung selbst, sondern auch bereits auf dem Weg dorthin. § 17a Abs. 4 S. 1 VersG ermächtigt die zuständige Behörde, zur Durchsetzung dieser Verbote Anordnungen zu treffen. Soweit es also um die besonderen Problemfelder Passivbewaffnung und Vermummung geht, gelten die Spezialregelungen des VersG ausnahmsweise aufgrund ihres ausdrücklichen Wortlautes auch für Geschehnisse im Vorfeld einer Versammlung.

10. Bei Geschehnissen nach einer Versammlung 67

Dazu kann sinngemäß auf die Ausführungen unter 9. verwiesen werden. Die zeitliche Nachzone einer Versammlung wird zwar vom Schutzbereich des Art. 8 GG erfasst. Das VersG thematisiert grundsätzlich aber nur die Durchführung der Versammlung selbst, so dass Gefahren, die nach Beendigung einer Versammlung auftreten, ausschließlich dem allgemeinen Polizei- und Ordnungsrecht unterliegen.

Beispiele:
- Auf dem Bahnhof kommt es bei der Abreise von Versammlungsteilnehmern zu Handgreiflichkeiten.
- Die Polizei löst eine gewalttätige Versammlung auf. Alles was fortan geschieht, wenn es beispielsweise zu Tumulten kommen sollte, richtet sich grundsätzlich nach allgemeinem Polizei- und Ordnungsrecht (oder Strafprozessrecht [StPO]).

11. Bei Maßnahmen, die zur Aufklärung und Verfolgung von Straftaten oder Ordnungswidrigkeiten ergriffen werden 68

Solche Maßnahmen richten sich nach den einschlägigen sanktionenrechtlichen Gesetzen, also vor allem StPO und OWiG. Dies gilt auch dann, wenn die betreffende Maßnahme im Rahmen einer Versammlung stattfindet. Darin manifestiert sich der eherne Grundsatz, dass die Polizei - soweit sie zur Ermittlung und Verfolgung von Straftaten oder Ordnungswidrigkeiten tätig wird - als Ermittlungsperson der Staatsanwaltschaft agiert. Gesetze der Gefahrenabwehr können damit nicht zur Anwendung gelangen. Dies gilt gleichermaßen für das VersG wie für Maßnahmen nach dem Polizei- und Ordnungsrecht.

Beispiele:
- Festnahme eines Demonstranten, der ein Wurfgeschoss abgefeuert hat, welches eine andere Person verletzt hat.
- Feststellung der Personalien eines Demonstranten, der in eine Schlägerei verwickelt war.

D. Zentrale Problemfelder des Versammlungsrechts im Überblick

Die nachfolgend erörterten allgemeinen Probleme tauchen erfahrungsgemäß häufig bei versammlungsrechtlichen Fragestellungen auf, so dass sie wegen ihrer besonderen Bedeutung vorab dargestellt werden.

69 I. Die Abgrenzung zwischen Versammlungen in geschlossenen Räumen und Versammlungen unter freiem Himmel

1. Gesetzliche Ausgangslage

Bereits Art. 8 Abs. 2 GG differenziert zwischen diesen beiden Kategorien einer Versammlung bezüglich der möglichen Schranken. Das VersG greift diese Differenzierung auf und unterscheidet strikt zwischen Versammlungen in geschlossenen Räumen (Abschnitt II, §§ 5 bis 13) und Versammlungen unter freiem Himmel (Abschnitt III, §§ 14 bis 20). Bei fast allen Fragestellungen mit versammlungsrechtlichem Hintergrund ist somit die Festlegung erforderlich, ob es sich um eine Versammlung im geschlossenen Raum oder eine Versammlung unter freiem Himmel handelt.

70 2. Sinn der Differenzierung

Der Grund für die vom Gesetz vorgenommene Differenzierung ist vor allem in dem geringeren Gefahrenpotential solcher Versammlungen zu sehen, die in geschlossenen Räumen stattfinden. Auf diesen Umstand ist auch deren Privilegierung durch Art. 8 Abs. 2 GG maßgeblich zurückzuführen. Versammlungen, die nicht nach außen abgegrenzt sind, tragen ein höheres Gefahrenpotential in sich. Durch die prinzipielle Unüberschaubarkeit, die jederzeitige Möglichkeit, dass weitere Personen hinzutreten, auch solche, die dem Veranstalter unerwünscht sind, sowie durch den ungehinderten Kontakt zwischen Versammlungsteilnehmern und Außenwelt können Probleme verschiedener Art entstehen, die in dieser Form bei Versammlungen in geschlossenen Räumen eher unwahrscheinlich sind.

Hinzu kommt der Umstand, dass Versammlungen in geschlossenen Räumen in besonderem Maße Ausdruck persönlicher und privater Entfaltungsfreiheiten sind.

3. Bedeutung des Begriffspaares „in geschlossenen Räumen“ / „unter freiem Himmel“ 71

a) Die Terminologie des Gesetzes ist missverständlich; sie knüpft an historische Überlieferungen und Sprachgewohnheiten an: Entscheidendes Abgrenzungskriterium ist allein **die geschlossene räumliche, d.h. bauliche Abgrenzung nach außen.** Das Vorhandensein einer Überdachung und damit einhergehend der freie Blick auf den Himmel ist hingegen ohne Bedeutung.[91] Verkürzt ausgedrückt: Entscheidend ist nicht das Offensein nach oben, sondern die bauliche Abgrenzung nach außen.[92]

b) Demzufolge handelt es sich um eine Versammlung in einem geschlossenen Raum, wenn die betreffende Zusammenkunft durch bauliche Anlagen durchgehend seitlich abgeschlossen ist. Gleichgültig ist, ob die Stätte der Zusammenkunft überdacht ist oder nicht.

Beispiele für geschlossenen Raum:
- Zusammenkunft in einer Privatwohnung, einer Gaststätte oder einer Stadthalle.
- Treffen von politisch gleichgesinnten Jugendlichen am Wochenende auf einem durchgehend hoch eingezäunten Grundstück.

Die Möglichkeit Außenstehender, visuell oder akustisch von dem Versammlungsgeschehen Kenntnis zu nehmen, macht für sich genommen aus einer Versammlung in geschlossenen Räumen noch keine Versammlung unter freiem Himmel.

Beispiele:
Ausgangsfälle wie oben mit geöffneten Fenstern in der Wohnung, Gaststätte oder Stadthalle bzw. Stellen im Zaun, an denen man hindurchsehen kann.

---

[91] Kunig, in: von Münch/Kunig, GG, Art. 8 Rdnr. 29.

[92] Die Frage, ob eine Versammlung in geschlossenen Räumen oder unter freiem Himmel stattfindet, ist scharf zu trennen von der auf einer anderen Ebene liegenden Frage, ob die Versammlung öffentlich oder nichtöffentlich ist. So gesehen lassen sich theoretisch vier Möglichkeiten kombinieren:
- Öffentliche Versammlungen in geschlossenen Räumen.
- Nichtöffentliche Versammlungen in geschlossenen Räumen.
- Öffentliche Versammlungen unter freiem Himmel.
- Nichtöffentliche Versammlungen unter freiem Himmel.

Die letztgenannte Variante dürfte in der Praxis freilich nur selten vorkommen.

c) Umgekehrt handelt es sich um eine Versammlung unter freiem Himmel (oder um einen Aufzug), wenn diese seitliche Abgrenzung fehlt, das Geschehen also zur Seite hin offen ist, so dass ein mehr oder weniger freier Zugang zu der Versammlung besteht.

Beispiele:
- Wahlkampfveranstaltung einer Partei auf dem Marktplatz.
- Treffen von politisch gleichgesinnten Jugendlichen am Wochenende auf einem nicht oder nur unvollständig umzäunten Grundstück in freier Natur (auch wenn wegen Regenwetters eine auf Pfählen angebrachte Zeltüberdachung vorhanden sein sollte und damit kein freier Blick auf den Himmel möglich wäre).
- Auch wenn das betreffende Grundstück nur durch einen relativ niedrigen Jägerzaun eingefriedet wäre, würde es sich um eine Versammlung unter freiem Himmel handeln, weil der Zaun ohne weiteres überstiegen werden könnte.

72 **4. Schwierigkeit der Abgrenzung / Grenzfälle**

Die Abgrenzung kann zuweilen äußerst schwierig sein und hängt immer von den Umständen des Einzelfalles vor Ort ab. Entscheidend ist eine wertende Betrachtung unter Berücksichtigung des Gesamterscheinungsbildes. Dabei dürften Formalien oder bauliche Äußerlichkeiten nachrangig sein.

Beispiele für nur schwer einzuordnende Grenzfälle:
- Versammlung im geräumigen Foyer eines von allen Seiten zugänglichen öffentlichen Gebäudes (großer Bahnhof o.ä.). Trotz der Überdachung und der grundsätzlich geschlossenen Bausubstanz dürfte es sich hier bei wertender Betrachtung eher um eine Versammlung unter freiem Himmel handeln, da es vermutlich zahlreiche, kaum überschaubare Ein- und Ausgänge geben wird und ein freies Kommen und Gehen möglich sein dürfte.
- Zusammenkunft im Rohbau eines Hauses, in dem Fenster und Türen noch nicht eingesetzt sind.
- Versammlung in einer Burgruine, bei der Mauerlücken bestehen.
- Veranstaltung in einem Festzelt, welches mit Zeltplanen verkleidet ist. (Im letztgenannten Fall dürfte entscheidend sein, ob die Zeltplanen überall fest verzurrt sind und ein zentraler Eingang besteht [dann Versammlung in einem geschlossenen Raum] oder ob die Zeltplanen nur zum Schutz gegen Witterungseinflüsse lose auf dem Zeltgerüst aufliegen und damit beiseite geschoben werden können und es mehrere, unbeaufsichtigte Eingänge gibt [dann möglicherweise Versammlung unter freiem Himmel].)

5. Grundsätzliche Unbeachtlichkeit optischer oder akustischer Wahrnehmbarkeit 73

Der Charakter einer Versammlung als in geschlossenen Räumen oder unter freiem Himmel wird nicht entscheidend durch die Möglichkeiten einer optischen oder akustischen Kenntnisnahme vom Versammlungsgeschehen beeinflusst. Maßgeblich ist allein die vorhandene oder nicht vorhandene bauliche geschlossene Abgrenzung nach außen. Umstände, wie etwa

- die Einsehbarkeit des Versammlungsortes von außen,
- die Möglichkeit für Außenstehende, den Redebeiträgen zuzuhören,
- die Übertragung des Versammlungsgeschehens durch Lautsprecher, Videokameras u.ä. nach außen,

sind für die Frage, ob die Versammlung in geschlossenen Räumen oder unter freiem Himmel stattfindet, grundsätzlich irrelevant. Sie vermögen insbesondere nicht, einer Versammlung in geschlossenen Räumen den Charakter einer Versammlung unter freiem Himmel zu verleihen. Dazu gelten sinngemäß die Erläuterungen unter Rdnr. 25 und Rdnr. 59 unter anderen Vorzeichen: Entscheidend für die Frage, ob eine Versammlung in geschlossenen Räumen oder unter freiem Himmel stattfindet, sind die realen baulichen Gegebenheiten, nicht hingegen die bloße visuelle oder akustische Einbeziehung Außenstehender oder Optionen der modernen elektronischen Kommunikationstechnologie.

Beispiel:
Der A, Vorsitzender einer politischen Partei auf kommunaler Ebene, lädt die Mitglieder des Ortsvereines seiner Partei in seinen Schrebergarten vor den Toren der Stadt zur Einstimmung auf den bevorstehenden Wahlkampf. Der Schrebergarten ist von einer ca. 2 Meter hohen, dichten Hecke umgeben. Da A mit seiner Veranstaltung eine gewisse Resonanz erzielen will, lässt er seine Rede an die Teilnehmer mit Lautsprechern übertragen; auch Außenstehende können damit dem Geschehen in dem Schrebergarten folgen. Auch ist das Schrebergartengrundstück durch kleinere Löcher in der Hecke einsehbar. Trotz allem dürfte es sich im Rechtssinne um eine (nichtöffentliche) Versammlung in einem geschlossenen Raum handeln.

74 **II. Eingriffsgrundlagen (Befugnisnormen) des VersG**

1. Überblick

Das VersG statuiert eine Reihe von Ermächtigungsgrundlagen, die in ihrer Eigenschaft als leges speciales den Eingriffsbefugnissen des allgemeinen Polizei- und Ordnungsrechts vorgehen.

a) Für öffentliche Versammlungen in geschlossenen Räumen sind zu nennen:

- § 5 VersG:	Verbot der Versammlung.
- § 9 Abs. 2 S. 2 VersG:	Beschränkung der Zahl der Ordner.
- § 12a Abs. 1 VersG:	Bild- und Tonaufnahmen durch die Polizei.
- § 13 Abs. 1 S. 1 VersG:	Auflösung der Versammlung.
- § 13 Abs. 1 S. 2 VersG:	Unterbrechung der Versammlung.

b) Bei öffentlichen Versammlungen unter freiem Himmel gelten:

- § 15 Abs. 1 VersG:	Verbot der Versammlung oder Auflagen.
- § 15 Abs. 2 VersG:	Verbot der Versammlung oder Auflagen an besonderen historischen Erinnerungsorten.
- § 15 Abs. 3 VersG:	Auflösung der Versammlung.
- § 15 Abs. 4 VersG:	Auflösung einer verbotenen Versammlung.
- § 17a Abs. 4 VersG:	Maßnahmen gegen Personen, die Schutzwaffen tragen oder vermummt sind.
- § 18 Abs. 3 VersG:	Ausschluss von Teilnehmern.
- § 19 Abs. 4 VersG:	Ausschluss von Teilnehmern an Aufzügen.
- § 19a VersG:	Bild- und Tonaufnahmen durch die Polizei.

75 **2. Die Rechtsfigur der einschränkenden Verfügung (Mindermaßnahmen oder Minusmaßnahmen)**

Die soeben aufgelisteten Ermächtigungsgrundlagen des VersG wirken ziemlich fragmentarisch - zumindest wenn man sie mit der ausdifferenzierten Klaviatur der modernen Gesetze zum Polizei- und Ordnungsrecht vergleicht. Es fehlen klassische Standardmaßnahmen (z.B. Identitätsfeststellung, Durchsuchung, Sicherstellung, Platzverweisung u.v.a.). Es fehlen auch spezielle Befugnisnormen zur Datenerhebung.[93] Vor allem fehlt eine Art polizeiliche Generalklausel. Die zentralen Eingriffsbefugnisse des VersG, §§ 5, 13 und 15 VersG, sehen als Rechtsfolge lediglich das Verbot oder die Auflösung einer Versammlung vor. Auch ein Ausschluss von Versammlungsteilnehmern ist gem. § 18 Abs. 3, § 19 Abs. 4 VersG als endgültig wirkende Maßnahme möglich. Das VersG enthält jedoch nur wenige Eingriffsgrundlagen, die weniger einschneidende Rechtsfolgen ausdrücklich vorsehen und damit den Behörden eine gewisse Flexibilität einräumen, moderate und schonende Maßnahmen zu ergreifen, die zwar einerseits die Störung beseitigen, andererseits die Versammlung als solche aber grundsätzlich unbehelligt lassen.

Es stellt sich sie Frage, wie diese Lücke zu schließen ist. Die scharfen Reaktionen des Verbotes und der Auflösung einer Versammlung und des Ausschlusses einzelner Teilnehmer sind jedenfalls grundsätzlich nur als ultima ratio gedacht und können bei weniger schwerwiegenden Vorfällen gegen den Grundsatz der Verhältnismäßigkeit verstoßen.[94]

Wegen des allerorten betonten Grundsatzes vom abschließenden Charakter des VersG bis hin zu einer häufig postulierten „Polizeifestigkeit" des Versammlungsrechts[95] wird ein Rückgriff auf die subsidiären und flexiblen Eingriffsbefugnisse des allgemeinen Polizei- und Ordnungsrechts als nicht ohne weiteres möglich erachtet. Um diesem Dilemma zu entrinnen und um den Ordnungsbehörden und der Polizei ein ausdifferenziertes Potential an Rechtsfolgen zu erschließen, bedient man sich der Rechtsfigur der einschränkenden Verfügung. In das Instrumentarium des VersG werden im Wege eines Erst-recht-Schlusses (argumentum a maiori ad minus) die Maßnahmen des allgemeinen Polizei- und Ordnungsrechts mit hineingedeutet, womit eine flexible und jeweils situationsangemessene Vorgehensweise ermöglicht wird.[96] Die Argumentation lautet wie folgt:

---

[93] Dieser Umstand ist auch insofern verfassungsrechtlich problematisch, als das Bundesverfassungsgericht in diesem Zusammenhang (vgl. etwa BVerfGE 65, 1 [Volkszählungs-Urteil]) spezielle und bereichsspezifische Normen gefordert hat.

[94] Treffend dazu Schenke, Polizei- und Ordnungsrecht, Rdnr. 379:
„...die nur auf die Befugnisse des VersG beschränkten Gefahrenabwehrbehörden müssten wegen Fehlens von Handlungsalternativen überreagieren."

[95] Zur Fragwürdigkeit dieses Dogmas: Kötter/Nolte, Was bleibt von der „Polizeifestigkeit des Versammlungsrechts"?, DÖV 2009, 399.

[96] Instruktiv zur Gesamtproblematik Schenke, Polizei- und Ordnungsrecht, Rdnr. 379.

- Wenn § 15 Abs. 3 VersG sogar die Auflösung einer Versammlung oder das Ergehen von Auflagen zulässt, so muss gem. § 15 Abs. 3 VersG als milderes Mittel erst recht eine weniger einschneidende Maßnahme (einschränkende Verfügung, Minus- oder Mindermaßnahme) möglich sein.

- Wenn § 18 Abs. 3 VersG sogar den Ausschluss eines Teilnehmers aus einer Versammlung ermöglicht, so muss erst recht dessen Inanspruchnahme durch weniger schwere Standardmaßnahmen möglich sein.

Beispiele:
- Körperliche Durchsuchung von Versammlungsteilnehmern.
- Aufforderung, Waffen oder ähnliche verbotene Gegenstände abzugeben.
- Gebot, räumlich hinter eine bestimmte Absperrung zurückzugehen.
- Aufforderung, Transparente mit strafbaren Aufschriften einzurollen.
- Einschließende Begleitung eines Demonstrationszuges.
- Sicherstellung von Flugblättern mit strafbarem Inhalt.

76 Unter Gesichtspunkten der juristischen Methodenlehre ist ohnehin zu berücksichtigen, dass der Grundsatz vom abschließenden Charakter des VersG im Sinne einer „Polizeifestigkeit“ dieses Rechtsgebietes nicht überinterpretiert und nicht zu einem stur angewandten Dogma erhoben werden sollte. Erstens gäbe es für ein derartiges pauschales Dogma keine tragfähige verfassungsrechtliche oder rechtsdogmatische Erklärung. Zweitens würden dadurch empfindliche Gesetzeslücken und sinnwidrige Ergebnisse entstehen.

Der Grundsatz vom abschließenden Charakter des VersG und das damit einhergehende Verbot eines Rückgriffs auf Regelungen des allgemeinen Polizeirechts hat dort seine Berechtigung, wo das VersG sich - ausdrücklich oder konkludent - mit bestimmten Konfliktsituationen beschäftigt und zu deren Lösung Vorschriften bereitstellt. In diesem Falle kommen die entsprechenden Vorschriften des VersG selbstverständlich vorrangig und ausschließlich zur Anwendung. Ein Rückgriff auf das allgemeine Polizeirecht wäre verfehlt, weil damit der Wille des Gesetzgebers ausgehebelt würde.

Beispiel:
Teilnehmer an einem Demonstrationszug beginnen gewalttätig zu werden und Fensterscheiben von Geschäften einzuwerfen. Die Polizei erwägt eine Auflösung der Versammlung. Eine solche ist nur auf der Grundlage des § 15 Abs. 3 VersG möglich. In dieser Vorschrift ist eine abschließende Entscheidung des Gesetzgebers zu sehen, inwieweit Versammlungen beendet werden können. Ein Rückgriff auf § 13 POG (Platzverweisung) oder § 9 POG (polizeiliche Generalklausel), die als Rechtsfolge für sich genommen

ebenfalls eine Beendigung des Versammlungsgeschehens ermöglichen würden, ist nicht möglich, weil dadurch die Vorgaben des § 15 Abs. 3 VersG unterlaufen werden könnten.

Sofern das VersG sich jedoch mit einer Problematik erkennbar nicht beschäftigt, kann es auch keine Anwendung finden, so dass das allgemeine Polizeirecht wieder auflebt. Dies gilt vor allem dann, wenn es nicht um gezielte Eingriffe gegen eine stattfindende Versammlung geht, sondern um Maßnahmen am Rande von Versammlungen, um Maßnahmen zur Abwehr nicht versammlungsspezifischer Gefahren und um Geschehnisse vor oder nach einer Versammlung.

Auch das Bundesverwaltungsgericht[97], welches im Zusammenhang mit der in Rede stehenden Problematik nachfolgend ausnahmsweise wörtlich zitiert sei, will die Polizeifestigkeit offenbar keineswegs im Sinne einer kategorischen Sperrwirkung en bloc verstanden haben:

„Soweit das VersG abschließende Regelungen hinsichtlich der polizeilichen Eingriffsbefugnisse enthält, geht es als Spezialgesetz dem allgemeinen Polizeirecht vor. ... Diese sogenannte Polizeifestigkeit der Versammlungsfreiheit bedeutet freilich nicht, dass in die Versammlungsfreiheit nur auf der Grundlage des VersG eingegriffen werden könnte, denn das VersG enthält keine abschließende Regelung für die Abwehr von Gefahren, die im Zusammenhang mit Versammlungen auftreten können. Vielmehr ist das Versammlungswesen im VersG nicht umfassend und vollständig, sondern nur teilweise und lückenhaft geregelt, so dass in Ermangelung einer speziellen Regelung auf das der allgemeinen Gefahrenabwehr dienende Polizeirecht der Länder zurückgegriffen werden muss."

---

[97] BVerwGE 64, 55. Es ging in der Entscheidung um die Sicherstellung eines Spruchbandes innerhalb einer Versammlung.

77 ## III. Die öffentliche Sicherheit im Versammlungsrecht

Die öffentliche Sicherheit ist der vielleicht zentralste Begriff des allgemeinen Polizei- und Ordnungsrechts. Auch das VersG (in seiner Eigenschaft als besonderes Polizei- und Ordnungsrecht) macht in vielen seiner Normen das Ergehen behördlicher Eingriffsmaßnahmen vom Vorliegen einer Gefahr für die öffentliche Sicherheit abhängig - vor allem bei Versammlungen unter freiem Himmel (z.B. § 15 Abs. 1, § 15 Abs. 3 VersG, aber auch § 19a VersG, § 12a VersG u.v.a.). Es ist daher unerlässlich, diesen archimedischen Punkt unter versammlungsrechtlichen Gesichtspunkten auszuleuchten.

Die öffentliche Sicherheit umfasst
- den Schutz und das Funktionieren des Staates und seiner Einrichtungen,
- private Rechte,
- die Gesamtheit des geschriebenen Rechts (= die Integrität der Rechtsordnung).[98]

Für eine Gefährdung oder Störung der öffentlichen Sicherheit durch das Versammlungsgeschehen genügt es, dass einer dieser drei Teilaspekte tangiert ist. Es ist nicht erforderlich, dass alle kumulativ betroffen sind.

78 ### 1. Bestand und Funktionieren des Staates und seiner Einrichtungen

Geschützt wird nicht nur der Staat im eigentlichen Sinne, d.h. die Bundesrepublik Deutschland und die einzelnen Bundesländer, sondern auch unterstaatliche juristische Personen des öffentlichen Rechts, also beispielsweise Landkreise, Gemeinden, Universitäten, öffentlich-rechtliche Rundfunkanstalten, öffentlich-rechtlich organisierte Personalkörperschaften etc. Der räumlich gegenständliche Bereich staatlicher und unterstaatlicher Institutionen genießt Schutz vor äußeren Störungen. Die Funktionsfähigkeit und ungestörte Arbeit werden gewährleistet.

Erforderlich ist jedoch, dass die betreffende Institution öffentlich-rechtlich organisiert ist. Der bloße Umstand, dass bei juristischen Personen des Privatrechts der Staat nach den Regeln des Gesellschaftsrechts mitbeteiligt ist oder vielleicht sogar als Hauptanteilseigner im Hintergrund steht, genügt grundsätzlich nicht.

Bereits im allgemeinen Polizei- und Ordnungsrecht erweist sich die Weite des Schutzgutes „Bestand und Funktionieren des Staates und seiner Ein-

[98] Schenke, Polizei- und Ordnungsrecht, Rdnr. 53 ff.

richtungen“ als problematisch.[99] Darunter lassen sich auf den ersten Blick dermaßen viele Aspekte subsumieren, dass bei isolierter und unflektierter Handhabung ein polizeiliches Einschreiten in vielen Fällen grundsätzlich erlaubten und sozialadäquaten Verhaltens ermöglicht würde. Eine restriktive und verfassungskonforme Interpretation des Schutzgutes ist notwendig, um sinnwidrige Ergebnisse zu vermeiden. Dies gilt in besonderem Maße im Versammlungsrecht angesichts der Ausstrahlung des Art. 8 GG.

Beispiel:
Vor dem Wirtschaftsministerium demonstrieren aufgebrachte Landwirte vehement gegen die Agrarpolitik der Regierung. Die ungehinderte Zufahrt zum Gebäude ist vorübergehend nicht möglich, auch werden die Mitarbeiter des Ministeriums durch die aggressiv skandierten Parolen und die Lautstärke der Kundgebung in ihrer Konzentration gestört. Vor dem Hintergrund des Art. 8 GG ist eine solche Versammlung grundsätzlich erlaubt, auch wenn dadurch der Dienstbetrieb einer staatlichen Institution vorübergehend beeinträchtigt wird und man bei isolierter Betrachtung geneigt sein könnte, darin eine Gefährdung der öffentlichen Sicherheit zu sehen.

Sehr umstritten ist in diesem Zusammenhang die Frage, inwieweit ausländische staatliche Institutionen oder Interessen Teil des Schutzgutes Bestand und Funktionieren des Staates und seiner Einrichtungen sein können. Damit einher geht die Erwägung, dass die freundschaftlichen Beziehungen Deutschlands zu ausländischen Staaten insoweit mittelbar geschützt sein könnten. Auch das Ansehen der Bundesrepublik Deutschland im Ausland käme als Schutzgut in Betracht. Die h.M. verneint jedoch grundsätzlich derlei Ansätze[100] - wohl aus guten Gründen, um der bereits erwähnten Gefahr der Uferlosigkeit entgegenzuwirken.

Beispiel:
Vor der Botschaft eines afrikanischen Staates findet eine Protestversammlung exilpolitisch engagierter Kreise statt. Dabei fliegen Wurfgeschosse auf das Botschaftsgebäude und es werden Spruchbänder mit beleidigendem Inhalt gegen die Regierung dieses Landes enthüllt. Das Verhalten der De-

---

[99] Götz/Geis, Allgemeines Polizei- und Ordnungsrecht, § 4 Rdnr. 41 ff.

[100] Instruktiv dazu BVerfGK 11, 298 (306 f.):
„Die Belastung auswärtiger Beziehungen durch Demonstrationen und Kundgebungen, die von den Repräsentanten ausländischer Staaten als unfreundlicher Akt empfunden werden könnten, bedeutet keine Gefahr für die öffentliche Sicherheit. Empfindlichkeiten ausländischer Politiker können Beschränkungen der Versammlungsfreiheit in Deutschland grundsätzlich nicht rechtfertigen. Der verfassungsrechtliche Schutz von Machtkritik ist nicht auf Kritik an inländischen Machtträgern begrenzt.“

monstranten bedeutet wohl eine Gefahr für die öffentliche Sicherheit unter dem Gesichtspunkt der Verletzung von Individualrechtsgütern und der Begehung von Straftaten; die Gefahr für das Funktionieren einer staatlichen Institution in dem hier erörterten Sinne ist aber fraglich.

79 **2. Individualrechtsgüter**

Geschützt werden die privaten Rechte und Rechtsgüter des Einzelnen, die auch im Bürgerlichen Recht durch §§ 823, 1004 BGB absoluten Schutz gegen Beeinträchtigungen genießen (absolute Rechte i.S.d. BGB), d.h. vor allem Leben, körperliche Unversehrtheit, Gesundheit, Freiheit, Eigentum, Besitz, Ehre.

Beispiel:
Eine Versammlung, deren Teilnehmer geparkte Autos beschädigen und Fensterscheiben einwerfen, bedeutet unter diesem Gesichtspunkt eine Gefahr für die öffentliche Sicherheit (Verletzung des Rechtsgutes Eigentum) - losgelöst von dem Umstand, dass ab einer gewissen Dimension der Sachbeschädigungen die Friedlichkeit der Versammlung und damit der Charakter als geschützte Veranstaltung i.S.d. Art. 8 GG insgesamt in Frage zu stellen wäre.

Im Gegensatz zum Bürgerlichen Recht fallen unter die Individualrechtsgüter im Sinne des Polizeirechts auch relative Rechte, so dass das Vermögen in seiner Gesamtheit geschützt wird. Auch Individualrechtsgüter, die zur Zeit des Erlasses des Bürgerlichen Gesetzbuches noch nicht bekannt waren, sich aber in jüngerer Zeit juristisch greifbar herausgebildet haben, zählen zu den geschützten Individualrechtsgütern der öffentlichen Sicherheit. Zu nennen sind insoweit vor allem das allgemeine Persönlichkeitsrecht, das Recht auf informationelle Selbstbestimmung und das Recht am eingerichteten und ausgeübten Gewerbebetrieb.

Beispiele:
- Wiederholte Mahnwachen vor einer Privatwohnung, um auf politische Verfehlungen der dort wohnenden Person aufmerksam zu machen.[101] *Die Mahnwache kann das allgemeine Persönlichkeitsrecht des Wohnungsinhabers verletzen und unter diesem Gesichtspunkt eine Gefährdung der öffentlichen Sicherheit bedeuten. In solchen Fällen ist eine Güterabwägung vorzunehmen zwischen dem Recht auf Versammlungsfreiheit einerseits und dem allgemeinen Persönlichkeitsrecht andererseits, welche dann zugunsten*

[101] OVG Rh.-Pf., NJW 1986, 2659; BVerfG, NJW 1987, 3245.

des letzteren ausfällt, wenn die Versammlungen vor der Wohnung sich häufen und drohen, zu einem Dauerzustand zu werden.

- Boykottaufruf und Blockade gegenüber einem Gewerbebetrieb, der in moralisch anstößige Geschäfte verwickelt ist. Die Protestversammlung vor den Toren des Unternehmens beginnt dann zu einer Störung der öffentlichen Sicherheit zu werden (Individualrechtsgüter: Eigentum, eingerichteter und ausgeübter Gewerbebetrieb), wenn die kommunikative Aussage der Demonstranten in den Hintergrund tritt und stattdessen eine physische Blockade des Unternehmens durchgeführt wird [längerfristige Sperrung der Zufahrt und der Auslieferung u.ä.]).

Nach allgemeinen Regeln können rechtswidrige Eingriffe in Individualrechtsgüter die Verpflichtung zum Schadensersatz auslösen. Der Umstand, dass das deliktische Verhalten im Rahmen einer Versammlung erfolgt, ändert daran nichts. Art. 8 GG vermag insoweit nicht, eine Art „Generalabsolution" zu verleihen.

Beispiel:
Die gezielte zweitägige Blockade der Bauarbeiten in einem Gewerbepark ist nach Auffassung des BGH nicht mehr von Art. 8 GG gedeckt und zieht für die Verantwortlichen eine Pflicht zum Schadensersatz nach sich.[102]

3. Gesamtheit aller Rechtsvorschriften (objektive Rechtsordnung) 80

Zur öffentlichen Sicherheit zählen schließlich alle Ge- oder Verbote des geschriebenen Rechts (Integrität der Rechtsordnung). Diese ergeben sich vor allem aus Rechtsnormen (Gesetze, Rechtsverordnungen oder Satzungen), die den Adressaten zu einem bestimmten Verhalten (Tun oder Unterlassen) verpflichten. Denkbar ist auch, dass sich Ge- oder Verbote aus Einzelakten ergeben, also beispielsweise aus Allgemeinverfügungen oder gerichtlichen Entscheidungen. Erforderlich ist jedoch immer, dass sich aus der Rechtsnorm oder dem Einzelakt ein hinreichend deutliches Ge- oder Verbot entnehmen lässt, gegen das verstoßen werden kann.

a) Rechtsnormen, die in diesem Sinne bestimmte Verhaltensweisen zwin- 81
gend ge- oder verbieten, sind vor allem die Straftatbestände des Strafrechts. Deutlicher kann der Staat ein bestimmtes Verhalten nicht missbilligen als

[102] BGHZ 137, 89. Kritisch dazu Ott/Wächtler/Heinhold, Versammlungsgesetz, § 15 Rdnr. 49, die dem BGH vorwerfen, das Urteil lasse sich in dieser apodiktischen Form kaum mit Art. 8 GG in Einklang bringen und lasse jede Abwägung vermissen.

durch seine Pönalisierung. Dabei genügt ein bloß tatbestandsmäßiges und rechtswidriges Verhalten. Ob dem Betreffenden darüber hinaus ein Schuldvorwurf gemacht werden kann oder ob persönliche Strafaufhebungs- oder Strafausschließungsgründe bestehen, ist irrelevant, da es im Polizei- und Ordnungsrecht um effektive Gefahrenabwehr geht, nicht hingegen um Schuld und Sühne oder um die persönliche Vorwerfbarkeit eines bestimmten Verhaltens.

Beispiel:
Teilnehmer einer Versammlung sind in großer Zahl uniformiert und treten in einer militanten und einschüchternden Art und Weise auf. Das entsprechende Verhalten ist strafbar nach § 28 VersG (i.V.m. § 3 VersG) und bedeutet unter diesem Gesichtspunkt einen Verstoß gegen geschriebenes Recht und damit eine Störung der öffentlichen Sicherheit.

82 **b)** Auch die (drohende) Begehung einer Ordnungswidrigkeit zieht immer gleichzeitig den Befund einer Störung der öffentlichen Sicherheit nach sich.

Beispiel:
Der Leiter einer öffentlichen Versammlung in einem angemieteten Raum der Stadthalle verweigert erschienenen Polizeibeamten den Zutritt. Das Verhalten verwirklicht den Bußgeldtatbestand des § 29 Abs. 1 Nr. 8 VersG und bedeutet bereits unter diesem Gesichtspunkt einen Verstoß gegen geschriebenes Recht und damit eine Störung der öffentlichen Sicherheit.

83 **c)** Unterhalb des Straf- und Ordnungswidrigkeitenrechts gibt es einfache Ge- oder Verbote des Verwaltungsrechts, die nicht straf- oder bußgeldbewehrt sind, gleichwohl aber mit hinreichender Deutlichkeit ein bestimmtes Tun oder Unterlassen vorschreiben.

Beispiel:
Eine öffentliche Versammlung findet sich im Kurpark der Stadt S ein, um gegen geplante und vom Stadtrat beschlossene, gravierende bauliche Veränderungen in S zu protestieren. Etliche Teilnehmer der Demonstration übersteigen Einfriedungen der Blumenbeete, betreten geschützte Rasenflächen, urinieren gegen die Wand des Kurhauses u.ä. Auch wenn die beschriebenen Verhaltensweisen weder strafbar noch ordnungswidrig sein dürften (Frage der Begleitumstände), so dürften sie gleichwohl gegen Vorgaben der Rechtsordnung verstoßen (Benutzungsregeln der Parkordnung,

aufgestellte Verbotsschilder) und unter diesem Gesichtspunkt eine Störung der öffentlichen Sicherheit bedeuten.

d) Im Einzelfall kann die Grenzziehung schwierig sein, ob eine Norm lediglich eine allgemeine, objektive Wertentscheidung zum Ausdruck bringt oder darüber hinaus - möglicherweise nur konkludent - auch den Charakter einer Verbotsnorm hat. So wurde in jüngerer Zeit vereinzelt der Versuch unternommen, direkt aus der Verfassung Verbotsnormen i.S.d. Polizei- und Ordnungsrechts herzuleiten. Diese Vorgehensweise ist bedenklich, da die Verfassung in aller Regel keine hinreichend konkreten Ge- oder Verbote enthält, sondern vielfach auslegungsfähig und auslegungsbedürftig ist. **84**

e) Problematisch bei der Anwendung des § 15 VersG erweisen sich auch relativ unbestimmte Straftatbestände des StGB.[103] Zu nennen sind insoweit vor allem die Nötigung (§ 240 StGB)[104], die Ehrdelikte (§§ 185 ff. StGB) und Straftatbestände des politischen Strafrechts (z.B. §§ 86, 86a, 130 StGB). Einzelne Delikte sind in ihrem Tatbestand so weit, dass eine Strafbarkeit sehr schnell gegeben sein könnte. Dabei ist vor dem Hintergrund des Art. 8 GG mit einem tendenziell eher strengen Maßstab zu messen, auch um zu verhindern, dass Behörden unliebsame und unerwünschte Versammlungen kurzerhand verbieten mit der Begründung, es stehe strafbares Verhalten zu erwarten. **85**

Beispiele:
- Demonstranten wollen zur Hauptverkehrszeit durch die Innenstadt ziehen und vor einem bestimmten Gebäude ihre Abschlusskundgebung stattfinden lassen. Es ist absehbar, dass der ohnehin zähflüssige Straßenverkehr dadurch stark behindert wird und voraussichtlich vorübergehend zum Stillstand kommt. Die Behörde kann die Versammlung nicht verbieten mit der Begründung, es würden Straftatbestände verwirklicht (Nötigung gem. § 240 StGB, Straßenverkehrsdelikte gem. §§ 315 ff. StGB).

- Eine rechtsgerichtete Gruppierung stellt ihre Versammlung unter das Motto „Herren im eigenen Land statt Knechte der Fremden". Die Behörde will die Versammlung verbieten, weil durch diese Losung der Straftatbe-

[103] Dies ist in erster Linie ein Problem des materiellen Strafrechts (möglicher Verstoß gegen die verfassungsrechtlichen Vorgaben des Art. 103 Abs. 2 GG [nullum crimen, nulla poena sine lege certa]).

[104] Zur Frage der Verfassungsmäßigkeit des § 240 StGB in Anbetracht des Art. 103 Abs. 2 GG: BVerfGE 73, 206; BVerfGE 76, 211; BVerfGE 92, 1; BVerfGE 104, 92. Zum Straftatbestand der Nötigung ausführlich der folgende Abschnitt (Rdnr. 87 ff.).

stand der Volksverhetzung gem. § 130 StGB verwirklicht werde. Das Verbot ist rechtswidrig, weil eine Strafbarkeit wegen Volksverhetzung bei Äußerungen, die unterschiedlich interpretierbar sind, nicht ohne weiteres unterstellt werden darf.[105]

- Ähnlich sieht die Rechtslage aus bei Versammlungen, die sich polemisch gegen den Bau von Synagogen oder Moscheen aussprechen („Stoppt den Synagogenbau - 4 Millionen fürs Volk" und ähnliche Parolen) und bei denen Behörden sehr schnell den Vorwurf der strafbaren Volksverhetzung. erheben.[106]

- Vorsicht geboten ist schließlich auch bei Versammlungsverboten unter Bezugnahme auf die vagen Straftatbestände der Beleidigung, üblen Nachrede und Verleumdung. Die politische Auseinandersetzung lebt von verbalen Attacken auf den jeweiligen Gegner. Nicht jede Taktlosigkeit oder Provokation ist strafbar nach §§ 185 ff. StGB. Erst recht berechtigen derlei Verhaltensweisen die Behörde nicht dazu, die gesamte Versammlung kurzerhand zu verbieten oder aufzulösen.

86 **4. Zurechenbarkeit für die Versammlung**

Ein großes, stellenweise kaum lösbares Problem der öffentlichen Sicherheit im Versammlungsrecht ist, dass dieses Schutzgut grundsätzlich zur Erfassung des Verhaltens von Einzelpersonen entwickelt wurde. Im Versammlungsrecht, insbesondere wenn es um das Verbot oder die Auflösung von Versammlungen geht, hat man es jedoch zwangsläufig mit einer - oftmals unüberschaubaren - Vielzahl von Personen zu tun. Erforderlich ist eine Gesamtschau, im Falle des Verbotes zudem in der Vorausbeurteilung und Prognose. Die Projektion der öffentlichen Sicherheit auf kollektives Verhalten führt zwangsläufig zu erheblichen Unschärfen und Zurechnungsproblemen.

Beispiel:
Dass ein Versammlungsteilnehmer, der eine Schreckschusspistole während der Versammlung mit sich führt und daraus Leuchtkugeln in Richtung der Ordnungskräfte abschießt, damit die öffentliche Sicherheit gefährdet, ist unstreitig (Gefährdung der Individualrechtsgüter körperliche Unversehrtheit und Gesundheit, zudem strafbares Verhalten nach § 27 Abs. 1 VersG, § 52 WaffG und §§ 223, 224, 22, 23 Abs. 1 StGB). Fraglich ist jedoch, ob

---

105 BVerfG, NJW 2001, 2072.
106 Ott/Wächtler/Heinhold, Versammlungsgesetz, § 15 Rdnr. 98 ff. m.w.N.

dieses Verhalten der Versammlung zugerechnet werden kann. Wenn es sich nur um die Entgleisung einer Einzelperson handelt, ist dies zu verneinen. Auch das Fehlverhalten mehrerer Personen, welches zweifellos für sich genommen eine Gefahr für die öffentliche Sicherheit bedeutet, berechtigt nicht zum Verbot oder zur Auflösung einer Versammlung, wenn die große Mehrheit der übrigen Versammlungsteilnehmer sich von diesem Fehlverhalten distanziert. Das gilt insbesondere dann, wenn die Gefährdungen der öffentlichen Sicherheit von Personen verursacht werden, die ideologisch nicht im Lager der eigentlichen Versammlung stehen.

87 ## IV. Der Straftatbestand der Nötigung bei Versammlungen

Häufig kommt es bei Versammlungen zu Sperrungen von öffentlichen Verkehrswegen, Straßen oder Zufahrten durch Teilnehmer der Versammlung, indem letztere dauerhaft dort verweilen, sich niederlassen, unterhaken u.ä. Oft geschieht dies vorsätzlich, sei es, um der eigenen Versammlung mehr Aufmerksamkeit zu verleihen, sei es, um eine andere missliebige Versammlung oder Veranstaltung, insbesondere einen anderen Aufzug, am räumlichen Fortkommen zu hindern. Regelmäßig stellt sich dann die Frage, ob das Verhalten der betreffenden Versammlungsteilnehmer strafrechtlich als Nötigung i.S.d. § 240 StGB zu ahnden ist - was zugleich eine Störung der öffentlichen Sicherheit unter dem Gesichtspunkt der Verletzung geschriebenen Rechts bedeuten würde. Die Beantwortung dieser Frage ist schwierig und facettenreich; sie zwingt zu einer Beschäftigung mit dem notorisch unscharfen Straftatbestand der Nötigung und dem ebenso umstrittenen strafrechtlichen Gewaltbegriff.

88 ### 1. Geschütztes Rechtsgut und dogmatische Struktur der Nötigung

Geschütztes Rechtsgut der Nötigung ist die Freiheit der Willensentschließung und Willensbetätigung. Einen absoluten Schutz kann das Strafrecht insoweit nicht bieten. Das Leben in einer Gemeinschaft kennt keine schrankenlosen Freiräume; niemand kann nach völligem Belieben und in jeder Hinsicht tun und lassen was er will. § 240 StGB schützt die allgemeine Handlungsfreiheit nur vor Angriffen, die durch Gewalt oder durch Drohung mit einem empfindlichen Übel begangen werden.[107]

Die Nötigung ist ein Erfolgsdelikt. Die Nötigung setzt voraus, dass der Täter eine andere Person gegen ihren Willen zu einem bestimmten Verhalten zwingt, d.h. sie zu einem Verhalten veranlasst, welches ihrem eigentlichen, ursprünglichen Willen widerstrebt. Zwangsmittel ist entweder Gewalt oder Drohung mit einem empfindlichen Übel. Vor allem um die Auslegung der Gewalt ranken sich erhebliche Unsicherheiten, die auch ins Versammlungsrecht ausstrahlen.

89 ### 2. Rechtsgeschichtlicher Hintergrund des Straftatbestands der Nötigung

Die tatbestandliche Unschärfe des Nötigungsparagraphen liegt möglicherweise auch an seiner Entstehungsgeschichte und den politischen Begleit-

[107] Wessels/Hettinger/Engländer, Strafrecht Besonderer Teil 1, Rdnr. 428.

umständen. Eingeführt ins StGB wurde der Straftatbestand der Nötigung im Jahre 1943, was entlarvend sein könnte. Zwar gab es den Begriff der Nötigung im allgemeinen Sprachgebrauch und auch im rechtlichen Kontext schon lange vorher; gemeint war damit, dass eine Person einer anderen Person ihren Willen aufzwingt. Ein diesbezüglicher Straftatbestand existierte aber nicht. Die Schaffung des tatbestandlich ziemlich konturlosen Nötigungstatbestandes im Jahre 1943 dürfte Vorbote eines Gesinnungsstrafrechts gewesen sein, welches seinerzeit propagiert wurde und als rechtspolitisch erstrebenswert galt. Entscheidend für die Strafwürdigkeit sollte weniger die objektive Tathandlung sein, sondern entscheidend sollten vor allem die Ziele und Motive des Täters sein sowie seine Persönlichkeitsstruktur und Gesinnung.[108]

3. Vereinbarkeit des § 240 StGB mit Art. 103 Abs. 2 GG; Interpretation der Nötigung als offener Tatbestand 90

Gemessen an Art. 103 Abs. 2 GG (qualifizierter strafrechtlicher Bestimmtheitsgrundsatz und Analogieverbot)[109] sprechen gute Gründe für die Verfassungswidrigkeit des § 240 StGB.[110] Die h.M. geht nicht soweit. Stattdessen wird die Nötigung als offener Tatbestand behandelt, bei dem die Rechtswidrigkeit nicht durch die Erfüllung des Tatbestands indiziert wird, sondern durch Überprüfung der Relation zwischen Nötigungsmittel und Nötigungsziel besonders festgestellt werden muss. Da nach den Tathandlungen „Drohung mit empfindlichem Übel" oder „Anwendung von Gewalt" viele Verhaltensweisen, die auf eine andere Person Zwangswirkung entfalten, tatbestandsmäßig sind, muss die Verwerflichkeit nach § 240 Abs. 2 StGB gesondert geprüft werden.

4. Der strafrechtliche Gewaltbegriff 91

Bei der Nötigung in versammlungsrechtlichem Zusammenhang geht es meist zunächst um die Frage, ob das Verhalten der Demonstranten (Blockieren eines Verkehrswegs, gemeinsames Sitzen auf einer Straße u.ä.)

---

108 Insoweit dürfte eine Parallele zum seinerzeit ebenfalls reformierten Straftatbestand des Mordes bestehen, der lautete: *Der Mörder wird mit dem Tode bestraft.* Zuerst erfolgt also eine Beschreibung des Tätertyps und dann erst der objektive Tatbestand. Zur Entstehungsgeschichte des § 240 StGB: Amelung, NJW 95, 2584.

109 Nullum crimen, nulla poena, sine lege stricta, certa.

110 Zum Streitstand: Eisele, in: Schönke/Schröder, § 240 Rdnr. 1b m.w.N. (Eine ähnliche Situation - in anderem Zusammenhang - findet sich bei dem ebenso bedeutsamen wie äußerst unscharfen Straftatbestand der Beleidigung gem. § 185 StGB.)

Gewalt i.S.d. § 240 StGB ist. Die Auslegung des Tatbestandsmerkmales der Gewalt in verschiedenen Straftatbeständen zählt zu den schwierigsten Problemen des materiellen Strafrechts. Nach dem derzeitigen Stand der Rechtsprechung ist Gewalt **körperlich wirkender Zwang** durch eine physische Einwirkung, die dazu bestimmt und geeignet ist, die Freiheit der Willensentschließung oder Willensbetätigung eines anderen aufzuheben oder zu beeinträchtigen.[111] Der strafrechtliche Gewaltbegriff unterlag im Laufe der Zeit gewissen Veränderungen:

92 **a) Älterer Gewaltbegriff (vor allem des Reichsgerichts)**

Nach der älteren Rechtsprechung (vor allem des Reichsgerichts) war zur Gewalt erforderlich
- auf Seiten des Täters eine körperliche Kraftentfaltung und
- auf Seiten des Opfers eine körperliche Zwangswirkung
- zur Überwindung eines geleisteten oder erwarteten Widerstands.

Das Erfordernis einer körperlichen Kraftentfaltung auf Seiten des Täters führte zu empfindlichen Strafbarkeitslücken bei Handlungen, die zwar hoch effektiv sein können, bei denen aber nur ein geringes Maß an körperlicher Kraft aufgewendet werden muss (z.B. Verschließen einer Tür, Beibringen von Schlaf- oder Betäubungsmitteln u.ä.).

Bedeutsame Gerichtsentscheidungen:
- *RGSt 13, 49; 27, 405; 73, 343: Einschließen einer anderen Person.*
- *RGSt 20, 354; 27, 405 Aushängen von Fenstern und Türen in einer Wohnung, um den Mieter zum Auszug zu bewegen.*
- *RGSt 45, 153: Verstellen des Weges auf dem Friedhof durch eine Gruppe von Personen gegenüber einem Trauerzug (Sargträger-Entscheidung).*
- *RGSt 58, 98; 72, 349: Heimliches Beibringen von Betäubungsmitteln.*
- *RGSt 60, 157; 66, 353: Abgabe von Schreckschüssen.*

93 **b) Neuerer, vergeistigter Gewaltbegriff (vor allem des BGH)**

Daher wurde dieser traditionelle Gewaltbegriff (bisweilen abwertend auch als archaisches oder anachronistisches Gewaltverständnis bezeichnet) zunehmend aufgegeben und - kasuistisch - durch ein vergeistigtes Gewaltverständnis ersetzt, welches nur noch auf die Opferperspektive abstellt und einen **körperlich wirkenden Zwang** genügen lässt (egal mit welchen Mit-

---

[111] Wessels/Hettinger/Engländer, Strafrecht Besonderer Teil 1, Rdnr. 432 ff.; Eisele, in: Schönke/Schröder, StGB, § 240 Rdnr. 4 ff.

teln dieser herbeigeführt wird). Dabei sollen bereits erhebliche innere Beunruhigung und nervliche Erregung genügen (beispielsweise bei dichtem Auffahren oder Hupen oder Lichthupe im Straßenverkehr).

Bedeutsame Gerichtsentscheidungen:
- BGHSt 1, 145: Heimliches Beibringen von Betäubungsmitteln ist Gewalt gegen eine Person.
- BGHSt 4, 210; 16, 341; 25, 237: Gewalt erfordert nicht, dass der Betroffene sie als solche empfindet; Gewalt ist auch gegen Bewusstlose möglich.
- BGHSt 19, 266: Dichtes Auffahren im Straßenverkehr kann Gewalt sein.
- BGHSt 23, 46 (54): Sitzblockade auf einer Straße ist Gewalt im Rechtssinne; Anerkennung der „psychischen Gewalt" (Laepple-Fall).

c) Korrekturen des vergeistigten Gewaltbegriffs durch das BVerfG; Grenzen des Wortlauts (Art. 103 Abs. 2 GG) 94

Der solchermaßen vergeistigte Gewaltbegriff gerät mit Art. 103 Abs. 2 GG in Konflikt, wenn bloß psychisch wirkende Zwangswirkungen auf das Opfer genügen sollen. Aus diesem Grunde ist das BVerfG der zunehmenden Vergeistigung des Gewaltverständnisses entgegengetreten (durch Aufhebung entsprechender Entscheidungen des BGH zu Sitzblockaden): Gewalt müsse auf dem Einsatz körperlicher Mittel beruhen, ein geistig-seelischer Einfluss genüge nicht. Letzteres könne jedoch unter Umständen eine Nötigung durch Drohung (2. Tatbestandsalternative des § 240 StGB) darstellen. Die bloße Anwesenheit an einem Ort (wie bei einer Sitzblockade) ist demnach regelmäßig keine Gewalt. Sitzblockaden sind rein psychische Hindernisse; der Fahrer fürchtet im Falle des Weiterfahrens einen Menschen zu verletzen.

Akzeptiert als Gewalt wird vom BVerfG aber, dass die physische Einwirkung in der Errichtung eines körperlichen Hindernisses besteht, das der beabsichtigten Handlung entgegensteht. Widerwillig akzeptiert wurde vom BVerfG auch die sogenannte Zweite-Reihe-Rechtsprechung des Bundesgerichtshofs: Danach sei zwar das bloße Sitzen auf der Straße zunächst noch keine Gewalt i.S.d. § 240 StGB, da die erforderliche körperliche Zwangswirkung fehle. Diese trete aber - mit einer gewissen zeitlichen Verzögerung - dann ein, wenn die ersten Autos angehalten hätten und den Verkehr blockierten, denn diese Autos seien für die nachfolgenden Verkehrsteilnehmer mehr als psychisch wirkende Hindernisse durch Menschen auf der Straße, sondern reale körperliche Hindernisse, die nicht zu beseitigen seien.

Bedeutsame Gerichtsentscheidungen:
- BVerfGE 92, 1: Laepple-Fall; Beschluss vom 10.1.1995, dritte Sitzblockaden-Entscheidung des BVerfG, Aufhebung von BGHSt 23, 46; Absage an ein zu vergeistigtes Gewaltverständnis; es gibt keine bloß „psychische Gewalt" im strafrechtlichen Sinne.
- BGHSt 41, 182: Zweite-Reihe-Entscheidung des BGH.
- BVerfGE 104, 92: vierte Sitzblockaden-Entscheidung des BVerfG, Akzeptanz der Zweite-Reihe-Rechtsprechung des BGH.

Im Ergebnis hat das BVerfG damit rechtsdogmatisch klargestellt, dass es die Kategorie der „psychischen Gewalt" im Strafrecht grundsätzlich nicht gibt, es sich insoweit um ein Oxymoron oder eine contradictio in adiecto handelt. Entweder ein Verhalten ist körperlich / physisch, dann kann es Gewalt im Rechtssinne sein, oder es wirkt rein geistig / psychisch, dann ist es rechtlich keine Gewalt, kann aber sehr wohl beispielsweise eine (konkludente) Drohung sein oder andere Begehungsvarianten von Straftatbeständen erfüllen.

95 **5. Drohung mit einem empfindlichen Übel**

Drohung ist das Inaussichtstellen eines künftigen Übels, auf dessen Verwirklichung der Täter Einfluss zu haben vorgibt.[112] Hier liegt die zweite Unschärfe bei der Subsumtion unter den Nötigungstatbestand. Auch bei der Drohung bestehen erhebliche Auslegungsschwierigkeiten. Allgemeine Problemfelder sind beispielsweise die Frage nach der Perspektive des Opfers oder des Täters, das Verhältnis von Täuschung und Drohung, die Maßgeblichkeit von objektivem Erklärungswert und Wortlaut bei verbalen Drohungen u.v.a.[113] Bei Nötigungen im Zusammenhang mit Versammlungen, insbesondere bei der Blockade von Verkehrswegen, Sitzstreiks u.ä. geht es meist um die Möglichkeit der konkludenten Drohung und die Möglichkeit der Drohung mit einem Unterlassen.

96 **a) Konkludente Drohung**

Es ist einhellig anerkannt, dass die Drohung nicht nur ausdrücklich und verbal erfolgen kann, sondern auch konkludent und nonverbal. Dabei kann die Grenze zwischen Gewalt und Drohung zerfließen. Vor allem aus einer bereits verübten Gewalt kann sich aus dem Gesamtverhalten des Täters

[112] Statt vieler: Joecks, Studienkommentar StGB, Vor § 232 Rdnr. 12.
[113] Wessels/Hettinger/Engländer, Strafrecht Besonderer Teil 1, Rdnr. 451 ff.

konkludent die Drohung ergeben, das Verhalten bzw. die Gewalt fortzusetzen.

Beispiel:
Das Sitzen auf der Straße durch Demonstranten dürfte zwar wegen Art. 103 Abs. 2 GG keine Gewalt im Rechtssinne sein, kann aber sehr wohl eine konkludente Drohung mit einem empfindlichen Übel i.S.d. § 240 StGB sein, nämlich so lange sitzen zu bleiben und die Weiterfahrt zu verhindern, bis das Gegenüber gefügig ist.

b) Drohung mit einem Unterlassen 97

Das angedrohte empfindliche Übel kann nicht nur ein aktives Tun sein (Normalfall), sondern auch ein Unterlassen. Die bekanntermaßen schwierige und oftmals kaum mögliche Abgrenzung zwischen Tun und Unterlassen im Ausschließlichkeitsverhältnis erlangt hier erneut (u.U. entscheidende) Bedeutung.

Beispiele für Drohungen mit einem Unterlassen:
- Weigerung, eine Rechnung zu bezahlen.
- Weigerung, weiterhin Geld zu überweisen oder Unterhaltszahlungen zu bestreiten.
- Weigerung, bestimmte Arbeiten zu verrichten.
- Weigerung, eine blockierte Straße freizugeben.

Tatbestandsmäßig bei § 240 StGB kann eine Drohung mit einem Unterlassen aber nur dann sein, wenn eine Rechtspflicht zum Handeln besteht. Bei Blockaden von Verkehrswegen durch Versammlungen besteht aus Gründen des Straßenrechts regelmäßig eine Verpflichtung, die Straße dauerhaft wieder freizugeben.

6. Die Verwerflichkeitsklausel des § 240 Abs. 2 StGB (Zweck-Mittel-Relation) 98

Besondere Bedeutung erlangt angesichts der Weite des Tatbestandes der Nötigung die Verwerflichkeitsklausel des § 240 Abs. 2 StGB. Rechtswidrig ist die Tat nur, wenn die Anwendung der Gewalt oder die Androhung des Übels zu dem angestrebten Zweck als verwerflich anzusehen ist. Wenn die Drohung mit einem empfindlichen Übel sozialadäquat ist, liegt keine Nötigung vor.

Allgemeine Beispiele (für fehlende Verwerflichkeit):
- Der Gläubiger droht damit, Klage zu erheben, wenn nicht gezahlt wird.
- Jemand, der beleidigt wurde, verlangt eine schriftliche Entschuldigung; andernfalls werde er vor Gericht ziehen.

Beispiele aus dem Versammlungsrecht (für fehlende Verwerflichkeit):
- Die Versammlungsteilnehmer verhalten sich völlig friedlich und verfolgen rein altruistische und gesellschaftlich anerkannte Ziele, etwa die Verhinderung der Stationierung von Nuklearwaffen, die Verhinderung von Tiertransporten unter qualvollen Begleitumständen für die Tiere, die Verhinderung der Rodung von wertvollen Waldbeständen u.ä.

Gleichwohl ist nicht zu verkennen, dass hier vielleicht das größte Problem der Nötigung im Versammlungsrecht liegt, denn wer will letztendlich für sich in Anspruch nehmen, verbindlich für die gesamte Gesellschaft zu entscheiden, welches Verhalten wünschenswert ist, welches Verhalten toleriert werden muss und welches Verhalten so sozialschädlich ist, dass es jedem Einzelnen das Recht zum passiven Widerstand verleiht. Diese Frage führt in schwierige verfassungsrechtliche und rechtsphilosophische Grundsatzüberlegungen. (Gibt es ein alleiniges Primat der Politik und der verfassungsrechtlichen Entscheidungsträger zur Vorgabe und Durchsetzung umstrittener Ziele? Gibt es neben dem positiven, von Menschen gesetzten Recht ein höheres und zeitloses Naturrecht? Können Recht und Gerechtigkeit auseinanderfallen? Wie hat der Einzelne sich zu verhalten, wenn Recht und Moral/Ethik auseinanderfallen? Wie weit legitimiert die Freiheit des Gewissens zu formal illegalem Verhalten und Widerstand?) All diese Fragen können hier allenfalls angedeutet werden und entziehen sich einer Beantwortung. Hinter der Verwerflichkeitsklausel des § 240 Abs. 2 StGB können sehr schnell die großen Grundsatzfragen der Rechtsphilosophie und Staatslehre zum Vorschein kommen.

Auf eine Gefahr des § 240 Abs. 2 StGB sei aber abschließend hingewiesen, nämlich dass die Verwerflichkeitsprüfung schlimmstenfalls zu einem Einfalltor für politisches Gesinnungsstrafrecht werden kann, zumindest aber der individuellen Willkür den Weg bereitet.

Beispiel:
Wenn ein Amtsgericht darüber zu entscheiden hat, ob die Demonstration vor einer Kaserne der Bundeswehr und die damit einhergehende Blockade der Kaserneneinfahrt durch Friedensaktivisten verwerflich ist, kann es einen großen Unterschied machen, ob der Amtsrichter aus einer alten Soldatenfamilie stammt und selbst Reserveoffizier ist oder ob er als junger Mann

aus Gewissensgründen den Wehrdienst verweigert hat und in der Friedensbewegung aktiv war.

Schlagwortartig werden im Versammlungsrecht oft die Kategorien der (rechtmäßigen) demonstrativen Blockade und der (rechtswidrigen) Verhinderungsblockade gegenübergestellt. Um die damit einhergehende Frage zu beantworten, ob das in Rede stehende Verhalten als strafbare Nötigung gem. § 240 StGB erfasst wird, ist, ist eine Gesamtwürdigung erforderlich unter Berücksichtigung aller Umstände des Einzelfalles:
- Wie massiv ist die Gewalt oder die ausgesprochene Drohung?
- Wie schwerwiegend oder ungewöhnlich ist das abgenötigte Verhalten?
- Welche Korrelation besteht zwischen Nötigungsmittel und Nötigungserfolg?
- Welche besonderen Begleitumstände stehen im Raum?

Bei Blockaden von Verkehrswegen, Zugängen zu Örtlichkeiten u.ä. sind folgende Aspekte relevant:

- Dauer (oftmals werden 15-20 Minuten noch als sozialadäquat erachtet),
- Intensität,
- Ausmaß der Störung bzw. des angerichteten Verkehrschaos,
- vorherige Bekanntgabe der Blockade,
- Ausweichmöglichkeiten für die betroffenen Verkehrsteilnehmer,
- Dringlichkeit des aufgehaltenen Transports oder der Anliegen jener, die passieren wollen,
- inhaltlicher Zusammenhang und Sachbezug zwischen verfolgtem Anliegen der Demonstranten und blockierter Straße.[114]

7. Zusammenfassung zu § 240 StGB im Versammlungsrecht und zur Abgrenzung zwischen rechtmäßiger demonstrativer Blockade und rechtswidriger Verhinderungsblockade 99

a) Schutzbereich des Art. 8 Abs. 1 GG?

α) Sitzblockaden sind grundsätzlich nicht unfriedlich i.S.d. Art. 8 Abs. 1 GG, da für das Überschreiten der verfassungsunmittelbaren Schranke der Unfriedlichkeit im verfassungsrechtlichen Sinne ein qualifizierter Gewaltmaßstab gilt (Gewalttätigkeiten i.S.d. Landfriedensbruchs gem. § 125 StGB, d.h. insbesondere versuchte oder vollendete Sachbeschädigungen und Körperverletzungen von einem gewissen Ausmaß). Aus diesem Grunde ist auch für Sitzblockaden der Schutzbereich des Art. 8 GG grundsätzlich eröffnet.

---

[114] Zur Vielzahl der abwägungsrelevanten Faktoren: Eisele, in: Schönke/Schröder, StGB, § 240 Rdnr. 26 ff.

β) Sitzblockaden sind dann keine Versammlungen im Schutzbereich des Art. 8 GG, wenn sie keinerlei kommunikative Dimension mehr haben, wenn es den Teilnehmern also nur darum geht, andere Personen oder eine andere Veranstaltung zu stören oder zu verhindern (reine kollektive Nötigungen oder Selbsthilfeaktionen, Erzwingungs- oder Verhinderungsblockaden). Meist wird eine Sitzblockade über diese letztgenannte Absicht hinaus aber auch irgendeine politisch relevante Botschaft beabsichtigen, was dann grundsätzlich den Schutzbereich des Art. 8 GG eröffnet.

b) Strafbarkeit der Teilnehmer wegen Nötigung gem. § 240 StGB?

α) Gewalt i.S.d. § 240 StGB

Das bloße Sitzen auf einem Verkehrsweg, um den Durchgang oder die Durchfahrt anderer zu verhindern oder zu erschweren, stellt noch keine Gewalt i.S.d. § 240 StGB dar. Der zunehmend vergeistigte Gewaltbegriff des § 240 StGB geht nicht so weit, dass er auch rein „psychische Gewalt" erfassen würde - so das BVerfG in seiner Grundsatzentscheidung aus dem Jahre 2001[115] unter Aufhebung der Vorentscheidungen der Strafgerichte, die den Gewaltbegriff immer weiter vergeistigt hatten und bloß psychisch wirkende Zwangswirkungen ausreichend sein ließen. Das BVerfG sieht darin einen Verstoß gegen den strafrechtlichen Bestimmtheitsgrundsatz des Art. 103 Abs. 2 GG und das damit einhergehende strafrechtliche Analogieverbot.

Die Teilnahme an einer Sitzblockade kann aber dennoch strafbare Gewalt i.S.d. § 240 StGB sein, wenn

- das Verhalten sich nicht in bloßem Sitzen und Verweilen auf der Straße erschöpft, sondern weitere Faktoren im Sinne einer physischen Komponente dazukommen (z.B. massives Unterhaken, Anketten, Einbringen von Gegenständen oder nennenswerten Hilfsmitteln)[116] oder

- mittelbar (bewusst und gewollt) durch die Sitzblockade andere massive körperliche Hindernisse aufgebaut werden. Dazu zählen nach der Zweite-Reihe-Rechtsprechung des BGH[117] auch notgedrungen anhaltende Autos oder bewusst herbeigeführte Staus von Kraftfahrzeugen, da diese erheblich

---

[115] BVerfGE 92, 1.

[116] BGHSt 44, 34 (39); BVerfGE 104, 92.

[117] BGHSt 41, 182 (Zweite-Reihe-Entscheidung des BGH); BVerfGE 104, 92; BVerfG NJW 2011, 3020.

genug seien, einen körperlich wirkenden Zwang herbeizuführen - im Gegensatz zur bloßen Anwesenheit eines Menschen. (Die „Zweite-Reihe-Rechtsprechung“ des BGH wird allerdings vielfach als sophistische Umgehung der obigen Grundsatzentscheidung BVerfGE 92, 1 abgelehnt.)

β) Drohung mit einem empfindlichen Übel

Losgelöst von der Begehung durch Gewaltanwendung ist eine strafbare Nötigung auch möglich durch die Drohung mit einem empfindlichen Übel. Bei einer Sitzblockade/Straßenblockade wäre dies die konkludente Drohung, bis auf weiteres die Straße nicht freizugeben. Nach ganz h.M. kann auch die Drohung mit einem Unterlassen den Tatbestand der Nötigung erfüllen, wenn für den Täter eine Rechtspflicht zum Handeln besteht (was aus Gründen des Straßenrechts der Fall ist).

γ) Verwerflichkeitsklausel / Zweck-Mittel-Relation des § 240 Abs. 2 StGB

Auch wenn Gewalt oder Drohung mit einem empfindlichen Übel tatbestandlich bejaht wird, ist davon losgelöst die besondere Verwerflichkeit zu prüfen (Zweck-Mittel-Relation des § 240 Abs. 2 StGB). Dabei sind alle Begleitumstände und Motive der Sitzblockade in eine Gesamtbetrachtung einzustellen. Manchmal wird argumentiert, Sitzblockaden von unter 15 - 20 Minuten seien noch als unterhalb der Geringfügigkeitsgrenze anzusehen und damit sozialadäquat.

V. Die öffentliche Ordnung im Versammlungsrecht

100 ### 1. Das Schutzgut der öffentlichen Ordnung im Allgemeinen

Unter öffentlicher Ordnung versteht man jene ungeschriebenen Regeln, deren Befolgung unerlässliche Voraussetzung für ein gedeihliches menschliches Zusammenleben ist.[118] Die öffentliche Ordnung ist für sich genommen bereits ein problematisches Schutzgut im Polizei- und Ordnungsrecht. Folgende grundsätzliche Bedenken werden gegen sie geltend gemacht:

101 **a)** Es gehe aus verfassungsrechtlichen Gründen nicht an, dass der Staat mit den Mitteln seiner Zwangsgewalt die Einhaltung sittlicher und moralischer Anstandsregeln durchsetzen könne, die nicht als Rechtsnormen, sondern allenfalls kraft ihrer faktischen Anerkennung als Wertvorstellungen einer überwiegenden Mehrheit der Bevölkerung existierten.[119] Die Verfassung garantiere mannigfaltige Freiheitsrechte des Einzelnen und enthalte damit einhergehend ein Verbot an den Staat, ungeschriebene Wertvorstellungen einer angeblichen Mehrheit mit den Mitteln des staatlichen Zwangs gegen abweichendes Verhalten zu sichern und durchzusetzen.

b) Auch gebe es kein zuverlässiges Mittel, die ungeschriebenen Wertvorstellungen der Bevölkerung festzustellen, da diesbezüglich aussagekräftige empirische Erhebungen nicht stattfänden und überdies sittliche und moralische Anstandsregeln im Laufe der Zeit einem Wechsel unterworfen seien.

c) Schließlich sei das bei Verstößen gegen die öffentliche Ordnung praktizierte Abstellen auf die jeweiligen örtlichen Verhältnisse ein „Relikt aus dem Postkutschenzeitalter“.[120] Eine Ungleichbehandlung derselben Verhaltensweise unter regionalen oder gar lokalen Aspekten sei verfassungsrechtlich nicht zu rechtfertigen und widerspreche der Grundintention eines modernen Staatswesens, die Lebensverhältnisse im gesamten Staatsgebiet anzugleichen.

102 Trotz dieser - vor allem in der Literatur artikulierten - Bedenken hat der Bundesgesetzgeber in versammlungsrechtlichem Kontext durch § 15 VersG am Schutzgut der öffentlichen Ordnung festgehalten. Bei den neuen

---

[118] Schenke, Polizei- und Ordnungsrecht, Rdnr. 62 ff.

[119] Ausführlich zum Streitstand: Götz/Geis, Allgemeines Polizei- und Ordnungsrecht, § 5 Rdnr. 4 ff. m.w.N.

[120] Götz/Geis, a.a.O.

Versammlungsgesetzen der Länder ist der Befund unterschiedlich.[121] Die allgemeinen Gesetze zum Polizei- und Ordnungsrecht enthalten durchweg das Schutzgut der öffentlichen Ordnung.[122] Dazu trägt möglicherweise auch der Umstand bei, dass der Begriff der öffentlichen Ordnung durch § 118 OWiG selbst zum Bestandteil des geschriebenen Rechts geworden ist. Zudem erscheint es ordnungspolitisch fraglich, ob ein vorbehaltloser Verzicht auf das Schutzgut der öffentlichen Ordnung sinnvoll wäre. Trotz der zunehmenden Durchnormierung der meisten Lebensbereiche existieren nach wie vor Situationen menschlichen Zusammenlebens, die in all ihren Facetten rechtlich nur schwer fassbar sind und die sich aufgrund ihrer ethischen, religiösen, weltanschaulichen, politischen oder psychologischen Dimension einer dezidierten gesetzlichen Regelung mittels Ge- und Verboten entziehen. Es lässt sich aber nicht leugnen, dass ein gedeihliches menschliches Zusammenleben nur dort möglich ist, wo gewisse elementare Anstandsregeln beachtet werden und eine Atmosphäre der gegenseitigen Rücksichtnahme und Achtung besteht. Dort sind thematisch die Problemfälle der öffentlichen Ordnung angesiedelt.[123]

2. Das Schutzgut der öffentlichen Ordnung im Versammlungsrecht 103

Die soeben skizzierte grundsätzliche Problematik der öffentlichen Ordnung potenziert sich gewissermaßen im Versammlungsrecht. Es geht hier vor allem um die Frage, ob Versammlungen mit bestimmten politischen Aussagen und einem bestimmten Gepräge verboten werden können mit der Begründung, sie verstießen gegen die öffentliche Ordnung.

a) Eine häufig anzutreffende Ansicht geht mit guten Gründen davon aus, 104
ein Versammlungsverbot lasse sich nicht allein auf eine Gefährdung der öffentlichen Ordnung stützen.[124] Wegen der Bedeutung der Versammlungsfreiheit aus Art. 8 GG und auch der Meinungsfreiheit aus Art. 5 GG seien die einfachgesetzlichen Normen des VersG verfassungskonform dahingehend zu interpretieren, dass nur gesetzlich sanktionierte Verstöße gegen die öffentliche Sicherheit (= gegen das geschriebene Recht) ein Verbot

---

[121] Das bay. VersG und das sächs. VersG operieren weiterhin mit der allgemeinen Kategorie der öffentlichen Ordnung, nicht hingegen die VersG von Sachsen-Anhalt, Niedersachsen und Schleswig-Holstein.

[122] In Bremen und Schleswig-Holstein wurde die öffentliche Ordnung als polizeiliches Schutzgut abgeschafft. Niedersachsen, Nordrhein-Westfalen und das Saarland hatten die öffentliche Ordnung vorübergehend als Schutzgut aus ihren Polizeigesetzen gestrichen, nach einiger Zeit jedoch wieder aufgenommen.

[123] Götz/Geis, Allgemeines Polizei- und Ordnungsrecht, § 5 Rdnr. 16 ff.

[124] BVerfGE 69, 315; Enders, JZ 2001, 652.

rechtfertigen könnten. Andernfalls bestehe die Gefahr, dass die öffentliche Ordnung instrumentalisiert werde, um politisch unbequeme oder unerwünschte Verlautbarungen mit polizeilichen Zwangsmitteln zu verhindern. Das vage und schimärenhafte Schutzgut der öffentlichen Ordnung dürfe nicht als Werkzeug zur Unterbindung demokratisch legitimer Vorgänge und Rechtsausübungen im Versammlungsrecht verwendet werden.

105 **b)** Die h.M. lässt zwar grundsätzlich und theoretisch das Verbot einer Versammlung allein wegen Gefährdung der öffentlichen Ordnung zu.[125] Der Wortlaut des § 15 Abs. 1 VersG und der darin zum Ausdruck kommende Wille des Gesetzgebers seien eindeutig. Die Anforderungen sind aber außerordentlich hoch.[126] Insbesondere ist dabei zu differenzieren:

α) Verbale Verlautbarungen und politische Äußerungen können für sich genommen nie Anlass sein für das Verbot einer Versammlung wegen Störung der öffentlichen Ordnung. Das Bundesverfassungsgericht hat in diesem Zusammenhang wiederholt betont, dass ein Gleichklang von Meinungsfreiheit und Versammlungsfreiheit besteht.[127] Wenn es bereits nach Art. 5 Abs. 2 GG nicht möglich ist, Maßnahmen zu treffen, die sich gegen eine bestimmte Meinung als solche richten, muss dies erst recht für die qualifizierte Form der Meinungsäußerung im Rahmen einer Versammlung gelten.[128] Auch der Umstand, dass die Ziele einer Versammlung nicht mit der grundgesetzlichen Werteordnung vereinbar seien, genügt nicht für ein Verbot, denn die Wertvorstellungen des Verfassungsgebers lassen sich nicht automatisch mit den ethischen Wertvorstellungen gleichsetzen, welche die öffentliche Ordnung konstituieren.[129] Die Bürger sind frei, grundlegende Wertungen der Verfassung in Frage zu stellen oder die Änderung tragender Prinzipien zu fordern, ohne dass dies automatisch ein polizeiliches Einschreiten nach sich zieht.[130] Die allein maßgebliche Grenze insoweit markiert nicht die öffentliche Ordnung, sondern das materielle Strafrecht. Schließlich ist auch die Tatsache, dass eine politische Partei verfassungswidrige Ziele verfolgt und für die Versammlung verantwortlich zeichnet, nicht geeignet, die Versammlung wegen Gefährdung der öffentli-

[125] BVerfG NJW 2004, 2814; Laubinger/Repkewitz, VerwArch. Band 93 (2002), 149 (169).

[126] Laubinger/Repkewitz, a.a.O.; Schenke, Polizei- und Ordnungsrecht, Rdnr. 373 m.w.N.

[127] BVerfG, NJW 2001, 1409; BVerfG, NJW 2001, 2069; BVerfG, NJW 2001, 2072; BVerfG, NJW 2001, 2075; BVerfG, NJW 2001, 2076; BVerfGK 2, 1; BVerfGE 111, 147.

[128] BVerfG, a.a.O.; Schenke, Polizei- und Ordnungsrecht, Rdnr. 373.

[129] Schenke, Polizei- und Ordnungsrecht, Rdnr. 373 m.w.N.

[130] BVerfGK 2, 1.

chen Ordnung zu verbieten - es sei denn, das BVerfG hat die Verfassungswidrigkeit der Partei gem. Art. 21 Abs. 2 GG in dem dafür vorgesehen Verfahren gem. §§ 43 ff. BVerfGG festgestellt. Das diesbezügliche Entscheidungsmonopol liegt allein beim BVerfG.[131]

β) Denkbar ist das Verbot einer Versammlung allein unter Bezugnahme auf die öffentliche Ordnung ausnahmsweise dann, wenn das äußere Auftreten der Versammlungsteilnehmer bestimmte Grenzen überschreitet, wenn durch das Gesamtgepräge der Versammlung bewusst und gezielt in massiver Form ein Klima der Einschüchterung und Gewalt erzeugt wird.[132] Erforderlich ist ein aggressives und provokatives, die Bürger einschüchterndes Verhalten der Versammlungsteilnehmer, durch das ein Klima der Gewaltdemonstration und potentieller Gewaltbereitschaft entsteht. Gleiches gelte dann, wenn ein Aufzug sich durch sein Gesamtgepräge mit den Riten und Symbolen der nationalsozialistischen Gewaltherrschaft identifiziere und andere Bürger dadurch einschüchtere. Auch wird ein Verbot in Erwägung gezogen, wenn besonders symbolträchtige Gedenktage oder Feiertage von einer Versammlung bewusst gewählt werden, um zu provozieren (sofern keine zeitliche Verlegung in Betracht kommt).[133]

Nach alledem sind Versammlungsverbote wegen befürchteter Störungen der öffentlichen Ordnung zwar theoretisch denkbar, aber auf ganz besonders gelagerte Ausnahmefälle beschränkt. Vorrangig sind wegen des Grundsatzes der Verhältnismäßigkeit insbesondere Auflagen, die der Gefährdung der öffentlichen Ordnung entgegenwirken und gleichzeitig den grundsätzlichen Ablauf der Versammlung nicht verhindern.[134]

---

[131] BVerfG, NJW 2001, 2076; Hoffmann-Riem, NVwZ 2002, 257 (260).

[132] BVerfGE 111, 147. Die Differenzierung führt allerdings zu der paradox wirkenden Konsequenz, dass die nur äußerliche und nonverbale Identifikation mit totalitärem Gedankengut wegen Verstoßes gegen die öffentliche Ordnung verboten werden kann, nicht aber die ausdrückliche und verbale (kritisch zu dieser Unterscheidung Battis/Grigoleit, NJW 2004, 3459).

[133] BVerfG, NJW 2001, 1409.
Entscheidend für die Frage einer Störung der öffentlichen Ordnung sollten jedoch vorrangig das Gepräge der Versammlung und ihre Begleitumstände in der Gesamtschau sein, nicht hingegen die starre Orientierung an einer Tageszahl.

[134] Laubinger/Repkewitz, VerwArch. Band 93 (2002), 149 (165 ff.).

VI. Die polizeirechtliche Verantwortlichkeit im Versammlungsrecht

106 ### 1. Allgemeine Grundsätze der Polizeipflichtigkeit (Störereigenschaft und Störerauswahl)

Es ist ein Kernstück rechtsstaatlichen Polizei- und Ordnungsrechts, dass der Adressat einer ordnungsbehördlichen oder polizeilichen Maßnahme für jene Gefahren oder Störungen, für die er in Anspruch genommen wird bzw. zu deren Beseitigung er aufgefordert wird, auch verantwortlich zeichnet.[135] Bei aller Anerkennung der Notwendigkeit einer schnellen und effektiven behördlichen Gefahrenabwehr muss eine gewisse rechtsstaatlich gebotene Begrenzung des potentiellen Adressatenkreises polizeilicher Maßnahmen bestehen. Verantwortlich und damit zur Gefahrenbeseitigung verpflichtbar können grundsätzlich nur solche Personen sein, die Störer sind. Es ist nicht zulässig, im Interesse einer schnellen und effektiven Gefahrenabwehr und unter Anwendung eines umfassend verstandenen Opportunitätsprinzips jeden zum Adressaten behördlicher Verfügungen zu machen, der einen Beitrag zur Gefahrenabwehr leisten könnte und sich vielleicht zufällig im Einzugsbereich einer Gefahrenquelle aufhält. Hinter dieser Sichtweise stehen auch Erwägungen von verfassungsrechtlicher Dimension, nämlich das Rechtsstaatsprinzip. Letztendlich geht es um die Verursacherfrage, die Verantwortungsgerechtigkeit, das Einstehenmüssen für selbst herbeigeführte Gefahren und den Grundsatz, dass rechtmäßiges Verhalten nur in Ausnahmefällen eine polizeirechtliche Verantwortlichkeit nach sich ziehen darf.

Die polizeirechtliche Verantwortlichkeit ist bereits im allgemeinen Polizei- und Ordnungsrecht eine in Teilaspekten hochumstrittene Materie.[136] Im Versammlungsrecht potenzieren sich einige der Zurechnungsprobleme - auch deshalb, weil man es bei Versammlungen nicht nur mit einer einzelnen Person, sondern mit einer Mehrheit von Personen zu tun hat, was naturgemäß eine „Kollektivierung“ der Störerproblematik nach sich zieht mit allen daraus resultierenden Unschärfen der Zurechnung.

---

[135] Statt vieler: Götz/Geis, Allgemeines Polizei- und Ordnungsrecht, § 9 Rdnr. 3.

[136] Man denke etwa an so kontrovers diskutierte Rechtsfiguren wie den Zweckveranlasser, den latenten Störer, an die Theorie der unmittelbaren Verursachung, an die grundsätzlich uneingeschränkte Zustandsverantwortlichkeit des Eigentümers in Kollision mit Art. 14 GG u.v.a. (Instruktiv zu all diesen Grundsatzproblemen: Schenke, Polizei- und Ordnungsrecht, § 4.)

Das VersG statuiert keine eigenen Regeln über die polizeirechtliche Ver- 107
antwortlichkeit.[137] Daher gelten im Versammlungsrecht die allgemeinen Grundsätze des Polizei- und Ordnungsrechts.[138] Zu unterscheiden ist somit grundsätzlich zwischen der Verhaltensverantwortlichkeit (= Verhaltens- oder Handlungsstörer [in Rh.-Pf.: § 4 POG]) und der Zustandsverantwortlichkeit (= Zustandsstörer [in Rh.-Pf.: § 5 POG]). Ist ein schnelles polizeiliches Tätigwerden zur effektiven Gefahrenabwehr erforderlich und eine Inanspruchnahme des Störers nicht möglich, so ist die Polizei selbst berufen, die zur Gefahrenabwehr notwendigen Maßnahmen zu ergreifen, entweder in eigener Person oder durch einen Beauftragten (= unmittelbare Ausführung [in Rh.-Pf.: § 6 POG]). Wenn auch ein Tätigwerden der Polizei selbst keinen Erfolg verspricht, kommt unter den strengen und sehr hoch angesiedelten Voraussetzungen des polizeilichen Notstands ausnahmsweise die Inanspruchnahme eines nichtverantwortlichen Dritten in Betracht (= Notstandsverpflichteter [in Rh.-Pf.: § 7 POG]). Da die Normen des Versammlungsrechts sich in besonderem Maße auf Personen und deren Handeln beziehen, steht der Verhaltensstörer im Zentrum der Rechtsanwendung.

Ordnungsbehördliche oder polizeiliche Maßnahmen gegen Versammlungen (typischerweise Versammlungsverbot, Auflagen oder Auflösung) oder gegen einzelne Teilnehmer einer Versammlung (typischerweise der Ausschluss, als Minusmaßnahmen dazu auch beispielsweise die Aufforderung, bestimmte verbotene Verhaltensweisen zu unterlassen, bestimmte Gegenstände abzugeben oder abzulegen, Sicherstellungen, räumliche Anordnungen u.ä.) setzen voraus, dass die Adressaten Störer sind.[139] Der Umstand, dass an größeren Versammlungen einzelne gewalttätige Demonstranten teilnehmen, rechtfertigt grundsätzlich nur ein Vorgehen gegenüber diesen störenden Personen, nicht hingegen ein Verbot oder eine Auflösung der im Übrigen friedlichen Versammlung.[140]

---

[137] Es gibt andere Rechtsgebiete des Besonderen Ordnungsrechts, die sehr wohl ihre eigenen, besonderen Kategorien der Verantwortlichkeit verwenden (beispielsweise Teile des Umweltrechts oder des Baurechts [Bauherr, Entwurfsverfasser, Unternehmer, Bauleiter etc.]). Auch die Standardmaßnahmen der Polizeigesetze sind häufig vom Erfordernis der allgemeinen Verantwortlichkeit des Adressaten gelöst und operieren mit ihrem jeweils eigenen, normspezifischen und situationsbedingten Störerbegriff.

[138] So weit ersichtlich einhellig anerkannt; statt vieler: Schenke, Polizei- und Ordnungsrecht, Rdnr. 364 m.w.N.

[139] Schenke, Polizei- und Ordnungsrecht, Rdnr. 364.

[140] Schenke, a.a.O.

108 ## 2. Die Abgrenzung zwischen Teilnehmern und Störern

Die Grenzziehung zwischen Teilnehmer und Störer kann bisweilen schwierig sein. Insbesondere kann ein Teilnehmer zum Störer werden, wenn er mit seinem Verhalten bestimmte Grenzen überschreitet. In der oftmals hitzigen und emotionsgeladenen Atmosphäre einer Versammlung mit brisanten Themen geschieht dies keineswegs selten. Grundsätzlich ist die Kategorie des Teilnehmers einer Versammlung jedoch weit. Teilnehmer sind nicht nur solche Personen, die mit der Grundaussage der Versammlung übereinstimmen und sich unterstützend oder konform verhalten. Teilnehmer sind auch solche Personen, die in ihrer Haltung indifferent sind oder dem Anliegen der Zusammenkunft oder einzelnen Teilaspekten kritisch gegenüberstehen und insoweit ihrer abweichenden Meinung oder ihrem Protest Ausdruck verleihen.

Wer hingegen eine Versammlung in der Absicht aufsucht, sie durch seine Einwirkung zu verhindern, wird zum Störer. Er kann sich nicht auf Art. 8 GG berufen[141] und verliert spätestens dann seine Eigenschaft als Teilnehmer, wenn er ausgeschlossen wird (§ 11 Abs. 1 VersG oder § 18 Abs. 3, § 19 Abs. 4 VersG). Das gilt auch dann, wenn er vereint mit anderen auftritt. Der Umstand, dass mehrere Personen dabei zusammenwirken, bringt diese nämlich nicht in den Genuss der Versammlungsfreiheit, wenn der Zweck ihres Zusammenwirkens nur in der Unterbindung einer Versammlung besteht.[142]

109 ## 3. Gegendemonstrationen und Gegendemonstranten

Vor allem bei politisch umstrittenen Versammlungen kommt es häufig vor, dass sich Gegendemonstrationen bilden, deren Ziel darin besteht, gegen eine andere Versammlung oder gegen deren Ziele zu protestieren. Die Problematik ist Gegenstand einer Vielzahl von Gerichtsentscheidungen. Vorbehaltlich etwaiger situationsbedingter Besonderheiten stellt sie sich rechtlich folgendermaßen dar:

Auch die Gegendemonstration und ihre Teilnehmer genießen grundsätzlich den Schutz des Art. 8 GG. Es handelt sich normalerweise um eine Versammlung im Rechtssinne, da die insoweit konstitutiven Merkmale vorliegen dürften: Zusammenkunft mehrerer Personen, die ein gemeinsames Anliegen verfolgen, welches erörtert und kundgegeben wird und eine gewisse

141 BVerfGE 84, 203 ff.
142 BVerfG a.a.O.

politische Dimension hat. Aufgrund der Intention der Gegendemonstration (Protest gegen die Aussagen und Ziele einer anderen Versammlung) dürfte grundsätzlich auch das Recht anzuerkennen sein, in (maßvoller) räumlicher Nähe der Ausgangsveranstaltung und zeitgleich stattzufinden.

Dies gilt aber nur, wenn es der Gegendemonstration darum geht, mit geistigen und kommunikativen Mitteln ihrem Anliegen bzw. ihrem Protest Ausdruck zu verleihen. Zielt die Gegendemonstration darauf ab, die andere Versammlung zu verhindern, so verliert sie den Schutz des Art. 8 GG.[143] Veranstaltungen, die vorrangig den Charakter von Selbsthilfeaktionen oder kollektiver Nötigung haben, sind zudem keine Versammlungen im Sinne der Verfassung.[144] Auch kann es sich in solchen Fällen ohnehin um eine unfriedliche (Gegen)Versammlung handeln, so dass bereits aus diesem Grunde deren Berufung auf den Schutzbereich des Art. 8 GG verstellt ist.

4. Die Rechtsfigur des Zweckveranlassers im Versammlungsrecht 110

Es hat vereinzelt Versuche gegeben, diese Grundsätze der Zurechnung von Störungen (die aus Gründen des Rechtsstaatsprinzips zwingend erscheinen) mit den Mitteln des allgemeinen Polizeirechts umzudeuten, insbesondere unter Berufung auf die Rechtsfigur des Zweckveranlassers und den polizeilichen Notstand.

Der Zweckveranlasser ist eine besondere Erscheinungsform des Störers, dessen Existenz und grundsätzliche Anerkennung bereits im allgemeinen Polizei- und Ordnungsrecht hoch umstritten ist.[145] Zweckveranlasser soll derjenige sein, der zwar nicht selbst unmittelbar eine Gefahr verursacht, durch sein Verhalten jedoch andere zum unmittelbaren Verursacher einer Gefahr werden lässt.[146] In Durchbrechung des Grundsatzes, dass Störer

---

143 Statt vieler: Schenke, Polizei- und Ordnungsrecht, Rdnr. 361 sowie Jarass/Pieroth, GG, Art. 8 Rdnr. 5 ff. m.w.N.

144 BVerfGE 84, 203 (209 ff.); BVerfGE 104, 92 (105).

145 Götz/Geis, Allgemeines Polizei- und Ordnungsrecht, § 9 Rdnr. 18 ff.; Schenke, Polizei- und Ordnungsrecht, Rdnr. 244 ff.

146 Entwickelt wurde der Zweckveranlasser erstmalig vom Preußischen OVG im Borkumlied-Fall (PrOVGE 80, 176) und im Schaufensterpuppen-Fall (PrOVGE 85, 270), die beide fortan als Klassiker des Polizeirechts die Literatur und Judikatur beschäftigten. Die angreifbare Rechtsfigur stieß teilweise auf verhaltene Zustimmung, teilweise auch auf entschiedene Ablehnung:
- Beim Borkumlied-Fall spielte die Kapelle des Nordseebades Borkum in ihren Kurkonzerten regelmäßig einen bestimmten Marsch. Dazu sangen zahlreiche Kurgäste die dritte Strophe des Borkum-Liedes, das einen rassistischen, antisemitischen Text hatte. Das Preußische Oberverwaltungsgericht lehnte es seinerzeit ab, die Kapelle als Zweckveran-

grundsätzlich nur derjenige sein kann, der selbst die letzte Ursache für die Störung setzt und damit in seiner Person die Gefahrengrenze überschreitet, soll auch dieser mittelbare Verursacher zulässigerweise zum Adressaten polizeilicher Maßnahmen gemacht werden dürfen. Strittig und ziemlich ungeklärt erscheinen dabei die Anforderungen an die voluntative und kognitive Komponente, d.h. ob das Verhalten des Zweckveranlassers zielgerichtet auf das Überschreiten der Gefahrengrenze durch andere gerichtet sein muss (direkter Vorsatz) oder ob eine billigende Inkaufnahme ausreichend ist oder ob sogar schon eine bloße objektive Vorhersehbarkeit genügt. Die Rechtsfigur als solche wird mit guten Gründen vielfach generell abgelehnt: Auch wenn das Polizei- und Ordnungsrecht von der gesetzgeberischen Konzeption her grundsätzlich losgelöst von Aspekten der Rechtswidrigkeit und des Verschuldens sein mag und sich vor allem an der effektiven Gefahrenabwehr orientiert, können allein mit dieser Erwägung nicht elementare Zurechnungsprinzipien eines Rechtsstaates beiseite geschoben werden. Störer kann grundsätzlich nur derjenige sein, der mit seinem Verhalten Rechtsvorschriften verletzt oder zumindest in einer sozial inadäquaten Weise (z.B. Verstoß gegen die öffentliche Ordnung) seinen Rechtskreis überschreitet - ansonsten drohen schwere Wertungswidersprüche mit der gesamten sonstigen Rechtsordnung, nicht zuletzt mit dem Verfassungsrecht und dem Zivilrecht. Die Rechtsfigur des Zweckveranlassers erscheint insgesamt diffus und kaum eingrenzbar. Sie führt zu einer Konturlosigkeit der polizeirechtlichen Haftung und kann schlimmstenfalls behördliche Willkür nach sich ziehen.[147] Das Gebot effektiver Gefahrenabwehr darf nicht dazu führen, dass die Polizei beliebig gegen jeden vorgehen kann, der in irgendeiner Nähe oder Beziehung zur Gefahrenquelle steht.[148]

---

lasser anzusehen, obwohl die Voraussetzungen nach der oben skizzierten, recht weiten Formel zur Bestimmung der Zweckveranlassereigenschaft wohl vorlagen.

- Beim Schaufensterpuppen-Fall stellte ein Händler zu Werbezwecken bewegliche Puppen in sein Schaufenster. Diese Werbung lockte so viele Passanten an, dass es durch die Ansammlungen zu Verkehrsbehinderungen kam. Da polizeiliche Verfügungen gegen die Passanten allenfalls kurzfristig Erfolg gebracht hätten, wurde eine Inanspruchnahme des Ladeninhabers als Zweckveranlasser vom Preußischen Oberverwaltungsgericht als rechtmäßig angesehen.

147 Unter Berufung auf den Zweckveranlasser könnte beispielsweise die Polizei einem Geschäft den Verkauf alkoholischer Getränke oder potentiell gefährlicher Haushaltsgegenstände untersagen, Rockkonzerte oder Fußballspiele verbieten u.v.a. - allesamt Ergebnisse, die in Widerspruch zu den grundsätzlichen Wertungen der Rechtsordnung stehen.

148 So gesehen kann man den Zweckveranlasser meines Erachtens in einem Atemzug nennen mit der latenten Gefahr bzw. dem latenten Störer, dem Anscheinsstörer, dem Scheinstörer, dem Verdachtsstörer und ähnlichen Konstrukten, denen - neben ihrer Unbestimmtheit - gemeinsam ist, dass sie zu rechtsstaatlich kaum hinnehmbaren Verschiebungen und Austauschoptionen bei der Verantwortlichkeit für Störungen führen und es

Diese Bedenken bestehen in besonderem Maße im Versammlungsrecht, 111
nicht zuletzt in Anbetracht der Ausstrahlungswirkung des Art. 8 GG und der bei Versammlungen typischerweise ebenfalls auf den Plan tretenden, aufs engste mit dem Demokratieprinzip verwobenen Kommunikationsgrundrechte des Art. 5 Abs. 1 GG. Gleichwohl wurde vereinzelt der Versuch unternommen, sich die Rechtsfigur des Zweckveranlassers im Versammlungsrecht dienstbar zu machen.[149] Die Argumentation lautete - vereinfacht skizziert - in etwa wie folgt: Eine Versammlung, die politisch anstößige Ziele propagiere, werde damit zum Störer im polizeirechtlichen Sinne in der Gestalt des Zweckveranlassers, da sie es voraussehe oder in Kauf nehme, dass andere Bürger auf derlei politische Verlautbarungen empört reagierten und es somit zu Gegenaktionen bis hin zu gewalttätigen Auseinandersetzungen komme. Daher müsse die Polizei gegen solche (Ausgangs)Versammlungen vorgehen; die Aktivitäten der Gegendemonstration seien hingegen staatlicherseits hinzunehmen.

Diese Sichtweise ist abzulehnen. Sie beruht auf einer Verkennung freiheitlicher Grundrechte in einer Demokratie und verdreht das Verursacherprinzip und die rechtsstaatliche Zurechnung von Störungen in ihr Gegenteil. Zu den bereits im allgemeinen Polizei- und Ordnungsrecht artikulierten Bedenken gegen die zur Anwendung gebrachte Rechtsfigur des Zweckveranlassers treten spezifisch versammlungsrechtliche Erwägungen: Es liegt in der Natur der Sache, dass Versammlungen provozieren oder bei Dritten Anstoß erregen können. Dies kann durch das Thema selbst, durch die Art seiner Aufbereitung oder durch die Wahl von Ort und Zeit geschehen.[150] All dies ist aber unverzichtbarer und selbstverständlicher Bestandteil des Grundrechts auf Versammlungsfreiheit aus Art. 8 GG. Daraus eine polizeirechtliche Störereigenschaft der Versammlungsteilnehmer herleiten zu wollen, hieße, die Versammlungsfreiheit des Art. 8 GG über den Umweg polizeirechtlicher Winkelzüge teilweise aufzuheben. Eine legale, nicht verbotene und sich selbst rechtmäßig verhaltende Versammlung kann daher grundsätzlich nie Störer im Sinne des Polizeirechts sein und wegen ihrer politischen Aussagen oder Ziele o.ä. zum Objekt polizeilicher Zwangs-

---

den Behörden im Ergebnis ermöglichen, nach freiem Gutdünken gegen Bürger vorzugehen oder auch nicht vorzugehen.
Instruktiv zur Gesamtproblematik: Schenke, Polizei- und Ordnungsrecht, Rdnr. 249 ff. m.w.N.

149 Nachweise bei Laubinger/Repkewitz, VerwArch. Band 93 (2002), 149 (173 ff.).

150 Kniesel/Poscher, in: Lisken/Denninger, Handbuch des Polizerechts, Kap. K, Rdnr. 351.

maßnahmen werden, auch nicht über den Umweg des Zweckveranlassers.[151]

Ausnahmen von diesem Grundsatz wären allenfalls denkbar, wenn es der Ausgangsversammlung erkennbar gar nicht darum geht, sich kommunikativ zu artikulieren und einen Beitrag zur öffentlichen Meinungsbildung oder Meinungsäußerung zu leisten, sondern allein darum, gewaltsame Auseinandersetzungen mit der Gegenseite und Krawalle anzuzetteln.[152] In derlei seltenen Ausnahmefällen dürfte aber vorrangig die Frage zu stellen sein, ob es sich überhaupt um eine Versammlung im Schutzbereich des Art. 8 GG handelt.

112 5. Der polizeiliche Notstand im Versammlungsrecht

a) Streckenweise ähnlich gelagert, rechtssystematisch aber auf einer anderen Ebene liegend ist die Diskussion um die Anwendbarkeit des polizeilichen Notstands im Versammlungsrecht. Der polizeiliche Notstand ist in allen Polizeigesetzen der Länder verankert und stellt gewissermaßen die Kodifizierung eines allgemeinen Rechtsgedankens des Gefahrenabwehrrechts dar. Er erlaubt unter sehr hoch angesiedelten Voraussetzungen ausnahmsweise ein polizeiliches Einschreiten gegen Personen, die selbst keine Störer sind und sich in ihrer Person rechtmäßig verhalten. Typischerweise wird insoweit gefordert, dass
- eine gegenwärtige, erhebliche Gefahr abzuwehren ist,
- Maßnahmen gegen die eigentlichen Störer nicht oder nicht rechtzeitig möglich sind oder keinen Erfolg versprechen,
- die Ordnungsbehörden oder die Polizei die Gefahr nicht oder nicht rechtzeitig selbst oder durch Beauftragte abwehren können und
- den als Nichtstörer in Anspruch genommenen Personen keine erhebliche eigene Gefährdung oder Verletzung höherwertiger Pflichten droht.

---

[151] BVerfG, NVwZ 2000, 1406; BVerfG, NJW 2001, 1409; Kniesel/Poscher, in: Lisken/Denninger, Handbuch des Polizerechts, Rdnr. 351; Schenke, Polizei- und Ordnungsrecht, Rdnr. 364 m.w.N; Götz/Geis, Polizei- und Ordnungsrecht, § 9 Rdnr. 15 ff.; Laubinger/Repkewitz, VerwArch. Band 93 (2002), 149 (173 ff.) m.w.N.

[152] Götz/Geis, Polizei- und Ordnungsrecht, § 9 Rdnr. 17; BVerfG, DVBl. 2001, 62.

b) Dabei findet sich häufig die Differenzierung zwischen dem echten und dem unechten Notstand[153]: Von einem echten (oder auch absoluten) Notstand sei auszugehen, wenn es den Behörden selbst unter Anspannung aller Kräfte nicht möglich ist, die Gefahr auf andere Weise als durch Inanspruchnahme des sich rechtmäßig verhaltenden Nichtverantwortlichen zu beseitigen. Ein unechter (oder auch relativer) Notstand liege hingegen vor, wenn ein Einschreiten gegen die Störer zwar möglich sei, aber Schäden von einem solchen Ausmaß verursachen würde, dass ein krasses Missverhältnis zwischen letzteren und dem angestrebten Erfolg (Ermöglichung der geplanten Versammlung) entstünde.[154] **113**

c) Beide Argumentationsmuster sind grundsätzlich mit Vorsicht zu genießen. Bedenklich wird die Bezugnahme auf den polizeilichen Notstand insbesondere, wenn damit versucht wird, die - teilweise gewalttätigen - Aktivitäten von Gegendemonstrationen zu tolerieren und ein polizeiliches Vorgehen gegen die Ausgangsversammlung zu rechtfertigen:[155] Letztere könne durch die Polizei verboten, aufgelöst oder durch Minusmaßnahmen zeitlich, örtlich oder inhaltlich verändert werden, wenn auf andere Weise keine friedlichen Zustände herzustellen seien. **114**

Mittlerweile besteht weitestgehend Einigkeit, dass es bei gewaltsamen Zusammenstößen Aufgabe der Polizei ist, die Ausgangsversammlung - wenn sie denn legal stattfindet - zu schützen, nicht aber, diese zu verbieten oder aufzulösen mit der Begründung, man sehe sich behördlicherseits außerstande, die öffentliche Sicherheit zu gewährleisten. Dies ist ein Gebot der Rechtsstaatlichkeit. Gleichzeitig werden damit elementare demokratische Entfaltungsmöglichkeiten und Grundrechte geschützt.[156] Polizeilich vorzugehen ist grundsätzlich gegen denjenigen, der die Grundrechtsausübung anderer rechtswidrig stört, nicht gegen denjenigen, der gestört wird.[157] An dieser Maxime ändert auch die Existenz des polizeilichen Notstands nichts - der im Übrigen für andere Konstellationen entwickelt wurde als solche der Ausübung politischer Grundfreiheiten im Rahmen der Art. 8 GG und Art. 5 GG. Die Behörden sind nicht berechtigt, es sich einfach zu machen

---

[153] Die Begriffe „echter" und „unechter Notstand" werden in der Literatur teilweise mit unterschiedlichen Bedeutungsinhalten gebraucht. Daher ist Vorsicht geboten bei einer allzu schlagwortartigen und unreflektierten Verwendung, denn es kann durchaus sein, dass der eine etwas anderes darunter versteht als der andere. (Bei selbst geprägten Begriffen übrigens eine Situation, die in rechtswissenschaftlichen Diskussionen häufiger zu beobachten ist - man denke etwa an die oft bemühte „Polizeifestigkeit" des Versammlungsrechts oder des Presserechts.)

[154] Laubinger/Repkewitz, VerwArch. Band 93 (2002), 149 (183).

[155] Nachweise bei Laubinger/Repkewitz, VerwArch. Band 93 (2002), 149 (179 ff.).

[156] Götz/Geis, Polizei- und Ordnungsrecht, § 9 Rdnr. 15.

[157] Götz/Geis, a.a.O.

und legale Aktivitäten kurzerhand zu untersagen, weil man glaubt, auf diese Weise am effektivsten Ruhe und Ordnung wiederherstellen zu können.[158] In die neueren VersG der Länder wurden stellenweise Regelungen aufgenommen, die den Behörden ausdrücklich den Auftrag erteilen, legale Versammlungen vor Störungen zu schützen und von Dritten ausgehende Gefahren für die öffentliche Sicherheit in Bezug auf die Versammlung abzuwehren - gewissermaßen eine grundsätzliche gesetzgeberische Absage an den polizeilichen Notstand im Versammlungsrecht (z.B. § 3 schl.-holst. VersFG).

115 **d)** Das Vorliegen eines echten polizeilichen Notstands im Versammlungsrecht ist äußerst selten. Es muss sich um eine extreme Lage handeln, bei der Krawalle von ganz außergewöhnlicher Dimension zu befürchten sind und der Personalkörper der Polizei mit der Aufrechterhaltung der öffentlichen Sicherheit hoffnungslos überfordert wäre. Angesichts der Tatsache, dass die Polizei jedoch grundsätzlich über personelle Reserven in Gestalt der Bereitschaftspolizei verfügt (im Rahmen der Amtshilfe auch solche anderer Bundesländer) und dass ein derartiges staatliches Verhalten letztendlich eine Kapitulation des Rechtsstaates[159] vor der Gewalt bedeuten würde, sind die Gerichte mit der Anerkennung eines echten polizeilichen Notstandes äußerst restriktiv.[160]

Beispiele:
- Auch wenn lediglich 66% der für notwendig gehaltenen Polizeikräfte verfügbar sind, gleichzeitig eine Vielzahl weitere Versammlungen angemeldet sind und zeitgleich ein Fußballspiel mit Gewaltpotential stattfindet, liegen die Voraussetzungen für einen polizeilichen Notstand nicht vor.[161]
- Ausnahmsweise anerkannt wurde ein echter polizeilicher Notstand im Falle des G-20-Gipfeltreffens in Hamburg. In Anbetracht der außergewöhnlichen Gefahren, die mit dieser Großveranstaltung einhergingen und in Anbetracht des Umstandes, dass die Bundesrepublik Deutschland völkerrechtlich verantwortlich war für den Schutz der zahlreichen Staatsgäste, die sich dazu in Hamburg aufhielten, seien die Hamburger Behörden be-

---

[158] Statt vieler: Götz/Geis, Allgemeines Polizei- und Ordnungsrecht, § 9 Rdnr. 15.

[159] Von politischer Weitsicht und Gespür für geschichtliche Erfahrungen und Fehlentwicklungen zeugt meines Erachtens die Feststellung von Hoffmann-Riem (NJW 2004, 2777 [2780]) in diesem Zusammenhang:
„Ein Sprichwort besagt: `Der Teufel kommt niemals zweimal durch dieselbe Tür'. Ich füge hinzu: Er trägt auch nicht immer dieselben Kleider.“

[160] Schenke, Polizei- und Ordnungsrecht, Rdnr. 364 m.w.N; Laubinger/Repkewitz, VerwArch. Band 93 (2002), 149 (179 ff.) m.w.N.

[161] BVerfG NVwZ 2013, 570.

rechtigt, sämtliche Versammlungen in einem bestimmten Areal und innerhalb eines bestimmten Zeitraumes zu verbieten.[162]

e) Beim sog. unechten polizeilichen Notstand ist die Rechtsprechung hingegen großzügiger. Dies ist insofern nachvollziehbar, als hier das Existenzrecht einer legalen Versammlung nicht in Frage gestellt wird, sondern es nur um Modalitäten ihrer Durchführung geht. Wenn schwere Krawalle, personalintensive Einsätze der Polizei (die deren Möglichkeiten übersteigen), Sachbeschädigungen und Körperverletzungen u.ä. durch Konzessionen und Nachgeben vermieden werden können, kann dies - auch unter Berücksichtigung des Grundsatzes der Verhältnismäßigkeit - rechtmäßig sein. Änderungen des Ortes oder der Wegstrecke einer Versammlung, zeitliche Verschiebungen u.ä. können unter diesem Gesichtspunkt zulässig sein. **116**

Beispiel:
Eine politisch umstrittene, aber sich legal verhaltende Gruppierung möchte in einem Aufzug durch die Innenstadt ziehen. An einer zentralen Kreuzung hat sich eine zahlenmäßig starke Gegendemonstration zusammengefunden, die die Wegstrecke blockiert. Unter den Gegendemonstranten befindet sich offenbar auch gewaltbereites Publikum. Die Polizei könnte theoretisch versuchen, die Kreuzung zu räumen. (Formaljuristisch hätte der Veranstalter des Aufzugs einen Anspruch darauf. Die Gegendemonstranten sind Störer, die Teilnehmer des Aufzugs wären Nichtstörer.) In Anbetracht der relativ schwachen Personalstärke der Polizei ist jedoch fraglich, ob die Räumung gelingen wird. Jedenfalls ist absehbar, dass es auf beiden Seiten Verletzte geben wird. Wenn in einer solcher Konstellation von dem Aufzug verlangt würde, seine Wegstrecke geringfügig zu ändern und die Blockade zu umgehen, könnte dies aufgrund eines (unechten) polizeilichen Notstandes (analog § 7 rh.-pf. POG) und des Grundsatzes der Verhältnismäßigkeit gerechtfertigt sein.

Insgesamt ist der durch Art. 8 GG der Gegendemonstration vermittelte Schutz in Relation zur Ausgangsversammlung vergleichsweise schwach. Den stärkeren Schutz durch Art. 8 GG genießt grundsätzlich die zuerst angemeldete oder sich einfindende und legal stattfindende Versammlung

---

[162] VG Hamburg, Beschluss vom 27.6.2017 (Az. 16 E 6288/17) und OVG Hamburg, Beschluss vom 3.7.2017 (4 Bs 142/17).
Die sorgfältig begründeten Entscheidungen der Hamburger Verwaltungsgerichte sind insofern bemerkenswert, als hier nicht nur ein echter polizeilicher Notstand gerichtlich anerkannt wird, sondern darüber hinaus auch ein vorsorglich verhängtes, befristetes, generelles Verbot aller Versammlungen in einem bestimmten Gebiet durch Allgemeinverfügung (Flächenverbot), gestützt auf § 15 Abs. 1 VersG, für ausnahmsweise rechtens erklärt wird.

(auch wenn mittlerweile grundsätzlich nicht mehr auf ein formales Erstanmelderprinzip abgestellt wird). Die Verlautbarungen der Gegendemonstranten dürfen nur so erfolgen, dass die andere Versammlung nicht wesentlich gestört wird. Überschreiten die Gegendemonstranten diesen eng gesteckten Rahmen, werden sie zum Störer i.S.d. Polizeirechts (§ 2 Abs. 2 VersG, § 4 Abs. 1 rh.-pf. POG), machen sich ggf. strafbar nach § 21 VersG und ihre Gegenveranstaltung ist durch behördliche Maßnahmen in ihre Schranken zu weisen.[163]

117 **f)** Die rechtliche Beurteilung kann zusätzlich erschwert werden durch Konstellationen, in denen die Rollenverteilung als Ausgangsversammlung und Gegendemonstration nicht eindeutig ist. Anzuknüpfen ist grundsätzlich zunächst an den Zeitpunkt der Anmeldung (Prioritätsprinzip). Vorrang genießt im Normalfall die zeitlich zuerst angemeldete Versammlung. Dies gebietet der Grundsatz staatlicher Neutralität gegenüber den Inhalten von Versammlungszwecken.[164] Es soll damit verhindert werden, dass Behörden die Anliegen von Versammlungen politisch bewerten und den staatlicherseits erwünschten Versammlungen Vorrang einräumen. Auch wird auf diese Weise gesichert, dass die zuerst angemeldete Versammlung nicht zurücktreten muss, weil ein anderer Veranstalter für den vorgesehenen Zeitpunkt und Ort ebenfalls eine Versammlung anmeldet - womöglich mit dem Ziel, die zuerst angemeldete Versammlung zu verhindern.[165]

118 Würden sich die Behörden aber nur an einem derartigen starren zeitlichen Prioritätsprinzip ausrichten, so wäre jedwede Flexibilität im Umgang mit konkurrierenden Nutzungswünschen verstellt. Die Berücksichtigung auch sachgerechter materiell-rechtlicher Erwägungen zur Ermöglichung der Versammlungsfreiheit wäre ebenso unmöglich wie eine Reaktion auf zeitnahe, neuere Entwicklungen. Auch bestünde die Gefahr, dass Veranstalter ihre Versammlungen vorsorglich und massenhaft („auf Vorrat") anmelden, unter Umständen lange Zeit vor der - möglicherweise nur vage - beabsichtigten Versammlung und nur, um andere potentielle Versammlungen an einem bestimmten Ort und zu einem bestimmten Zeitpunkt zu verdrängen. Daher ist ein flexibler Umgang mit dem Anmeldungsprozedere von Nöten.

---

163 So weit ersichtlich ständige Rechtsprechung des BVerfG (siehe BVerfG, NJW 2000, 3053; BVerfG, NVwZ 2000, 1406; BVerfG, NJW 2001, 1409). Genau besehen sollten die vom BVerG herausgestellten Grundsätze als elementare Spielregeln in einer Demokratie so selbstverständlich sein, dass es keiner ausgiebigen Erörterung bedürfte. Der Umstand, dass sie gleichwohl bisweilen in Frage gestellt werden, insbesondere wenn es gegen den jeweiligen politischen Gegner geht, zeigt, dass gewisse undemokratische Verhaltensmuster offenbar zeitlos latent vorhanden sind.

164 BVerfGK 6, 104 (112 f.).

165 BVerfG, a.a.O.

Es kann unter Umständen offen bleiben, wer zuerst angemeldet hat und wer erst später, wer also Ausgangsversammlung und wer Gegendemonstration ist. In derlei Fällen sind die Behörden - wie immer bei der Kollision entgegengesetzter Grundrechtspositionen - gehalten, die gegenläufigen Interessen der Bürger nach den Grundsätzen der praktischen Konkordanz so auszugleichen, dass alle Versammlungen möglichst effektiv zum Zuge kommen. Dies bedeutet, dass beide Gruppierungen zeitgleich demonstrieren dürfen, ggf. jeweils mit geringfügigen örtlichen und zeitlichen Modifikationen ihres ursprünglichen Konzepts, möglichst räumlich voneinander getrennt und geschützt durch ein entsprechendes Polizeiaufgebot.

VII. Das Spannungsfeld zwischen Versammlungsrecht und Straßen-/Straßenverkehrsrecht

119 **1. Allgemeines Spannungsfeld**

Die Problematik besteht vor allem bei Versammlungen unter freiem Himmel. Gem. Art. 8 Abs. 1 GG und § 1 Abs. 1 VersG besteht das Recht, sich ohne Erlaubnis zu versammeln. Versammlungen unter freiem Himmel finden aber regelmäßig im öffentlichen Verkehrsraum statt. Dabei kommt es beinahe zwangsläufig zu Verkehrsbehinderungen. Auch bedeutet die Versammlung in aller Regel eine Nutzung öffentlicher Straßen oder Plätze, die über den üblichen Gemeingebrauch hinausgeht. Derartige Verhaltensweisen sind normalerweise nach Straßenrecht und Straßenverkehrsrecht genehmigungsbedürftig.

§ 29 Abs. 2, § 32 StVO:
Veranstaltungen, für die Straßen mehr als verkehrsüblich in Anspruch genommen werden, bedürfen der Erlaubnis.

§ 8 Abs. 1 BFStrG:
Die Benutzung der Bundesfernstraßen über den Gemeingebrauch hinaus ist Sondernutzung. Sie bedarf der Erlaubnis der Straßenbaubehörde, in Ortsdurchfahrten der Erlaubnis der Gemeinde.

§ 41 Abs. 1 LStrG Rh.-Pf.:
Der Gebrauch der Straße über den Gemeingebrauch hinaus (Sondernutzung) bedarf der Erlaubnis der Straßenbaubehörde.

120 **2. Grundsatz: Vorrang des Versammlungsrechts gegenüber dem Straßen- und Straßenverkehrsrecht**

Bei wortgetreuer Anwendung der genannten Vorschriften würde das Recht auf Versammlung ohne Erlaubnis durch die straßenrechtlichen und straßenverkehrsrechtlichen Regelungen ausgehebelt, womit auch der Vorrang der Verfassung vor den einfachgesetzlichen Vorschriften konterkariert würde. Die Anmeldepflicht des § 14 VersG würde von einer Erlaubnispflicht nach Straßen- oder Straßenverkehrsrecht überspielt. Die h.M.[166] geht daher grundsätzlich von einem Vorrang des VersG gegenüber dem Straßenrecht und dem Straßenverkehrsrecht aus. Es besteht ein aus der Versammlungsfreiheit fließendes Recht zur Benutzung der Straße. Das VersG ver-

[166] Schenke, Polizei- und Ordnungsrecht, Rdnr. 383 m.w.N.

drängt die straßenrechtlichen und straßenverkehrsrechtlichen Regelungen, denn die Vorschriften des VersG bilden ein in sich geschlossenes Regelwerk, mit dem sichergestellt wird, dass sämtliche Belange der öffentlichen Sicherheit und Ordnung Berücksichtigung finden (Konzentrationswirkung). Der Schutz der öffentlichen Sicherheit i.S.d. § 15 VersG umfasst auch die Sicherheit und Leichtigkeit des Straßenverkehrs. Zudem würde sich eine straßenrechtliche Erlaubnispflicht als ein unzulässiger Eingriff in das Versammlungsrecht darstellen.[167]

In diesem Zusammenhang ist auch häufig vom **kommunikativen Gemeingebrauch** die Rede. Öffentliche Straßen, Wege und Plätze seien nicht nur zum Zwecke des Verkehrs und der örtlichen Fortbewegung geschaffen; sie dienten auch der menschlichen Kommunikation. Wenn also dort Meinungen geäußert würden, wenn diskutiert werde, wenn Versammlungen stattfänden etc., so dürften derlei Aktivitäten von vornherein nicht als straßenrechtliche Fremdkörper (Sondernutzung) betrachtet werden. Es handele sich vielmehr grundsätzlich um wesensimmanente Nutzungen einer öffentlichen Straße (Gemeingebrauch). Bei dieser Sichtweise wird rechtsdogmatisch nicht nur die Erlaubnispflicht verneint; bereits die Einordnung einer Versammlung in die Kategorie der Sondernutzung wird negiert. Im einen wie im anderen Argumentationsmuster manifestiert sich die Ausstrahlung der Art. 8 GG und Art. 5 GG ins einfache Recht. Im Ergebnis besteht jedenfalls Einigkeit dahinggehend, dass für Versammlungen keine straßen- oder straßenverkehrsrechtliche Erlaubnispflicht besteht.

Beispiele:
- Politische Kundgebung auf dem Marktplatz einer Stadt.
- Aufenthalt einer großen Menschenmenge auf einer innerstädtischen Durchgangsstraße (normalerweise genehmigungsbedürftig wegen der erheblichen Beeinträchtigung des Straßenverkehrs).
- Benutzung eines Megaphons im öffentlichen Straßenraum (normalerweise erlaubnispflichtig wegen des damit einhergehenden erheblichen akustischen Störungspotentials).
- Sehr umstritten ist in diesem Zusammenhang die erlaubnisfreie Benutzung von Lautsprechern und Boxen.

---

[167] BVerwGE 82, 34; BVerfG, NJW 2001, 2459.

121 ## 3. Grenzen des erlaubnisfreien kommunikativen Gemeingebrauchs

a) Große und sperrige Gegenstände, bauliche Anlagen u.ä.

So sehr Einigkeit über die Erlaubnisfreiheit von Versammlungen im Grunde herrscht, so sehr ist man sich auch im Klaren darüber, dass diese Erlaubnisfreiheit nicht über alle ansonsten bestehenden rechtlichen Grenzen hinweggehen kann. Freigestellt von der straßenrechtlichen und straßenverkehrsrechtlichen Erlaubnispflicht sind daher nur Verhaltensweisen, die zur Durchführung der Versammlung notwendig sind. Dies bedeutet im Normalfall die Anwesenheit der Versammlungsteilnehmer auf der Straße als solche sowie das Mitführen der für die Versammlung erforderlichen kleineren Gegenstände. Werden darüber hinaus sperrige Gegenstände von einer gewissen Dimension in den Straßenraum eingebracht, so kann es dafür nach wohl h.M. gleichwohl einer straßen- oder straßenverkehrsrechtlichen oder auch baurechtlichen Erlaubnis bedürfen.[168] Dies gilt vor allem dann, wenn diese Gegenstände nicht unbedingt erforderlich für die geistige Meinungsäußerung sind oder wenn Verhaltensweisen getätigt werden, die den Rahmen des kommunikativen Gemeingebrauchs zum Zwecke einer Versammlung sprengen. Im Einzelnen ist sehr strittig, wo die Erlaubnisfreiheit endet - insbesondere angesichts der verschiedenen Kategorien von Straßen und Plätzen und der Vielgestaltigkeit möglicher Versammlungsformen.

Beispiele (für Grenzfälle):
- Errichten von Informationsständen bei einer Versammlung auf einem öffentlichen Platz.
- Aufstellen von größeren Tischen und Bänken bei einer Versammlung in einer Fußgängerzone.
- Aufbau einer Tribüne für den Hauptredner.

Die genannten Verhaltensweisen im Zusammenhang mit einer öffentlichen Versammlung unter freiem Himmel sind nur dann als Ausfluss der Versammlungsfreiheit erlaubnisfrei, wenn es nach Art und konkretem Erscheinungsbild der jeweiligen Versammlung für die gemeinsame Meinungsbildung und Meinungskundgabe unerlässlich erscheint, dass Informationsstände, Tische, Bänke u.ä. verwendet werden. Erscheinen die Gegenstände hingegen verzichtbar, ohne dass die Versammlung dadurch in ihrer Aussagekraft substantiell Einbußen erleidet, so bedarf es einer entsprechenden straßenrechtlichen Erlaubnis. Vor dem Hintergrund der Ausstrahlungswirkung des Art. 8 GG kann freilich für die Straßenbehörde als entscheidende Instanz eine Ermessensreduzierung dahingehend bestehen, die beantragte

[168] BVerwGE 56, 63.

Erlaubnis zu erteilen, insbesondere dann, wenn der Verkehr dadurch nicht wesentlich behindert wird.

b) Entgegenstehende Widmung 122

Zu beachten ist auch, dass der kommunikative Gemeingebrauch von vornherein nur bei solchen öffentlichen Verkehrsflächen in Betracht kommt, wo im weitesten Sinne eine entsprechende Widmung vorliegt. Erfasst werden damit insbesondere innergemeindliche bzw. innerstädtische Verkehrsflächen. Straßen hingegen, die allein dem Schnellverkehr gewidmet sind (z.B. Autobahnen, zumeist auch Bundesstraßen außerhalb der Ortslage), scheiden grundsätzlich als geeigneter Ort für den kommunikativen Gemeingebrauch in dem hier erörterten Sinne aus.

Beispiele:
- Eine Protestveranstaltung auf der Autobahn, bei der die Teilnehmer die Fahrspuren zur Kundgabe ihres Anliegens beanspruchen, dürfte illegal sein, weil hier der Widmungszweck einer Autobahn eklatant überschritten wird und zudem lebensbedrohliche Gefahren für Demonstranten und andere Verkehrsteilnehmer heraufbeschworen werden.
- Die Rechtslage könnte sich anders darstellen, wenn die Versammlung auf dem Gelände einer Autobahnraststätte abläuft (beispielsweise Fernfahrer, die dort gegen ihre schlechten Arbeitsbedingungen demonstrieren).

4. Pflicht zur Straßenreinigung, Kosten der Straßenreinigung 123

Strittig ist auch, ob die Veranstalter von Versammlungen im öffentlichen Straßenraum für die Straßenreinigung verantwortlich sein können oder zu den diesbezüglichen Kosten herangezogen werden dürfen. Die Rechtsprechung lässt dies unter engen Voraussetzungen zu. Erforderlich ist, dass der Veranstalter selbst durch entsprechende Verhaltensweisen - beispielsweise Verteilen von Flugblättern an Passanten und Versorgung der Teilnehmer der Versammlung mit Speisen und Getränken - für die Verunreinigungen mitverantwortlich zeichnet.[169] Ansonsten ist gegenüber einer derartigen straßenrechtlichen Reinigungs- bzw. Kostenerstattungspflicht Vorsicht geboten.[170] Sie könnte als gefährlicher Hebel gegen Art. 8 GG eingesetzt werden, um unliebsame öffentliche Versammlungen zu verhindern, indem gegenüber dem Veranstalter ein unkalkulierbares Kosten- und Haftungsrisiko aufgebaut wird.

---

[169] BVerwGE 80, 158.
[170] Schenke, Polizei- und Ordnungsrecht, Rdnr. 384 ff. m.w.N.

Die maßgebliche Kategorie einer öffentlichen Straße ist oftmals vage und unpräzise, die Widmung kann zudem relativ offen und unbestimmt wirken. Man denke etwa an die vielen faktisch öffentlichen Straßen, die gerade in ländlichen Gebieten und auf kommunaler Ebene kraft unvordenklicher Verjährung bestehen und bei denen oft genug überhaupt keine ausdrückliche und schriftliche Widmung existiert - die gleichwohl aber auch im Rechtssinne dem öffentlichen Straßenrecht unterliegen. Auch tendieren die Straßengesetze dazu, für den Verkehr relativ unbedeutende Wege (Feldwege, Wirtschaftswege, Leinpfade u.ä.) und Nebenanlagen von Straßen (Parkplätze, Flächen mit Wirtschafts- und Versorgungsgebäuden u.ä.) ins Rechtsregime des Straßenrechts miteinzubeziehen. Der Bezugsrahmen ist also - auch im Hinblick auf das Versammlungsrecht - keineswegs so klar und eindeutig, wie dies wünschenswert wäre.

Potenziert wird diese schwierige Rechtslage durch gewisse Unsicherheiten im Umgang mit öffentlichen Grünflächen, Parkanlagen u.ä. Dürfen Versammlungen unter Berufung auf Art. 8 GG derlei Örtlichkeiten für ihre Zwecke nutzen, sich dort versammeln, um ein bestimmtes Anliegen zum Ausdruck zu bringen, dorthin Gegenstände mitbringen oder sogar eine Art Infrastruktur aufbauen? Die Thematik beschäftigte ebenfalls anlässlich des G-20-Gipfeltreffens in Hamburg die Gerichte. Diese waren mit überzeugenden Begründungen diesbezüglich eher restriktiv. Die bloße Anwesenheit von Menschen auf öffentlichen Grünflächen, in öffentlichen Parkanlagen u.ä., um ihre Versammlungsfreiheit dort auszuüben, ist grundsätzlich zulässig, insbesondere wenn es sachliche Gründe gibt, gerade diese Örtlichkeit für die demonstrative Meinungsäußerung aufzusuchen. Für dieses Ergebnis spricht im Übrigen auch die jüngere Rechtsprechung zur Thematik der faktisch öffentlichen Örtlichkeiten (Fraport-Entscheidung, öffentliches Forum u.v.a.).[171]

Die Errichtung von Zeltlagern dort, der Aufbau einer regelrechten Infrastruktur mit Versorgungseinrichtungen, baulichen Anlagen, sanitären Anlagen u.ä., ist jedoch unzulässig und rechtswidrig. Die Hamburger Verwaltungsgerichte haben - mit Billigung durch das BVerfG - derartigen Aktivitäten sogar den Status einer Versammlung im Rechtssinne abgesprochen.[172] Losgelöst davon gilt Art. 8 GG nicht schrankenlos. Auch Erwägungen des Umwelt- und Naturschutzes haben ihre Berechtigung. Nicht nur privates Eigentum, sondern auch öffentliche Grünflächen, Parkanlagen, Erholungs-

---

[171] BVerfGE 128, 226; BVerfGE 139, 378.

[172] VG Hamburg, Beschluss vom 28.06.2017 (Az. 6 E 6478/17); VG Hamburg, Beschluss vom 07.07.2017 (Az. 75 G 12/17).

wälder u.ä. sind schützenswert. Art. 8 GG rechtfertigt weder ihre „Umwidmung" zu ideologischen Protestzonen noch die Errichtung baulicher Anlagen dort unter Missachtung der einschlägigen baurechtlichen und umweltrechtlichen Gesetze.

125 **VIII. Das Spannungsfeld zwischen Versammlungsrecht und Hausrecht**

Vor allem Versammlungen in geschlossenen Räumen können mit dem Hausrecht dessen kollidieren, der Inhaber oder Verfügungsberechtigter der Versammlungsräume ist. Schematische Einordnungen in die eine oder andere Kategorie vorab verbieten sich dabei. Losgelöst von der Tatsache, dass bereits die Grenzziehung zwischen Versammlungen in geschlossenen Räumen und solchen unter freiem Himmel schwierig und bisweilen kaum exakt durchführbar ist, kann es durchaus Versammlungen unter freiem Himmel geben, die nicht oder nicht vorrangig den öffentlichen Verkehrsraum in Anspruch nehmen, sondern auch oder ausschließlich Privateigentum. Man denke etwa an Zusammenkünfte auf einem Privatgrundstück, auf einem Feld oder auf Firmengelände. Umgekehrt sind auch Versammlungen in geschlossenen Räumen denkbar, die öffentlichen Verkehrsraum oder zumindest öffentlich gewidmete Räumlichkeiten in Anspruch nehmen, beispielsweise Versammlungen in einem großen Zelt, welches auf dem Marktplatz aufgestellt wurde oder in einem größeren Raum einer Stadtverwaltung. Es kann also zu Überschneidungen verschiedener Art kommen. Hinzu kommen jüngere Entscheidungen des BVerfG, die betonen, dass die äußere Organisationsform und die formalen Eigentumsverhältnisse an einem Versammlungsgebäude bzw. einer Versammlungsfläche nicht allein entscheidend sind.[173]

126 Dennoch lässt sich für das in Rede stehende Spannungsfeld der Grundsatz aufstellen, dass bei Versammlungen in geschlossenen Räumen, die sich in privatem Eigentum befinden, die Ausstrahlungswirkung des Art. 8 GG grundsätzlich nicht stark genug ist, um die privaten Eigentümerbefugnisse (wozu vor allem das Hausrecht zählt) zurücktreten zu lassen. Vielmehr werden in derartigen Fallkonstellationen die Befugnisse des Eigentümers (Art. 14 Abs. 1 GG) regelmäßig Vorrang haben. Normalerweise gibt es keinen Anspruch des Veranstalters einer Versammlung oder der Versammlungsteilnehmer, ihre Zusammenkunft auf privatem Grund und Boden oder in privaten Räumen gegen den Willen des Eigentümers oder sonstigen Verfügungsberechtigten durchzuführen. Voraussetzung einer erfolgreichen Berufung auf die Versammlungsfreiheit nach Art. 8 GG ist grundsätzlich, dass der jeweilige Berechtigte mit der auf seinem Grund und Boden bzw. in seinen Räumlichkeiten stattfindenden Versammlung einverstanden ist. Berechtigter i.d.S. ist normalerweise der Eigentümer, der seine Befugnisse jedoch nach allgemeinen Regeln auf andere delegieren kann (beispielsweise bei vermieteten oder verpachteten Räumen auf den Mieter oder Pächter).

[173] BVerfGE 128, 226; BVerfGE 139, 378.

Beispiel:
Ein privates Energieversorgungsunternehmen beabsichtigt Preiserhöhungen. Gegen diese Pläne möchten Verbraucherschützer und Kunden im Verwaltungsgebäude der Gesellschaft eine Protestkundgebung veranstalten. Ohne entsprechendes Einverständnis des Unternehmens dürfte die Versammlung nicht zulässig sein. Als Inhaberin des Hausrechts kann die private Gesellschaft entscheiden, ob sie in ihrem Gebäude eine Protestveranstaltung dulden will oder nicht. Es dürfte sich bei einem derartigen Verwaltungsgebäude auch nicht um ein öffentliches Forum im Sinne der Rechtsprechung des BVerfG handeln.

Hat der privatrechtlich Berechtigte bindend sein Einverständnis zu der **127**
Versammlung erklärt, so entfaltet dieses eine legalisierende Wirkung und ist nicht mehr ohne weiteres widerrufbar. Die rechtmäßig in den privaten Räumen oder auf privatem Grund und Boden begonnene Versammlung folgt dann ihren Eigengesetzlichkeiten und die Befugnisse des jeweiligen Sacheigentümers, Verfügungsberechtigten oder Hausrechtsinhabers treten während der Durchführung der Versammlung hinter den speziellen Regelungen des VersG zurück - sofern die Versammlung sich in dem vereinbarten Rahmen hält.

Beispiel:
Der Hotelier H vermietet - in Kenntnis der Intention der geplanten Veranstaltung - einen Tagungsraum in seinem Hotel an einen Verein mit politisch umstrittenen Zielen, der dort eine Werbungs- und Informationsveranstaltung in eigener Sache plant. Als die Veranstaltung öffentlich angekündigt wird, regt sich Protest in Teilen der Bevölkerung, da der Verein in dem Ruf steht, eine gewisse Nähe zu politisch radikalem Gedankengut zu haben. H kommen nun Bedenken wegen des für ihn möglicherweise geschäftsschädigenden Charakters der Versammlung.

Da H den Mietvertrag in Kenntnis des Veranstaltungszwecks mit dem Verein abgeschlossen hat, ist er daran gebunden und muss grundsätzlich die Durchführung der Veranstaltung ermöglichen (pacta sunt servanda). Seine Eigentümerbefugnisse und sein Hausrecht treten hinter dem wirksam zustande gekommenen Mietvertrag zurück. Die nun stattfindende Veranstaltung unterliegt in ihrer Eigenschaft als öffentliche Versammlung in geschlossenen Räumen den §§ 5 bis 13 VersG.

Anders verhält es sich, wenn der Verein den H über den wahren Charakter der Veranstaltung getäuscht haben sollte. Dann wäre es dem H möglich, sich von dem Vertrag zu lösen - vor allem im Wege der Anfechtung wegen arglistiger Täuschung.

Auch wenn die Veranstaltung einen anderen Verlauf nehmen würde, als dies vom Mietvertrag gedeckt ist, würden die Eigentümerbefugnisse des H wieder aufleben und ihn zu Maßnahmen im Rahmen seines Hausrechts berechtigen - bis hin zu einem möglichen Einschreiten der Polizei (wenn etwa verfassungsfeindliche und strafbare Symbole enthüllt würden, gewalttätigen Personen Zutritt gewährt, Mobiliar beschädigt würde u.ä. - allesamt Verhaltensweisen, die von dem abgeschlossenen Mietvertrag nicht gedeckt sein dürften).

IX. Presseerzeugnisse / Druckwerke bei Versammlungen 128

Bei Versammlungen werden häufig Flugblätter oder ähnliche Druckwerke verteilt. Dabei kann die Situation auftreten, dass Ordnungsbehörden oder Polizei dies unterbinden möchten, weil die verteilten Druckwerke einen verbotenen oder strafbaren Inhalt haben. Die Problematik führt zu einer Gemengelage zwischen Versammlungsrecht und Presserecht, die kompliziert und vielschichtig ist und die hier aus Platzgründen nur kurz skizziert werden kann.

1. Presseerzeugnisse i.S.d. Art. 5 Abs. 1 S. 2 GG / Druckwerke i.S.d. LMG bzw. LPresseG 129

Der Schutzbereich der Pressefreiheit wird - ähnlich wie der Schutzbereich der anderen Kommunikationsgrundrechte - traditionell weit interpretiert, nicht zuletzt wegen ihrer Nähe zum Demokratiegebot.[174] Nach einer geläufigen Formulierung des BVerfG werden alle wesensmäßig mit der Pressearbeit zusammenhängenden Tätigkeiten geschützt, von der Beschaffung der Information bis zur Verbreitung der Nachricht oder Meinung.[175] Erwartungsgemäß weit ist daher auch das Verständnis des Presseerzeugnisses i.S.d. Art. 5 Abs. 1 S. 2. Folgende Merkmale werden dazu von der h.M.[176] gefordert:

a) Bedrucktes Papier oder auf sonstige Weise stofflich verkörperter Informationsträger;
b) Mindestmaß an medialer Aufbereitung;
c) in einem technischen Massenvervielfältigungsverfahren hergestellt;
d) zur Verbreitung an einen unbestimmten und größeren Personenkreis geeignet und bestimmt.

Flugblätter, Handzettel, Broschüren u.ä., die anlässlich einer Versammlung verteilt werden, genügen im Normalfall diesen Erfordernissen. Damit einhergehend handelt es sich regelmäßig auch um Druckwerke i.S.d. Medien- bzw. Pressegesetze der Länder. Die diesbezüglichen Schutzmechanismen treten damit auf den Plan.

---

[174] BVerfGE 20, 162 (174); BVerfGE 52, 283 (296); BVerfGE 66, 116 (133): *Eine freie, nicht von der öffentlichen Gewalt gelenkte, keiner Zensur unterworfene Presse ist Wesenselement des freiheitlichen Staates und für die moderne Demokratie unentbehrlich.*

[175] BVerfGE 103, 44; BVerfGE 20, 162; BVerfGE 91, 125.

[176] Jarass/Pieroth, GG, Art. 5 Rdnr. 34 ff.

130 2. Die sog. Polizeifestigkeit des Presserechts

Zu nennen ist insoweit vor allem der Grundsatz der Polizeifestigkeit des Presserechts[177] (präziser: für Presseerzeugnisse). Ähnlich wie im Versammlungsrecht ist auch im Presserecht Existenz, Reichweite und genauer Aussagegehalt dieser Polizeifestigkeit nicht endgültig geklärt und teilweise umstritten.[178] Gemeint ist damit vor allem, dass ordnungsbehördliches oder polizeiliches Einschreiten zur Verhinderung des Inverkehrbringens von Presseerzeugnissen, weil deren geistiger Inhalt eine Gefahr für die öffentliche Sicherheit oder Ordnung darstellt, unter Umständen auch Straftatbestände verwirklicht werden könnten, auf der Grundlage des allgemeinen Polizei- und Ordnungsrechts grundsätzlich nicht zulässig ist.[179]

Die Tradition dieses Grundsatzes reicht zurück bis ins Deutsche Kaiserreich der Wilhelminischen Zeit. Bisweilen wird argumentiert, es handele sich um **Verfassungsgewohnheitsrecht**, welches ungeschriebener Bestandteil der verfassungsrechtlich garantierten Pressefreiheit aus Art. 5 Abs. 1 S. 2 GG sei.[180] Das geschilderte Prinzip der Polizeifestigkeit der Presse habe bereits im Zweiten Deutschen Kaiserreich von 1871 bis 1918 gegolten, seinen Niederschlag in § 1 Reichspressegesetz gefunden und sei seinerzeit durch vielfältige verfassungsrechtliche Verlautbarungen und Gerichtsurteile ausgeformt worden. Dieser verfassungsrechtlich unumstrittene Zustand von vor 1933 / 1945 sei im Jahre 1949 bei der Gründung der Bundesrepublik Deutschland von den Verfassungsgebern wie selbstverständlich in das Grundgesetz übernommen worden, ohne dass diese eine ausdrückliche Erwähnung oder besondere Hervorhebung für erforderlich erachtet hätten. Daneben wird wegen der Polizeifestigkeit von Presseerzeugnissen auch auf das **Zensurverbot des Art. 5 Abs. 1 S. 3 GG** verwiesen. Ausprägung dieses Verbotes der (Vor)Zensur sei, dass Ordnungsbehörden und Polizei nicht eigenmächtig das Inverkehrbringen von Druckwerken allein wegen ihres Inhaltes verbieten könnten.[181] Dies sei unverzichtbarer Bestandteil der Presse- und Medienfreiheit in einer freiheitlich verfassten Demokratie.

---

[177] Erstaunlicherweise sind Versammlungsrecht und Presserecht - soweit ersichtlich - die beiden einzigen Rechtsgebiete, wo - oftmals etwas schlagwortartig und phrasenhaft - von einer Polizeifestigkeit die Rede ist.

[178] Eine gehaltvolle Aufbereitung der umstrittenen Problematik findet sich in einer Entscheidung des Bay. VGH, NJW 1983, 1339.

[179] Schenke, Polizei- und Ordnungsrecht, Rdnr. 347 m.w.N.; Löffler/Wenzel/Sedelmeier/Burkhardt, Presserecht, § 1 Rdnr. 27 ff. m.w.N., § 13 Rdnr. 46 f., § 18 Rdnr. 56.

[180] Löffler/Wenzel/Sedelmeier/Burkhardt, Presserecht, § 1 Rdnr. 27 ff. m.w.N.

[181] BayVGH, NJW 1983, 1339 (1340).

Einfachgesetzlich wird auf die Normen der Landespresse- bzw. Landesmediengesetze verwiesen (in Rh.-Pf. **§ 4 Abs. 3 LMG**). Danach unterliegt die Medienfreiheit - zu der auch das Inverkehrbringen von Druckwerken zählt - nur den Beschränkungen, die durch das Grundgesetz oder die Landesverfassung oder das LMG zugelassen sind. Sondermaßnahmen jeder Art, die die Medienfreiheit beeinträchtigen, sind unzulässig. Da das LMG keine Befugnisnorm enthält, die es den Ordnungsbehörden oder der Polizei ermöglichen würde, in eigener Entscheidungskompetenz die Verbreitung von Druckwerken präventiv zu verhindern, wären derartige Maßnahmen nicht möglich. Gestützt wird diese Sichtweise durch eine Analyse der Befugnisnormen der StPO, die für die Beschlagnahme von Druckwerken wegen ihres Inhaltes die alleinige Entscheidungskompetenz des Staatsanwaltes, teilweise sogar des Richters, zwingend vorsehen (§§ 111b ff. und **§ 111q StPO**).

Terminologisch wäre es meines Erachtens sinnvoller, von der Polizeifestigkeit von Presseerzeugnissen zu sprechen als von einer Polizeifestigkeit der Presse schlechthin, denn für Ordnungsbehörden und Polizei unantastbar ist lediglich das fertige Presseerzeugnis, sofern es darum geht, dessen Verbreitung zu verhindern, nicht hingegen jede Person, die Pressetätigkeit ausübt oder Bezüge zur Presse aufweist.

Beispiel:
Der Journalist J begibt sich anlässlich eines spektakulären Verbrechens an den Tatort, übersteigt die von der Polizei gezogenen Absperrungen und beginnt auf eigene Faust dort zu recherchieren, Fotos anzufertigen, Interviews abzunehmen u.ä. Selbstverständlich wäre es der Polizei möglich, dem J seine Aktivitäten zu verbieten und dazu insbesondere eine Platzverweisung zu erteilen - auch auf der Grundlage des POG.

Umgekehrt gibt es eine äußerste Grenze, die die Ordnungsbehörden und die Polizei beim Einschreiten gegenüber Pressemitarbeitern bzw. Presseerzeugnissen nicht überschreiten dürfen. Diese Grenze ist verletzt, wenn das Inverkehrbringen von Druckwerken allein wegen ihres geistigen Inhalts verhindert wird oder die entsprechenden Druckwerke aus diesem Grunde sichergestellt / beschlagnahmt werden.

Beispiel:
Die dem politisch äußerst rechten Spektrum zugehörige X-Partei greift in ihrem monatlich erscheinenden Publikationsorgan die Politik der Bundesregierung heftig an und ergeht sich zudem in polemischen Angriffen gegen bestimmte Bevölkerungsgruppen. Selbst wenn diese Ausführungen von der überwiegenden Mehrheit der Bevölkerung als ungehörig empfunden würden und möglicherweise sogar Straftatbestände verwirklichen (§§ 86, 86a,

90a, 90b, 130, 166, 185 ff. StGB u.ä.), wären die Ordnungsbehörden und die Polizei nicht befugt, die Verteilung oder den Verkauf der Zeitung zu verhindern oder gar die gesamte Auflage sicherzustellen oder zu beschlagnahmen. Möglich wäre der Polizei in eigener Regie lediglich die Sicherstellung einiger Einzelstücke der betreffenden Zeitung zum Zwecke der Beweissicherung für ein möglicherweise einzuleitendes, späteres Strafverfahren.

Der Gesetzgeber möchte mit dieser Vorkehrung verhindern, dass die Ordnungsbehörden und die Polizei - in ihrer Eigenschaft als verlängerter und weisungsgebundener Arm der politisch Verantwortlichen - instrumentalisiert werden könnten, um politisch missliebige Verlautbarungen bereits im Keim zu ersticken (was nicht nur auf das Ende der Presse-, Meinungs- und Informationsfreiheit, sondern schlimmstenfalls sogar auf das Ende der Demokratie hinauslaufen könnte und einen Rückfall ins frühe 19. Jahrhundert bedeuten würde [Karlsbader Beschlüsse, Demagogenverfolgung, Zensur etc.]).

131 Diese Grundsätze gelten naturgemäß auch für Druckwerke, die im Zusammenhang mit einer Versammlung verbreitet werden. Ein präventives ordnungsbehördliches oder polizeiliches Einschreiten wegen ihres Inhaltes ist rechtlich nicht zulässig. Zudem sind die ausdrücklichen Restriktionen des LMG (LPresseG) und der StPO zu beachten. Bei Druckwerken im Zusammenhang mit Versammlungen besteht damit eine „doppelte Polizeifestigkeit".

Beispiel:
Bei einer Demonstration radikal-islamischer Kreise werden Flugblätter verteilt, in denen zum Mord an mehreren namentlich genannten Islamkritikern aufgerufen wird. Einschlägig für die Auflösung der Versammlung wäre § 15 Abs. 3 *VersG, für das Verbot der weiteren Verteilung der Flugblätter oder deren Sicherstellung die Vorschriften des LMG i.V.m. den Vorschriften der StPO über die Einziehung von Druckwerken (§ 111q StPO i.V.m. § 74d StGB). Die allgemeinen Vorschriften des Polizei- und Ordnungsrechts treten dahinter zurück. Unberührt von der soeben skizzierten präventiven Vorgehensweise bliebe die repressive Ahndung und Strafverfolgung des in Rede stehenden Verhaltens nach StGB und StPO.*

Nicht endgültig geklärt ist die Frage, ob es auf der präventiven Seite ein Nebeneinander in der Anwendung von Versammlungsrecht und Presserecht gibt oder ob das VersG die presserechtlichen Vorschriften verdrängt oder ob umgekehrt die presserechtlichen Vorschriften Vorrang vor jenen des VersG beanspruchen. Das OVG Rh.-Pf. ging in einer älteren Entscheidung offenbar von der zweitgenannten Lösung aus (Anwendungsvorrang des

VersG). Danach wäre ein Verteilungsverbot für politische Flugblätter, die im Rahmen einer Versammlung auftauchen, im Erst-recht-Schluss als Minus- oder Mindermaßnahme nach § 15 Abs. 3 VersG möglich.[182]

Beispiel:
Ausgangsfall wie oben. Die Polizei entschließt sich, die weitere Verteilung der Flugblätter zu unterbinden. Trotz der presserechtlichen Dimension des Vorgangs wäre nach (der methodisch angreifbaren) Auffassung des OVG Rh.-Pf. die Rechtsgrundlage für die Maßnahme dem VersG zu entnehmen, in concreto dem § 15 Abs. 3 *VersG als Minus- oder Mindermaßnahme (argumentum a maiori ad minus) gegenüber der ansonsten einschlägigen Auflösung.*

[182] OVG Rh.-Pf., Beschluss vom 22.11.1996, Az.: 7 B 13171/96. Die - noch unter der Geltung des alten LPresseG ergangene - Entscheidung ist insofern problematisch, als damit Vorgaben des Presse- und Medienrechts (§ 111q StPO, § 4 Abs. 3 LMG) umgangen werden könnten.

132 **X. Bildberichterstattung von Versammlungen / das Recht am eigenen Bild von Versammlungsteilnehmern oder Polizeibeamten**

Während behördliche Bildaufnahmen von Versammlungen oder Versammlungsteilnehmern den strengen Restriktionen der § 12a, § 19a VersG unterliegen, gilt für private Bildaufnahmen von Versammlungen oder Versammlungsteilnehmern ein gänzlich anderes Rechtsregime, nämlich jenes des Bürgerlichen Rechts (Recht am eigenen Bild) und des Kunsturheberrechts. Das Fotografieren/Videografieren von Versammlungsteilnehmern oder anwesenden Polizeibeamten und insbesondere die Veröffentlichung der Bilder kann unter Umständen deren Persönlichkeitsrechte und ihr Recht am eigenen Bild verletzen.

133 **1. Verfassungsrechtliche und zivilrechtliche Grundlagen**

Das Recht am eigenen Bild ist ein Teilaspekt des allgemeinen Persönlichkeitsrechts. Dieses wiederum hat rechtsdogmatisch seine Grundlagen in Art. 2 Abs. 1 GG, soweit Eingriffe durch staatliche Stellen vorliegen, in §§ 823, 1004 BGB, soweit Verletzungen durch Private behauptet werden.[183]

a) Das allgemeine Persönlichkeitsrecht und das Recht am eigenen Bild in der Verfassung

Das Grundgesetz erwähnt weder das allgemeine Persönlichkeitsrecht noch das Recht am eigenen Bild ausdrücklich. Angelehnt an die zivilrechtliche Judikatur und Literatur bestand schon bald Einigkeit dahingehend, dass insoweit im Wortlaut der Verfassung eine Lücke klafft, die im Wege der Rechtsfortbildung zu schließen ist. Wegen der Nähe zu Art. 2 Abs. 1 GG (allgemeine Handlungsfreiheit, freie Entfaltung der Persönlichkeit) wurde das allgemeine Persönlichkeitsrecht und das Recht am eigenen Bild bei diesem Artikel verortet (ebenso wie das Recht auf informationelle Selbstbestimmung). Jeder soll selbst bestimmen können, ob er fotografiert werden darf und was mit den Aufnahmen geschehen soll.[184]

---

[183] Jauernig/Teichmann, BGB, § 823 Rdnr. 13.

[184] BVerfGE 87, 334; E 97, 228; BVerfGE 106, 28; BVerfGE 120, 180; Jarass/Pieroth, GG, Art. 2 Rdnr. 45 m.w.N.

b) Das allgemeine Persönlichkeitsrecht und das Recht am eigenen Bild im BGB

Früher noch als im Verfassungsrecht hat sich die zivilgerichtliche Rechtsprechung mit dem allgemeinen Persönlichkeitsrecht und dem Recht am eigenen Bild beschäftigt. Auch im BGB klafft dort eine Lücke. Der für Schadensersatzansprüche maßgebliche § 823 BGB nennt die entsprechenden Rechtpositionen nicht ausdrücklich und auch der für Beseitigungs- und Unterlassungsansprüche einschlägige § 1004 BGB schweigt insoweit. Die Zivilgerichte, an ihre Spitze der BGH, haben diese Lücke im Wege der Rechtsfortbildung geschlossen: Die Rechtsgüter der §§ 823, 1004 BGB wurden erweitert um das Recht des Einzelnen auf Achtung seiner Persönlichkeit, auf den Schutz vor unberechtigten Übergriffen in seinen privaten Lebensbereich.[185] Dazu zählt auch das Recht, nicht gegen seinen Willen fotografiert oder videografiert zu werden. Im Falle von Störungen bestehen gegen den Verantwortlichen Unterlassungs- und Beseitigungsansprüche gem. § 1004 BGB analog; im Falle der Verletzung existieren Schadensersatzansprüche gem. § 823 BGB.

2. Weitere einfachgesetzliche Ausgestaltung 134

Das verfassungsrechtliche Spannungsfeld wird von weiteren einfachgesetzlichen Vorschriften aufgegriffen, weiter ausgeführt und partiell geregelt. Zu nennen ist insoweit vor allem das Kunsturhebergesetz (KUG). Dieses statuiert in § 22 den Grundsatz, dass Bildnisse nur mit Einwilligung des Abgebildeten verbreitet oder öffentlich zur Schau gestellt werden dürfen.

§ 23 S. 1 KUG normiert die Durchbrechungen dieses Grundsatzes. Demzufolge dürfen auch ohne die erforderliche Einwilligung verbreitet und zur Schau gestellt werden:

1. Bildnisse aus dem Bereich der Zeitgeschichte;

2. Bilder, auf denen die Personen nur als Beiwerk neben einer Landschaft oder sonstigen Örtlichkeit erscheinen;

3. Bilder von Versammlungen, Aufzügen und ähnlichen Vorgängen, an denen die dargestellten Personen teilgenommen haben;

[185] BGHZ 24, 76; 27, 286; Jauernig/Teichmann, BGB, § 823 Rdnr. 64.

4. Bildnisse, die nicht auf Bestellung angefertigt sind, sofern die Verbreitung oder Schaustellung einem höheren Interesse der Kunst dient.

§ 23 S. 2 KunstUrhG regelt schließlich gesetzestechnisch die Ausnahme von der Ausnahme: Danach dürfen - trotz des Vorliegens der Voraussetzungen des § 23 S. 1 KUG - die betreffenden Bildnisse doch nicht verbreitet oder zur Schau gestellt werden, wenn dadurch ein berechtigtes Interesse des Abgebildeten oder, falls dieser verstorben ist, seiner Angehörigen verletzt wird.

Gem. § 33 KUG macht sich strafbar, wer entgegen den §§ 22, 23 KUG ein Bildnis verbreitet oder öffentlich zur Schau stellt. Auch unterliegen die entgegen den Vorgaben der §§ 22, 23 KUG angefertigten Bildnisse gem. §§ 37 ff. KUG der Vernichtung.

135 **3. Abwägung im Einzelfall**

Die Beantwortung der Frage, inwieweit private Teilnehmer einer Versammlung es dulden müssen, von anderen Privatpersonen fotografiert oder videografiert zu werden, läuft fast immer auf eine Gesamtabwägung hinaus. Dabei spielen vor allem folgende Faktoren eine Rolle:

a) Indikatoren für die Zulässigkeit der Fotos oder Videos

- Der Abgebildete ist eine relative oder absolute Person der Zeitgeschichte.
- Es handelt sich um Bilder aus der Distanz oder um Übersichtsaufnahmen.
- Die abgebildete Person ist nur eine unter vielen oder nur Beiwerk auf dem Bild, das ansonsten ein anderes Hauptmotiv hat.
- An dem Vorgang besteht ein öffentliches Informationsinteresse.
- Der die Aufnahmen Anfertigende ist Journalist/Pressemitarbeiter.

b) Indikatoren gegen die Zulässigkeit der Fotos oder Videos

- Die abgebildete Person steht im Mittelpunkt der Aufnahmen.
- Es handelt sich um Nah- oder Portraitaufnahmen.
(Die traditionelle Abgrenzung zwischen unzulässigen Nah- und Portraitaufnahmen und zulässigen Distanz- und Übersichtsaufnahmen ist allerdings aufgrund der technischen Möglichkeiten moderner Kameras in weiten Teilen obsolet geworden.)
- Der Vorgang hat keine oder kaum öffentliche Bedeutung.

- Der Abgebildete ist eine „normale" Privatperson.
- Der die Aufnahmen Anfertigende ist eine reine Privatperson.

c) Gesamttendenz 136

In den meisten Fällen wird man unter Zugrundelegung dieser Faktoren zur Zulässigkeit der Fotos oder Videoaufnahmen von Versammlungen gelangen. Versammlungen sind regelmäßig relative Ereignisse der Zeitgeschichte. Es besteht insoweit ein gewisses Informationsbedürfnis der Öffentlichkeit. Wer an einer Versammlung teilnimmt, muss grundsätzlich damit rechnen, dass er von privater Seite fotografiert oder videografiert wird. Sofern keine offensichtliche Missbrauchsabsicht des Fotografen dabei erkennbar wird, dürfte dagegen kein Unterlassungsanspruch bestehen. Dies gilt insbesondere, wenn der Fotograf im Auftrag der Presse oder Medien tätig ist. Wegen der besonderen Bedeutung einer freien Presse-, Rundfunk- und Filmberichterstattung für eine funktionierende Demokratie dürfen auch durch die Polizei nur in besonders gelagerten Ausnahmefällen Maßnahmen gegen Presse- oder Rundfunkmitarbeiter ergriffen werden, beispielsweise wenn deren Anwesenheit am Einsatzort die Arbeit der Polizei behindert und messbare Gefahren heraufbeschwört. Dazu zählt ausnahmsweise auch der begründete Verdacht, dass die Persönlichkeitsrechte von Polizeibeamten oder Privatpersonen durch Bildberichterstattung verletzt werden. Beim bloßen Anfertigen von Bildaufnahmen aus einer gewissen Distanz heraus wird man in aller Regel nicht von derartigen Gefahren ausgehen können. Der Umstand, dass offenbar Verbreitungsabsicht bezüglich der Fotos oder Videos in öffentlichen Medien besteht, erschwert zwar den Eingriff ins Persönlichkeitsrecht der Abgebildeten und eröffnet zudem den Anwendungsbereich des KUG. Bei einem professionellen Journalisten kann aber davon ausgegangen werden, dass er presserechtliche Standards kennt und einhält (z.B. durch nachträgliches Schwärzen oder Unkenntlichmachen von Gesichtern auf den veröffentlichten Bildern u.ä.).[186]

Insgesamt zeichnet sich in jüngerer Zeit eine Tendenz dahingehend ab, dass die Gerichte das Fotografieren oder Videografieren von Personen bei Versammlungen durch Privatpersonen grundsätzlich tolerieren.[187] Das gilt erst

---

[186] OVG Rh.-Pf. DVBl. 1998, 101 sowie OVG NW, DÖV 2001, 476.

[187] Die Gerichte sind zunehmend großzügiger bei der Anerkennung eines berechtigten Interesses für private Fotos und Videoaufnahmen. Grundsätzlich akzeptiert wird beispielsweise auch die Dokumentations- und Beweissicherungsfunktion solcher Bilder oder Videos, insbesondere in Anbetracht möglicher späterer Meinungsverschiedenheiten oder Rechtsstreitigkeiten über die Rechtmäßigkeit eines polizeilichen Einsatzgeschehens (BVerfG, Beschluss vom 24. Juli 2015, Az. 1 BvR 2501/13).

recht, wenn sich der Fotografierende dabei glaubhaft auf die Mediengrundrechte des Art. 5 Abs. 1 S. 2 berufen kann (Presse- oder Rundfunkberichterstattung.).

Im Ergebnis erscheint dies nachvollziehbar. Allerdings ist eine zunehmend befremdlich anmutende Diskrepanz zu verzeichnen zwischen behördlichen Bildaufnahmen einerseits, für die relativ hoch gelegte Voraussetzungen zu beachten sind (§ 12a, § 19a VersG) und privaten Bildaufnahmen andererseits, gegen die es offenbar kaum mehr rechtliche Mittel gibt. Vielleicht war es auch diese letztgenannte Entwicklung, die einzelne Polizeidienststellen dazu veranlasst hat, eine presseähnliche Berichterstattung in eigener Sache zu betreiben, in dieser Eigenschaft Fotos und Videos vom Versammlungsgeschehen anzufertigen und diese ins Internet einzustellen und über die neuen sozialen Medien zu verbreiten. Die Gerichte haben diese „Flucht ins Privatrecht" erwartungsgemäß für unzulässig erklärt.[188]

[188] VG Gelsenkirchen, Urteil vom 23.10.2018, Az. 14 K 3543/18.

XI. Polizeiliche Begleitung, Umstellung und einschließende Begleitung von Versammlungen 137

Bei öffentlichen Versammlungen unter freiem Himmel ist die Anwesenheit von Polizeibeamten im Umfeld häufig erforderlich, um Gefahren für die öffentliche Sicherheit oder Ordnung verschiedener Art abzuwehren. Bereits die Sicherung des üblicherweise durch das Versammlungsgeschehen beeinträchtigten Straßenverkehrs erfordert regelmäßig ein lenkendes Eingreifen der Polizei. Überdies würden vor allem politisch brisante Versammlungen ohne polizeiliche Präsenz nicht reibungslos verlaufen, da mit gewaltsamen Zusammenstößen zwischen Befürwortern und Gegnern der jeweiligen Kundgebung gerechnet werden muss.

Rechtliche Vorgaben und einsatztaktische Notwendigkeiten sind insoweit kaum miteinander in Einklang zu bringen sind: Einerseits soll von Verfassungs wegen jeder das Recht haben, frei und ohne polizeiliche Beeinflussung zu demonstrieren. Idealtypisch soll sich die uniformierte und bewaffnete Staatsgewalt bei Versammlungen nach Möglichkeit fernhalten. Andererseits lehrt die Erfahrung, dass ohne polizeiliche Anwesenheit - zumindest bei umstrittenen Themen oder Gruppierungen - ein geordneter und friedlicher Ablauf kaum möglich wäre, das Versammlungsgeschehen vielmehr in bürgerkriegsähnliche Szenen eskalieren würde. In diesem Dilemma ist die nachstehend erörterte Problematik angesiedelt. Rechtlich ist jedenfalls zu konstatieren, dass das VersG polizeiliche Begleitungen, Umstellungen oder einschließende Begleitungen von Versammlungen nicht vorsieht - es handelt sich um Zweckschöpfungen der Einsatztaktik, mit allen daraus resultierenden rechtlichen Folgeproblemen.[189]

Zunächst stellt sich die Frage, wie weit die polizeiliche Präsenz gehen darf, ohne dass die Versammlungsfreiheit dadurch erstickt wird, insbesondere ob die mehr oder weniger vollständige Einschließung einer Versammlung durch Polizeibeamte zulässig ist.[190] Die Problematik ist wegen der oftmals sehr unterschiedlichen möglichen Fallkonstellationen außerordentlich vielschichtig und nur schwer einer schematischen Darstellung in der hier gebotenen Kürze zugänglich. Folgende Faktoren beeinflussen das rechtliche Koordinatensystem:

- Typologisch zu unterscheiden sind verschiedene Formen der polizeilichen Präsenz: Die dezente Anwesenheit einzelner Polizeibeamter im Umfeld der

---

[189] Eine ähnlich gelagerte Ausgangssituation findet man bei § 12 VersG vor.

[190] Zu der davon zu unterscheidenden Frage der Anwesenheit von Polizeibeamten innerhalb einer Versammlung, d.h. unter den Versammlungsteilnehmern siehe die Ausführungen zu § 12 VersG.

Versammlung, die ins Auge springende und das Gesamtbild prägende Anwesenheit relativ starker Polizeikräfte, das Bilden mehr oder weniger geschlossener „Polizeiketten“ bis hin zur vollständigen Einschließung („Einkesselung“) einer Versammlung.

- Einsatztaktisch ist zu differenzieren nach der Zielsetzung der polizeilichen Präsenz: Geht es darum, Gefahren zu verhindern oder Straftaten zu bekämpfen, die von der Versammlung bzw. deren Teilnehmern selbst ausgehen (Störungen quasi von innen) oder geht es darum, die Versammlung vor Störungen von außen zu schützen oder geht es möglicherweise um beides?

- Bei der rechtlichen Bewertung dieser Vorgänge dürfte auch die Willensrichtung des Veranstalters oder Leiters der Versammlung in Bezug auf die polizeiliche Präsenz nicht ohne Bedeutung sein.

- Rechtlich sind vor allem zu unterscheiden die verfassungsrechtliche Ebene (Art. 8 GG) und die einfachgesetzliche Ebene (VersG, allgemeine Gesetze zum Polizei- und Ordnungsrecht, StPO). Auf letzterer ist - nach allgemeinen Regeln (Schwerpunkt der polizeilichen Maßnahme?) - weiter zu differenzieren zwischen Maßnahmen mit präventiver Zielsetzung (VersG, subsidiär allgemeine Gesetze zum Polizei- und Ordnungsrecht) und solchen mit repressiver Zielsetzung (StPO).

138 **1. Verfassungsrechtliche Dimension**

a) Die bloße Anwesenheit einzelner Polizeibeamter im Umfeld einer Versammlung bedeutet grundsätzlich noch keinen Eingriff in Art. 8 GG. Auch wenn der Veranstalter einer Versammlung oder deren Teilnehmer die Anwesenheit bewaffneter und uniformierter Polizeibeamter (in maßvoller Anzahl) um ihre Versammlung herum als deplaziert und störend empfinden sollten, dürfte insoweit noch nicht die Eingriffsschwelle überschritten sein, sofern es sich um einige wenige Polizeibeamte handelt und diese zurückhaltend agieren. Ansonsten bestünde die Gefahr, dass das bloße Konfrontiertsein mit dem Anblick von Polizeibeamten bereits als durch eine Eingriffsgrundlage zu legitimierender Grundrechtseingriff anzusehen wäre, was letztendlich zu grotesken rechtlichen Folgen führen würde.

b) Die fließende Grenze zum Eingriff in Art. 8 GG kann erreicht sein, wenn es sich um ein zahlenmäßig relativ starkes Polizeiaufgebot handelt.[191]

[191] OVG Bremen, NVwZ 1990, 1191.

Dies gilt erst recht dann, wenn Polizeikräfte in großer Zahl gezielt und demonstrativ in Richtung auf eine Versammlung aufgestellt werden und dadurch eine (möglicherweise beabsichtigte) einschüchternde Wirkung auf potentielle Versammlungsteilnehmer entsteht.

c) Die gezielte und vollständige räumliche Absperrung einer Versammlung durch Polizeibeamte in eine bestimmte Richtung (Bildung einer „Polizeikette") und erst recht die vollständige Umstellung einer Versammlung oder deren einschließende Begleitung durch die Polizei bedeuten Eingriffe in Art. 8 GG. Dadurch wird potentiellen Teilnehmern an der Versammlung der ungehinderte Zugang verstellt und Versammlungsteilnehmern das ungehinderte Verlassen der Örtlichkeit unmöglich gemacht. Für derartige Maßnahmen bedarf es nach allgemeinen Regeln einer gesetzlichen Eingriffsgrundlage. Von diesem Erfordernis könnte allenfalls in jenen Situationen abgesehen werden, in denen der Veranstalter der betreffenden Versammlung bzw. deren Teilnehmer mit der Vorgehensweise der Polizei einverstanden sind („volenti non fit iniuria").

2. Einfachgesetzliche Einordnung 139

Vorab ist zu klären, ob die Absperrung/Umstellung/Einschließung o.ä. der Versammlung präventiv oder repressiv motiviert ist. Dementsprechend kommen unterschiedliche Ermächtigungsnormen in Betracht.

a) Präventiv motivierte Absperrung/Umstellung/Einschließung

Befugnisnorm wird in aller Regel § 15 Abs. 3 VersG im Erst-recht-Schluss (argumentum a maiori ad minus) sein: Wenn von der betreffenden Versammlung Gefahren für die öffentliche Sicherheit oder Ordnung ausgehen, die sogar ihre Auflösung rechtfertigen würden, so muss erst recht deren Absperrung, Umstellung, Einschließung o.ä. möglich sein, womit die Durchführung der Versammlung noch ermöglicht wird.

Unter Umständen kommen auch die Vorschriften des allgemeinen Polizei- und Ordnungsrechts als Eingriffsgrundlagen in Betracht. Dies wäre beispielsweise der Fall, wenn es sich um eine nichtöffentliche Versammlung handelt, die nach h.M. nicht dem Anwendungsbereich des VersG unterliegt oder wenn es um die Absperrung, Umstellung, Einschließung o.ä. einer bereits aufgelösten Versammlung geht, die aus diesem Grunde nicht mehr im Schutzbereich des Art. 8 GG angesiedelt ist und nicht mehr dem Anwendungsbereich des VersG unterfällt oder wenn aus sonstigen Gründen das normalerweise abschließende VersG ausnahmsweise nicht zur Anwendung gelangt.

b) Repressiv motivierte Absperrung/Umstellung/Einschließung

Eingriffsgrundlage sind die Befugnisnormen der StPO, je nach dem, was die Polizei mit der Einschließung der Versammlungsteilnehmer erreichen will, beispielsweise § 127 StPO, wenn diese festgenommen werden sollen oder § 163b StPO, wenn deren Identität festgestellt werden soll.

140
3. Typische Fehlerquellen

Umstellungen, Absperrungen, einschließende Begleitungen oder Einschließungen von Versammlungen durch die Polizei sind demnach ausnahmsweise und in besonders gelagerten Konstellationen zwar grundsätzlich möglich, rechtlich aber aus mehreren Gründen mit größter Vorsicht zu genießen:
- Erstens handelt es sich zumeist um relativ weitgehende Eingriffe in die Versammlungsfreiheit.
- Zweitens sieht das VersG derlei polizeiliche Maßnahmen nicht explizit vor.
- Drittens treffen solche Maßnahmen regelmäßig Verursacher von Störungen und Unbeteiligte gleichermaßen.

Die Thematik war des Öfteren Gegenstand gerichtlicher Entscheidungen, die häufig zu Ungunsten der Polizeiführung ausfielen, weil diese sich offenbar unreflektiert von taktischen Vorgaben hat leiten lassen und dabei einige grundlegende rechtliche Vorgaben verkannt wurden:

141
a) Keine konkludente Verhinderung oder Auflösung einer Versammlung durch Errichten einer Polizeikette oder Einschließung einer Versammlung

Da nach ganz h.M. die Verhinderung einer geplanten Versammlung (Verbot) oder die Beendigung einer bereits bestehenden Versammlung (Auflösung) nicht konkludent, sondern nur ausdrücklich erfolgen können[192], hat die Polizei die entsprechenden Verfügungen auch ausdrücklich zu erlassen, bevor die betreffende Versammlung umstellt oder eingeschlossen werden

[192] BVerfK 4, 154. Siehe dazu auch die Ausführungen zu § 13 Abs. 1, § 15 Abs. 3 sowie zu § 11 Abs. 1, § 18 Abs. 3 VersG.

darf, da solche polizeiliche Maßnahmen regelmäßig das Ende der Versammlung bedeuten.[193]

b) Grundsätzlich keine Kombination von Auflösung einer Versammlung und Einschließung der Teilnehmer 142

Die Auflösung einer Versammlung einerseits und die Einschließung der Versammlungsteilnehmer andererseits sind nur schwer miteinander zu vereinbaren: Sinn der Auflösung ist es, dass sich die Versammlungsteilnehmer unverzüglich zerstreuen (so ausdrücklich § 13 Abs. 2 VersG, ggf. i.V.m. § 18 Abs. 1 VersG). Sinn der Einschließung ist es hingegen, ein Entweichen einzelner oder Hinzutreten neuer Versammlungsteilnehmer zu verhindern. Diesem Dilemma kann die Polizei nur entgehen, indem sie bei präventiv motivierter Auflösung und anschließender Umstellung einer Versammlung wenigstens ein sukzessives und kontrolliertes Entlassen der Teilnehmer ermöglicht[194], insbesondere solcher Teilnehmer, gegen die strafrechtlich nichts vorliegt.

c) Freiheitsentziehender Charakter längerfristiger Einschließungen 143

Nach allgemeinen Regeln wird das Festhalten von Versammlungsteilnehmern in einem „Polizeikessel" zur Freiheitsentziehung, wenn es sich über einen längeren Zeitraum, d.h. mehrere Stunden erstreckt.[195] Den verfahrensrechtlichen Garantien der Art. 2 Abs. 2 S. 2, Art. 104 GG ist in diesem Fall Rechnung zu tragen (grundsätzlich richterlicher Beschluss, Habeas-corpus-Gedanke).

d) Grundsatz der Verhältnismäßigkeit 144

Das polizeiliche Umstellen oder Einschließen einer Versammlung bedeutet einen massiven Eingriff sowohl in die Versammlungsfreiheit und auch in die persönliche Fortbewegungsfreiheit der Eingeschlossenen. Daher ist immer die kritische Frage zu stellen, ob die Maßnahme wirklich geeignet, erforderlich und verhältnismäßig im engeren Sinne ist, um die befürchteten Gefahren abzuwehren oder die mutmaßlichen Straftäter dingfest zu machen.[196]

---

193 VG Hamburg, NVwZ 87, 829; LG Hamburg, NVwZ 87, 833.
194 KG Berlin, NVwZ 2000, 468.
195 VG Berlin, NVwZ-RR 90, 188; KG Berlin, NVwZ 2000, 468.
196 VG Hannover, NVwZ-RR 99, 578.

Beispiele:
- Bei einer Versammlung, die aufgelöst wurde oder werden soll, ist eine Einschließung in aller Regel nicht das geeignete Mittel zur Erreichung des Zweckes, da sie das erwünschte Zerstreuen der Versammlungsteilnehmer nicht erleichtert, sondern im Gegenteil sogar verhindert.
- Wenn von einzelnen Versammlungsteilnehmern Straftaten begangen wurden, so ist - wenn deren Identifizierung und isolierte Festnahme möglich erscheint - die Einschließung der gesamten Versammlung nicht erforderlich.
- Bei bereits bestehender Umstellung muss Versammlungsteilnehmern, die gesundheitliche Probleme haben, ärztliche Hilfe benötigen, die Toilette aufsuchen müssen u.ä., nach Möglichkeit ein - notfalls beaufsichtigtes - Verlassen des „Kessels" erlaubt werden.
- Gleiches gilt selbstverständlich für an der Gefahrensituation bzw. den mutmaßlich begangenen Straftaten unbeteiligte Versammlungsteilnehmer, die unverschuldet durch das Verhalten anderer Demonstranten (= der eigentlichen Verursacher) in die Situation der Einschließung mit hineingeraten sind.

XII. Die behördlichen Zuständigkeiten im Versammlungsrecht 145

1. Zuständigkeit der Landesbehörden im Versammlungsrecht

Das VersG ist zwar ein Bundesgesetz, die Ausführung des VersG obliegt jedoch - wie bei den meisten Bundesgesetzen - den Ländern, und zwar als eigene Angelegenheit i.S.d. Art. 83, 84 Abs. 1 GG. Für jene Bundesländer, die mittlerweile ein eigenes VersG als Landesrecht erlassen haben, kommt eine andere Verwaltungskompetenz als die des Landes ohnehin nicht in Betracht. Demzufolge richten sich die behördlichen Zuständigkeiten in Angelegenheiten des Versammlungsrechts nach dem jeweiligen Landesbehördenorganisationsrecht.

2. Ausnahmsweise Festlegung einer polizeilichen Zuständigkeit unmittelbar durch das VersG 146

Eingeschränkt wird die Priorität landesrechtlicher Zuständigkeiten und Behördenorganisation durch jene Vorschriften des VersG, die die Polizei für originär zuständig erklären (§ 9 Abs. 2, § 12, § 12a, § 13 Abs. 1, § 18 Abs. 3, § 19 Abs. 4 und§ 19a VersG). Insoweit handelt es sich um bundesgesetzliche Festlegungen, die die Länder binden und diesen nur die Möglichkeit belassen, die zuständige Polizeibehörde zu bestimmen.

Verfassungsrechtlich bedeuten die genannten Zuständigkeitsregelungen des VersG genau besehen einen Eingriff in die Gesetzgebungskompetenz der Länder, denn nach allgemeinen Regeln (vgl. Art. 30, 70 GG) wären die Länder berechtigt, Organisation und Verfahren der Landesbehörden eigenständig zu regeln, insbesondere dann, wenn sie ein Gesetz als eigene Angelegenheit ausführen. Dennoch werden diese Festlegungen der Zuständigkeit im VersG auf die Polizei als verfassungsgemäß angesehen, und zwar als Ausprägung einer Zuständigkeit des Bundesgesetzgebers kraft Sachzusammenhanges oder als Annexkompetenz.

Die § 9 Abs. 2, § 12, § 12a, § 13 Abs. 1, § 18 Abs. 3, § 19 Abs. 4 und § 19a VersG sind insofern rechtssystematisch interessante Ausnahmevorschriften, als sie eine originäre Zuständigkeit der Polizei festschreiben. Normalerweise gehen Gesetze zur Gefahrenabwehr von der originären Zuständigkeit der Ordnungsbehörde (Gefahrenabwehrbehörde, Sicherheitsbehörde) oder sonstigen Fachbehörde aus; die Polizei ist lediglich eilzuständig (in Rh.-Pf. nach § 1 Abs. 8 POG). Die Normierung einer originären Zuständigkeit der Polizei in den genannten Vorschriften erklärt sich vor allem aus dem Umstand, dass bei Versammlungen die Polizei oftmals als einzige staatliche Behörde am Ort des Geschehens durchgehend anwesend und ohne weiteres erreichbar ist.

147 Allerdings ist bei den Differenzierungen zwischen einer ordnungsbehördlichen und einer polizeilichen Zuständigkeit im VersG zu berücksichtigen, dass das VersG in einer Zeit entstanden ist, als der Gedanke der Einheit von Ordnungsverwaltung und Polizei noch viel stärker das deutsche Rechtssystem durchzog („der Bürgermeister als Ortspolizeibehörde“) und in der juristischen Terminologie als preußisches Einheitssystem präsent war - im Gegensatz zum heute üblichen Trennungssystem mit seiner „Entpolizeilichung“ der Ordnungsverwaltung und der strikten organisatorischen Trennung zwischen Polizei und Ordnungsbehörden. In Anbetracht dessen muss die kritische Frage aufgeworfen werden, ob der historische Gesetzgeber beim Erlass des VersG sich vertieft Gedanken gemacht hat über eine strikte Differenzierung zwischen ordnungsbehördlichen und polizeilichen Zuständigkeiten oder ob er nicht möglicherweise - zumindest unterschwellig - davon ausgegangen ist, es handele sich ohnehin um ein- und dieselbe Behörde und die diesbezügliche Terminologie könne daher vernachlässigt werden. Dies würde nämlich die bisweilen zufällig wirkende Regelung oder auch Nichtregelung originärer polizeilicher Zuständigkeiten erklären. So ist beispielsweise nicht recht nachvollziehbar, warum nach dem Wortlaut des VersG bei Maßnahmen nach § 15 Abs. 3 und § 17a Abs. 4 VersG eine originäre ordnungsbehördliche Zuständigkeit besteht, obwohl es sich hier um typische polizeiliche Maßnahmen vor Ort handelt. Umgekehrt wird die Polizei beispielsweise gem. § 18 Abs. 2 VersG für originär zuständig erklärt zur Genehmigung der Verwendung von Ordnern bei öffentlichen Versammlungen unter freiem Himmel, obwohl es sich hier um eine Maßnahme handelt, die im Zusammenhang mit der Anmeldung der betreffenden Versammlung mit der allgemeinen Ordnungsbehörde zu klären wäre.

148 **3. Polizei im Sinne des VersG**

Gemeint mit Polizei im Sinne des VersG ist die Polizei der Länder im institutionellen Sinne, also die uniformierte und bewaffnete (Vollzugs)Polizei des jeweiligen Bundeslandes (ähnlich wie der Polizeibegriff in § 80 Abs. 2 S. 1 Nr. 2 VwGO). Nicht erfasst wird hingegen die Polizei des Bundes (etwa Bundespolizei, Bundeskriminalamt, Zoll etc.). Daher hat die Bundespolizei bei Demonstrationen keine eigenen Rechte aus dem VersG, sondern muss auf abgeleitete Rechte durch die zuständige Polizei des jeweiligen Landes zurückgreifen (Amtshilfe, Vollzugshilfe etc.).

4. Primäre ordnungsbehördliche Zuständigkeit und polizeiliche Eilzuständigkeit 149

Statuiert das VersG keine originäre Zuständigkeit der Polizei (beispielsweise in § 5, § 14, § 15 Abs. 1 bis Abs. 4, § 17a VersG), gelten die allgemeinen Regeln, d.h. originär zuständig sind die Ordnungsbehörden. Zuständige Ordnungsbehörden im Versammlungswesen sind in Rheinland-Pfalz in Landkreisen die Kreisverwaltungen und in kreisfreien Städten die Stadtverwaltungen (§ 2 Nr. 9 der Landesverordnung über die Zuständigkeit der allgemeinen Ordnungsbehörden). In Durchbrechung dieses Grundsatzes sind in großen kreisangehörigen Städten deren Stadtverwaltungen zuständig - anstelle der ansonsten grundsätzlich zuständigen Kreisverwaltung (§ 2 Nr. 9 zweiter Halbsatz dieser Landesverordnung).

Beispiel:
Eine ordnungsgemäß angemeldete und zunächst friedliche Versammlung unter freiem Himmel nimmt einen gewalttätigen Verlauf. Die Polizei sieht sich gezwungen, die Versammlung aufzulösen. Originär zuständige Behörde ist nach dem Wortlaut des § 15 Abs. 3 VersG i.V.m. dem Behördenorganisationsrecht des Landes die kommunale Ordnungsbehörde. Da von den Beamten des Ordnungsamtes bei der Demonstration häufig niemand vor Ort sein wird, ist die Polizei im Rahmen ihrer Eilzuständigkeit zu Maßnahmen nach § 15 Abs. 3 VersG berufen.

Abschließend sei darauf hingewiesen, dass es sich hier um gesetzlich zwingend festgelegte Zuständigkeiten handelt, die nicht zur Disposition der Beteiligten stehen. Zweckmäßigkeitserwägungen dahingehend, dass eine kleinere Ordnungsbehörde unter Umständen mit einem Versammlungsgeschehen überfordert sein könnte, während die Polizei viel eher mit derlei Geschehnissen vertraut ist, führen rechtlich nicht zu einer Verschiebung der Zuständigkeit. Möglich ist selbstverständlich, dass die Ordnungsbehörde sich den Rat der Polizei einholt und deren Anregungen folgt. Sie bleibt aber juristisch verantwortlich für das Geschehen, was schon in Anbetracht der unterschiedlichen Passivlegitimation bedeutsam ist: Rechtsträger der Ordnungsbehörden ist grundsätzlich die jeweilige kommunale Selbstverwaltungskörperschaft; Rechtsträger der Polizei ist das Land.

Beispiel:
Auf Anregung der Ordnungsbehörde erlässt der Einsatzleiter der Polizei eine Auflage, die der Versammlung eine geänderte Wegstrecke vorschreibt. Dort kommt es zu Tumulten und schädigenden Ereignissen. Wenn die Auflage in polizeilicher Zuständigkeit ergangen ist, hat das Land anstelle der Kommune in Schadensersatzprozessen dafür einzustehen.

E. Erläuterungen zu den einzelnen Vorschriften des VersG

Gesetzestext:

Abschnitt I: Allgemeines

§ 1 Abs. 1 VersG [Recht auf Versammlungsfreiheit]

Jedermann hat das Recht, öffentliche Versammlungen und Aufzüge zu veranstalten und an solchen Veranstaltungen teilzunehmen.

Erläuterungen:

150 **I.** § 1 Abs. 1 VersG ist als subjektives Recht das einfachgesetzliche Gegenstück zu den verfassungsrechtlichen Garantien des Art. 8 Abs. 1 GG. Bedeutsam wird § 1 Abs. 1 VersG vor allem insofern, als die Vorschrift sowohl Ausländern als auch Deutschen das Recht einräumt, sich zu versammeln - im Gegensatz zu Art. 8 Abs. 1 GG, der nur für Deutsche gilt.

151 **II.** Dem eindeutigen Wortlaut des § 1 Abs. 1 VersG ist zu entnehmen, dass die Vorschrift - wie grundsätzlich das gesamte VersG - nur für öffentliche Versammlungen gilt, während Art. 8 GG sowohl öffentliche als auch nichtöffentliche Versammlungen erfasst.

152 **III.** § 1 Abs. 1 VersG differenziert
- zwischen der *Veranstaltung* einer Versammlung einerseits und der *Teilnahme* an einer Versammlung andererseits sowie
- zwischen *Versammlungen* auf der einen Seite und *Aufzügen* auf der anderen Seite.

1. Veranstalten bedeutet Organisieren der Versammlung. (Näheres dazu bei den Ausführungen zu §§ 7 ff. VersG.)

2. Teilnehmen bedeutet demgegenüber bloßes Mitwirken an der Versammlung, gegebenenfalls nur durch physische Anwesenheit. (Näheres dazu bei den Ausführungen zu §§ 7 ff. VersG.)

3. Unter einem Aufzug versteht man eine öffentliche Versammlung unter freiem Himmel, die sich räumlich fortbewegt.[197] (Siehe dazu die Erläuterungen zu § 19 VersG.)

---

[197] Dietel/Gintzel/Kniesel, Versammlungsgesetze, Teil II, § 19 Rdnr. 1 m.w.N.

§ 1 Abs. 2 VersG [Verlust des Rechts auf Versammlungsfreiheit]

Dieses Recht hat nicht,

1. wer das Grundrecht der Versammlungsfreiheit gemäß Artikel 18 des Grundgesetzes verwirkt hat,

2. wer mit der Durchführung oder Teilnahme an einer solchen Veranstaltung die Ziele einer nach Artikel 21 Abs. 2 des Grundgesetzes durch das Bundesverfassungsgericht für verfassungswidrig erklärten Partei oder Teil- oder Ersatzorganisation einer Partei fördern will,

3. eine Partei, die nach Artikel 21 Abs. 2 des Grundgesetzes durch das Bundesverfassungsgericht für verfassungswidrig erklärt worden ist, oder

4. eine Vereinigung, die nach Artikel 9 Abs. 2 des Grundgesetzes verboten ist.

Erläuterungen:

§ 1 Abs. 2 VersG listet jene Fallkonstellationen auf, in denen das Recht zur Versammlungsfreiheit für bestimmte Personen, Parteien oder Vereinigungen ausnahmsweise nicht (mehr) besteht. Die Vorschrift hat größtenteils nur deklaratorische Bedeutung, da sich die erwähnte Rechtsfolge bereits aus der Verfassung selbst, nämlich aus Art. 18, Art. 21 Abs. 2 und Art. 9 Abs. 2 GG ergibt. **153**

I. Verwirkung (Art. 18 GG, § 1 Abs. 2 Nr. 1 VersG)

Die Verwirkung der Versammlungsfreiheit nach Art. 18 GG i.V.m. § 1 Abs. 2 Nr. 1 VersG hatte bislang nur theoretische Bedeutung. Das GG sieht zwar in Art. 18 vor, dass Personen, die die dort genannten Grundrechte zum Kampf gegen die freiheitliche demokratische Grundordnung missbrauchen, diese Rechtspositionen verwirken, d.h. ihrer verlustig erklärt werden können. Art. 18 GG ist Ausdruck des Prinzips der wehrhaften Demokratie.[198] Das diesbezügliche Entscheidungsmonopol liegt beim BVerfG, das aber gem. § 36 BVerfGG nur auf Antrag des Bundestags, der Bundesregierung oder auf Antrag einer Landesregierung tätig werden darf. Bislang hat es keine derartige Entscheidung gegeben; die Anträge in bisher vier Verfahren wurden abgewiesen.

---

[198] Jarass/Pieroth, GG, Art. 18 Rdnr. 1.

154 II. Verfassungswidrig erklärte Partei (Art. 21 Abs. 2 GG, § 1 Abs. 2 Nr. 2 und 3 VersG)

1. Die Erklärung einer Partei als verfassungswidrig gem. Art. 21 Abs. 2 GG ist ebenfalls Ausdruck des Prinzips der wehrhaften Demokratie. Auch hier liegt das Entscheidungsmonopol beim BVerfG. Entsprechende Verfahren waren in der Vergangenheit äußerst selten. Im Falle einer stattgebenden Entscheidung des BVerfG erfasst das Verbot grundsätzlich nicht nur die Partei, sondern auch ihre Teil- oder Ersatzorganisationen.

Parteiverbote in der Vergangenheit:
- Die (rechtsradikale) Sozialistische Reichspartei - SRP - im Jahre 1952.[199]
- Die (linksradikale) Kommunistische Partei Deutschlands - KPD - im Jahre 1956.[200]

Verfahren zum Verbot der (rechtsradikalen) Nationaldemokratischen Partei Deutschlands - NPD - sind zweimal gescheitert: Ein erstes Verbotsverfahren, welches im Jahre 2001 von der Bundesregierung anhängig gemacht worden war, wurde 2003 vom BVerfG eingestellt. In der mündlichen Verhandlung, insbesondere im Rahmen der Beweisaufnahme, hatte sich herausgestellt, dass maßgebliche Aktivitäten der NPD von verdeckten Ermittlern des staatlichen Verfassungsschutzes mitgesteuert wurden. Letzterer hatte sich zudem geweigert, diese Aktivitäten dem Gericht gegenüber offenzulegen bzw. die Namen der verdeckten Ermittler zu nennen.[201]

Ein zweites Verbotsverfahren gegen die NPD endete im Jahre 2017 ebenfalls mit einer - im Tenor - ablehnenden Entscheidung des BVerfG. Diesmal war es der Bundesrat gewesen, der im Jahre 2013 - ohne Beteiligung der Bundesregierung und des Bundestages - den Verbotsantrag gestellt hatte. Das Verfahren führte zu einer merkwürdigen Entscheidung des BVerfG: Das Gericht sah er als erwiesen an, dass die NPD beabsichtige, die freiheitliche demokratische Grundordnung zu beseitigen. Ihr Ziel sei es, die bestehende Verfassungsordnung durch einen an der ethnischen Volksgemeinschaft ausgerichteten autoritären Nationalstaat zu ersetzen. Dabei werde die Menschenwürde all jener missachtet, die nicht dieser ethnischen Volksgemeinschaft angehörten. Daher sei die NPD verfassungswidrig. Damit hätte die NPD normalerweise - nach den Regeln juristischer Logik - auch im Tenor des Urteils vom BVerfG für verfassungswidrig erklärt werden müssen. Dies geschah aber nicht. Das BVerfG argumentierte weiter, dass es der NPD nach derzeitigem Erkenntnisstand an realen Möglichkeiten fehle, ihre

[199] BVerfGE 2, 1.
[200] BVerfGE 5, 85.
[201] BVerfG, NJW 2003, 1577.

verfassungswidrigen Ziele zu verwirklichen. Gestützt auf diese letztgenannte Erwägung wies das BVerfG im Ergebnis den Verbotsantrag ab.[202] In einem obiter dictum wurde allerdings festgestellt, dass der Staat nicht verpflichtet sei, verfassungswidrige Parteien finanziell zu unterstützen. In Reaktion auf diese (meines Erachtens prozessual widersinnige[203]) Entscheidung des BVerfG hat der Bundestag den einschlägigen Art. 21 GG dahingehend geändert, dass die Norm fortan zwei Verfahren vorsieht: zum einen das herkömmliche klassische Parteiverbotsverfahren (Art. 21 Abs. 2 GG) und zum anderen ein neu kreiertes Verfahren mit dem Ziel des Ausschlusses einer Partei von staatlichen Geldmitteln (Art. 21 Abs. 3 GG). Für das Versammlungsrecht hat die Entscheidung des BVerfG zur Folge, dass Veranstaltungen der NPD sich nach wie vor im Schutzbereich des Art. 8 GG bewegen und zulässig sind.

2. Die Variante des § 1 Abs. 2 Nr. 2 VersG wird vielfach - mit guten Gründen - als verfassungswidrig angesehen. Erstens sei sie unverhältnismäßig, denn der verfassungsrechtliche Leitgedanke der wehrhaften Demokratie rechtfertige nur das Vorgehen gegen qualifiziert verfassungsfeindliche Bestrebungen, die parteiförmig organisiert sind. Dem Einzelnen steht es sehr wohl frei, sich auch zu politisch radikalem Gedankengut zu bekennen.[204] Zweitens verstoße sie gegen das Bestimmtheitsgebot[205], denn die abstrakten Ziele einer Partei lassen sich in ihrer Gesamtheit nur schwer eruieren und auf den einzelnen Veranstalter oder Teilnehmer einer Versammlung projizieren. Drittens missachte die Norm die formalen Vorgaben und die Sperrwirkung des Art. 21 Abs. 2 GG. Ein Parteiverbot nach der letztgenannten Vorschrift habe lediglich zur Folge, dass die betreffende Organisation illegal werde, d.h. ein Auftreten im politischen Meinungskampf im Namen und zugunsten der für verfassungswidrig erklärten Partei fortan verboten sei. Abstrakte Ziele hingegen müssten in einer freiheitlich demokratischen, pluralistischen Gesellschaft sehr wohl dem Diskurs zugänglich

---

202 BVerfGE 144, 20.

203 Das Parteiverbotsverfahren des Art. 21 GG fordert seinem eindeutigen Wortlaut nach nur die Verfassungswidrigkeit einer Partei, nicht das zusätzliche Merkmal, dass diese Partei auch in der Lage sein muss, demnächst erfolgreich einen „Umsturz" herbeizuführen. Zudem wirkt es unter prozessökonomischen Gesichtspunkten etwas merkwürdig, über Jahre hinweg aufwändig zu untersuchen, ob eine Partei verfassungswidrige Ziele verfolgt, die diesbezüglichen Feststellungen in einem Urteil über ca. 300 Seiten niederzuschreiben, um dann in einer abschließenden Wendung festzustellen, dass es dieser Partei derzeit an Zuspruch beim Wähler fehlt, um ihre Ziele zu verwirklichen. Diese offensichtliche Erkenntnis hätte man ohne großen Verfahrensaufwand gleich zu Beginn gewinnen können.

204 BVerfGE 124, 300; Dürig-Friedl/Enders, Versammlungsrecht, § 1 Rdnr. 34.

205 Dietel/Gintzel/Kniesel, Versammlungsgesetze, Teil II, § 1 Rdnr. 40.

sein.[206] Viertens werde durch § 1 Abs. 2 Nr. 2 VersG die verfassungsrechtliche Regelung der Verwirkung in Art. 18 GG mit ihren strengen Anforderungen unterlaufen: Nur wenn deren Missbrauchstatbestand erfüllt und der diesbezügliche Ausspruch des BVerfG erfolgt ist (§§ 36 ff. BVerfGG) könne ein Einzelner seiner dort genannten politischen Recht verlustig gehen; die Veranstaltung von oder Teilnahme an „verfassungsfeindlichen" Versammlungen reiche nicht aus.[207]

3. Ausländische Parteien und inländische Parteien von Ausländern sind im Rechtssinne keine Parteien i.S.d. Art. 21 GG. Sie gelten gem. § 2 Abs. 3 ParteiG als politische Vereinigungen i.S.d. Art. 9 GG. Ein eventuelles Verbotsverfahren richtet sich daher nach Art. 9 Abs. 2 GG i.V.m. § 1 Abs. 2 Nr. 4 VersG.

155 **III. Vereinsverbot (Art. 9 Abs. 2 GG, § 1 Abs. 2 Nr. 4 VersG)**

Gem. § 1 Abs. 2 Nr. 4 VersG verlieren Vereinigungen, die nach Art. 9 Abs. 2 GG verboten sind, das Recht auf Versammlungsfreiheit. Erforderlich ist gem. Art. 9 Abs. 2 GG, dass die Zwecke oder die Tätigkeit der Vereinigung den Strafgesetzen zuwiderläuft oder sich gegen die verfassungsmäßige Ordnung oder gegen den Gedanken der Völkerverständigung richtet. Das Verfahren richtet sich nach dem VereinsG; zuständige Behörde ist entweder die oberste Landesbehörde oder das Bundesinnenministerium (§ 3 VereinsG). Mit dem bestandskräftigen bzw. rechtskräftigen Verbot erlischt die Rechtsfähigkeit des Vereins. Auch die Geltendmachung der Versammlungsfreiheit ist der Organisation nicht mehr möglich. Vereinsverbote i.d.S. sind eher selten, jedoch deutlich häufiger als Parteiverbote.

Beispiele:
- Die Kurdische Arbeiterpartei PKK.
- Einzelne Ortsvereine der Rockergruppe Hells Angels.
- Einige rechtsradikale Vereinigungen, wie beispielsweise die Wehrsportgruppe Hoffmann, die deutsche Division der Blood and Honour-Bewegung u.a.
- Einige radikal-islamische Gruppierungen.

---

[206] Ott/Wächtler/Heinhold, Versammlungsgesetz, § 1 Rdnr. 86.
[207] Dürig-Friedl/Enders, Versammlungsrecht, § 1 Rdnr. 34.

§ 2 Abs. 1 VersG
[Pflicht des Veranstalters zur Namensangabe bei öffentlicher Einladung]

Wer zu einer öffentlichen Versammlung oder zu einem Aufzug öffentlich einlädt, muss als Veranstalter in der Einladung seinen Namen angeben.

Erläuterungen:

I. Allgemeines 156

Die Vorschrift normiert die Verpflichtung, dass derjenige, der öffentlich zu einer Versammlung einlädt, in der Einladung seinen Namen angeben muss. Sinn und Zweck des § 2 Abs. 1 VersG ist es, die Identität des Veranstalters klarzustellen. Die staatlichen Behörden sollen wissen, mit wem sie es zu tun haben und potentielle Teilnehmer sollen erkennen können, mit wem sie sich solidarisieren oder auch nicht.[208]

Die Bedeutung des § 2 Abs. 1 VersG wird durch den Umstand geschmälert, dass die dort statuierte Obliegenheit aufgrund ihres Wortlautes nicht umfassend, sondern nur fragmentarisch gilt und das VersG zudem explizit keine Möglichkeiten vorsieht, die Verpflichtung aus § 2 Abs. 1 zu erzwingen oder Verstöße zu sanktionieren.

II. Anwendungsbereich und Voraussetzungen 157

Damit § 2 Abs. 1 VersG zur Anwendung gelangt, müssen folgende Voraussetzungen erfüllt sein:

Erstens muss es sich um eine *öffentliche* Versammlung oder einen *öffentlichen* Aufzug handeln - insofern übereinstimmend mit den übrigen Rahmenvorgaben des VersG. (Zur Kategorie der *öffentlichen* Versammlung siehe Rdnr. 56 ff.)

Zweitens muss der Betreffende in seiner Eigenschaft als *Veranstalter* derselben einladen. (Näheres zum Veranstalter bei den Ausführungen zu §§ 7 ff. VersG.)

Drittens muss es sich um *öffentliche Einladungen* handeln. Öffentlich i.d.S. ist eine Einladung, wenn sie sich an einen individuell nicht bestimmten Personenkreis richtet und durch grundsätzlich jedermann zugängliche In-

---

[208] Dietel/Gintzel/Kniesel, Versammlungsgesetze, Teil II, § 2 Rdnr. 1.

formationsmittel erfolgt (beispielsweise Zeitungsanzeigen, Rundfunkdurchsagen, Plakatanschläge, Handzettel, Postwurfsendungen, grundsätzlich auch durch das Internet).[209]

Im Umkehrschluss bedeutet dies, dass Einladungen zu nichtöffentlichen Versammlungen oder Einladungen an einen persönlichen Bekanntenkreis auf individuellem Wege von der Obliegenheit des § 2 Abs. 1 VersG nicht erfasst werden (beispielsweise per Brief, e-mail, SMS, Telefon u.ä.).

Eine analoge Anwendung des § 2 Abs. 1 VersG auf nichtöffentliche Versammlungen oder auf Einladungen, die nicht vom Veranstalter ausgesprochen wurden oder auf nicht öffentlich ergangene Einladungen dürfte ausscheiden, da § 2 Abs. 1 nicht als Ausdruck eines allgemeingültigen und damit analogiefähigen Rechtsgrundsatzes anzusehen ist, sondern eher den Charakter einer Sondervorschrift hat.[210]

158 III. Sanktionierung

Das VersG enthält weder eine Rechtsgrundlage für Anordnungen, um die Verpflichtung aus § 2 Abs. 1 VersG zu erzwingen, noch sieht es Sanktionen in Gestalt eines Bußgeld- oder Straftatbestandes vor, falls jemand gegen § 2 Abs. 1 VersG verstößt.

---

209 Dürig-Friedl/Enders, Versammlungsrecht, § 2 Rdnr. 3 ff.

210 Dietel/Gintzel/Kniesel, Versammlungsgesetze, Teil II, § 2 Rdnr. 6 ff.

§ 2 Abs. 2 VersG [Störungsverbot]

Bei öffentlichen Versammlungen und Aufzügen hat jedermann Störungen zu unterlassen, die bezwecken, die ordnungsgemäße Durchführung zu verhindern.

Erläuterungen:

I. Allgemeines und Anwendungsbereich 159

§ 2 Abs. 2 VersG ist eine relativ bedeutsame Vorschrift. Sie normiert ein umfassendes Verbot, öffentliche Versammlungen zu stören. Die Vorschrift ist damit wichtig als Anknüpfungspunkt für darauf aufbauende polizeiliche Maßnahmen gegen Störer in diesem Sinne.

Das Störungsverbot des § 2 Abs. 2 VersG richtet sich gleichermaßen an Teilnehmer einer Versammlung als auch an Außenstehende und Nichtteilnehmer. Dies geht aus dem Wortlaut des § 2 Abs. 2 VersG hervor: *„...hat jedermann Störungen zu unterlassen...“*).

II. Störung i.S.d. § 2 Abs. 2 VersG 160

Störung i.S.d. § 2 Abs. 2 VersG ist jede nicht unerhebliche Beeinträchtigung des ordnungsgemäßen Ablaufs einer Versammlung. Eine allgemeingültige Definition der Störung i.S.d. § 2 Abs. 2 VersG fällt schwer, da der Maßstab für die Qualifikation eines Verhaltens als Störung entscheidend vom Charakter der jeweiligen Versammlung abhängt (und damit einhergehend auch vom Willen des Veranstalters, wie dieser sich die Gestaltung „seiner“ Versammlung vorstellt).

In Bezug auf seine vage Bestimmtheit weist das - über § 21 VersG weitgehend strafbewehrte - Störungsverbot des § 2 Abs. 2 VersG durchaus Parallelen auf zu relativ unbestimmten und ausfüllungsbedürftigen Tatbeständen bzw. Tatbestandsmerkmalen des Strafrechts, beispielsweise
- Beleidigung gem. § 185 StGB,
- Nötigung gem. § 240 StGB,
- Sachbeschädigung gem. § 303 StGB.

Der Begriff der Störung i.S.d. § 2 Abs. 2 VersG ist grundsätzlich jedenfalls sehr weit und erfasst jedes Verhalten, das den vorgesehenen Ablauf der Veranstaltung beeinträchtigt; erforderlich dafür sind keineswegs Gewaltanwendungen oder gar Gewalttätigkeiten.

Die Auslegung des § 2 Abs. 2 VersG erfordert jedoch ein gewisses Augenmaß und Fingerspitzengefühl. So wird man beispielsweise in einer emotionsgeladenen Atmosphäre nicht jedes möglicherweise kurzzeitige und unbedeutende Fehlverhalten oder „sich daneben benehmen" einzelner Personen als versammlungsrechtlich relevante Störung i.S.d. § 2 Abs. 2 VersG anzusehen haben. Zugunsten der einzelnen Versammlungsteilnehmer oder auch außenstehender Personen gelten bei deren Verlautbarungen bis zu einer gewissen Grenze die grundrechtlich garantierten Freiheiten, wozu auch zählt, seine Meinung sagen und sich zum Ausdruck bringen zu dürfen. Zudem gilt auch im Versammlungsrecht - wie in der gesamten Rechtsordnung - der allgemeine Geringfügigkeitsgrundsatz, demzufolge Belästigungen unterhalb der Gefahrenschwelle grundsätzlich hinzunehmen sind bzw. ohne Sanktionen bleiben (minima non curat praetor). Nachrangige, möglicherweise notgedrungen auftretende Reibungsflächen sind schon begrifflich keine Störungen i.S.d. § 2 Abs. 2 VersG.

Beispiele (für typischerweise fehlende Störungsqualität):
- Geräuschkulisse aus Nebenräumen.
- Lärm, der vom Straßenverkehr oder von Baustellen ausgeht.
- Fernseh- oder Radiogeräte in benachbarten Räumen auf Zimmerlautstärke.
- Insistieren auf Gesprächsbeiträgen, die dem Veranstalter unangenehm sind.
- Enthüllen ablehnender Transparente.
- Einzelne Zwischenrufe (hängt von den näheren Begleitumständen ab).
- Deutliche Missfallensäußerungen (hängt ebenfalls von den näheren Begleitumständen ab).

161 Vereinfacht und abschließend lässt sich resümieren, dass das betreffende Verhalten
- objektiv eine gewisse Schwere haben muss und
- subjektiv von einem „bösen Willen" getragen sein muss,[211]
um als Störung im Sinne des § 2 Abs. 2 VersG erfasst zu werden.

Beispiele (für typischerweise anzunehmende Störungsqualität i.S.d. § 2 Abs. 2 *VersG):*
- Wiederholte grob unsachliche oder beleidigende Zwischenrufe oder Missfallensäußerungen.
- Ständiges unmotiviertes Applaudieren oder Bravorufen.

---

[211] So ausdrücklich auch der Wortlaut des § 2 Abs. 2 VersG: *„Störungen ..., die bezwecken, die Durchführung der Versammlung zu verhindern."*

- Bewusstes und gewolltes, zielgerichtetes Entfachen von Lärmquellen (Musikgeräte o.ä.).
- Werfen von Konfetti, Papierfliegern, Schneebällen oder sonstigen Gegenständen, auch wenn dabei keine Verletzungsgefahr besteht.
- Pfeifkonzert mit Trillerpfeifen.
- Werfen von faulem Obst, faulen Eiern, Stinkbomben.
- Grundsätzlich all jene Verhaltensweisen, die über die verbale Auseinandersetzung hinausgehen oder eine solche unmöglich machen, also Verursachen von systematischem Lärm, Werfen von Gegenständen, Sachbeschädigungen, Handgreiflichkeiten.
- Unter Umständen bereits bloße Zwischenrufe und Missfallensäußerungen, sofern es sich um eine Kundgebung feierlicher Art handelt; nicht aber bei Versammlungen mit Diskussionscharakter.[212]
- Auch Verhaltensweisen, die als kulturelle Aktivitäten getarnt werden, können verbotene Störungen im Rechtssinne sein, beispielsweise das Läuten von Kirchenglocken oder Intonieren von Musikstücken, um die Redebeiträge einer missliebigen politischen Veranstaltung zu übertönen.

In gewisser Weise bietet der subjektive Tatbestand des § 2 Abs. 2 VersG (*„Störungen ..., die bezwecken,... zu verhindern")* einen Schlüssel zum Verständnis und zur richtigen Interpretation der Vorschrift. Dabei kann durchaus auch die Vorsatzlehre des Strafrechts entsprechend herangezogen werden. Maßgeblich ist die Motivation des Handelnden, die Frage, welcher Zweck mit dem in Rede stehenden Verhalten verfolgt wird: Geht es um konstruktive Kritik, geht es darum, dass jemand sich auf - möglicherweise unbequeme oder als deplaziert empfundene Weise - in das Geschehen einbringt? Oder handelt es sich um feindseliges, destruktives Verhalten gegenüber der Versammlung, sind es Verhaltensweisen, die letztendlich zum Ziel haben, die Kommunikation, die Aussagen der Versammlung oder diese als solche insgesamt unmöglich zu machen und zu verhindern?

III. Strafrechtliche Aspekte 162

Das Störungsverbot des § 2 Abs. 2 GG ist in Teilbereichen abgesichert durch die Strafvorschrift des § 21 VersG. Die beiden Vorschriften sind jedoch nicht deckungsgleich, insbesondere stellt § 21 VersG an die Tatbestandsmäßigkeit der Störung höhere Anforderungen. Die Unterschiede bestehen im Wesentlichen in folgendem:

---

[212] Dietel/Gintzel/Kniesel, Versammlungsgesetze, Teil II, § 2 Rdnr. 15 ff.

1. Während § 2 Abs. 2 VersG jede Störung einer öffentlichen Versammlung verbietet, stellt § 21 VersG nur „grobe Störungen“ unter Strafe. Die Störung muss bei § 21 VersG also eine erhebliche Schwere aufweisen. Dies legt bereits der qualitative Vergleich mit den anderen Begehungsmodalitäten des § 21 VersG nahe: *„Vornahme von Gewalttätigkeiten“* oder *„Androhung von Gewalttätigkeiten“* - ebenfalls Verhaltensweisen, die eine gewisse Vehemenz erfordern bzw. kriminelle Energie implizieren.

2. Während die Verbotsvorschrift des § 2 Abs. 2 VersG alle öffentlichen Versammlungen vor Störungen schützt - ungeachtet des Umstandes, ob es sich um eine erlaubte oder um eine verbotene Versammlung handelt -, erfasst der Straftatbestand des § 21 VersG lediglich die (grobe) Störung nichtverbotener Versammlungen oder Aufzüge.

3. Umgekehrt verbietet § 2 Abs. 2 VersG aber nur die Störung öffentlicher Versammlungen, während § 21 VersG die (grobe) Störung jedweder, d.h. öffentlicher und nichtöffentlicher Versammlungen unter Strafe stellt.

§ 2 Abs. 3 VersG [Waffentragungsverbot]

Niemand darf bei öffentlichen Versammlungen oder Aufzügen Waffen oder sonstige Gegenstände, die ihrer Art nach zur Verletzung von Personen oder zur Beschädigung von Sachen geeignet und bestimmt sind, mit sich führen, ohne dazu behördlich ermächtigt zu sein. Ebenso ist es verboten, ohne behördliche Ermächtigung Waffen oder die in Satz 1 genannten Gegenstände auf dem Weg zu öffentlichen Versammlungen oder Aufzügen mit sich zu führen, zu derartigen Veranstaltungen hinzuschaffen oder sie zur Verwendung bei derartigen Veranstaltungen bereitzuhalten oder zu verteilen.

Erläuterungen:

I. Allgemeines 163

§ 2 Abs. 3 VersG normiert ein Waffentragungsverbot bei öffentlichen Versammlungen. Die Vorschrift konkretisiert gewissermaßen die verfassungsrechtliche Vorgabe des Art. 8 Abs. 1 GG, derzufolge nur unbewaffnete Versammlungen bzw. Versammlungsteilnehmer sich auf das Grundrecht der Versammlungsfreiheit berufen können.

II. Geltungsbereich 164

Aus der systematischen Stellung des § 2 Abs. 3 VersG folgt, dass das dort normierte Waffentragungsverbot sowohl für öffentliche Versammlungen in geschlossenen Räumen als auch für solche unter freiem Himmel gilt.

Dem ausdrücklichen Wortlaut und der systematischen Stellung des § 2 Abs. 3 VersG ist auch zu entnehmen, dass das dort normierte Waffentragungsverbot nichtöffentliche Versammlungen nicht erfasst. Diesem rechtspolitisch als unbefriedigend empfundenen Ergebnis wird vereinzelt versucht, mit einer analogen Anwendung der Verbotsnorm zu begegnen.[213] Gegen eine solche Analogie sprechen jedoch die bereits unter Rdnr. 64 genannten Argumente. Auch die Befürworter einer Analogie müssen einräumen, dass das verfassungsrechtliche Analogieverbot des Art. 103 Abs. 2 GG einer strafrechtlichen Sanktionierung des Waffentragens bei nichtöffentlichen Versammlungen entgegenstehen würde.

---

[213] Kingreen/Poscher, Polizei- und Ordnungsrecht mit Versammlungsrecht, § 19 Rdnr. 16.

Die Verbotsvorschrift des § 2 Abs. 3 VersG sprengt insofern den normalerweise vom VersG eingehaltenen Rahmen, als § 2 Abs. 3 S. 1 VersG nicht nur das Tragen von Waffen oder waffenähnlichen Gegenständen während einer Versammlung, sondern § 2 Abs. 3 S. 2 VersG auch das Tragen solcher Gegenstände auf dem Weg zu einer Versammlung erfasst. Damit werden ausnahmsweise - im Gegensatz zum sonstigen VersG - auch Vorfeldgefahren reglementiert.

165 **III. Waffe oder waffenähnlicher Gegenstand i.S.d. § 2 Abs. 3 VersG**

1. Die zentrale Frage bei § 2 Abs. 3 VersG ist, was unter einer Waffe i.S.d. VersG zu verstehen ist. Dabei ist Vorsicht geboten mit einer vorbehaltlosen Übernahme des Begriffes der Waffe aus anderen Rechtsgebieten. Die Kategorie Waffe taucht in der deutschen Rechtsordnung an verschiedenen Stellen auf, und zwar

a) im **Waffenrecht** (§ 1 Waffengesetz i.V.m. Anlagen 1 und 2 zum WaffG);

b) im **Strafrecht**, und zwar durchweg als Qualifikationstatbestand, beispielsweise

α) beim Widerstand gegen Vollstreckungsbeamte gem. § 113 Abs. 2 Nr. 1 StGB;
β) bei der Gefangenenmeuterei gem. § 121 Abs. 3 Nr. 1 und 2 StGB;
γ) beim besonders schweren Landfriedensbruch gem. § 125a Nr. 1 und 2 StGB;
δ) bei der sexuellen Nötigung gem. § 177 Abs. 3 Nr. 1 StGB;
ε) bei der gefährlichen Körperverletzung gem. § 224 Abs. 1 Nr. 2 StGB;
ζ) beim Diebstahl mit Waffen gem. § 244 Abs. 1 Nr. 1 StGB;
η) beim schweren Raub gem. § 250 Abs. 1 Nr. 1 StGB;

c) im **Polizeirecht** (z.B. § 58 Abs. 4 rh.-pf. POG);

d) sowie in anderen Teilrechtsgebieten.

Grundsätzlich verwenden all diese Vorschriften jeweils ihren eigenen, normspezifischen Begriff der Waffe. Der Waffenbegriff der unterschiedlichen Rechtsgebiete muss also nicht immer identisch sein. (Es handelt sich um ein auch an anderer Stelle gelegentlich zu beobachtendes Phänomen der Relativität von Rechtsbegriffen in verschiedenen Teilrechtsgebieten.)

2. Der Waffenbegriff des WaffG ist tendenziell eher formal und eng: Als Waffen werden dort nur solche Gegenstände erfasst, die entweder von vornherein ihrem Wesen nach dazu bestimmt sind, die Angriffs- oder Abwehrfähigkeit von Menschen zu beseitigen oder herabzusetzen oder die - ohne dazu bestimmt zu sein - ausdrücklich im WaffG oder in den Anlagen zum WaffG genannt sind. Entscheidend ist also die (abstrakte) Widmung durch den Hersteller oder die (abstrakte) Einstufung durch den Gesetzgeber. **166**

3. Für das Versammlungsrecht kann dieser formale Waffenbegriff nur partiell übernommen werden - als Teilaspekt des Verbotes des § 2 Abs. 3 VersG. Letzteres geht jedoch aus verfassungsrechtlichen und kriminalpolitischen Gründen darüber hinaus. Im Ergebnis gilt im Versammlungsrecht ein weites und funktionales Waffentragungsverbot: **167**

a) Waffen i.S.d. versammlungsrechtlichen Waffentragungsverbotes des § 2 Abs. 3 VersG sind zum einen die Waffen im engeren und technischen Sinne.

Beispiele für Waffen im engeren und technischen Sinne:
- Schusswaffen, wie Pistolen, Revolver, Gewehre.
- Hieb- und Stichwaffen, wie Säbel, Degen, Stilette, Dolche, Springmesser.
- Schlagstöcke, Schlagringe, Stahlruten, Totschläger.
- Wurfgerätschaften, Schleudern, Armbrüste.
- „Molotowcocktails", Brandsätze.

Nicht aber: Bloße Scheinwaffen, Waffenattrappen, Spielzeugwaffen.

b) Den Waffen in diesem engeren Sinne gleichgestellt werden durch den ausdrücklichen Wortlaut des § 2 Abs. 3 VersG all jene Gegenstände, die zur Verletzung von Personen oder zur Beschädigung von Sachen geeignet <u>und</u> bestimmt sind.

Beispiele für den Waffen gem. § 2 Abs. 3 VersG u.U. gleichgestellte gefährliche Gegenstände in diesem Sinne:
Macheten oder Buschmesser, Fleischer- oder Haushaltsmesser, Beile, Schraubenzieher, Taschenmesser, Metallstangen, Fahnenstangen, Farb- oder Jauchebeutel, rohe Eier, faules Obst u.v.a.

In besonders gelagerten Fällen können auch gefährliche Tiere dem Verbot des § 2 Abs. 3 VersG unterfallen, insbesondere bissige Hunde oder sog. Kampfhunde, die von Demonstranten mitgeführt werden.

4. Genau besehen kann also jeder Gegenstand, der zur Verletzung von Personen oder zur Beschädigung von Sachen geeignet und bestimmt ist, zur verbotenen Waffe i.S.d. § 2 Abs. 3 VersG werden. Erforderlich dafür ist jedoch, dass der betreffende Gegenstand nicht nur objektiv geeignet ist, als Angriffswerkzeug bzw. Waffe zweckentfremdet zu werden, sondern dass er auch subjektiv von seinem Inhaber dazu bestimmt ist. Die Problematik wird damit auf die „unsichtbare" voluntative Ebene, d.h. in den subjektiven Tatbestand verlagert.

Diese Zweckentfremdungsabsicht erfordert eine behördliche Prognoseentscheidung, die nur unter Berücksichtigung aller Umstände des Einzelfalles ergehen kann und für die auf der präventiven Seite grundsätzlich die allgemeinen Grundsätze des Polizeirechts gelten (ex-ante-Betrachtung, objektiver Dritter, Anscheinsgefahr, Gefahrenverdacht etc.).

Die präventive, gefahrenabwehrrechtliche Prognoseentscheidung erlangt jedoch unweigerlich auch eine „repressive", strafprozessuale Dimension durch den Straftatbestand des § 27 Abs. 1 VersG. § 27 Abs. 1 VersG stellt das Tragen waffenähnlicher Gegenstände bzw. gefährlicher Werkzeuge bei öffentlichen Versammlungen automatisch unter Strafe, sofern der Vorsatz der Zweckentfremdung als Waffe besteht. Dadurch wird eine pragmatische und vermittelnde Lösung in Zweifelsfällen (bloße Wegnahme des Gegenstandes ohne strafrechtliche Folgen) erschwert - zumindest wenn man dem Wortlaut des VersG folgt und das Legalitätsprinzip und den Strafverfolgungszwang streng auslegt.

168 **5.** Umstritten ist, ob die tatbestandlichen Voraussetzungen des § 2 Abs. 3 VersG „zur Verletzung von Personen" sowie „zur Beschädigung von Sachen" identisch sind mit den entsprechenden strafrechtlichen Begriffsbildungen der §§ 223 ff. StGB sowie der §§ 303 ff. StGB.

- Vereinzelt wird dies angenommen, so dass Gegenstände, die lediglich ekelerregend sind oder zu leicht wieder zu beseitigenden Verunreinigungen führen (z.B. Jauchebeutel, rohe Eier, faules Obst etc.) nicht unter die waffenähnlichen Gegenstände i.S.d. § 2 Abs. 3 VersG fallen könnten.

- Die vorzugswürdige Gegenauffassung (wohl auch herrschende Meinung) verneint diese Kongruenz mit dem Strafrecht. § 2 Abs. 3 VersG verwende seine eigenen Begriffe und es bestehe keine Veranlassung, diese vorbehaltlos am Strafrecht auszurichten. Die uneingeschränkte Tauglichkeit der betreffenden Gegenstände zur Begehung von Straftatbeständen nach §§ 223 ff. bzw. §§ 303 ff. StGB sei daher irrelevant. Entscheidend sei allein, dass mit den betreffenden Gegenständen nach allgemeinem Sprachgebrauch (der sich insoweit übrigens auch mit den Kategorien des Bürgerlichen Rechts bei der Verletzung absoluter Rechte deckt) Personen verletzt oder Sachen beschädigt werden könnten.

Für diese letztgenannte Sichtweise spricht im Übrigen auch, dass § 2 Abs. 3 VersG in engem systematischem und inhaltlichem Zusammenhang mit dem Störungsverbot des § 2 Abs. 2 VersG und der verfassungsunmittelbaren Schranke des Art. 8 Abs. 1 GG steht (systematische und teleologische Auslegung). Es wäre im Ergebnis sehr unbefriedigend und vom Gesetzgeber wohl kaum so gewollt, wenn bei Demonstrationen einzelne Versammlungsteilnehmer zulässigerweise Farb- oder Jauchebeutel, faules Obst u.ä. mit sich führen dürften mit der rabulistischen Begründung, deren Verwendung als Wurfgeschosse bedeute zwar eine unerlaubte Handlung, verwirkliche aber nicht die Straftatbestände der Körperverletzung und Sachbeschädigung (wobei die letztgenannte Prämisse für sich genommen schon zweifelhaft ist).

6. Bei manchen Gegenständen kann eine Bestimmung zur Verletzung von **169**
Personen oder zur Beschädigung von Sachen fast immer unterstellt werden, da sie in keiner Weise zu einer öffentlichen Versammlung und der damit einhergehenden geistigen Auseinandersetzung gehören und auch nicht nachvollziehbar erscheint, dass der Betreffende sie zufällig bei sich hat.

Beispiele:
Macheten, Buschmesser, Äxte, große Gebrauchsmesser, Farb- oder Jauchebeutel, rohe Eier, faules Obst.

Bei mehr oder weniger neutralen Gegenständen ist abzustellen auf die konkreten Begleitumstände in jedem Einzelfall. Insoweit bedarf es hinreichender tatsächlicher Anhaltspunkte, dass derjenige, der den Gegenstand mit sich führt, diesen als Mittel verwenden will, um andere Personen zu verletzen oder fremde Sachen zu beschädigen.

Solche Anhaltspunkte werden um so eher gegeben sein, wenn es sich um einen sehr gefährlichen Gegenstand handelt, die Person, die den Gegenstand mit sich führt, aufgrund bestimmter Tatsachen suspekt erscheint und das Mitführen eines solchen Gegenstandes bei einer Veranstaltung zur Ausübung des Grundrechtes auf Versammlungsfreiheit bzw. zur Realisierung kommunikativer Anliegen nicht erforderlich erscheint.

Beispiele:
- Bei Messern, Beilen, Eisen- oder Metallstangen, Holzknüppeln o.ä. wird der Verdacht der Zweckentfremdungsabsicht als Waffe und damit einhergehend die Eingriffsschwelle eher niedrig anzusetzen sein.
- Bei tendenziell harmloseren Gegenständen wie kleine Taschenmesser, kleineres Werkzeug, Essbestecke o.ä. wird man nicht mit so strengem Maßstab messen können.

Entscheidend bleiben letztendlich immer die gesamten Umstände des konkreten Einzelfalles.

Beispiele:
- Wenn bei einer Protestveranstaltung älterer Menschen zur Wahrung ihrer Interessen in Politik und Gesellschaft oder gegen die Zustände in den deutschen Alten- und Pflegeheimen einige der anwesenden Senioren Spazierstöcke und Regenschirme mit Stahlspitzen mit sich führen, auf die sie sich stützen, dürfte wohl kaum die Absicht zu vermuten sein, dass diese Gegenstände als Waffen zweckentfremdet werden sollen.
- Dies kann sich anders darstellen, wenn anlässlich einer Demonstration in aufgeheizter Atmosphäre aggressiv auftretende junge Männer mit Stahlspitzen versehene Spazierstöcke und Regenschirme mit sich führen. Solche Gerätschaften mit ihren Metallspitzen könnten unter den gegebenen Begleitumständen als gefährliche Werkzeuge i.S.d. des § 2 Abs. 3 VersG anzusehen sein, die bei einer gewaltsamen Auseinandersetzung als Stichwaffen in der Art einer Lanze eingesetzt werden sollen.

170 **7.** Bloße sog. Schutz- oder Defensivwaffen, also Gegenstände, die nicht zum Angriff taugen (z.B. gepolsterte oder gepanzerte Kleidungsstücke, Helme), fallen nicht unter das (Trutz)Waffenverbot des § 2 Abs. 3 VersG, wohl aber unter das (Schutz-)Waffenverbot des § 17a Abs. 1 VersG.

171 **IV. Verbotene Handlungen i.S.d. § 2 Abs. 3 VersG**

Mit sich führen einer Waffe i.S.d. § 2 Abs. 3 VersG bedeutet - ähnlich wie beim Gewahrsam i.S.d. Strafrechts sowie beim Begriff des Führens einer Waffe i.S.d. Waffengesetzes - das Innehaben der tatsächlichen Gewalt über den betreffenden Gegenstand und damit einhergehend die Möglichkeit des ungehinderten Zugriffs. Es genügt daher, wenn die Waffe oder der waffenähnliche Gegenstand zum Zugriff bereit liegt, z.B. in einem Hinterzimmer zum Versammlungsraum oder im Kofferraum des in unmittelbarer Nähe abgestellten Autos.

Dem Mitführen gleichgestellt sind in § 2 Abs. 3 VersG das Hinschaffen zum Versammlungsort, das Bereithalten zur Verwendung und das Verteilen von Waffen anlässlich einer Versammlung. Besondere Bedeutung kommt diesen Begehungsmodalitäten zumeist jedoch nicht zu, da in aller Regel auch ein „Mit sich führen“ zwangsläufig gegeben sein wird.

V. Strafrechtliche Aspekte 172

§ 2 Abs. 3 VersG wird flankiert durch eine Strafbewehrung, nämlich den insoweit deckungsgleichen § 27 Abs. 1 VersG. Möglich sind zudem nach allgemeinen Regeln mannigfaltige Überschneidungen mit den Straftatbeständen der §§ 51 ff. WaffG.

VI. Bezüge zu ähnlichen Vorschriften des Waffenrechts 173

1. § 42 WaffG

Abschließend sei hingewiesen auf eine dem § 2 Abs. 3 VersG ähnliche Vorschrift aus dem Waffenrecht, nämlich § 42 WaffG. Nach § 42 Abs. 1 WaffG darf niemand, der an öffentlichen Vergnügungen, Ausstellungen, Märkten oder ähnlichen öffentlichen Veranstaltungen teilnimmt, Waffen im Sinne des § 1 Abs. 2 WaffG führen. Nach § 42 Abs. 2 und Abs. 3 WaffG kann die zuständige Behörde unter den dort näher bezeichneten Voraussetzungen Ausnahmen vom generellen Waffentragungsverbot des § 42 Abs. 1 WaffG zulassen. In § 42 Abs. 4 WaffG sind schließlich Konstellationen aufgeführt, die generell vom Waffentragungsverbot des § 42 Abs. 1 WaffG ausgenommen sind.

Das Verbot des § 42 WaffG ist in einem Bereich des Waffenrechts angesiedelt, der dem Versammlungsrecht sehr nahe kommt. Auch unter Zugrundelegung des engen Versammlungsbegriffs sind in bestimmten Konstellationen Überschneidungen mit dem Versammlungsrecht denkbar. Die Grenze zwischen den beiden Verbotsnormen dürfte folgendermaßen verlaufen:

- Grundsätzlichen Anwendungsvorrang genießt das VersG in seiner Eigenschaft als spezielleres Regelwerk (lex specialis derogat legi generali). Wenn also jemand bei oder im Zusammenhang mit einer öffentlichen Versammlung Waffen oder waffenähnliche Gegenstände trägt, so bemisst sich die Situation (allein) an den Vorgaben des § 2 Abs. 3 VersG.

- Der Anwendungsbereich des § 42 WaffG ist subsidiär eröffnet bei solchen öffentlichen Veranstaltungen, die aus grundsätzlichen Erwägungen keine Versammlungen im Rechtssinne sind. Damit dürften typischerweise jene Konstellationen erfasst werden, bei denen mit der herrschenden Meinung unter Zugrundelegung des engen Versammlungsbegriffs der Schutzbereich des Art. 8 Abs. 1 GG und der Anwendungsbereich des VersG zu verneinen sind. (Mit anderen Worten: Die Öffentlichkeit ist zwar gegeben, aber es fehlt am Erörterungs- und Kundgabecharakter, an der gemeinsamen Meinungsbildung und Meinungsäußerung, an der politischen Thematik der Zusammenkunft.)

Dabei ist zu berücksichtigen, dass das Verbot des § 42 Abs. 1 WaffG enger ist als das Verbot des § 2 Abs. 3 VersG. Ersteres gilt nämlich nur für Waffen im engeren und technischen Sinne *(vgl. § 42 Abs. 1 WaffG: „...darf niemand Waffen im Sinne des § 1 Abs. 2 WaffG führen...“)*, letzteres auch für zweckentfremdete gefährliche Werkzeuge.

2. § 42a WaffG

Überlagert wird die soeben skizzierte - ohnehin unscharfe - Abgrenzung durch die nachträglich ins WaffG aufgenommene Verbotsvorschrift des § 42a WaffG. Diese normiert ein generelles Verbot, bestimmte Waffen oder potentiell gefährliche Gegenstände außerhalb der eigenen Wohnung, der eigenen Geschäftsräume oder des eigenen befriedeten Besitztums zu führen. Dabei geht es allerdings - anders als bei § 42 WaffG und ähnlich wie bei § 2 Abs. 3 VersG - nicht nur um Waffen im technischen Sinne, sondern auch um sog. Anscheinswaffen und Gebrauchsmesser. § 42a WaffG sprengt damit nicht nur den Anwendungsbereich des WaffG sondern ist auch in hohem Maße schwammig und tatbestandlich unbestimmt *(„... gilt nicht, sofern ein berechtigtes Interesse vorliegt ... berechtigtes Interesse liegt vor, wenn das Führen einem anerkannten Zweck dient“).* Soweit der Anwendungsbereich des VersG reicht, wird auch § 42a WaffG von der spezielleren Norm des § 2 Abs. 3 VersG verdrängt.

§ 3 VersG [Uniformverbot]

(1) Es ist verboten, öffentlich oder in einer Versammlung Uniformen, Uniformteile oder gleichartige Kleidungsstücke als Ausdruck einer gemeinsamen politischen Gesinnung zu tragen.

(2) Jugendverbänden, die sich vorwiegend der Jugendpflege widmen, ist auf Antrag für ihre Mitglieder eine Ausnahmegenehmigung von dem Verbot des Absatzes 1 zu erteilen. Zuständig ist bei Jugendverbänden, deren erkennbare Organisation oder Tätigkeit sich über das Gebiet eines Landes hinaus erstreckt, der Bundesminister des Innern, sonst die oberste Landesbehörde. Die Entscheidung des Bundesministers des Innern ist im Bundesanzeiger und im Gemeinsamen Ministerialblatt, die der obersten Landesbehörden in ihren amtlichen Mitteilungsblättern bekanntzumachen.

Erläuterungen:

I. Allgemeines und Geltungsbereich 174

§ 3 VersG normiert ein Uniformverbot bei Versammlungen, und zwar - systemwidrig - nicht nur für öffentliche und nichtöffentliche Versammlungen, sondern in der Öffentlichkeit schlechthin (so der eindeutige Wortlaut des § 3 VersG: *„Es ist verboten, öffentlich oder in einer Versammlung ...“).* Damit sprengt die Verbotsvorschrift eklatant den normalerweise vom VersG eingehaltenen Rahmen, da sie nicht nur für öffentliche Versammlungen gilt, sondern darüber hinaus für nichtöffentliche Versammlungen sowie - aufgrund des ausdrücklichen Wortlautes - auch für Auftritte in der Öffentlichkeit insgesamt. Ein pauschales (strafbewehrtes) Uniformverbot dieser Dimension würde rechtssystematisch nicht mehr ins VersG gehören, sondern am ehesten noch in das allgemeine StGB.

II. Verfassungsrechtliche Dimension und Gebot der verfassungskonformen Interpretation 175

Das Uniformverbot des § 3 Abs. 1 VersG ist unter verfassungsrechtlichen Gesichtspunkten eine bedenklich weit formulierte Vorschrift. Erstens gibt es in einer pluralistischen Gesellschaft keine staatlich festgesetzte Kleiderordnung. Grundsätzlich ist es jedem Bürger selbst überlassen, sich in einer bestimmten Art und Weise zu kleiden und dabei ggf. auch durch uniforme Kleidung - im Gleichklang mit anderen - nach außen eine bestimmte Geisteshaltung zum Ausdruck zu bringen (Art. 2 Abs. 1 GG). Zweitens zählt es grundsätzlich zum Recht einer jeden Versammlung bzw. ihrer Teilnehmer, durch bestimmte optische Ausdrucks- und Gestaltungsmittel ihr Erscheinungsbild selbst zu wählen (Art. 8 Abs. 1 GG).

Das rigide Uniformverbot des § 3 VersG beruht rechtsgeschichtlich und rechtspolitisch auf den traumatischen Erfahrungen in Deutschland mit militanten politischen Extremisten zur Zeit der Weimarer Republik, die im Stile von Privatarmeen auftraten. Diese negativen Erfahrungen der Vergangenheit rechtfertigen zwar die Existenz der Vorschrift. Aus den oben erwähnten Gründen (Art. 8 GG, Art. 2 Abs. 1 GG, Übermaßverbot) ist jedoch eine restriktive, verfassungskonforme Auslegung geboten.[214]

176 **III. Verbotene Uniformierung i.S.d. § 3 VersG**

Damit ein bestimmtes Verhalten vom Uniformverbot des § 3 Abs. 1 VersG erfasst wird, müssen folgende Kriterien kumulativ gegeben sein:

1. Objektiv:
Gemeinschaftliches Tragen einer gleichartigen Kleidung, die von der allgemein üblichen Kleidung abweicht.

2. Subjektiv:
Die Uniformierung muss Ausdruck einer gemeinsamen politischen Gesinnung sein.

3. Teleologisch:
Von der Uniformierung muss eine aggressiv einschüchternde Wirkung ausgehen (bedrohliche Atmosphäre, Militanz).

177 **1.** Um objektiv von einer Uniformierung sprechen zu können, muss die gemeinsame Kleidung einen plakativen Charakter aufweisen und von der Umgebung als solche wahrgenommen werden (gewissermaßen ins Auge springen). Daran fehlt es bei untergeordneten Kleidungsstücken, die kaum auffallen.

Bei bestimmten Artikeln kann man dies bereits am Wortlaut des § 3 VersG festmachen.

---

[214] Einhellige Auffassung; Dietel/Gintzel/Kniesel, Versammlungsgesetze, Teil II, § 3 Rdnr. 1 ff. sowie BVerfG, NJW 1982, 1803.

Beispiele:
Bloße Abzeichen, Kokarden, dekorative Bänder, Tücher, Riemen u.ä. sind schon begrifflich keine Kleidungsstücke.

Zudem gilt bei § 3 VersG in besonderem Maße der Geringfügigkeitsgrundsatz, der ohnehin als allgemeiner Rechtsgrundsatz die gesamte Rechtsordnung durchzieht und der im Zusammenhang mit § 3 VersG durch verfassungsrechtliche Überlegungen gestützt wird.

Beispiele (bei denen die plakative Dimension eines Kleidungsstückes in der Regel fehlt):
- Ähnlich erscheinende Hosen, Schuhe oder Kopfbedeckungen.
- Nur bei genauerem Hinsehen erkennbare Uniformteile.
- Optisch im Gesamtbild untergeordnete Kleidungsteile wie Krawatten, Gürtel, Schuhriemen.

2. Darüber hinaus muss die Uniformierung subjektiv Ausdruck einer gemeinsamen politischen Gesinnung sein. Daran fehlt es bei Uniformierungen, die Ausdruck der Brauchtumspflege oder gemeinsamer beruflicher Interessen sind oder einfach nur gewählt wurden, um eine größere Aufmerksamkeit zu erzeugen. **178**

Beispiele:
- Karnevalisten in ihren Kostümen.
- Schützen- oder Musikvereine in ihren traditionellen Uniformen.
- Polizeibeamte, die in Uniform gegen berufliche Missstände protestieren möchten.

3. Schließlich muss die Uniformierung eine aggressiv einschüchternde Wirkung entfalten, um dem Verbot des § 3 VersG zu unterfallen. Dies gebieten die ratio legis der Vorschrift und das Erfordernis zu ihrer verfassungskonformen restriktiven Interpretation. Es muss durch das organisierte gemeinsame Auftreten der Uniformierten eine als bedrohlich empfundene Atmosphäre entstehen. Vereinzelt spricht man insoweit auch von unzulässiger Militanz bei Versammlungen.[215] Daran fehlt es bei Personengruppen, die sich erkennbar friedlich verhalten. **179**

---

[215] In diese Richtung weisen Regelungen der neueren LVersG, die - neben dem Uniformierungsverbot - von einem Militanzverbot und von paramilitärischem Erscheinungsbild sprechen, in der Hoffnung, die unerwünschten Verhaltensweisen treffender zu umschreiben.

Beispiele (für fehlende aggressiv-einschüchternde Wirkung in diesem Sinne - trotz wohl bestehender gemeinsamer politischer Gesinnung):

- Pazifisten, die in einheitlicher weißer Kleidung mit aufgemalten Friedenssymbolen auftreten.

- Studentische Verbindungen in ihrer traditionellen Festtracht, bestehend aus Barett, Schärpe in den Korporationsfarben, Stiefeln.

- Anhänger einer politischen Partei, die zu einer Wahlkampfveranstaltung mit gleichartigen Kleidungsstücken in den Farben ihrer Partei erscheinen.[216]

180 **4.** Es bleiben als Verstöße gegen das Uniformierungsverbot in der Öffentlichkeit oder bei Versammlungen jene Verhaltensweisen, bei denen die Uniform objektiv deutlich wahrgenommen wird, subjektiv damit eine politische Intention verfolgt wird und zudem eine aggressiv einschüchternde Wirkung entsteht.

Beispiele:

- Rechtsextremisten oder sog. Skinheads mit einheitlichen Kampfanzügen oder Bomberjacken und Springerstiefeln.[217]

- Linksextremisten oder sog. Autonome in komplett schwarzer Montur.[218]

- Denkbar wäre ein Verstoß gegen das Uniformierungsverbot auch bei radikalen Islamisten, die gemeinsam in einheitlicher traditioneller arabischer, nordafrikanischer, afghanischer o.ä. (Stammes)Kleidung auftreten.

- Denkbar wäre ein Verstoß gegen das Uniformierungsverbot auch bei Rockern, die in ihrer gemeinsamen Vereinskluft auftreten. Die politische Dimension dürfte hier allerdings häufig fraglich sein (im Einzelnen strittig).

---

[216] Hettich, Versammlungsrecht, Rdnr. 68 m.w.N., der zu Recht die uneinheitliche Rechtsprechung insoweit bemängelt. So wurden beispielsweise die blau-gelben Farben der FDP als zulässig erachtet, die blauen Hemden der FDJ jedoch als strafbar angesehen.

[217] OLG Koblenz, NStZ-RR 2011, 187; sächs. OVG, NVwZ-RR 2002, 435.

[218] Dietel/Gintzel/Kniesel, Versammlungsgesetze, Teil II, Rdnr. 17. Die Rechtsprechung wirkt beim Umgang mit dem sog. schwarzen Block in Bezug auf § 3 und § 28 VersG ziemlich unsicher und uneinheitlich (weitere Nachweise u.a. bei Hettich, Versammlungsrecht, Rdnr. 68).

- In der Rechtsprechung umstritten ist die Frage eines Verstoßes gegen § 3, § 28 VersG im Falle der sog. Scharia-Polizei. Angehörige der radikal-islamischen Szene hatten in Wuppertal in orangefarbenen Westen mit der Aufschrift „Scharia-Police" in der Innenstadt patroulliert und Passanten auf vermeintlich sündhafte Verhaltensweisen hingewiesen (Konsum von Alkohol, Besuch von Vergnügungsstätten u.ä.). Das Landgericht Wuppertal sah darin keinen Verstoß gegen das Uniformverbot. Die gleichartige Kleidung sei nicht plakativ genug gewesen (s.o.) und es habe auch an der aggressiven und ernsthaft einschüchternden Wirkung gefehlt. Der BGH hat dies anders gesehen, das Urteil des Landgerichts aufgehoben und die Streitsache zur erneuten Verhandlung zurückverwiesen.

IV. Strafrechtliche Aspekte 181

Das Uniformverbot des § 3 VersG ist strafbewehrt durch den Straftatbestand des § 28 VersG.

Abschnitt II: Öffentliche Versammlungen in geschlossenen Räumen

§ 5 VersG [Verbot einer Versammlung]

Die Abhaltung einer Versammlung kann nur im Einzelfall und nur dann verboten werden, wenn

1. der Veranstalter unter die Vorschriften des § 1 Abs. 2 Nr. 1 bis 4 fällt, und im Falle der Nummer 4 das Verbot durch die zuständige Verwaltungsbehörde festgestellt worden ist,

2. der Veranstalter oder Leiter der Versammlung Teilnehmern Zutritt gewährt, die Waffen oder sonstige Gegenstände im Sinne von § 2 Abs. 3 mit sich führen,

3. Tatsachen festgestellt sind, aus denen sich ergibt, dass der Veranstalter oder sein Anhang einen gewalttätigen oder aufrührerischen Verlauf der Versammlung anstreben,

4. Tatsachen festgestellt sind, aus denen sich ergibt, dass der Veranstalter oder sein Anhang Ansichten vertreten oder Äußerungen dulden werden, die ein Verbrechen oder ein von Amts wegen zu verfolgendes Vergehen zum Gegenstand haben.

Erläuterungen:

182 **I. Allgemeines**

1. § 5 VersG normiert Verbotstatbestände für öffentliche Versammlungen in geschlossenen Räumen. Zu der Unterscheidung zwischen Versammlungen in geschlossenen Räumen und Versammlungen unter freiem Himmel siehe Rdnr. 69 ff.

2. Das *Verbot* einer Versammlung ist in der Terminologie des VersG deren Untersagung *vor ihrem Beginn*, während mit der *Auflösung* einer Versammlung deren Untersagung *nach ihrem Beginn* gemeint ist. Entscheidend für die im Ausschließlichkeitsverhältnis stehenden Kategorien Verbot oder Auflösung ist also der zeitliche Faktor, die Frage, ob die Versammlung bereits angefangen hat oder nicht.

Durchorganisierte Versammlungen beginnen grundsätzlich in dem Zeitpunkt, in dem sie durch den Veranstalter oder Leiter offiziell eröffnet werden.[219] Bei wenig organisierten, ungeplanten oder spontanen Versammlungen kann die Grenzziehung schwierig sein. Es ist auf das Gesamtgepräge abzustellen; entscheidend ist, ob das eigentliche versammlungsspezifische Geschehen bereits in Gang gekommen ist.

Vorfeldaktivitäten (z.B. Herrichten des Versammlungsortes, Verteilen von Handzetteln und Programmen, Eintreffen erster Teilnehmer und informelle Bildung von Gesprächsgruppen, Einstimmen der Teilnehmer durch Musik u.ä.) genießen zwar den Schutz des Art. 8 GG, lassen die Versammlung im Rechtssinne aber noch nicht beginnen.[220]

3. § 5 VersG bringt durch seinen Wortlaut zum Ausdruck, dass das Verbot einer öffentlichen Versammlung in geschlossenen Räumen nur im Einzelfall möglich ist („*...nur im Einzelfall und nur dann ...*"). Daraus folgt unmissverständlich die Unzulässigkeit genereller Versammlungsverbote.

4. Die Verbotsgründe des § 5 VersG sind abschließend. Das Verbot einer Versammlung auf der Grundlage des allgemeinem Polizei- und Ordnungsrechts ist daneben nicht möglich. Wenn das Dogma von der Polizeifestigkeit des Versammlungsrechts an einer Stelle seine Berechtigung hat, dann hier, denn würde neben § 5 VersG die polizeiliche Generalklausel zur Anwendung gelangen, so könnten die speziell normierten Verbotsvarianten des § 5 VersG mühelos umgangen werden.[221] Eine Ausnahme vom abschließenden Charakter der Verbotsgründe des § 5 VersG soll lediglich dann gelten, wenn ein Versammlungsverbot nicht aus Gründen der versammlungsspezifischen Gefahrenabwehr ergeht, sondern aus versammlungsfremden Motiven, etwa baurechtlicher, gesundheitsrechtlicher oder ähnlicher Natur (z.B. Einsturzgefahr des Gebäudes, Gefahr durch übertragbare Krankheiten o.ä.).[222]

5. Das Verbot einer Versammlung gem. § 5 VersG ist ein belastender Verwaltungsakt, der in dieser Eigenschaft den allgemeinen Regeln folgt. Die behördliche Entscheidung muss vor allem ermessensfehlerfrei sein (§ 40 VwVfG) und den Grundsatz der Verhältnismäßigkeit beachten. Zu dem

---

[219] Dürig-Friedl/Enders, Versammlungsrecht, § 5 Rdnr. 6 ff.

[220] Ott/Wächtler/Heinhold, Versammlungsgesetz, § 5 Rdnr. 2 f.

[221] Zur Begründung dieser Rechtslage bedarf es genau besehen nicht des irreführenden Schlagwortes von der Polizeifestigkeit des Versammlungsrechts; mit dem schlichten Grundsatz der juristischen Methodenlehre, dass eine spezielle, abschließend konzipierte gesetzliche Grundlage zur Regelung eines Interessenkonfliktes den Rückgriff auf die allgemeine Norm verstellt, gelangt man zu demselben Ergebnis.

[222] BVerwG, Beschluss vom 16.11.2010 (Az. 6 B 58/10); BVerwGE 82, 34; BVerwGE 129, 142; BVerfGK 4, 154; BVerfGK 11, 102.

erstgenannten Aspekt zählen unter anderem die Unzulässigkeit sachfremder Erwägungen und die Gleichheit vor dem Gesetz: Die Behörden sind verpflichtet, Versammlungen gleich zu behandeln und nicht nach weltanschaulichen Kriterien zu bevorzugen oder zu benachteiligen.[223] Zu dem letztgenannten Aspekt zählt, dass ein Verbot letztes Mittel (ultima ratio) ist und nur dann ergehen darf, wenn sich die Hindernisse nicht ausräumen lassen. Zu denken ist insoweit insbesondere an Auflagen und einschränkende Verfügungen, auch wenn § 5 VersG diese Möglichkeiten nicht ausdrücklich erwähnt.[224]

183 **II. Verbot nach § 5 Nr. 1 VersG (Fehlende Versammlungsfreiheit des Veranstalters aus verfassungsrechtlichen Gründen)**

Der Verbotsgrund des § 5 Nr. 1 VersG nimmt explizit Bezug auf § 1 Abs. 2 VersG. Zur Vermeidung unnötiger Wiederholungen kann auf die dortigen Ausführungen verwiesen werden.

184 **III. Verbot nach § 5 Nr. 2 VersG (Anwesenheit bewaffneter Teilnehmer mit Billigung des Veranstalters oder Leiters)**

1. Zum Mitsichführen einer Waffe oder eines gefährlichen Werkzeuges i.S.d. § 2 Abs. 3 VersG siehe die Erläuterungen zu § 2 Abs. 3 VersG.

2. Zur Eigenschaft als Veranstalter oder Leiter siehe die Erläuterungen zu §§ 7 ff. VersG.

3. Zutritt gewähren bedeutet, dass der Veranstalter oder Leiter es sehenden Auges zulässt, dass bewaffnete Personen sich zu der Versammlung einfinden. Dies kann ausdrücklich oder stillschweigend geschehen. Zutritt gewähren i.d.S. setzt Vorsatz - zumindest in Gestalt des bedingten Vorsatzes - voraus. Der Veranstalter oder Leiter muss also wissen oder zumindest billigend in Kauf nehmen, dass bewaffnete Personen an seiner Versammlung teilnehmen.

4. Umstritten ist, ob der Verbotsgrund des § 5 Nr. 2 VersG bereits in Betracht kommt, wenn lediglich eine Person bewaffnet sein wird. Die wohl h.M. geht davon aus und begründet dies teleologisch und mit kriminalpolitischen Erwägungen. Schon durch eine einzige bewaffnete Person könne

---

[223] BVerfG, NJW 2000, 3053; BVerfGK 6, 104.

[224] Ott/Wächtler/Heinhold, Versammlungsgesetz, § 5 Rdnr. 6 f.

ein bedrohliches Gefahrenpotential entstehen. Gegen diese Sichtweise spricht der Wortlaut des § 5 Nr. 2 VersG, der im Plural abgefasst ist und von *Teilnehmern* spricht. Auch nimmt der Verbotstatbestand des § 5 Nr. 2 VersG in gesetzessystematischer Hinsicht Bezug auf die Grundrechtsschranke „ohne Waffen" i.S.d. Art. 8 Abs. 1 GG. Zu dieser ist allgemein anerkannt, dass eine quantitativ ins Gewicht fallende Mehrzahl bewaffneter Personen erforderlich ist, um einer Versammlung den Schutz des Art. 8 GG zu nehmen.[225] (Siehe dazu auch Rdnr. 47 f.)

5. Der Verbotsgrund des § 5 Nr. 2 VersG ist in gewisser Hinsicht widersprüchlich: Einerseits stellt der Tatbestand auf die gegenwärtige Situation ab *(„der Veranstalter oder Leiter der Versammlung Teilnehmern Zutritt gewährt...")*, andererseits kann ein Verbot i.S.d. § 5 VersG begriffsnotwendig nur im Vorfeld der Versammlung ausgesprochen werden. Die Vorschrift kann sinnvoll nur dahingehend interpretiert werden, dass der Gesetzgeber - ähnlich wie bei § 5 Nr. 3 und 4 VersG - anstelle der Gegenwartsform (Präsens) die Zukunftsform (Futur) meinte *(„Tatsachen festgestellt sind, aus denen sich ergibt, dass der Veranstalter oder Leiter der Versammlung Teilnehmern Zutritt gewähren wird...")*.

6. Auch mit dieser teleologischen Auslegung ist der Anwendungsbereich des Verbotstatbestands nach § 5 Nr. 2 VersG eher gering. Er tritt typischerweise hinter dem Auflösungsgrund des § 13 Abs. 1 Nr. 3 VersG zurück, der die Situation der Teilnahme bewaffneter Personen an einer Versammlung realitätsnäher und treffender erfasst.

IV. Verbot nach § 5 Nr. 3 VersG (Anstreben eines gewalttätigen oder aufrührerischen Verlaufs) 185

1. Gewalttätig und aufrührerisch ist eine Versammlung erst dann, wenn aggressive Handlungen und Gewalttätigkeiten von einer gewissen Schwere zu erwarten stehen. Nach h.M. handelt es sich um eine Umschreibung der Unfriedlichkeit i.S.d. Art. 8 Abs. 1 GG. (Siehe dazu auch Rdnr. 44 ff.)

2. Zur Eigenschaft als Veranstalter siehe die Erläuterungen zu §§ 7 ff. VersG.

3. Mit Anhang des Veranstalters sind jene Teilnehmer der Versammlung gemeint, die mit ihm gleicher Gesinnung sind und mit seiner Billigung handeln.[226] Gewalttätiges oder aufrührerisches Verhalten, welches von drit-

---

[225] Dietel/Gintzel/Kniesel, Versammlungsgesetze, Teil II, § 5 Rdnr. 17.
[226] Dietel/Gintzel/Kniesel, Versammlungsgesetze, Teil II, § 5 Rdnr. 20.

ter Seite in die Versammlung hereingetragen wird, möglicherweise sogar von ihren Gegnern, darf der Versammlung nicht zugerechnet werden.

4. Die Erwartung eines gewalttätigen oder aufrührerischen Verlaufs muss sich ergeben aus behördlicherseits festgestellten Tatsachen. Bloße Befürchtungen genügen nicht. Die Formulierung des Gesetzes verlangt eine Gefahrenprognose mit sehr hoher Wahrscheinlichkeit. Der bloße Umstand, dass es bei vorangegangenen Veranstaltungen schon einmal zu derartigen Entgleisungen gekommen ist, dürfte zumeist nicht ausreichen.[227]

5. Der Veranstalter oder sein Anhang müssen den gewalttätigen oder aufrührerischen Verlauf *anstreben*, was ebenfalls einen diesbezüglichen kollektiven Vorsatz erfordert (der in den meisten Fällen nur schwer belegbar sein wird).

186 **V. Verbot nach § 5 Nr. 4 VersG (Vertreten oder Dulden qualifiziert strafbarer Ansichten oder Äußerungen)**

1. Der Verbotstatbestand ähnelt grammatikalisch und in seiner Struktur dem § 5 Nr. 3 VersG. Bezüglich der Merkmale „Veranstalter", „Anhang", „Tatsachen festgestellt sind, aus denen sich ergibt" kann sinngemäß auf die Erläuterungen zu § 5 Nr. 3 VersG verwiesen werden.

2. Es muss zu erwarten stehen, dass im Rahmen der Versammlung Ansichten vertreten oder Äußerungen geduldet werden, die ein Verbrechen oder ein von Amts wegen zu verfolgendes Vergehen zum Gegenstand haben. Mit der etwas sibyllinisch wirkenden Umschreibung „zum Gegenstand haben" ist gemeint die Verwirklichung des objektiven Tatbestandes. Dabei kommen vor allem folgende Straftatbestände als Anknüpfungspunkt in Betracht:[228]

- § 86 StGB [Verbreiten von Propagandamitteln verfassungswidriger Organisationen];
- § 86a StGB [Verwenden von Kennzeichen verfassungswidriger Organisationen];

[227] OVG NW, NVwZ 1989, 886; Dürig-Friedl/Enders, Versammlungsrecht, § 5 Rdnr. 17.

[228] Die Liste der hier genannten Straftatbestände ist keineswegs abschließend. Theoretisch kommen bei § 5 Nr. 4 VersG sämtliche Straftatbestände des geltenden Rechts in Frage, deren Tatbestandsmäßigkeit bereits durch verbale Äußerungen oder Ankündigungen eintreten kann und bei denen die von § 5 Nr. 4 VersG geforderten strafverfahrensrechtlichen Modalitäten gegeben sind.

- § 90a StGB [Verunglimpfung des Staates und seiner Symbole];
- § 90b StGB [Verfassungsfeindliche Verunglimpfung von Verfassungsorganen];
- § 103 StGB [Beleidigung von Organen oder Vertretern ausländischer Staaten];
- § 111 StGB [Öffentliche Aufforderung zu Straftaten];
- § 126 StGB [Androhung schwerer Straftaten];
- § 129a Abs. 3 StGB [Werben für eine terroristische Vereinigung];
- § 130 StGB [Volksverhetzung];
- § 130a StGB [Anleitung zu Straftaten];
- § 140 StGB [Belohnung und Billigung von Straftaten];
- § 241 [Bedrohung].

Aus der Liste der hier exemplarisch genannten Straftatbestände geht hervor, dass es sich um Delikte handeln muss, deren Tathandlung in verbalen oder quasiverbalen Verlautbarungen besteht. Der Wortlaut des § 5 Nr. 4 VersG ist insoweit eindeutig: *„... Ansichten vertreten oder Äußerungen dulden...“*. Die Art der Verlautbarung ist dabei grundsätzlich nicht von Belang (typischerweise mündlich, unter Umständen auch schriftlich, in Ausnahmefällen sogar durch konkludentes Verhalten, sofern ein hinreichend deutlicher Erklärungswert darin enthalten ist). Straftatbestände hingegen, deren Unwertgehalt in realen Verletzungshandlungen besteht, werden als solche von der Verbotsvariante des § 5 Nr. 4 VersG nicht erfasst, sondern unterfallen ggf. § 5 Nr. 2 und 3 VersG (beispielsweise Widerstand gegen die Staatsgewalt gem. § 113 StGB, Landfriedensbruch gem. § 125 StGB, Körperverletzungsdelikte gem. §§ 223 ff. StGB, Sachbeschädigung gem. §§ 303 ff. StGB u.v.a.).

Die meisten dieser Straftatbestände sind bloße Vergehen, so dass ihre erwartete Begehung nur dann als Grundlage für ein Versammlungsverbot in Erwägung gezogen werden kann, wenn verfahrensrechtlich ein staatlicher Strafverfolgungszwang hinzutritt. Aus diesem letztgenannten Grunde scheiden die Ehrdelikte (Beleidigung gem. § 185 StGB, üble Nachrede gem. § 186 StGB, Verleumdung gem. § 187 StGB u.ä.), die normalerweise klassische Anwendungsfälle für strafbare Äußerungen darstellen, als Anknüpfungspunkt für ein präventives Versammlungsverbot aus, denn es handelt sich bei ihnen grundsätzlich um bloße Antragsdelikte. Eine Ausnahme stellt die Leugnung der Judenverfolgung während der Zeit der Nationalsozialismus dar. Diese wird als Beleidigung der lebenden Juden gemäß § 185 i.V.m. § 194 Abs. 1 S. 2 StGB von Amts wegen verfolgt und ist damit eine taugliche Straftat i.S.d. § 5 Nr. 4 VersG.

3. Der Verbotstatbestand des § 5 Nr. 4 VersG ist eine verfassungsrechtlich problematische Vorschrift, die ein sensibles Spannungsfeld berührt. Eine Rechtsordnung, die das bloße Vertreten einer Ansicht oder das Äußern einer Meinung unter Strafe stellt, rückt damit unweigerlich von der Meinungsfreiheit, von pluralistischen Verhaltensmustern und demokratischen Garantien ab - mag die dahinter stehende rechtspolitische Absicht noch so wohlmeinend sein. Das Gespenst des Gesinnungsstrafrechts, für welches nicht mehr die Tat, sondern das Wort, nicht mehr das objektive Verhalten, sondern die subjektive Gesinnung des Täters ausschlaggebend ist, droht entfesselt zu werden. Daher muss die Strafbarkeit des Offenbarens von Überzeugungen und von Meinungsäußerungen auf schwere sozialschädliche Entgleisungen beschränkt bleiben (was in erster Linie ein strafrechtliches und verfassungsrechtliches und nur mittelbar ein versammlungsrechtliches Problem ist). Der Verbotstatbestand des § 5 Nr. 4 VersG ist jedenfalls aus den genannten Gründen bei politisch motivierten Äußerungen mit der gebotenen Zurückhaltung anzuwenden, da er zu empfindlichen Eingriffen in demokratische Prinzipien und in Grundrechte führen kann - nicht nur in die Versammlungsfreiheit des Art. 8 Abs. 1 GG, sondern auch in die Meinungsfreiheit des Art. 5 Abs. 1 GG.[229]

Erforderlich für das Verbot einer Versammlung nach § 5 Nr. 4 VersG ist, dass an der Verfassungskonformität des in Bezug genommenen Straftatbestandes keine Zweifel bestehen, dass die in Rede stehenden Ansichten und Äußerungen nach dieser Strafvorschrift eindeutig qualifiziert strafbar sind *(„...ein Verbrechen oder ein von Amts wegen zu verfolgendes Vergehen...")*[230], dass sie mit an Sicherheit grenzender Wahrscheinlichkeit zu erwarten sind *(„....Tatsachen festgestellt sind, aus denen sich ergibt....")* und dass die Verlautbarungen dem Veranstalter oder seinem Anhang als Verantwortliche zuzurechnen sind *(„ ...vertreten oder dulden...")*.

---

229 Das Bundesverfassungsgericht hat in diesem Zusammenhang mehrfach betont, dass dem Unterstrafestellen von politischen Überzeugungen und damit einhergehenden Meinungsäußerungen aus wohl erwogenen verfassungsrechtlichen Gründen enge Grenzen gesetzt sind und dass Äußerungen, die im Rahmen des Art. 5 Abs. 1 GG zulässig sind, nicht zum Anlass für Eingriffe in die Versammlungsfreiheit genommen werden dürfen; vgl. u.a. BVerfG, NJW 2001, 2069; BVerfGK 2, 1.

230 Dürig-Friedl/Enders, Versammlungsrecht, § 5 Rdnr. 18 ff.; BVerfG, NJW 1994, 1779:
„Voraussetzung ist, dass die Strafbarkeit der Äußerung nach dem Stand der Rechtsprechung nicht zweifelhaft ist und dass die strafbaren Meinungsäußerungen oder Tatsachenbehauptungen mit hoher Wahrscheinlichkeit zu erwarten sind."

§ 6 VersG [Ausschluss bestimmter Personen in der Einladung]

(1) Bestimmte Personen oder Personenkreise können in der Einladung von der Teilnahme an einer Versammlung ausgeschlossen werden.

(2) Pressevertreter können nicht ausgeschlossen werden; sie haben sich dem Leiter der Versammlung gegenüber durch ihren Presseausweis ordnungsgemäß auszuweisen.

Erläuterungen:

I. Ausschluss potentieller Teilnehmer bereits in der Einladung 187

1. § 6 Abs. 1 VersG statuiert das Recht des Veranstalters, bestimmte Personen oder Personenkreise bereits in der Einladung von der Teilnahme an einer öffentlichen Versammlung in geschlossenen Räumen auszuschließen. Die Vorschrift ist Teil der Konzeption des Gesetzgebers, derzufolge der Veranstalter einer Versammlung grundsätzlich die Gestaltungsfreiheit für die Rahmenvorgaben „seiner" Versammlung besitzt, auch was den Teilnehmerkreis anbetrifft. Daher kann namentlich bezeichneten Einzelpersonen oder hinreichend konkretisierten Personengruppen die Teilnahme an einer Versammlung bereits im Vorfeld verweigert werden.[231]

Beispiele:
- Kinder und Jugendliche bei einer Versammlung für Erwachsene.
- Männer bei einer Versammlung für Frauen und umgekehrt.
- Vermieter bei einer Versammlung der Mieter und umgekehrt u.ä.

2. § 6 Abs. 1 VersG kann verfassungsrechtliche Probleme bereiten, wenn der Ausschluss bestimmter Personen von der Möglichkeit der Teilnahme (gruppen)diskriminierend ist, deren Achtungsanspruch verletzt oder gar beleidigenden Charakter haben sollte. In solchen Fällen ist das Recht aus § 6 Abs. 1 VersG verfassungskonform restriktiv zu interpretieren. Auch ist in derlei Fällen im Wege der praktischen Konkordanz ein möglichst harmonischer Ausgleich herzustellen zwischen dem Recht des Veranstalters bzw. gegebenenfalls der Mehrheit der Versammlungsteilnehmer, den Teilnehmerkreis nach ihren Vorstellungen festzulegen, und dem grundsätzlichen Teilnahmerecht außenstehender Interessenten.

[231] Dürig-Friedl/Enders, Versammlungsrecht, § 6 Rdnr. 1 - 4.

Beispiel:
Verfassungsrechtlich bedenklich wäre der kategorische Ausschluss der Teilnahme von Personen, die einer bestimmten Rasse, Ethnie, Religion o.ä. angehören.

3. Der Ausschluss bestimmter Personen von einer Versammlung bereits in der Einladung gem. § 6 Abs. 1 VersG ist nicht zu verwechseln mit dem Ausschluss von Störern nach § 11 Abs. 1 VersG, § 18 Abs. 3 und § 19 Abs. 4 VersG.

188

II. Besonderer Status und Privilegien von Pressevertretern

1. § 6 Abs. 2 VersG ist Ausprägung der Pressefreiheit aus Art. 5 Abs. 1 S. 2 GG. Als Kommunikationsgrundrechte sind die Pressefreiheit und die Rundfunkfreiheit - ähnlich wie die Meinungs- und Informationsfreiheit - thematisch mit der Versammlungsfreiheit aus Art. 8 GG verwandt. Es handelt sich um Grundrechte, die konstituierend für die freiheitliche demokratische Grundordnung sind.[232]

2. In dieser Eigenschaft genießen Pressevertreter einzelne Privilegien auch im Zusammenhang mit dem Versammlungsrecht. Dazu zählt gem. § 6 Abs. 2 VersG der Umstand, dass Pressevertreter nicht in der Einladung zu einer öffentlichen Versammlung in geschlossenen Räumen ausgeschlossen werden können - selbst wenn sie dem gem. § 6 Abs. 1 VersG zulässigerweise ausgeschlossenen Personenkreis angehören sollten.

3. Der Begriff der Presse wird einhellig in diesem Zusammenhang weit ausgelegt: Erfasst wird nicht nur die Presse im eigentlichen Sinne, sondern auch Rundfunk, Fernsehen, Internet-Medien.[233] Die angesichts der modernen Entwicklung des Medienrechts ohnehin kaum mehr durchführbare Unterscheidung zwischen Presse, Rundfunk und Film ist daher vorliegend entbehrlich.[234] (Treffender wäre daher wohl auch im VersG die Bezeichnung „Vertreter der öffentlichen Medien".)

---

[232] Jarass/Pieroth, GG, Art. 5 Rdnr. 3 ff. m.w.N.

[233] Ott/Wächtler/Heinhold, Versammlungsgesetz, § 6 Rdnr. 8.

[234] Jarass/Pieroth, GG, Art. 5 Rdnr. 2 zu den stärker werdenden Bestrebungen, Pressefreiheit, Rundfunkfreiheit und Freiheit des Films zu einem einheitlichen Mediengrundrecht zu vereinigen.

4. Auch funktional wird der privilegierte Personenkreis weit gezogen. Pressevertreter i.S.d. § 6 Abs. 2 VersG sind auch deren Hilfspersonen (Kameraleute, Tontechniker, Beleuchtungsmitarbeiter, technisches Personal u.ä.).[235]

5. Erforderlich ist die Eigenschaft als Pressevertreter bzw. als Berichterstatter für die öffentlichen Medien. Die von § 6 Abs. 2 VersG insoweit betonte Bedeutung eines Presseausweises darf rechtlich nicht überschätzt werden. Das Innehaben eines Presseausweises ist insbesondere nicht konstitutiv für den Status als Medienberichterstatter oder die Berufung auf die Grundrechte aus Art. 5 Abs. 1 GG (Presse- und Rundfunkfreiheit). **189**

a) Presseausweise werden von verschiedenen journalistischen Berufsverbänden ausgegeben. Dahinter stehen Rahmenvereinbarungen mehrerer journalistischer Berufsverbände mit den Innenministern der Bundesländer und dem Bundesinnenminister. Mit der Ausgabe standardisierter Presseausweise soll erreicht werden, dass Behörden und auch Bürger erkennen können, wer als Journalist mit dem besonderen Auftrag der Medienberichterstattung unterwegs ist und wem in dieser Eigenschaft gewisse Vorrechte eingeräumt werden sollten (z.B. erleichterter Zugang zu neuralgischen Stellen der Berichterstattung, Betretungsrechte, Informationsrechte, bevorzugte Abfertigung u.ä.).

Es existiert jedoch keine gesetzliche Regelung über Presseausweise. Auch gibt es keinen abschließend festgelegten Kreis journalistischer Verbände, die allein berechtigt wären, Presseausweise auszustellen. Dementsprechend gibt es Presseausweise in verschiedener Gestalt. Hinzu kommen internationale Presseausweise. In Anbetracht dieser Rechtslage vermag das bloße Innehaben eines Presseausweises nicht konstitutiv Rechtspositionen im juristischen Sinne zu begründen. Wohl aber erleichtert es unter Umständen praktische Verfahrensabläufe und die Legitimation der eigenen Person.

Auch insgesamt ist das Berufsrecht der Journalisten und der Medienberichterstattung kaum reglementiert, weil man durch entsprechende Regelungen Einschränkungen der Pressefreiheit befürchtet. Das geltende Recht sieht beispielsweise keine konstitutive Zulassung als Journalist oder Pressemitarbeiter vor; die Berufsbezeichnung ist weitgehend ungeschützt.

b) Vor dem Hintergrund dieser verfassungsrechtlichen und einfachgesetzlichen Ausgangslage werden die Aussagen des § 6 Abs. 2 VersG zum Presseausweis zu einer bloßen Soll-Vorschrift (lex imperfecta). Auch ist § 6

---

[235] Dietel/Gintzel/Kniesel, Versammlungsgesetze, Teil II, § 6 Rdnr. 15, 16.

Abs. 2 VersG keineswegs im Umkehrschluss zu entnehmen, dass Medienberichterstatter, die keinen Presseausweis vorweisen können, ohne weiteres des Raumes verwiesen werden könnten. Entscheidend für die presserechtlichen Privilegien ist allein die inhaltliche Legitimation der Tätigkeit durch Art. 5 Abs. 1 GG und die (substantiierte) Glaubhaftmachung der Medienberichterstattung, nicht die Formalie des Presseausweises.[236]

c) § 6 Abs. 2 VersG verlangt nicht, dass die Pressevertreter sich beim Leiter der Versammlung melden. Sie müssen sich lediglich auf entsprechende Nachfrage als Pressevertreter legitimieren. (Sinnvollerweise erfolgt dies durch Vorlage eines Presseausweises.)

---

236 Ott/Wächtler/Heinhold, Versammlungsgesetz, § 6 Rdnr. 14.

§ 7 VersG [Versammlungsleiter]

(1) Jede öffentliche Versammlung muss einen Leiter haben.

(2) Leiter der Versammlung ist der Veranstalter. Wird die Versammlung von einer Vereinigung veranstaltet, so ist ihr Vorsitzender der Leiter.

(3) Der Veranstalter kann die Leitung einer anderen Person übertragen.

(4) Der Leiter übt das Hausrecht aus.

§ 8 VersG [Aufgaben des Versammlungsleiters]

Der Leiter bestimmt den Ablauf der Versammlung. Er hat während der Versammlung für Ordnung zu sorgen. Er kann die Versammlung jederzeit unterbrechen oder schließen. Er bestimmt, wann eine unterbrochene Versammlung fortgesetzt wird.

§ 9 VersG [Ordner]

(1) Der Leiter kann sich bei der Durchführung seiner Rechte aus § 8 der Hilfe einer angemessenen Zahl ehrenamtlicher Ordner bedienen. Diese dürfen keine Waffen oder sonstigen Gegenstände im Sinne vom § 2 Abs. 3 mit sich führen, müssen volljährig und ausschließlich durch weiße Armbinden, die nur die Bezeichnung „Ordner" tragen dürfen, kenntlich sein.

(2) Der Leiter ist verpflichtet, die Zahl der von ihm bestellten Ordner der Polizei auf Anfordern mitzuteilen. Die Polizei kann die Zahl der Ordner angemessen beschränken.

§ 10 VersG [Folgepflicht der Versammlungsteilnehmer]

Alle Versammlungsteilnehmer sind verpflichtet, die zur Aufrechterhaltung der Ordnung getroffenen Anweisungen des Leiters oder der von ihm bestellten Ordner zu befolgen.

Erläuterungen:

Nach der idealtypischen Vorstellung des Gesetzgebers gibt es bei Versammlungen einen Veranstalter, einen Leiter, Ordner und Teilnehmer. Das VersG geht grundsätzlich von einem hierarchischen Versammlungstypus 190 aus; das Versammlungsbild des historischen Gesetzgebers ist von ordnungsrechtlichen Vorstellungen geprägt.[237] Auch sollen vor allem Versammlungen in geschlossenen Räumen eine gewisse Selbstverwaltung und Autonomie genießen, was sie berechtigt und verpflichtet, selbst die wesentlichen Rahmenvorgaben ihres Ablaufs festzulegen und durchzusetzen. In diesem Gesamtzusammenhang sind die Vorschriften über Veranstalter, Leiter und Ordner zu sehen.

Die §§ 7 ff. VersG sehen Selbstregulierungsmechanismen vor bis hin zu „nichtpolizeilichen Eingriffsbefugnissen" für Leiter und Ordner, die vorrangig sind vor einem polizeilichen Eingreifen. Sie ermöglichen es dem Leiter und/oder den Ordnern, im Rahmen ihrer Ordnungsbefugnisse auf Störungen flexibel zu reagieren, bevor ein polizeiliches Einschreiten erforderlich wird (welches bei öffentlichen Versammlungen in geschlossenen Räumen subsidiär ist).

191 I. Veranstalter, Leiter, Ordner und Teilnehmer

1. Veranstalter

Veranstalter ist derjenige, der die Versammlung plant, organisatorisch vorbereitet und zu ihr aufruft oder einlädt.[238] Er ruft in anderen den Willen zum Sichversammeln hervor, trifft die äußeren Vorbereitungen und zeigt sich verantwortlich für das Geschehen.[239]Veranstalter einer Versammlung kann auch eine juristische Person oder eine Personenvereinigung sein (so ausdrücklich § 7 Abs. 2 S. 2 VersG). Normalerweise hat jede Versammlung einen Veranstalter. Begriffsnotwendig ist dies aber nicht erforderlich. Es sind durchaus Fallkonstellationen möglich, in denen sich eine Versammlung ohne einen Veranstalter bildet, insbesondere bei Spontanversammlungen. Durch die eigenständige Mitwirkung bei Vorbereitungsmaßnahmen können Personen auch zum Mitveranstalter werden, vor allem, wenn es sich um Großveranstaltungen handelt und die Betreffenden bei-

---

[237] Rechtsgeschichtlich instruktiv dazu BVerfGE 69, 315 (338):
„Dieses Gesetz (scil. das VersG) erkläre sich aus der obrigkeitlichen Geschichte des deutschen Vereins- und Versammlungsrechts und orientiere sich am herkömmlichen Typ hierarchisch-organisierter, disziplinierter Versammlungen unter der Leitung eines bestimmten Veranstalters."

[238] Statt vieler: Schenke, Polizei- und Ordnungsrecht, Rdnr. 365.
In der Typologie des Gesetzgebers kommt dem Veranstalter gewissermaßen die Rolle des geistigen Urhebers und Initiators des Versammlungsgeschehens zu („spiritus rector").

[239] OLG Düsseldorf, NJW 1978, 118.

spielsweise öffentlich zur Teilnahme daran aufrufen.[240] In solchen Fällen kann es unter Umständen mehrere Veranstalter geben.

2. Leiter 192

Leiter ist derjenige, der bei der Durchführung der Versammlung vor Ort befugt ist, die wesentlichen Entscheidungen zu treffen und den äußeren Ablauf bestimmt.[241] Leiter einer Versammlung kann demgemäß nur eine natürliche Person sein, die am Versammlungsort anwesend oder zumindest in unmittelbarer Nähe erreichbar ist. Aus Gründen des Gleichklangs mit der allgemeinen Rechtslehre wird man grundsätzlich Volljährigkeit und Geschäftsfähigkeit fordern müssen. Dafür spricht im Übrigen auch § 9 Abs. 1 VersG, denn wenn die Ordner volljährig sein müssen, sollte diese Vorgabe erst recht für den Leiter gelten.

Normalerweise ist gem. § 7 Abs. 2 S. 1 VersG der Veranstalter einer Versammlung auch deren Leiter - sofern der Veranstalter eine natürliche Person ist und sich am Versammlungsort befindet. Der Veranstalter kann die Leitung auch einer anderen Person übertragen (so ausdrücklich § 7 Abs. 3 VersG). Nach h.M. ist die Eigenschaft als Leiter einer Versammlung nicht an eine mehr oder weniger förmliche Ernennung geknüpft. Die Leitereigenschaft kann sich auch konkludent ergeben, insbesondere aus der Wahrnehmung typischer Leiteraufgaben entstehen.[242]

§ 7 Abs. 1 VersG bestimmt apodiktisch, dass jede Versammlung einen Leiter haben muss. Die Vorschrift ist jedoch - wie viele Vorschriften des VersG - verfassungsrechtlich bedenklich, da das Vorhandensein eines Leiters nicht Wesensmerkmal einer im Schutzbereich des Art. 8 Abs. 1 GG liegenden Versammlung ist.[243] Es gibt anerkanntermaßen viele Versammlungen, die keinen Leiter haben und auch keinen solchen benötigen (vor allem Spontanversammlungen und Großdemonstrationen). § 7 Abs. 1 VersG ist daher verfassungskonform und restriktiv auszulegen. Damit wird § 7 Abs. 1 VersG zu einer lex imperfecta, d.h. zu einer Vorschrift, die eine Verpflichtung statuiert, welche rechtlich nicht erzwingbar ist.[244] Die Pflicht

---

[240] BGH, NStZ 1984, 28.

[241] In den ordnungsrechtlichen und hierarchischen Vorstellungen des historischen Gesetzgebers ausgedrückt könnte man überspitzt auch sagen: Derjenige, der innerhalb der Versammlung vor Ort „das Kommando führt".

[242] BayObLG, NJW 1970, 479; BayObLG, MDR 1979, 79; OLG Düsseldorf, NJW 1978, 118.

[243] BVerfGE 69, 315 (358).

[244] Dürig-Friedl/Enders, Versammlungsrecht, § 7 Rdnr. 6.

zur Einsetzung eines Leiters ist eine bloße Ordnungsvorschrift, die weder zwangsweise durchsetzbar ist, noch bei Nichtbeachtung mit Geldbuße bedroht ist noch zu einem Verbots- oder Auflösungsgrund führt.[245]

In besonderen Fällen kann es allerdings durch das Fehlen eines Leiters zu einem Absinken der Eingriffsschwelle bei Störungen kommen[246], da die Selbstregulierungsmechanismen einer „kopflosen" Versammlung in aller Regel nicht so reibungslos funktionieren werden. Auch kann die Einsetzung eines Leiters als sog. Minusmaßnahme zur Auflösung der Versammlung angeordnet werden, wenn es zu Störungen kommt, die durch das Agieren eines Leiters behoben werden könnten.

193 **3. Ordner**

Ordner sind solche Personen, die den Leiter bei seinen Aufgaben unterstützen und dabei insbesondere die Einhaltung der äußeren Rahmenvorgaben überwachen und gegebenenfalls durchsetzen. Die Ordner sind Gehilfen des Leiters und insofern weisungsgebunden. Sie haben keine Befugnisse aus eigenem Recht, sondern nur aus abgeleitetem Recht.[247] Die Ordner sind - ebenso wie der Veranstalter und der Leiter - Teilnehmer der Versammlung im weiteren Sinne.

194 **4. Teilnehmer**

a) Teilnehmer ist jeder, der persönlich bei der Versammlung anwesend ist und von der erforderlichen inneren Zweckbindung mitumfasst ist. Eine zeitlich kurze physische Anwesenheit genügt bereits.[248] Auch ist zunächst einmal entscheidend der äußere Tatbestand der bloßen Anwesenheit. Dieses grundsätzlich weite Verständnis der Teilnehmereigenschaft liegt auch in dem Umstand begründet, dass bei den meisten Versammlungen keine konstitutiven Rechtsakte zur Aufnahme in den Teilnehmerkreis vorgesehen sind. Zumeist genügt insoweit ein formloses Hinzutreten. Der Qualifikation einer Person als Teilnehmer steht also nicht entgegen, dass der Betreffende möglicherweise innere Vorbehalte gegen die Versammlung hat oder zu haben vorgibt oder behauptet, mit der Versammlung nichts zu tun zu haben. Letzteres ist freilich dann geeignet, die Teilnehmereigenschaft in Frage zu

[245] Dietel/Gintzel/Kniesel, Versammlungsgesetze, Teil II, § 7 Rdnr. 4.
[246] BVerfGE 69, 315 (358).
[247] Dürig-Friedl/Enders, Versammlungsrecht, § 9 Rdnr. 2 ff.
[248] Schenke, Polizei- und Ordnungsrecht, Rdnr. 365.

stellen, wenn jemand mehr oder weniger zufällig oder notgedrungen in eine fremde Versammlung hineingerät.

Beispiele:
- Teilnehmer der Versammlung ist auch jener, der sich aus bloßer Neugier dazustellt oder dem Versammlungsgeschehen betont kritisch gegenübersteht, aber gerade deshalb wissen will, was dort gesagt wird.
- Kein Teilnehmer hingegen ist der Passant, der von der einen Straßenseite zur anderen wechseln möchte und dabei gezwungen ist, durch die Menge der Versammlungsteilnehmer hindurch zu gehen.

b) Die Eigenschaft als Teilnehmer endet dort, wo der Betreffende sich der Versammlung gegenüber erkennbar störend und destruktiv verhält. Beteiligung setzt zwar keine vorbehaltlose Unterstützung des Versammlungsziels voraus, sondern erlaubt auch Kritik, Widerspruch und Protest. Wer jedoch eine Versammlung in der Absicht aufsucht, diese zu stören oder zu verhindern, verliert dadurch seinen Status als Teilnehmer ebenso wie seine Berechtigung, sich auf das Grundrecht aus Art. 8 GG berufen zu können.[249] Konstitutiv wird dies in der Regel allerdings erst mit dem Ausschluss gem. § 11 Abs. 1 bzw. § 18 Abs. 3 VersG.

c) Die Teilnehmer einer Versammlung - wozu im weiteren Sinne auch Veranstalter, Leiter und Ordner zählen - sind abzugrenzen gegenüber außenstehenden Dritten (wie beispielsweise Bedienungspersonal, Gastwirt, Hausmeister, Zuschauer, die das Versammlungsgeschehen aus einer gewissen Distanz beobachten).

d) Pressevertreter (Medienberichterstatter) sind Teilnehmer mit einem Sonderstatus (Teilnehmer sui generis). Einerseits genießen sie von Verfassungs wegen gewisse Privilegien: So kann ihre Anwesenheit bei öffentlichen Versammlungen vom Veranstalter oder Leiter grundsätzlich nicht unterbunden werden (siehe dazu auch die Erläuterungen zu § 6 Abs. 2 VersG). Auch inhaltlich unterliegen sie nicht uneingeschränkt den Weisungsrechten des Leiters. Andererseits sind sie verpflichtet, die Vorgaben des VersG zu beachten. Im Falle gröblicher Störungen der Versammlung können sie vom Leiter ausgeschlossen werden.

---

[249] BVerfGE 84, 203.

195 **II. Die rechtliche Stellung des Leiters**

1. Die wichtigsten Befugnisse eines Versammlungsleiters

a) Der Leiter übt das Hausrecht aus (§ 7 Abs. 4 VersG).

b) Der Leiter bestimmt den Ablauf der Versammlung (§ 8 S. 1 VersG).

c) Der Leiter sorgt während der Versammlung für Ordnung (§ 8 S. 2 VersG).

d) Der Leiter kann die Versammlung jederzeit unterbrechen oder schließen (§ 8 S. 3 VersG).

e) Der Leiter bestimmt, wann eine unterbrochene Versammlung fortgesetzt wird (§ 8 S. 4 VersG).

f) Der Leiter entscheidet über die Bestellung von Ordnern und kümmert sich um die damit einhergehenden Obliegenheiten (§ 9 VersG).

g) Der Leiter kann Teilnehmer, die die Ordnung gröblich stören, von der Versammlung ausschließen (§ 11 Abs. 1 VersG).

h) Der Leiter ist vorrangiger Ansprechpartner für Polizeibeamte, die in die Versammlung entsandt werden (§ 12 VersG).

196 **2. Die Reichweite der Weisungsrechte des Leiters**

Das Direktions- und Weisungsrecht des Leiters bezieht sich nur auf den äußeren Ablauf der Versammlung, d.h. die Einhaltung eines gewissen Ordnungsrahmens. *(Vgl. insoweit § 10 VersG: „Alle Versammlungsteilnehmer sind verpflichtet, die zur Aufrechterhaltung der Ordnung getroffenen Anweisungen des Leiters ..... zu befolgen.")*

Es berechtigt den Leiter grundsätzlich nicht, inhaltlich und sachlich auf die Meinungsäußerung Einfluss zu nehmen, d.h. bestimmte Verlautbarungen ihres Inhalts wegen zu fördern und andere aus diesem Grunde zu unterbinden. Auch insoweit ist die Grenzziehung jedoch außerordentlich schwierig, da entscheidend der jeweilige Charakter der betreffenden Versammlung ist und zudem der sachliche Inhalt den äußeren Rahmen einer Versammlung mitbestimmt und umgekehrt.

Beispiele (für unzulässige Anweisungen des Leiters):
- Redeverbot für einen unbequemen Teilnehmer, der sich zur Sache äußern möchte.
- Anweisung, sich zu erheben und ein bestimmtes Lied gemeinsam zu singen (bei einer formlosen Veranstaltung).
- Entziehung des Wortes gegenüber einem Redner, der Kritik übt.

Beispiele (für zulässige Anweisungen):
- Redeverbot gegenüber einem Teilnehmer, der unsachlich oder ausfallend wird oder seine Redezeit überschreitet.
- Aufforderung, sich zu erheben und ein bestimmtes Lied gemeinsam zu singen (bei einer förmlichen Festveranstaltung mit feststehendem Rahmenprogramm).
- Entziehung des Wortes gegenüber einem Redner, der zu Straftaten auffordert.

3. Die rechtssystematische Einordnung des Leiters und seiner Ordnungsbefugnisse 197

Das Leitungsrecht und die damit einhergehenden Ordnungsbefugnisse stellen rechtsdogmatisch interessante, systematisch nur schwer einzuordnende Rechtsfiguren[250] dar:

Es handelt sich insgesamt eindeutig um öffentlich-rechtliche Rechtspositionen. Die Leitung einer Versammlung ist untrennbar mit den öffentlich-rechtlichen Rechten und Pflichten aller Beteiligter, insbesondere der Versammlungsteilnehmer, verknüpft. Die §§ 7 ff. VersG vermitteln dem Leiter subjektiv-öffentliche Rechte in verschiedene Richtungen, unter anderem auch gegen den Staat. Auch nimmt der Leiter eine Position ein, die ihn zuweilen ähnlich wie einen Hoheitsträger agieren lässt (z.B. Einsatz von Ordnern, Ausschluss von Störern etc.).

Dennoch ist und bleibt der Leiter nach ganz h.M. Privatperson. Durch die Bestellung zum Leiter einer Versammlung wird der Betreffende insbesondere nicht zum Beliehenen oder Verwaltungshelfer.[251] Insgesamt hat der Leiter daher eine rechtliche Stellung eigener Art inne, die sich einer systematischen Einordnung in die üblichen Kategorien des allgemeinen Verwaltungsrechts entzieht.

---

250 Instruktiv zu den rechtsdogmatischen Aspekten Dürig-Friedl/Enders, Versammlungsrecht, § 7 Rdnr. 2 - 10.
251 Dietel/Gintzel/Kniesel, Versammlungsgesetze, Teil II, § 7 Rdnr. 2.

198 **4. Die Abgrenzung zwischen Ordnungsbefugnissen und Hausrecht**

Das Hausrecht des Leiters nach § 7 Abs. 4 VersG ist nicht zu verwechseln mit seinen Ordnungsfunktionen nach § 8 VersG: Folgende Unterschiede bestehen:

a) Das Hausrecht betrifft die allgemeinen Eigentümerbefugnisse im Hinblick auf die Räume, in denen die Versammlung stattfindet. Die Ordnungsgewalt bezieht sich hingegen auf die versammlungsspezifischen Befugnisse.

b) Damit einhergehend gilt das Hausrecht gegenüber externen Personen (außenstehenden Dritten). Die Ordnungsgewalt gilt hingegen gegenüber den Versammlungsteilnehmern.

c) Das Hausrecht ist abgeleitet aus den privatrechtlichen Rechten des nach Bürgerlichem Recht über die Räume Verfügungsberechtigten (i.d.R. der Eigentümer, ggf. auch der Mieter, Pächter o.ä.). Die Ordnungsgewalt resultiert hingegen aus der öffentlich-rechtlichen Funktion des Leiters als Verantwortlicher für die Versammlung vor Ort, abgeleitet normalerweise durch die Einsetzung seitens des Veranstalters.

Dementsprechend wird das Hausrecht dem Leiter durch § 7 Abs. 4 VersG auch nicht zwingend und konstitutiv übertragen. § 7 Abs. 4 VersG stellt lediglich eine Regelvermutung dar: Das Hausrecht steht dem Leiter nur soweit zu, als es ihm vom Eigentümer oder Besitzer des Versammlungsraumes (bindend) übertragen wurde.[252]

Die Abgrenzung zwischen Hausrecht und Ordnungsbefugnissen kann im Einzelfall sehr schwierig sein; es sind mannigfaltige Überschneidungen denkbar. Vereinfacht lässt sich sagen, dass bei Auseinandersetzungen mit Versammlungsteilnehmern über versammlungsspezifische Fragen die Ordnungsbefugnisse vorrangig sind, während bei Auseinandersetzungen mit Außenstehenden das Hausrecht einschlägig ist.

---

[252] Dürig-Friedl/Enders, Versammlungsrecht, § 7 Rdnr. 8 ff.
Jede andere Interpretation des § 7 Abs. 4 VersG würde wohl auch Gefahr laufen, die Eigentümerrechte aus Art. 14 GG, §§ 903 ff. BGB zu verletzen, was letztendlich auf eine Verfassungswidrigkeit der Vorschrift hinausliefe. Es wäre in der Tat nicht einsehbar, dass durch das Abhalten einer Versammlung in einem bestimmten Raum dessen Eigentümer automatisch seine Eigentümerbefugnisse, d.h. sein Hausrecht, bis auf weiteres verliert.

Beispiele für Ordnungsbefugnisse des Leiters:
- Unterbrechung der Versammlung, um Essen oder Getränke servieren zu lassen.
- Anordnung, Ruhe zu bewahren und die Sitzplätze wieder einzunehmen.
- Aufforderung an Versammlungsteilnehmer, Transparente mit beleidigenden Aufschriften einzurollen.

Beispiele für Hausrecht des Leiters:
- Verweigerung des Zutritts zu den Räumlichkeiten gegenüber bestimmten Personen.
- Anordnung, Fenster und Türen zu schließen.
- Aufforderung, bestimmte Nutzungen oder Beschädigungen des Inventars unverzüglich zu unterlassen.

III. Rechtliche Stellung und Befugnisse der Ordner 199

1. Für den Einsatz von Ordnern bei Versammlungen in geschlossenen Räumen normieren die §§ 9, 10 VersG folgende Rahmenvorgaben:

a) Die Ordner dürfen nur ehrenamtlich tätig sein (§ 9 Abs. 1 S. 1 VersG).

b) Sie müssen volljährig sein (§ 9 Abs. 1 S. 2 VersG).

c) Sie dürfen keine Waffen oder sonstigen Gegenstände i.S.d. § 2 Abs. 3 VersG mit sich führen (§ 9 Abs. 1 S. 2 VersG).

d) Sie müssen sich kenntlich machen durch ausschließlich eine weiße Armbinde, die nur die Bezeichnung „Ordner" trägt (§ 9 Abs. 1 S. 2 VersG).

e) Die Zahl der Ordner muss angemessen sein (§ 9 Abs. 1 S. 1, Abs. 2 VersG). Ist dies nicht der Fall, so kann die Polizei gemäß § 9 Abs. 2 VersG die Zahl der Ordner angemessen beschränken.

2. Insbesondere die oben erwähnte Vorgabe der Ehrenamtlichkeit der Ordner gem. § 9 Abs. 1 S. 2 VersG ist problematisch, weil sie dem Tätigwerden berufs- oder gewerbsmäßiger Sicherheitskräfte auf den ersten Blick kategorisch entgegensteht. Es lässt sich aber nicht leugnen, dass bei bestimmten Versammlungen (z.B. Auftreten prominenter Persönlichkeiten oder exponierter Politiker bei Großveranstaltungen mit hohem Sicherheitsrisiko) die Anwesenheit hauptamtlicher Sicherheitskräfte oder Angehöriger professioneller seriöser Sicherheitsunternehmen durchaus von Vorteil und im 200

Interesse aller Beteiligter sein kann. Zur Vermeidung von Rechtsverstößen gegen § 8 VersG besteht in solchen Fällen nur die Möglichkeit, die betreffenden Sicherheitskräfte nicht als Ordner im rechtstechnischen Sinne des § 8 VersG zu deklarieren, sondern als Funktionsträger eigener Art, d.h. außerhalb des Geltungsbereiches des § 8 VersG. Häufig wird dies jedoch nicht überzeugend wirken, da die hauptamtlichen Sicherheitskräfte bzw. Mitarbeiter des Sicherheitsdienstes auch die Funktionen von Ordnern wahrnehmen werden.

§ 11 VersG [Auschluss von Teilnehmern durch den Leiter]

(1) Der Leiter kann Teilnehmer, welche die Ordnung gröblich stören, von der Versammlung ausschließen.

(2) Wer aus der Versammlung ausgeschlossen wird, hat sie sofort zu verlassen.

Erläuterungen:

I. Anwendungsbereich 201

Das Ausschlussrecht nach § 11 Abs. 1 VersG bezieht sich grundsätzlich nur auf Teilnehmer einer Versammlung; nicht hingegen auf Außenstehende. Gegenüber letzteren gilt das Hausrecht (siehe dazu auch die Erläuterungen zu §§ 7 - 10 VersG). Insoweit besteht ein Konkurrenzverhältnis zwischen Ausschlussrecht nach § 11 Abs. 1 VersG und Hausrecht.

II. Voraussetzungen des Ausschlusses 202

1. Teilnehmer

Zum Begriff des Teilnehmers kann auf die Ausführungen zu §§ 7 bis 10 VersG verwiesen werden.

2. Gröbliche Störung der Ordnung

Voraussetzung für den Ausschluss ist eine *gröbliche Störung der Ordnung* der betreffenden Versammlung.

a) Mit Ordnung ist der reibungslose Ablauf der Versammlung gemeint (nicht hingegen die öffentliche Ordnung i.S.d. polizeilichen Generalklausel!)

b) Zum Begriff der Störung siehe die Erläuterungen zu § 2 Abs. 2 VersG.

c) Gröblich ist eine Störung, die als besonders schwer empfunden wird (zu den Attributen gröblich und grob siehe auch die Erläuterungen zu § 21 VersG).

Beispiele (für gröbliche Störungen):
- Ständiges lautes Dazwischenrufen.
- Permanentes Gebrüll.
- Pfeifen auf einer Trillerpfeife.
- Bewusst eingesetzte, erhebliche Lärmquellen.
- Wiederholte Formalbeleidigungen.
- Stinkbomben, Rauchbomben.
- Werfen von Gegenständen.
- Handgreiflichkeiten gegenüber anderen Teilnehmern.

203 **III. Verfahrensrechtliche Aspekte**

1. Die Ausschließung eines Teilnehmers ist eine Ermessensentscheidung des Leiters. Rechtssystematisch dürfte es sich um eine öffentlich-rechtliche Willenserklärung eigener Art handeln, die den allgemeinen Regeln über die Ermessensausübung unterliegt (str.) - obwohl der Leiter keine Behörde im Rechtssinne (§ 1 Abs. 4 VwVfG) ist.

204 **2.** Die Ausschließung muss ausdrücklich erfolgen, d.h. eindeutig und unmissverständlich sein.[253] Umstritten ist, ob dazu auch der Begriff „Ausschluss“ oder „Ausschließung“ Verwendung finden muss. Eine konkludente Ausschließung ist jedenfalls wegen der einschneidenden Rechtsfolgen, die mit ihr verbunden sind, nicht zulässig.[254]

205 **IV. Rechtsfolgen des Ausschlusses und Durchsetzung der Verlassenspflicht**

1. Durch einen wirksam verfügten Ausschluss verliert der Betreffende den Schutz des Art. 8 GG bezogen auf diese Versammlung. (Materiell-rechtlich setzt dies im Ergebnis allerdings auch die Rechtmäßigkeit des Ausschlusses voraus.) Gem. § 11 Abs. 2 VersG hat er sofort die Versammlung zu verlassen.

2. Verlassen in diesem Sinne bedeutet Sichentfernen vom Veranstaltungsort.

3. Die Durchsetzung der Verlassenspflicht kann rechtliche Probleme aufwerfen, wenn die ausgeschlossene Person - dem Gebot aus § 11 Abs. 2 VersG zuwider handelnd - am Ort des Geschehens verweilt:

---

[253] BVerfGK 4, 154.

[254] Zur Vermeidung unnötiger Wiederholungen kann insoweit auf die Ausführungen zu der verfahrensrechtlich gleichgelagerten Problematik bei § 13 Abs. 1 VersG, § 15 Abs. 3 VersG und § 18 Abs. 3 VersG verwiesen werden.

a) Dem Leiter selbst und seinen Ordnern werden in aller Regel die Möglichkeiten fehlen, den Betreffenden gewaltsam vom Versammlungsort weg zu bringen. Ein solche Vorgehensweise wäre im Übrigen auch rechtlich bedenklich, da dem Leiter und seinen Helfern zwar Ordnungsbefugnisse zustehen, nicht aber Zwangsbefugnisse, die sie zur Gewaltanwendung im Rahmen des unmittelbaren Zwanges berechtigen würden. Der Leiter einer Versammlung und seine Ordner sind weder Behörde i.S.d. § 1 Abs. 4 VwVfG noch Vollstreckungsorgan. Die Anwendung unmittelbaren Zwanges obliegt vielmehr als Bestandteil des staatlichen Gewaltmonopols der Polizei. Dies gilt erst recht, wenn die Gewaltanwendung nicht nur am Ort der Versammlung erfolgen müsste, sondern auch außerhalb, was vorliegend der Fall wäre, da die ausgeschlossene Person an einen anderen Ort verbracht werden müsste.

Möglich bleibt dem Leiter und den Ordnern nach allgemeinen Grundsätzen eine Berufung auf die Rechtfertigungsgründe des Straf- und Zivilrechts, d.h. vor allem Notwehr gem. § 32 StGB und Notstand gem. § 34 StGB.

b) In der Regel wird sich der Leiter im Falle renitenten Verhaltens einer ausgeschlossenen Person daher an die Polizei wenden und diese um Einschreiten bitten. Die Polizei ist dann gehalten, der ausgeschlossenen Person gegenüber eine Grundverfügung zu erlassen, die die Verlassenspflicht aus § 11 Abs. 2 VersG konkretisiert. Diese polizeiliche Platzverweisung ist Rechtsgrundlage für mögliche Vollstreckungsmaßnahmen, insbesondere eine eventuelle Anwendung unmittelbaren Zwanges. Das Verfahren ähnelt dem Verfahren bei der Durchsetzung der Verlassenspflicht aus § 13 Abs. 2 VersG; auf die dortigen Ausführungen kann sinngemäß verwiesen werden.

§ 12 VersG [Anwesenheit von Polizeibeamten in einer Versammlung]

Werden Polizeibeamte in eine öffentliche Versammlung entsandt, so haben sie sich dem Leiter zu erkennen zu geben. Es muss ihnen ein angemessener Platz eingeräumt werden.

Erläuterungen:

206 **I. Geltungsbereich**

§ 12 VersG gilt - wie grundsätzlich alle Vorschriften des VersG - nur für öffentliche Versammlungen. Die Frage, ob und wie Polizeibeamte in nichtöffentliche Versammlungen entsandt werden können, richtet sich nach allgemeinem Polizeirecht (Opportunitätsprinzip, Gefahrenabwehraufgabe, Gefahrerforschungseingriff, Standardbefugnisse der allgemeinen Polizeigesetze, ggf. auch polizeiliche Generalklausel etc.). Auch wenn die h.M. eine pauschale analoge Anwendung des § 12 VersG auf nichtöffentliche Versammlungen verneint[255], erscheint es sachgerecht, einzelne Wertungen der Vorschrift sinngemäß dort zu berücksichtigen.

207 **II. Verfassungsrechtliche Aspekte**

1. Umstritten ist, ob bereits in der bloßen Anwesenheit von Polizeibeamten in einer Versammlung ein Eingriff in Grundrechte (vor allem in die Versammlungsfreiheit, die Meinungsfreiheit und das allgemeine Persönlichkeitsrecht) zu sehen ist. Die wohl h.M. tendiert dazu, dies zu verneinen: Die Anwesenheit der Polizei gewährleiste die Versammlungsfreiheit und sei Ausdruck grundrechtsfreundlicher Organisations- und Verfahrensgestaltung. Die Gegenauffassung geht hingegen grundsätzlich von der Qualität eines Eingriffs aus[256] und weist darauf hin, dass je nach Intensität und Spürbarkeit der polizeilichen Präsenz eine unbefangene Atmosphäre zum Ausdruck und freien Bekundung von Meinungen kaum mehr entstehen kann.[257] Die Frage dürfte sich einer pauschalen Beantwortung entziehen.[258] Entscheidend sind die konkreten Umstände des Einzelfalles, die Willensrichtung der Beteiligten, insbesondere Veranstalter, Leiter und Teilnehmer der betreffenden Versammlung sowie die Motive und das an den Tag gelegte Verhalten der anwesenden Polizeibeamten. Vor allem letzteres dürfte

[255] Zur grundsätzlichen Diskussion um die analoge Anwendbarkeit der Vorschriften des VersG auf nichtöffentliche Versammlungen siehe Rdnr. 64.

[256] Zeitler, Versammlungsrecht, Rdnr. 366 ff.

[257] Ott/Wächtler/Heinhold, Versammlungsgesetz, § 12 Rdnr. 10.

[258] Dietel/Gintzel/Kniesel, Versammlungsgesetze, Teil II, § 12 Rdnr. 6.

mit ausschlaggebend sein, denn es macht einen großen Unterschied, ob die Polizei der Versammlung in wohlmeinender, schützender Absicht oder mit tendenziell ablehnender Grundhaltung und in einer latenten Eingriffsbereitschaft beiwohnt.

Beispiele für fehlende Eingriffsqualität in Grundrechte:
- Beamte nehmen auf Bitten des Veranstalters oder der Veranstaltungsteilnehmer an einer Versammlung teil, um ggf. Ruhe und Ordnung garantieren zu können.
- Einzelne Beamte halten sich diskret und ohne erkennbare Aktivitäten im Hintergrund auf.

Beispiele für Eingriffsqualität:
- Zahlenmäßig massives Polizeiaufgebot inmitten der Versammlung, welches auf die Teilnehmer und potentielle Interessenten eine einschüchternde Wirkung entfaltet.
- Polizeibeamte protokollieren die getätigten Aussagen.
- Observationen einzelner Versammlungsteilnehmer durch die anwesenden Polizeibeamten.

2. Etwas befremdlich wirkt, dass § 12 Vers keine Voraussetzungen für die Entsendung von Polizeibeamten in eine öffentliche Versammlung aufstellt. **208**
Der Wortlaut der Vorschrift fordert nicht einmal das Vorliegen einer einfachen Gefahr oder eines Gefahrenverdachts - die Entsendung von Polizeibeamten soll sich allein nach allgemeinen Opportunitätserwägungen (Ermessen) richten. Dieses Fehlen tatbestandlicher Mindestanforderungen gilt gleichermaßen für Versammlungen unter freiem Himmel (§ 18 Abs. 1 VersG verweist auf § 12 VersG) wie für Versammlungen in geschlossenen Räumen. Der letztgenannte Umstand ist verfassungsrechtlich bedenklich, denn Versammlungen in geschlossenen Räumen unterliegen nicht dem Gesetzesvorbehalt des Art. 8 Abs. 2 GG. Sie können daher nur durch kollidierende Verfassungsgüter eingeschränkt werden (verfassungsimmanente Schranken). Daher wird mit guten Gründen insoweit eine verfassungskonforme, restriktive Auslegung des § 12 VersG gefordert[259], dergestalt, dass konkrete Gefahren drohen müssen, um die Entsendung von Polizeibeamten in die Versammlung zu rechtfertigen.

---

[259] Ott/Wächtler/Heinhold, Versammlungsgesetz, § 12 Rdnr. 10.

209 **III. Polizeibeamte, die in eine Versammlung entsandt sind i.S.d. § 12 VersG**

1. § 12 VersG gilt (selbstverständlich) nur für Polizeibeamte, die in dienstlicher Mission an einer Versammlung teilnehmen, nicht hingegen für Polizeibeamte, die privat eine Versammlung besuchen.

2. Die h.M. interpretiert die Kategorie des Polizeibeamten i.S.d. § 12 VersG formal. Polizeibeamte i.S.d. § 12 VersG sind - entsprechend Terminologie und Anwendungsbereich des VersG - nur Polizeivollzugsbeamte der Länder. Nicht erfasst werden hingegen Polizeivollzugsbeamte des Bundes (z.B. Bundespolizei, BKA, Zoll). Diese haben aus den genannten kompetenzrechtlichen Gründen ohnehin bei Versammlungen grundsätzlich keine eigenen Rechte aus dem VersG, sondern müssen auf abgeleitete Rechte durch die zuständige Polizei des Landes zurückgreifen. Auch Mitarbeiter der Ordnungsbehörden unterfallen nicht dem 12 VersG, da sie von ihrem Status her keine Polizeibeamten sind.[260] Schließlich dürften auch Mitarbeiter des Verfassungsschutzes nicht von § 12 VersG erfasst werden, da diese Institution per Definition nicht als Polizei im Rechtssinne gilt (Trennungsprinzip zwischen Polizei und Geheimdiensten).

210 **3.** Die Vorgaben des § 12 VersG werden kriminalpolitisch durchweg als hinderlich empfunden, da sie zwingend ein relativ aufwendiges, u.U. „geräuschvolles" und Aufmerksamkeit erregendes Prozedere vorsehen und der formlosen und verdeckten Anwesenheit von Polizeibeamten bei öffentlichen Versammlungen entgegenstehen. Daher mangelt es behördlicherseits nicht an Versuchen, den Anwendungsbereich der Vorschrift zu vermeiden, teilweise mit etwas rabulistisch anmutenden Begründungen.[261]

a) Teilweise wird an der Präposition „in" angesetzt. Erforderlich für § 12 VersG sei, dass sich die Polizeibeamten inmitten des Versammlungsgeschehens aufhielten. Danach sei § 12 VersG auf solche Polizeibeamte nicht anwendbar, die sich rein räumlich außerhalb der eigentlichen Versammlung, in deren Hintergrund oder an der Peripherie aufhielten.[262]

b) Die meisten Interpretationen setzen an dem Verb „entsandt" an, um die Präsenz von Polizeibeamten außerhalb der Regularien des § 12 VersG zu

---

[260] Dies gilt zumindest in jenen Bundesländern, die terminologisch und organisatorisch eine Trennlinie gezogen haben zwischen der Polizei einerseits und den allgemeinen Gefahrenabwehrbehörden (Ordnungsbehörden, Sicherheitsbehörden) andererseits.

[261] Wie so häufig im Versammlungsrecht war der demokratisch und rechtsstaatlich geradlinige Weg, nämlich eine Änderung der Norm durch das Parlament, offenbar politisch nicht gangbar.

[262] Ridder/Breitbach/Rühl/Steinmeier, Versammlungsrecht, § 12 Rdnr. 14 m.w.N.

ermöglichen.[263] Entsandt in eine Versammlung i.S.d. § 12 VersG seien nur solche Beamte, die konkret und gezielt zu Aufgaben der versammlungsspezifischen Gefahrenabwehr und mit der Funktion als subsidiäre Ordnungskräfte in eine Versammlung geschickt würden. Nicht in eine Versammlung entsandt i.S.d. § 12 VersG seien hingegen solche Beamte, die zur Aufklärung und Verfolgung von Straftaten oder Ordnungswidrigkeiten an einer Versammlung teilnähmen. Nicht in eine Versammlung entsandt i.S.d. § 12 VersG seien des weiteren Beamte, die sonstige nicht versammlungsspezifische Aufgaben wahrnähmen.[264] Erst recht nicht entsandt i.S.d. § 12 VersG seien Beamte, die mehr oder weniger zufällig in Ausübung ihres Dienstes mit einer Versammlung in Berührung kämen.

Beispiele für Polizeibeamte außerhalb des Anwendungsbereiches des § 12 VersG, sofern man die skizzierte Interpretation der Vorschrift akzeptiert:
- Polizeiliche Beobachter am äußeren Rand des Geschehens.
- Polizeibeamte, die anlässlich eines allgemeinen Streifenganges mit einer Spontanversammlung konfrontiert werden.
- Polizeibeamte, die Taschendiebstähle im Gedränge der Menschen verhindern sollen.
- Beamte der Kriminalpolizei mit speziellen Strafverfolgungsaufgaben.
- Verdeckte Ermittler.

Die restriktive Auslegung des § 12 VersG wird auch mit der ratio legis des Gesetzes begründet. Es sei Sinn und Zweck des § 12 VersG, die Anonymität solcher Polizisten aufzuheben, die mit Aufgaben der versammlungsspezifischen Gefahrenabwehr als subsidiäre Ordnungskräfte gezielt in eine Versammlung geschickt würden und sich inmitten dieser aufhielten. Es sei hingegen nicht Sinn und Zweck des § 12 VersG, für jeden Polizeibeamten, der sich mit einer Versammlung konfrontiert sehe, eine besondere Legitimationspflicht einzuführen, dergestalt, dass er sich persönlich dem Leiter gegenüber zu erkennen geben müsse. Dies gelte in besonderem Maße für solche Polizeibeamte, die sich lediglich am Rande einer Versammlung (einsatztaktisch) in Reserve hielten.

IV. Ermessen 211

§ 12 VersG ist insofern eine Ermessensvorschrift, als die Entscheidung, ob überhaupt Polizeibeamte in eine Versammlung entsandt werden, ins pflichtgemäße Ermessen der Polizei gestellt ist. Es gelten somit die allge-

[263] Zum Streitstand Dürig-Friedl/Enders, Versammlungsrecht, § 12 Rdnr. 6 ff.
[264] Sehr strittig; vor allem dürfte die genaue Abgrenzung vielfach kaum möglich sein.

meinen Regeln zum Opportunitätsprinzip und zur fehlerfreien Ausübung des behördlichen Ermessens (§ 40 VwVfG).

In besonders gelagerten Konstellationen kann es zu einer Ermessensreduzierung auf Null dahingehend kommen, Polizeibeamte in eine Versammlung zu entsenden. Damit kann ein Anspruch des Veranstalters oder der Teilnehmer auf Entsendung von Polizeibeamten einhergehen. Dies gilt vor allem dann, wenn nur durch die Anwesenheit von Polizeibeamten die störungsfreie Durchführung der Veranstaltung möglich erscheint.

212 **V. Rechtsfolgen**

1. Zu erkennen geben i.S.d. § 12 VersG

Zu erkennen geben bedeutet grundsätzlich persönliches Vorstelligwerden gegenüber dem Leiter, gegebenenfalls unter Vorlage des Dienstausweises.

Umstritten ist, ob diese Pflicht auch für Polizeibeamte in Uniform gilt. Zuweilen wird argumentiert, dies sei eine unnötige Förmelei, da uniformierte Beamte problemlos schon von weitem erkennbar seien. Die wohl h.M. betont das Interesse des Leiters, den Namen und die Dienststelle der Beamten zu erfahren und sieht aus diesem Grunde keine Veranlassung, uniformierte Polizeibeamte von der geschilderten Pflicht auszunehmen.[265]

Strittig ist auch, ob jeder in die Versammlung entsandte Polizeibeamte persönlich beim Leiter vorstellig werden muss oder ob ein Polizeibeamter diese Aufgabe stellvertretend für alle mitübernehmen kann. Gerade bei größeren Versammlungen mit vielen anwesenden Polizeibeamten würde die letztgenannte Vorgehensweise das Verfahren spürbar erleichtern. Auch dazu gehen die Meinungen auseinander, inwieweit Verfahrenserleichterungen zulässig sind.[266]

213 **2. Angemessener Platz i.S.d. § 12 VersG**

Ob der den Polizeibeamten eingeräumte Platz angemessen i.S.d. § 12 VersG ist, hängt vor allem von den konkreten Umständen vor Ort ab. Entscheidend ist, dass der Platz einen Überblick über das Versammlungsge-

---

[265] Dürig-Friedl/Enders, Versammlungsrecht, § 12 Rdnr. 9; Ott/Wächtler/Heinhold, Versammlungsgesetz, § 12 Rdnr. 6.

[266] Ott/Wächtler/Heinhold, Versammlungsgesetz, § 12 Rdnr. 6 f. m.w.N. zum Streitstand.

schehen ermöglicht und den Polizeibeamten die Wahrnehmung ihrer versammlungsspezifischen Gefahrenabwehraufgaben erleichtert. Es muss sich nicht um einen besonderen Ehrenplatz handeln.

3. Gewähren des Zutritts 214

Den in eine Versammlung entsandten Polizeibeamten ist der Zutritt zu gewähren. Jede Zuwiderhandlung gegen diese Verpflichtung würde sich als Gefährdung der öffentlichen Sicherheit darstellen (Beeinträchtigung des Funktionierens einer staatlichen Institution, zudem Ordnungswidrigkeit gem. § 29 Abs. 1 Nr. 8 VersG, in letzter Konsequenz auch Straftatbestand nach § 113 StGB). Zur Abwehr der damit einhergehenden Gefahr wäre die Polizei berechtigt, das Zutrittsrecht zwangsweise durchzusetzen.[267] Ein Ausschluss von Polizeibeamten durch Veranstalter, Leiter oder Ordner ist selbstverständlich nicht möglich.

---

[267] Dürig-Friedl/Enders, Versammlungsrecht, § 12 Rdnr. 13.

§ 12a VersG [Bild- und Tonaufnahmen von Versammlungen durch die Polizei]

(1) Die Polizei darf Bild- und Tonaufnahmen von Teilnehmern bei oder im Zusammenhang mit öffentlichen Versammlungen nur anfertigen, wenn tatsächliche Anhaltspunkte die Annahme rechtfertigen, dass von ihnen erhebliche Gefahren für die öffentliche Sicherheit oder Ordnung ausgehen. Die Maßnahmen dürfen auch durchgeführt werden, wenn Dritte unvermeidbar betroffen werden.

(2) Die Unterlagen sind nach Beendigung der öffentlichen Versammlung oder zeitlich und sachlich damit unmittelbar im Zusammenhang stehender Ereignisse unverzüglich zu vernichten, soweit sie nicht benötigt werden

1. für die Verfolgung von Straftaten von Teilnehmern oder

2. im Einzelfall zur Gefahrenabwehr, weil die betroffene Person verdächtigt ist, Straftaten bei oder im Zusammenhang mit der öffentlichen Versammlung vorbereitet oder begangen zu haben, und deshalb zu besorgen ist, daß von ihr erhebliche Gefahren für künftige öffentliche Versammlungen oder Aufzüge ausgehen.

Unterlagen, die aus den in Satz 1 Nr. 2 aufgeführten Gründen nicht vernichtet wurden, sind in jedem Fall spätestens nach Ablauf von drei Jahren seit ihrer Entstehung zu vernichten, es sei denn, sie würden inzwischen zu dem in Satz 1 Nr. 1 aufgeführten Zweck benötigt.

(3) Die Befugnisse zur Erhebung personenbezogener Informationen nach Maßgabe der Strafprozessordnung und des Gesetzes über Ordnungswidrigkeiten bleiben unberührt.

Erläuterungen:

215

I. Rechtspolitische und verfassungsrechtliche Aspekte

1. Rechtspolitische Brisanz des § 12a VersG

Die Frage, ob und unter welchen Voraussetzungen die Ordnungsbehörden oder die Polizei Bild- und Tonaufnahmen von Versammlungen bzw. Teilnehmern einer Versammlung anfertigen dürfen, zählt zu den umstrittensten Problemfeldern des Versammlungsrechts. Bezeichnend für die rechtspolitische Brisanz ist, dass die erste Version des bayerischen Versammlungsgesetzes aus dem Jahre 2008 vor dem Bundesverfassungsgericht unter anderem scheiterte, weil sie zu großzügig das Videografieren von Versammlungen zuließ (das Vorliegen einer konkreten Gefahr war nicht erforderlich, es bestanden sehr weitgehende Möglichkeiten auch heimlicher und verdeckter Aufnahmen, auch nicht störende Versammlungsteilnehmer durften uneingeschränkt erfasst werden und die so gewonnenen Daten sollten von den Behörden grundsätzlich unbegrenzt verwendet werden dürfen).[268] Bezeichnend ist des Weiteren, dass Berlin im Jahre 2013 ein gesondertes Gesetz über Aufnahmen und Aufzeichnungen von Bild und Ton bei Versammlungen unter freiem Himmel und Aufzügen[269] erlassen hat, welches lediglich diese in Rede stehende Problematik thematisiert und dazu § 19a VersG des Bundes durch landesrechtliche Regelungen ersetzt, ansonsten das VersG des Bundes aber unverändert fortbestehen lässt.

2. Eingriff in die Versammlungsfreiheit und in das Recht auf informationelle Selbstbestimmung 216

Bild- und/oder Tonaufnahmen von Versammlungen bzw. von Versammlungsteilnehmern bedeuten sowohl einen Eingriff in die Versammlungsfreiheit (Art. 8 Abs. 1 GG) als auch in das Recht auf informationelle Selbstbestimmung (Art. 1 Abs. 1 i.V.m. Art. 2 Abs. 1 GG).[270] Eine unbefangene Ausübung der Versammlungsfreiheit ist kaum möglich, wenn die Betreffenden wissen, dass alle Geschehnisse und Verlautbarungen von der Polizei aufgezeichnet werden und ein späterer behördlicher Zugriff auf diese Dateien jederzeit möglich ist. Daher bedürfen derartige Maßnahmen einer besonderen Eingriffsgrundlage, welche in Gestalt der § 12a und § 19a VersG geschaffen wurde. Die Normen wurden nachträglich ins VersG eingefügt.

3. Fehlender Gesetzesvorbehalt - § 12a VersG als Ausdruck verfassungsimmanenter Schranken 217

Unter verfassungsrechtlichen Gesichtspunkten ist zu berücksichtigen, dass Versammlungen in geschlossenen Räumen nicht dem Gesetzesvorbehalt des Art. 8 Abs. 2 GG unterliegen. Auch aus diesem Grunde ist bei der Anwendung des § 12a VersG ein strenger Maßstab anzulegen. Es dürfen nur solche Tatbestände von der Vorschrift erfasst werden, die gleichzeitig Ausdruck verfassungsimmanenter Schranken des Art. 8 Abs. 1 GG sind (ent-

[268] BVerfGE 122, 342.

[269] VersammlG Berlin, GVBl. 2013, S. 103.

[270] Dietel/Gintzel/Kniesel, Versammlungsgesetze, Teil II, 12a Rdnr. 3, 4; Dürig-Friedl/Enders, Versammlungsrecht, § 12a Rdnr. 1 ff. m.w.N.

gegenstehende Grundrechte Dritter oder andere Rechtsgüter mit Verfassungsrang).[271] Insoweit besteht ein Unterschied zu § 19a VersG, der Bild und/oder Tonaufnahmen von Versammlungen unter freiem Himmel ermöglicht, denn letztere stehen gem. Art. 8 Abs. 2 GG ohnehin unter Gesetzesvorbehalt, als dessen Ausformung sich § 19a VersG problemlos ansehen lässt.

218 **II. Anwendungsbereich**

1. Geltung für öffentliche Versammlungen in geschlossenen Räumen

§ 12a VersG normiert nur die Voraussetzungen, unter denen die Polizei Bild- und/oder Tonaufnahmen von einer öffentlichen Versammlung in geschlossenen Räumen anfertigen darf. Nicht direkt anwendbar ist § 12a VersG bei Bild und/oder Tonaufnahmen von öffentlichen Versammlungen unter freiem Himmel; insoweit ist § 19a VersG einschlägig, der jedoch auf § 12a VersG verweist.

Ebenfalls nicht anwendbar ist § 12a VersG - ebenso wie § 19a VersG - bei Bild und/oder Tonaufnahmen von nichtöffentlichen Versammlungen. Diese unterliegen den Eingriffsgrundlagen des Polizeirechts (in Rh.-Pf. §§ 26 ff. POG).[272] Dabei können allgemeine Rechtsgedanken und Wertungen der § 12a, § 19a VersG ergänzend berücksichtigt werden. Im Rahmen ihres Anwendungsbereiches verdrängen § 12a, § 19a VersG als leges speciales sonstige Befugnisnormen des Polizei- und Ordnungsrechts zur Überwachung des öffentlichen Raumes, insbesondere mittels Videokameras.[273]

219 **2. Bild- und Tonaufnahmen**

Mit Bildaufnahmen werden sämtliche technische Verfahren des Fotografierens und Filmens erfasst (einzelne Lichtbilder [Fotos] und bewegte Bilder [Videos]). Tonaufnahmen betreffen technische Verfahren zur Perpetuierung akustischer Vorgänge.

---

[271] BVerfG DVBl. 1994, 690; Dürig-Friedl/Enders, Versammlungsrecht, § 12a Rdnr. 2.

[272] Es sei denn, man befürwortet mit einer Minderheitsmeinung eine analoge Anwendung der Vorschriften des VersG auf nichtöffentliche Versammlungen; siehe zu diesem Problemkreis Rdnr. 64.

[273] Ott/Wächtler/Heinhold, Versammlungsgesetz, § 12a Rdnr. 1.

3. Geltung für offen und verdeckt angefertigte Aufnahmen 220

§ 12a VersG ermöglicht sowohl erkennbare (offene) als auch verdeckt angefertigte Bild- und/oder Tonaufnahmen einer Versammlung; der Wortlaut der Vorschrift macht insoweit keine Einschränkungen. Die verdeckte Anfertigung von Bild- und/oder Tonaufnahmen ist allerdings in ihrer Eingriffsintensität höher angesiedelt als die offene Vorgehensweise. Daher gebietet der Grundsatz der Verhältnismäßigkeit im Normalfall den Vorrang der offenen Datenerhebung. Die neueren VersG der Länder sehen durchweg zwingend nur noch die Möglichkeit offener Bildaufnahmen vor.

4. Geltung sowohl für die eigentliche Versammlung als auch für deren näheres räumliches Umfeld als auch für deren zeitliche Vor- und Nachphase 221

Aufgrund des ausdrücklichen Wortlautes des § 12a VersG *(„...bei oder im Zusammenhang mit öffentlichen Versammlungen...“)* gilt die Vorschrift nicht nur für Bild- und/oder Tonaufnahmen von der eigentlichen Versammlung, sondern auch für solche in deren Umfeld oder in der zeitlichen Vor- und Nachphase (An- und Abreise der Versammlungsteilnehmer). Auch insoweit sind die Möglichkeiten des § 12a VersG durch den Wortlaut der Vorschrift weit ausgreifend konzipiert, was naturgemäß Folgeprobleme bei der Frage der grundsätzlichen Verfassungsmäßigkeit und der Verhältnismäßigkeit auslöst.

5. Die Differenzierung zwischen Übersichtsaufnahmen und Nahaufnahmen 222

Ähnlich wie beim Recht am eigenen Bild und in Anlehnung an die Unterscheidungen des Kunsturhebergesetzes - KUG - wird grundsätzlich unterschieden zwischen Übersichtsaufnahmen vom Versammlungsgeschehen und Nahaufnahmen vom Versammlungsgeschehen oder von einzelnen Personen (wobei die Grenzen naturgemäß fließend sind).

a) Dabei wird bisweilen die Auffassung vertreten, bloße Übersichtsaufnahmen unterlägen nicht den strengen Vorgaben des § 12a VersG; ein Versammlungsgeschehen dürfe also in seiner Gesamtheit „aus der Vogelperspektive“ gefilmt werden, auch wenn keine konkreten qualifizierten Gefahren i.S.d. § 12a VersG feststellbar sind. Es handele sich dann nicht einmal um einen Eingriff in Grundrechte, so dass keine Ermächtigungsgrundlage erforderlich sei. Zur Begründung wird vor allem auf die Entstehungsgeschichte des § 12a VersG verwiesen und eine historische Auslegung dieser Vorschrift vorgenommen: Aus den einschlägigen Materialien anlässlich der damaligen Änderung des VersG und der nachträglichen Einfügung der § 12a, § 19a VersG gehe hervor, dass der Gesetzgeber das bislang praktizierte Anfertigen von Übersichtsaufnahmen von Versammlungen keineswegs habe einschränken wollen.[274]

Vereinzelt wird sogar behauptet, behördlich veranlasste Bild- und/oder Tonaufnahmen von Versammlungsgeschehen seien generell (d.h. ohne Beachtung der tatbestandlichen Voraussetzungen der § 12a, § 19a VersG) möglich, wenn sie lediglich zu Einsatz-, Schulungs- oder Dokumentationszwecken angefertigt würden (z.B. zur Leitung und Lenkung des Einsatzes, Vorführung im Rahmen der Aus- und Fortbildung u.ä.). Durch die Erhebung derartiger, nicht der konkreten Gefahrenabwehr oder der Identifizierung einzelner Versammlungsteilnehmer dienender Daten würden die Grundrechte der Versammlungsteilnehmer nicht gefährdet.

b) Die ganz h.M.[275] lehnt solche Differenzierungen ab. Sie geht davon aus, dass der Anwendungsbereich der § 12a, § 19a VersG abschließend ist und dass die Vorschrift Bild- und/oder Tonaufnahmen von öffentlichen Versammlungen jedweder Art und aus jedwedem Anlass erfasst. So hilfreich und wünschenswert aus behördlicher Sicht die Existenz von Bild- und/oder Tonmaterial von Versammlungen sein mag - der Wortlaut des § 12a VersG ist eindeutig und der eindeutige Wortlaut eines Gesetzes markiert normalerweise die Grenze der Auslegung, zumindest bei einer Befugnisnorm für empfindliche Grundrechtseingriffe. Auch inhaltlich erscheinen die Gründe zur Rechtfertigung von Übersichtsmaßnahmen nicht überzeugend. Das Argument, es handele sich nur um Übersichtsaufnahmen, auf denen in ihrer Ausgangsversion möglicherweise niemand genau zu erkennen sei, wirkt angesichts der Möglichkeiten moderner Videotechnik zum Festhalten von Momentaufnahmen, Vergrößern von Bildern und ähnlichen Präzisionsoptionen heutzutage beinahe realitätsfremd. Hinzu tritt die psychologische Wirkung. Für den einzelnen Versammlungsteilnehmer ist nicht erkennbar, zu welchen Zwecken die Aufnahmen angefertigt werden, so dass alle Bild- und/oder Tonaufnahmen gleichermaßen geeignet sind, Bürger zu verunsichern und von der Ausübung ihrer Grundrechte aus Art. 8 Abs. 1 und auch aus Art. 5 Abs. 1 GG abzuhalten.[276] Erst recht bedeutungslos und ungeeignet, den Anwendungsbereich der § 12a, § 19a VersG zu negieren, sind Dif-

[274] Bundestagsdrucksache 11/4357, S. 17; OVG NW, NWVBl. 2011, 151.

[275] BVerwG, NVwZ 1998, 403; Dietel/Gintzel/Kniesel, Versammlungsgesetze, Teil II, § 12a Rdnr. 5 ff., Rdnr. 19 ff.

[276] OVG Rh.-Pf., Urteil vom 5.2.2015 (lesenswerte Entscheidungsgründe) unter Bezugnahme auf die Rechtsprechung des BVerfG, insbesondere BVerfGE 122, 342.

ferenzierungen nach den behördlichen Absichten, denn für jene, die videografiert werden, sind diese inneren Motive der Behörden weder erkennbar noch nachprüfbar.

6. Die Differenzierung zwischen bloßer Übertragung auf Bildschirm ohne Aufzeichnung und dauerhafter Aufzeichnung der Bilder 223

Teilweise kontrovers beurteilt wird auch die Anwendbarkeit der § 12a, § 19a VersG bei behördlichen Videografierungen, deren Bilder bloß auf Bildschirm übertragen, nicht aber aufgezeichnet werden (Monitorübertagung ohne Aufzeichnung, Übertragung in Echtzeit).

a) Eine Auffassung geht davon aus, dass für bloße Übertragungen von Bildern auf einen Bildschirm, d.h. Monitorübertragungen ohne Aufzeichnung, die § 12a, § 19a VersG nicht anwendbar seien. Es handele sich noch nicht um „Aufnahmen" im Sinne des Wortlauts dieser Paragraphen. Aufnahme im Rechtssinne setze eine dauerhafte Aufzeichnung voraus (Speicherung bzw. Perpetuierung der elektronischen Daten). Eine bloße Übertragung auf einen Bildschirm ohne Speicherung der entsprechenden Daten stehe wertungsmäßig einer bloßen behördlichen Beobachtung oder Observation unter Verwendung technischer Hilfsmittel gleich.

b) Auch diese Sichtweise hat sich nicht durchsetzen können und wird von der h.M. abgelehnt. Außer der Bezugnahme auf den (streng interpretierten) Wortlaut des Begriffs „Aufnahme" findet sie keine Stütze im Gesetz. Sie würde zudem Bild- und Tonaufnahmen von Versammlungen fast beliebig ermöglichen und den Schutzzweck der § 12a, § 19a VersG unterlaufen. Die Rechtsprechung geht davon aus, dass jedwede Bild- und/oder Tonaufnahmen von Versammlungen bzw. von Versammlungsteilnehmern einen Eingriff sowohl in das Recht auf informationelle Selbstbestimmung (Art. 2 Abs. 1 GG) auch in die Versammlungsfreiheit (Art. 8 Abs. 1 GG) darstellen. Der Anwendungsbereich der § 12a, § 19a VersG ist damit eröffnet. Die Frage der dauerhaften Aufzeichnung der Daten spielt keine Rolle (ebenso wenig wie die Art der Aufnahmen [Nah- oder Übersichtsaufnahmen] und die behördliche Intention). Es ist nicht einmal erforderlich, dass überhaupt tatsächlich Aufnahmen gefertigt werden; der bloße äußere Eindruck insoweit genügt. Entscheidend ist allein die Perspektive der Versammlungsteilnehmer und deren subjektives, nachvollziehbares Gefühl, ordnungsbehördlich oder polizeilich gefilmt zu werden.[277]

---

[277] OVG Rh.-Pf., a.a.O.

224 Insgesamt dürfte auch die systematische behördliche Beobachtung oder Observation einer Versammlung oder einzelner Versammlungsteilnehmer einen Eingriff in die Versammlungsfreiheit und in das allgemeine Persönlichkeitsrecht der Betreffenden bedeuten - ob mit oder ohne technische Hilfsmittel. Ab einer gewissen Intensität der behördlichen Beobachtung ist die Eingriffsqualität gegeben - schon wegen der oben erwähnten psychologischen Dimension des Geschehens. Als Ermächtigungsgrundlagen kommen die Befugnisnormen des VersG im Erst-recht-Schluss in Betracht (insbesondere § 12a und § 19a VersG), hilfsweise Befugnisnormen des allgemeinen Polizei- und Ordnungsrechts, sofern damit nicht der vorrangige Anwendungsbereich einzelner Normen des VersG unterlaufen wird.

225 **III. Tatbestandliche Voraussetzungen**

1. Qualifizierte Gefahrenschwelle (erhebliche Gefahren)

Voraussetzung für Bild- und/oder Tonaufnahmen sind tatsächliche Anhaltspunkte, dass von Teilnehmern einer Versammlung erhebliche Gefahren für die öffentliche Sicherheit oder Ordnung ausgehen. Die Anforderungen für Bild- und/oder Tonaufnahmen von Versammlungen sind damit wegen der Eingriffsintensität relativ hoch gelegt - verglichen mit der allgemeinen polizeilichen Generalklausel.

Hinsichtlich der genannten Tatbestandsmerkmale der § 12a, § 19a VersG *(öffentliche Sicherheit, öffentliche Ordnung, Gefahr, erheblich)* gelten die allgemeinen Grundsätze des Polizei- und Ordnungsrechts.[278] Dabei wird durch das Attribut „erheblich“ zum Ausdruck gebracht, dass nicht jede beliebige Gefahr zur Anfertigung von Bild- und/oder Tonaufnahmen genügt, sondern die Gefahr eine gewisse Schwere und Dimension haben muss.

Beispiele für erhebliche Gefahren i.d.S.:
- Dezidierte Aufrufe zur Gewaltanwendung im Vorfeld der Versammlung.
- Gehäuftes Auftauchen gewaltbereiter Skinheads oder Autonomer o.ä.
- Erfahrungswerte, dass es bei ähnlichen Veranstaltungen in der Vergangenheit regelmäßig zu Ausschreitungen gekommen ist.

---

[278] Schenke, Polizei- und Ordnungsrecht, Rdnr. 53 ff.

2. § 12a VersG bei (bloßen) Gefahren für die öffentliche Ordnung 226

Bloße Gefahren für die öffentliche Ordnung dürften als Rechtfertigung für Bild- und/oder Tonaufnahmen von Versammlungen normalerweise nicht genügen.[279] Dies gebietet die Güterabwägung zwischen der relativ hoch angesiedelten Versammlungsfreiheit und dem eher nachrangigen und politisch sehr umstrittenen Schutzgut der öffentlichen Ordnung. Auch der Grundsatz der Verhältnismäßigkeit spricht für dieses Ergebnis. Zudem wird häufig rechtsdogmatisch argumentiert, die öffentliche Ordnung gehöre nicht zu den verfassungsimmanenten Schranken, die allein in der Lage seien, Versammlungen in geschlossenen Räumen Grenzen zu setzen.[280]

3. Verursacherprinzip und allgemeine Verantwortungsgerechtigkeit 227

Nach allgemeinen Regeln müssen die erheblichen Gefahren für die öffentliche Sicherheit oder Ordnung i.S.d. § 12a, § 19a VersG, die Anlass für die Bild- und/oder Tonaufnahmen sind, jener Versammlung rechtlich zurechenbar sein, die Gegenstand der Bild- und/oder Tonaufnahmen ist. Unzulässig ist hingegen, eine Versammlung insoweit haftbar zu machen für qualifizierte Störungen, die von außen und ohne ihr Zutun in sie hineingetragen werden.

4. Bild- und/oder Tonaufnahmen durch Private 228

Die hohe Eingriffsschwelle und die Restriktionen der §§ 12a, 19a VersG gelten (selbstverständlich) nur für behördlicherseits veranlasste Bild- und/oder Tonaufnahmen. Für Fotos oder Videos, die durch Privatpersonen vom Versammlungsgeschehen angefertigt werden, gelangen die § 12a, § 19a VersG nicht zur Anwendung. Für die Letztgenannten gelten die Vorschriften des BGB, des KUG, ggf. auch das Presserecht, sofern die Handelnden Journalisten und Medienvertreter sind (siehe dazu Rdnr. 132 ff.).

In diesem Zusammenhang sei auf eine sich auftuende rechtliche Dissonanz hingewiesen: Es droht mittlerweile im Ergebnis eine Schieflage zwischen den rechtlichen Vorgaben für behördliche Bildaufnahmen von Versammlungen einerseits und jenen für private andererseits. Für erstgenannte bestehen die oben ausgeführten Restriktionen. Zumindest in jenen Bundesländern, die keine ergänzenden Regelungen zu § 12a, § 19a VersG getroffen haben, sind Bildaufnahmen von Versammlungen damit an sehr strenge

[279] Schenke, Polizei- und Ordnungsrecht, Rdnr. 367.
[280] Schenke, a.a.O.

tatbestandliche Voraussetzungen geknüpft. Eine gänzlich andere Entwicklung ist hingegen bei privaten Bildaufnahmen von Versammlungen zu verzeichnen. Diesbezüglich gibt es kaum Restriktionen (siehe Rdnr. 136). Das gilt erst recht, wenn der Fotografierende sich auf die Mediengrundrechte des Art. 5 Abs. 1 S. 2 GG berufen kann. Für den einzelnen Versammlungsteilnehmer kann es jedoch ähnlich belastend sein, wenn er von Journalisten oder Privaten fotografiert/videografiert wird, wie wenn dies behördlicherseits geschieht. Der Versammlungsteilnehmer muss damit rechnen, dass diese Bildaufnahmen weitgehend frei und unkontrolliert verwendet werden, beispielsweise im Internet verbreitet werden oder in vielfältigen Fernsehsendungen erscheinen. Hinzu kommt die Versuchung für Polizei und Ordnungsbehörden und auch für die Strafverfolgungsbehörden, sich dieser privaten Bildaufnahmen mittelbar zu bedienen. Im Extremfall könnten private Bilder und Videoaufnahmen behördlicherseits regelrecht gefördert und veranlasst werden, um über diesen Umweg an Bildmaterial zu gelangen, welches über den direkten Weg der § 12a, § 19a VersG nicht erlangt werden kann. Dass es sich um einen Rechtsmissbrauch handeln würde, bedarf keiner näheren Ausführung. Andererseits besteht für so gewonnenes Bildmaterial kein prozessuales Verwertungsverbot. Für Bild- und/oder Tonaufnahmen, die von Privatpersonen angefertigt wurden und die zufällig in die Hände der Polizei geraten (beispielsweise durch Sicherstellungen oder Beschlagnahme), gelten die Restriktionen der § 12a, § 19a VersG jedenfalls nicht.[281]

229 **IV. Rechtsfolgen**

1. § 12a Abs. 2 VersG reglementiert die weitere Vorgehensweise im Umgang mit angefertigten Bild- und/oder Tonaufnahmen von Versammlungen. Diese sind grundsätzlich nach dem Ende der Versammlung zu vernichten, es sei denn, es liegt einer der in § 12a VersG genannten Gründe für eine Aufbewahrung und weitere Verwendung vor. Zur Vermeidung unnötiger Wiederholungen kann insoweit auf den Gesetzestext des § 12a Abs. 2 VersG verwiesen werden.

2. § 12a Abs. 3 VersG hat lediglich deklaratorische Bedeutung und betont nochmals den allgemeinen Grundsatz, dass die Befugnisse der Polizei, Bild- und/oder Tonaufnahmen zur Aufklärung und Verfolgung von Straftaten und Ordnungswidrigkeiten anzufertigen (vor allem nach § 81b und § 163d StPO) durch die Vorgaben des § 12a VersG nicht eingeschränkt werden, sondern daneben bestehen.

---

[281] BVerfGE 77, 65.

§ 13 Abs. 1 VersG [Auflösung einer Versammlung]

(1) Die Polizei (§ 12) kann die Versammlung nur dann und unter Angabe des Grundes auflösen, wenn

1. der Veranstalter unter die Vorschriften des § 1 Abs. 2 Nr. 1 bis 4 fällt, und im Falle der Nummer 4 das Verbot durch die zuständige Verwaltungsbehörde festgestellt worden ist,

2. die Versammlung einen gewalttätigen oder aufrührerischen Verlauf nimmt oder unmittelbare Gefahr für Leben und Gesundheit der Teilnehmer besteht,

3. der Leiter Personen, die Waffen oder sonstige Gegenstände im Sinne von § 2 Abs. 3 mit sich führen, nicht sofort ausschließt und für die Durchführung des Ausschlusses sorgt,

4. durch den Verlauf der Versammlung gegen Strafgesetze verstoßen wird, die ein Verbrechen oder von Amts wegen zu verfolgendes Vergehen zum Gegenstand haben, oder wenn in der Versammlung zu solchen Straftaten aufgefordert oder angereizt wird und der Leiter dies nicht unverzüglich unterbindet.

In den Fällen der Nummern 2 bis 4 ist die Auflösung nur zulässig, wenn andere polizeiliche Maßnahmen, insbesondere eine Unterbrechung, nicht ausreichen.

Erläuterungen:

I. Anwendungsbereich 230

1. Verhältnis zum allgemeinen Polizeirecht

a) § 13 Abs. 1 S. 1 VersG normiert enumerativ die Auflösungsgründe für öffentliche Versammlungen in geschlossenen Räumen. Ein Rückgriff auf das allgemeine Polizeirecht ist wegen des abschließenden Charakters des VersG grundsätzlich nicht möglich; insoweit gelten sinngemäß die Erwägungen zu den Verbotsgründen des § 5 VersG.

b) Relativiert wird der abschließende Charakter der Auflösungsgründe des § 13 Abs. 1 S. 1 VersG durch die allgemein anerkannte Möglichkeit, ausnahmsweise dann eine Versammlung auf der Grundlage des allgemeinen Polizei- und Ordnungsrechts aufzulösen, wenn die Auflösung ihren Grund nicht in einer versammlungsspezifischen Gefahr, sondern in einem versammlungsfremden Grund hat, etwa baurechtlicher oder gesundheitsrechtlicher Natur (z.B. Einsturzgefahr des Gebäudes, Bombendrohung, Gefahr durch übertragbare Krankheiten o.ä.).

c) Möglich ist ein Rückgriff auf das allgemeine Polizei- und Ordnungsrecht auch dann, wenn es um die Auflösung einer bereits wirksam verbotenen Versammlung geht, die sich verbotswidrig dennoch zusammengefunden hat. Das Dogma vom abschließenden Charakter des Versammlungsgesetzes greift hier von vornherein nicht, da die betreffende Versammlung sich nicht auf Art. 8 GG berufen kann und von Beginn an illegal ist.

d) Gleiches gilt bei einer wirksam aufgelösten Versammlung. (Siehe dazu nachfolgend die Erläuterungen zu § 13 Abs. 2 VersG.)

231 **2. Verhältnis zu § 5 VersG**

§ 13 Abs. 1 S. 1 VersG korrespondiert sehr eng mit § 5 VersG: Die Leitthemen der jeweiligen Untersagungstatbestände sind fast spiegelbildlich angeordnet. Lediglich bei den Nummern 2 und 3 findet sich thematisch eine Art Chiasmus (im Sinne einer Überkreuzstellung). § 5 VersG reglementiert die Untersagung einer Versammlung vor deren Beginn, während § 13 Abs. 1 VersG die Untersagung einer Versammlung nach deren Beginn erfasst. Wesentliche inhaltliche Unterschiede bestehen vor allem in folgendem:

a) § 5 VersG ermächtigt die Ordnungsbehörde, während § 13 Abs. 1 VersG direkt die Polizei für zuständig erklärt.

b) § 5 VersG beschäftigt sich vor allem mit Verbotsgründen, die in der Person oder im Verhalten des Veranstalters liegen, während die Auflösungsgründe des § 13 Abs. 1 VersG „ganzheitlich" das gesamte Versammlungsgeschehen erfassen, also das Verhalten auch der Teilnehmer stärker miteinbeziehen.

232 **II. Auflösung nach § 13 Abs. 1 S. 1 Nr. 1 VersG (fehlende Versammlungsfreiheit des Veranstalters aus verfassungsrechtlichen Gründen)**

Der Auflösungsgrund des § 13 Abs. 1 S. 1 Nr. 1 VersG ist deckungsgleich mit dem Verbotstatbestand des § 5 Nr. 1 VersG. Beide nehmen Bezug auf die allgemeine Vorschrift des § 1 Abs. 2 VersG, so dass auf die dortigen Ausführungen verwiesen werden kann.

III. Auflösung nach § 13 Abs. 1 S. 1 Nr. 2 VersG (gewalttätiger oder aufrührerischer Verlauf oder unmittelbare Gefahr für Leben und Gesundheit der Teilnehmer) 233

1. Der Auflösungsgrund des § 13 Abs. 1 S. 1 Nr. 2 VersG steht in Verbindung mit dem Verbotstatbestand des § 5 Nr. 3 VersG, ist jedoch weiter als dieser: Erstens ist es bei der Auflösung gem. § 13 Abs. 1 S. 1 Nr. 2 VersG dem Wortlaut nach grundsätzlich gleichgültig, ob der Veranstalter oder sein Anhang für den gewalttätigen oder aufrührerischen Verlauf verantwortlich sind. Zweitens tritt zum gewalttätigen oder aufrührerischen Verlauf als Auflösungsalternative hinzu, dass unmittelbare Gefahr für Leben und Gesundheit der Teilnehmer besteht.

2. Gewalttätig oder aufrührerisch ist eine Versammlung erst dann, wenn aggressive Handlungen und Gewalttätigkeiten von einer gewissen Schwere zu erwarten stehen. Nach h.M. handelt es sich um eine Umschreibung der Unfriedlichkeit i.S.d. Art. 8 Abs. 1 GG.

Es genügt bei § 13 Abs. 1 S. 1 Nr. 2 VersG, dass eine so große Anzahl der Teilnehmer in entsprechende Gewaltanwendungen verwickelt ist, dass eine Wiederherstellung der Friedlichkeit nicht mehr möglich erscheint.

3. Unmittelbare Gefahr für Leben und Gesundheit ist ein Begriff aus dem allgemeinen Polizei- und Ordnungsrecht. Es gelten insoweit die allgemeinen Regeln.[282]

4. Zum Begriff des Teilnehmers siehe die Ausführungen zu §§ 7 bis 10 VersG.

5. Auch wenn dies nicht ausdrücklich aus dem Wortlaut des § 13 Abs. 1 S. 1 Nr. 2 VersG hervorgeht, ist für die Auflösung einer Versammlung wegen gewalttätigen oder aufrührerischen Verlaufs erforderlich, dass dieser durch Teilnehmer der Versammlung herbeigeführt wird oder zumindest durch solche Personen verursacht wird, die im Lager der aufzulösenden Versammlung stehen. Keinesfalls berechtigten Störungen von dritter Seite die Auflösung einer sich selbst weitgehend korrekt verhaltenden Versammlung, es sei denn, die sehr hoch angesetzten Voraussetzungen eines polizei-

[282] Schenke, Polizei- und Ordnungsrecht, Rdnr. 69 ff.

lichen Notstandes wären ausnahmsweise gegeben. Bei gewalttätigem Verhalten durch Außenstehende gegen eine rechtmäßig stattfindende Versammlung hat die Polizei gegen diese Störungen einzuschreiten und den möglichst reibungslosen Ablauf der legalen Versammlung zu gewährleisten. Dies folgt gleichermaßen aus verfassungsrechtlichen Gründen (Art. 8 GG, Rechtsstaatsprinzip) wie aus einfachgesetzlichen Gründen (polizeirechtliche Verantwortlichkeit und Störereigenschaft, ermessensfehlerfreie Störerauswahl).

Gleiches gilt sinngemäß für die mögliche Auflösung einer Versammlung wegen unmittelbarer Gefahren für Leben und Gesundheit der Teilnehmer i.S.d. § 13 Abs. 1 S. 1 Nr. 2 VersG. Auch hier ist nach allgemeinen Regeln (Verursacherprinzip, Verantwortungsgerechtigkeit, ermessensgerechte Störerauswahl) zu fordern, dass diese Gefahren durch die Versammlung selbst bzw. durch deren Teilnehmer heraufbeschworen werden und ihr zurechenbar sind. Eine Auflösung kommt hingegen nicht in Betracht, wenn die Gefahren durch außenstehende Dritte verursacht werden.

234 **IV. Auflösung nach § 13 Abs. 1 S. 1 Nr. 3 VersG (der Leiter schließt bewaffnete Personen nicht sofort aus oder sorgt nicht für Durchführung des Ausschlusses)**

1. Der Auflösungsgrund des § 13 Abs. 1 S. 1 Nr. 3 VersG ist weitgehend deckungsgleich mit dem Verbotstatbestand des § 5 Nr. 2 VersG und nimmt - ebenso wie dieser - Bezug auf das allgemeine Waffentragungsverbot des § 2 Abs. 3 VersG. Da die Versammlung bei einer Auflösung begriffsnotwendig bereits begonnen haben muss, stellt § 13 Abs. 1 S. 1 Nr. 3 VersG auf den Vorgang des Ausschlusses durch den Leiter ab, der zu erfolgen hat und nicht unvollstreckt bleiben darf.

2. Zum Mitsichführen einer Waffe oder eines gefährlichen Werkzeuges i.S.d. § 2 Abs. 3 VersG siehe die Erläuterungen zu § 2 Abs. 3 VersG.

3. Zur Eigenschaft als Leiter siehe die Erläuterungen zu §§ 7 ff. VersG.

4. Zum Vorgang des Ausschlusses durch den Leiter siehe die Erläuterungen zu § 11 VersG.

5. Mit Durchführung des Ausschlusses ist dessen vollstreckungsrechtliche Umsetzung gemeint.

V. Auflösung nach § 13 Abs. 1 S. 1 Nr. 4 VersG (Verstoß gegen Straftatbestände, die ein Verbrechen oder von Amts wegen zu verfolgendes Vergehen zum Gegenstand haben oder Aufforderung zu solchen Straftaten mit Billigung des Leiters) 235

Der Auflösungstatbestand des § 13 Abs. 1 S. 1 Nr. 4 VersG ist verwandt mit dem Verbotstatbestand des § 5 Nr. 4 VersG, geht aber inhaltlich deutlich über diesen hinaus, da § 5 Nr. 4 VersG lediglich das Äußern oder Vertreten qualifiziert strafbarer Ansichten als Verbotsgrund nennt, während § 13 Abs. 1 S. 1 Nr. 4 VersG qualifiziert strafbare Verhaltensweisen und die Aufforderung dazu insgesamt als Auflösungsgrund vorsieht. Die Einschränkungen bei § 5 Nr. 4 VersG zur Deliktsnatur des Straftatbestandes sind daher bei § 13 Abs. 1 Nr. 4 VersG gegenstandslos; das gesamte Spektrum des materiellen Strafrechts ist hier grundsätzlich eröffnet.

Auch bei § 13 Abs. 1 S. 1 Nr. 4 VersG ist - ähnlich wie bei § 13 Abs. 1 S. 1 Nr. 2 und 3 VersG - entsprechend den allgemeinen Grundsätzen über Verursacherprinzip, Verantwortungsgerechtigkeit und ermessenfehlerfreie Störerauswahl für eine Auflösung zu fordern, dass die strafbaren Verhaltensweisen der aufzulösenden Versammlung zurechenbar sind. Das Fehlverhalten muss aus den Reihen der Versammlungsteilnehmer kommen. (Dies legt auch der Gesetzeswortlaut des § 13 Abs. 1 S. 1 Nr. 4 VersG nahe: *„...wenn in der Versammlung zu solchen Straftaten aufgefordert oder angereizt wird und der Leiter dies nicht unverzüglich unterbindet."*) Zudem gilt auch hier der Grundsatz, dass das Fehlverhalten einzelner Versammlungsteilnehmer nicht automatisch der gesamten übrigen Versammlung zuzurechnen ist, wenn die deutlich überwiegende Anzahl der Teilnehmer guten Willens ist und sich von den strafbaren Entgleisungen Einzelner erkennbar distanziert.

VI. Verfahrensrechtliche Aspekte 236

Wegen ihrer weitreichenden Wirkungen ist nach h.M. der Erlass einer Auflösungsverfügung gem. § 13 Abs. 1 S. 1 VersG nicht konkludent möglich[283], sondern muss ausdrücklich erfolgen (ähnlich wie der Ausschluss einzelner Versammlungsteilnehmer aus einer Versammlung). Man wird dazu kaum verlangen können, dass der Begriff „Auflösung" behördlicherseits explizit Verwendung finden muss. Ein derartiges Haften an äußeren Formalien würde beinahe schon auf eine Wiederbelebung mittelalterlich anmutenden Rechtsdenkens hinauslaufen (zwingende Verwendung bestimmter magischer Formeln, damit eine Rechtshandlung Wirksamkeit er-

---

[283] BVerfGK 4, 154; Schenke, Polizei- und Ordnungsrecht, Rdnr. 375 m.w.N.

langt). Andererseits ist ein Mindestmaß an verbal klarer und hinreichend bestimmter Verlautbarung durch die Behörde erforderlich. Eine lediglich aus den Umständen hervorgehende Auflösung ist nicht zulässig (beispielsweise durch Aufbau von Absperrungen, Bilden von „Polizeiketten", Verschließen von Räumen, Aufforderung, den Raum zu verlassen und nach Hause zu gehen o.ä.).

Für eine gewisse Formenstrenge bei Auflösungsverfügungen spricht auch der Umstand, dass § 13 Abs. 1 S. 1 VersG ausdrücklich *die Angabe des Grundes* für die Auflösung gegenüber den Versammlungsteilnehmern durch die Polizei verlangt. Die Teilnehmer der Versammlung haben demnach einen Anspruch darauf, im Falle einer Auflösung noch vor Ort zu erfahren, warum diese Rechtsfolge verhängt wurde. § 13 Abs. 1 S. 1 VersG geht dabei über den allgemeinen Begründungszwang des § 39 VwVfG hinaus.

237 VII. Die einfachgesetzliche Normierung des Erst-recht-Schlusses in § 13 Abs. 1 S. 2 VersG

§ 13 Abs. 1 S. 2 VersG sieht - in Anwendung des Grundsatzes der Verhältnismäßigkeit und des Übermaßverbotes - vor, dass die Auflösung einer Versammlung nur zulässig ist, wenn andere polizeiliche Maßnahmen, insbesondere eine Unterbrechung, nicht ausreichen. Der Vorschrift wird eine allgemeine rechtspolitische Dimension beigemessen. Sie wird gemeinhin als „kryptische Offenbarung" des gesetzgeberischen Willens, als „Inkarnation" der Erst-recht-Schlusses im Versammlungsrecht gewertet. Als verallgemeinerungsfähiger Rechtsgedanke sei ihr die Aussage zu entnehmen, dass auch andere Ermächtigungsgrundlagen des VersG als ungeschriebene Komponente in sich die Rechtsfigur der einschränkenden Verfügung enthielten (sog. Minusmaßnahme oder Mindermaßnahme; in Kategorien der juristischen Methodenlehre: argumentum a maiori ad minus [Erst-recht-Schluss]). Zu der grundsätzlichen Dimension dieser Problematik sei auf die Ausführungen unter Rdnr. 75 f. verwiesen.

§ 13 Abs. 2 VersG
[Pficht der Teilnehmer zum Entfernen nach Auflösung einer Versammlung]

Sobald eine Versammlung für aufgelöst erklärt ist, haben alle Teilnehmer sich sofort zu entfernen.

Erläuterungen:

I. Rechtsdogmatische Aspekte 238

1. Die Verpflichtung aus § 13 Abs. 2 VersG tritt automatisch kraft Gesetzes mit Wirksamkeit der Auflösungsverfügung ein (ex lege, eo ipso); sie ist gewissermaßen akzessorisch untrennbar mit der Auflösungsverfügung verbunden. Einer zusätzlichen polizeilichen Gebotsverfügung zum Verlassen der Örtlichkeit bedürfte es daher zum Entstehen der Verpflichtung nicht. Dies ist unter rechtstechnischen Gesichtspunkten im Polizei- und Ordnungsrecht ungewöhnlich: Gebote oder Verbote entstehen dort typischerweise gesondert durch Verwaltungsakt. Aus vollstreckungsrechtlichen Gründen ist dieser jedoch in aller Regel letztendlich doch nicht verzichtbar (siehe unten III.).

2. Mit der Wirksamkeit der Auflösungsverfügung verliert die Versamm- 239
lung den Schutz des Art. 8 GG. Nach h.M. handelt sich nicht mehr um eine Versammlung i.S.d. Art. 8 GG, sondern um eine bloße Menschenansammlung.[284] Damit lebt das ansonsten vom VersG verdrängte allgemeine Polizei- und Ordnungsrecht wieder auf. Demzufolge kann gegen Personen, die der Verpflichtung zum Verlassen des Versammlungsortes zuwiderhandeln, mit dem allgemeinen polizeirechtlichen Instrumentarium vorgegangen werden.

II. Tatbestandliche Merkmale des § 13 Abs. 2 VersG 240

1. Entfernen i.S.d. § 13 Abs. 2 VersG bedeutet Verlassen des Veranstaltungsortes.

2. Sofort i.S.d. § 13 Abs. 2 VersG bedeutet so schnell wie möglich, d.h. unverzüglich und ohne schuldhaftes Zögern.

---

284 Dürig-Friedl/Enders, Versammlungsrecht, § 13 Rdnr. 7, 8.

3. Zum Begriff des Teilnehmers siehe die Ausführungen zu §§ 7 bis 10 VersG. Mit Teilnehmer i.S.d. § 13 Abs. 2 VersG sind nicht nur die Teilnehmer im engeren Sinne gemeint, sondern alle, die zu der betreffenden Versammlung gehörten, also auch Veranstalter, Leiter und Ordner (Teilnehmer im weiteren Sinne).

241 **III. Durchsetzung der Verlassenspflicht aus § 13 Abs. 2 VersG**

Bei der Entfernenspflicht aller Teilnehmer einer aufgelösten Versammlung aus § 13 Abs. 2 VersG stellt sich - ähnlich wie bei der Verlassenspflicht ausgeschlossener Versammlungsteilnehmer nach § 11 Abs. 2 VersG - die Frage, wie diese Verpflichtung durchgesetzt werden kann, wenn die Versammlungsteilnehmer - dem Gebot aus § 13 Abs. 2 VersG zuwider handelnd - am Ort des Geschehens verweilen:

Zu denken wäre an eine sofortige Verbringung der widerspenstigen Versammlungsteilnehmer durch die Polizei weg vom Versammlungsort. Dabei würde es sich um die Anwendung unmittelbaren Zwanges im Vollstreckungsverfahren (in Rh.-Pf. nach POG und LVwVG) handeln. Diese setzt eine wirksame und vollstreckbare Grundverfügung voraus. Im vorliegenden Fall dürfte eine solche noch nicht existent sein. Insbesondere dürfte die Auflösung der Versammlung keine taugliche Ge- oder Verbotsverfügung in dem von § 61 Abs. 1 LVwVG geforderten Sinne für die Vollstreckung der Entfernungspflicht darstellen.[285] Die Auflösung erschöpft sich in dem Erklärungswert, dass die betreffende Versammlung nunmehr untersagt ist. Sie hat somit rechtsgestaltende Wirkung[286], spricht aber nicht das Gebot aus, den Ort des Geschehens zu verlassen.

Auch die gesetzliche Verpflichtung aus § 13 Abs. 2 VersG zum sofortigen Entfernen vom Versammlungsort ist als Anknüpfungspunkt für eine darauf aufbauende Vollstreckung ungeeignet, da es sich bei § 13 Abs. 2 VersG „nur“ um eine kraft Gesetzes bestehende Verpflichtung handelt, nicht aber um eine polizeiliche Verfügung. Das Vollstreckungsrecht (in Rh.-Pf. § 2 LVwVG) fordert jedoch ausdrücklich das Vorliegen eines vollstreckbaren Verwaltungsaktes (= einer polizeilichen Verfügung) als Grundlage der polizeilichen Zwangsvollstreckung.

---

[285] Es sei denn, man sieht in der Auflösungsverfügung nach § 13 Abs. 1 VersG und der gesetzlichen Pflicht aus § 13 Abs. 2 VersG eine untrennbare Einheit, bei der letztere akzessorisch mit ersterer verbunden ist.

[286] So auch Schenke, Polizei- und Ordnungsrecht, Rdnr. 375 mit dogmatisch überzeugender Begründung.

Eine Ausnahme von diesem Grundsatz erlauben lediglich die Vorschriften über den sofortigen Vollzug (in Rh.-Pf. § 61 Abs. 2 LVwVG i.V.m. § 57 Abs. 1 POG), die die direkte Anwendung unmittelbaren Zwanges - ohne Erlass einer vorherigen Grundverfügung - in besonderen Eilsituationen ermöglichen. Eine solche akut sich zuspitzende Gefahrenlage, die den Erlass einer Grundverfügung entbehrlich machen würde, liegt jedoch bei der bloßen Zuwiderhandlung gegen die Pflicht, sich vom Versammlungsort zu entfernen, nicht vor.

Die Polizei ist also gehalten, den Teilnehmern der aufgelösten Versammlung gegenüber eine Grundverfügung zu erlassen, die die Pflicht zum Verlassen des Ortes aus § 13 Abs. 2 VersG konkretisiert. Dabei handelt es sich um eine Platzverweisung (in Rh.-Pf. gem. § 13 POG). Eine solche ist in der gegebenen Situation möglich. Die Sperrwirkung des VersG ist aufgehoben, da die Adressaten der Platzverweisung durch die zuvor erfolgte Auflösung der Versammlung die Schutzwirkung des Art. 8 GG verloren haben und das allgemeine Polizeirecht damit wieder auflebt. Die Voraussetzungen für eine Platzverweisung liegen vor. § 13 POG fordert eine Gefahr für die öffentliche Sicherheit oder Ordnung. Indem die Teilnehmer der aufgelösten Versammlung weiter am Versammlungsort verweilen, verstoßen sie gegen das Gebot aus § 13 Abs. 2 VersG und begehen zugleich eine Ordnungswidrigkeit nach § 29 Abs. 1 Nr. 2 VersG. Damit liegt eine Gefahr für die öffentliche Sicherheit vor unter deren Teilaspekt „Verstoß gegen die objektive Rechtsordnung und gegen geschriebene Verbotsvorschriften".

242
243
244
245
246
247
248
249

Abschnitt III:
Öffentliche Versammlungen unter freiem Himmel und Aufzüge

§ 14 VersG [Anmeldungspflicht]

(1) Wer die Absicht hat, eine öffentliche Versammlung unter freiem Himmel oder einen Aufzug zu veranstalten, hat dies spätestens 48 Stunden vor der Bekanntgabe der zuständigen Behörde unter Angabe des Gegenstandes der Versammlung oder des Aufzuges anzumelden.

(2) In der Anmeldung ist anzugeben, welche Person für die Leitung der Versammlung oder des Aufzuges verantwortlich sein soll.

Erläuterungen:

250 **I. Zuständige Behörde**

Zuständige Behörde für die Anmeldung von Versammlungen ist die Ordnungsbehörde (nicht die Polizei). In Rheinland-Pfalz ist dies in großen kreisangehörigen Städten die Stadtverwaltung, in Landkreisen die Kreisverwaltung und in kreisfreien Städten die Stadtverwaltung (§ 2 Nr. 9 der Landesverordnung über die Zuständigkeit der allgemeinen Ordnungsbehörden).

251 **II. Verfassungsrechtliche Problematik der Anmeldepflicht**

Verfassungsrechtlich bestehen grundsätzliche Bedenken gegen die Anmeldepflicht des § 14 VersG. Diese erstrecken sich auch und vor allem gegen ihre polizeirechtliche Sanktionierung durch § 15 Abs. 2 Var. 1 und Var. 2 VersG und ihre Strafbewehrung durch § 26 Abs. 1 Nr. 2 VersG, und zwar aus folgenden Erwägungen:

Hinter der Anmelde- und Erlaubnisfreiheit für Versammlungen stehen gewichtige verfassungsrechtliche Überlegungen; sie ist gewissermaßen das Gegenstück zum Zensurverbot des Art. 5 Abs. 1 S. 3 GG.[287] So wie zwischen den für eine Demokratie wesentlichen Grundrechten der Versammlungsfreiheit und der Meinungsfreiheit eine enge Verwandtschaft besteht, so existieren auch Parallelen zwischen der Anmelde- und Erlaubnisfreiheit des Art. 8 Abs. 1 GG und dem Zensurverbot des Art. 5 Abs. 1 S. 3 GG.

---

[287] Wege, NVwZ 2005, 900.

Beide Garantien sollen verhindern, dass der Staatsapparat bereits präventiv auf kritische, missliebige Verlautbarungen reagiert und diese zu beeinflussen oder zu unterbinden sucht.

Gemäß Art. 8 Abs. 1 GG haben alle Deutschen das Recht, sich *ohne Anmeldung oder Erlaubnis* friedlich und ohne Waffen zu versammeln. Die in § 14 VersG normierte Anmeldepflicht widerspricht somit der in Art. 8 Abs. 1 GG garantierten Anmeldefreiheit für Versammlungen.

Ob daran der Gesetzesvorbehalt in Art. 8 Abs. 2 GG für Versammlungen unter freiem Himmel etwas zu ändern vermag, ist umstritten. Die Festschreibung einer pauschalen Anmeldepflicht für alle öffentlichen Versammlungen unter freiem Himmel durch das VersG ist bedenklich, da ein Gesetzesvorbehalt den Gesetzgeber normalerweise zwar zur näheren einfachgesetzlichen Ausgestaltung eines Grundrechts ermächtigt, nicht aber dazu, in der Verfassung für dieses Grundrecht ausdrücklich vorgegebene Eckdaten durch einfaches Gesetz weitgehend zu revidieren, quasi außer Kraft zu setzen.

Die Anmeldepflicht des § 14 VersG ließe sich jedoch - sofern man den Gesetzesvorbehalt des Art. 8 Abs. 2 GG nicht als ausreichend erachtet - auf verfassungsimmanente Schranken des Art. 8 Abs. 1 GG stützen und damit einhergehend auf das verfassungsrechtliche Gebot zur Grundrechtseffektuierung.[288] Dahinter steht folgender Gedankengang: Da Versammlungen unter freiem Himmel in aller Regel im öffentlichen Straßenraum stattfinden und in weit höherem Maße als Versammlungen in geschlossenen Räumen mit Grundrechten Dritter, Rechtsgütern von Verfassungsrang und Interessen der Allgemeinheit kollidieren, entspricht es dem Gebot zur praktischen Konkordanz im Verfassungsrecht, mit der Anmeldepflicht ein Verfahrenselement zu schaffen, das die Anmeldebehörde in den Stand versetzt, einen angemessenen Interessenausgleich vorzunehmen. Nur wenn die Behörde weiß, welche Versammlung wann und wie geplant ist, kann sie für einen möglichst reibungslosen Ablauf Sorge tragen. 252

III. Verfassungskonforme, restriktive Auslegung der Anmeldepflicht 253

Angesichts der angreifbaren verfassungsrechtlichen Legitimation des § 14 VersG wird die Vorschrift einhellig als bloße versammlungsrechtliche Ordnungsvorschrift interpretiert.[289] Sie darf nur im Lichte des Grundrechts

[288] Schulze-Fielitz, in: Dreier, GG, Art. 8 Rdnr. 83 ff., 116 ff.
[289] Dietel/Gintzel/Kniesel, Versammlungsgesetze, Teil II, § 14 Rdnr. 7 ff. m.w.N.

der Versammlungsfreiheit und nicht um ihrer selbst Willen angewendet werden.[290] Entgegen dem Wortlaut des § 14 VersG unterliegt nicht jede öffentliche Versammlung unter freiem Himmel kategorisch der Anmeldepflicht des § 14 VersG. Ansonsten würden die Gewährleistungen des Art. 8 Abs. 1 GG für besonders eilige, spontan ins Leben gerufene Versammlungen in unzulässiger Weise verfahrensrechtlich konterkariert.

254 **1. Spontanversammlungen**

Spontanversammlungen (teilweise auch als Sofortversammlungen bezeichnet) sind von vornherein nicht anmeldepflichtig. Unter einer Spontanversammlung versteht man eine Versammlung, die nicht von langer Hand vorbereitet ist, sondern aus aktuellem Anlass augenblicklich entsteht.[291] Entscheidend ist, dass der mit der Spontanversammlung verfolgte Zweck bei Einhaltung der Anmeldefrist nicht erreicht werden könnte.[292]

Häufig wird als Merkmal einer Spontanversammlung auch das Fehlen eines Veranstalters angesehen.[293] Dies dürfte rechtlich jedoch nicht das entscheidende Kriterium sein, sondern eher einen statistischen Befund widerspiegeln und in der Natur der Sache liegen. Erachtet man das Fehlen eines Veranstalters als konstitutives Merkmal einer Spontanversammlung, so lässt sich die Entbehrlichkeit einer Anmeldung bei diesem Versammlungstypus auch mit dem Wortlaut des § 14 VersG erklären: Da § 14 VersG an den potentiellen Veranstalter gerichtet ist (*„Wer die Absicht hat, eine öffentliche Versammlung ... zu veranstalten ...“*), eine Spontanversammlung begriffsnotwendig jedoch keinen Veranstalter haben könne, beziehe sich die Vorschrift a priori nicht auf Spontanversammlungen.[294]

Teilweise wird sogar Verfassungswidrigkeit angenommen, so beispielsweise Höfling, in: Sachs, GG, Art. 8 Rdnr. 64:
„Die einfachgesetzlich eingeführte allgemeine Anmeldepflicht kehrt das verfassungsrechtlich vorgegebene Regel-Ausnahme-Verhältnis von Freiheit und Eingriff um. § 14 VersG ist deshalb verfassungswidrig.“

[290] BVerfGE 69, 315 (349 ff.).

[291] Dietel/Gintzel/Kniesel, Versammlungsgesetze, Teil II, § 14 Rdnr. 11 ff. m.w.N.; Dürig-Friedl/Enders, Versammlungsrecht, § 14 Rdnr. 10.

[292] BVerfGE 69, 315 (351).

[293] Dürig-Friedl/Enders, Versammlungsrecht, § 14 Rdnr. 10.

[294] Schenke, Polizei- und Ordnungsrecht, Rdnr. 369.

2. Eilversammlungen 255

Auch Eilversammlungen unterliegen nur eingeschränkt der Anmeldepflicht aus § 14 VersG. Unter einer Eilversammlung versteht die h.M. eine Versammlung, die zwar nicht ganz spontan zusammenkommt, die aber dennoch so wenig voraus geplant entsteht und so zeitnah stattfinden soll, dass die Einhaltung der in § 14 VersG vorgesehenen 48-Stunden-Frist nicht möglich ist, ohne den Zweck der Demonstration zu gefährden.[295] Nach h.M. ist eine solche Eilversammlung zwar anzumelden. Es bedarf aber nicht der Einhaltung der 48-Stunden-Frist, sondern es genügt, wenn die Veranstaltung unverzüglich, d.h. so schnell wie möglich und ohne schuldhaftes Zögern angemeldet wird.[296]

3. Verbleibender Anwendungsbereich der Anmeldepflicht 256

Vorbehaltlos anmeldepflichtig i.S.d. § 14 VersG bleiben somit nur solche Versammlungen, die von langer Hand geplant sind oder deren Durchführung ohne zeitliche Schwierigkeiten oder Verzögerungen der zuständigen Behörde zur Kenntnis gebracht werden kann. Anmeldepflichtig bleibt grundsätzlich auch die Eilversammlung, wobei hier die Versäumung der 48-Stunden-Frist nach § 14 VersG unbeachtlich ist und es genügt, dass die verspätete Anmeldung unverzüglich in die Wege geleitet oder zumindest versucht wurde.

IV. Kriterien für die Einordnung der Versammlung in die genannten Kategorien 257

Angesichts der Privilegierung von Spontanversammlungen und Eilversammlungen in Bezug auf die Anmeldepflicht besteht naturgemäß die Gefahr, dass normale Versammlungen zu Eilversammlungen oder Spontanversammlungen deklariert werden, um die geschilderten verfahrensrechtli-

---

295 BVerfGE 85, 69; Schenke, Polizei- und Ordnungsrecht, Rdnr. 368.

296 BVerfGE 85, 69 (75).
Kritisch dazu Schenke, Polizei- und Ordnungsrecht, Rdnr. 370, der davon ausgeht, eine derartige verfassungskonforme Auslegung des § 14 VersG scheitere bereits am Wortlaut der Vorschrift. Sie laufe der Sache nach auf eine Teilnichtigkeit des § 14 VersG hinaus. Das BVerfG ersetze ein teilnichtiges Tatbestandsmerkmal durch ein anderes Tatbestandsmerkmal, was aber allein dem Gesetzgeber vorbehalten sei.
Kritisch auch Köhler/Dürig-Friedl, Versammlungsrecht, § 14 Rdnr. 2, die zu bedenken geben, keine Versammlung könne so eilbedürftig sein, dass nicht Zeit für ein Telefongespräch zum Zweck der Anmeldung bleibe.

chen Privilegien zu genießen. Insoweit gilt der Grundsatz, dass die tatsächlichen, objektiven Begleitumstände ausschlaggebend sind und es nicht im Belieben der Veranstalter oder Teilnehmer steht, eine Versammlung durch bloße verbale Erklärung zur Eil- oder Spontanversammlung zu machen. Es müssen vielmehr plausible Gründe substantiiert vorgetragen werden und greifbare Indizien vorliegen, die die besondere Eilbedürftigkeit und Spontaneität nachvollziehbar erscheinen lassen.

Beispiele (für Spontanversammlungen):
Versammlungen als Reaktion auf aktuelle politische Geschehnisse oder spektakuläre Vorfälle wie etwa Terrorakte, Gewalttaten, Kapitalverbrechen, politisch motivierte Anschläge, Attentate, akute Zuspitzung politischer Krisenherde, plötzlich ausgebrochene oder schlagartig eskalierte Kriegshandlungen.

Indizien gegen den spontanen Charakter einer Versammlung sind:
- Langfristige und absehbare Entwicklung der die Versammlung auslösenden Ereignisse.
- Existenz schriftlicher Einladungen oder eines zeitaufwändigen Einladungsprozederes.
- Mitführen vorbereiteter Transparente und Requisiten.
- Weite Anreise etlicher Versammlungsteilnehmer.

258 **V. Verfahrensrechtliche Aspekte**

1. Anmeldepflichtig ist der Veranstalter, der sich dabei nach allgemeinen Regeln vertreten lassen kann. Die Anmeldepflicht entfällt nicht, weil die Behörde schon auf andere Weise von der Versammlung erfahren hat oder der Veranstalter dies annimmt.

259 **2.** Die 48-stündige Frist zur Anmeldung beginnt gem. § 14 Abs. 1 VersG mit der Bekanntgabe zu laufen. Damit ist jener Zeitpunkt gemeint, in dem der Veranstalter seinen Entschluss kundtut, dass eine entsprechende Versammlung stattfinden soll. Typischerweise geschieht dies durch öffentliche oder nichtöffentliche Ankündigung der Versammlung oder durch Einladungen an den gewünschten Adressatenkreis, an der Versammlung teilzunehmen.

Die 48 Stunden-Frist des § 14 Abs. 1 VersG wird häufig irrigerweise allein auf den Beginn der Versammlung bezogen. Nach den Vorstellungen des Gesetzgebers sieht die Fristberechnung und die damit einhergehende idealtypische Abfolge bei der Planung einer Versammlung jedoch folgendermaßen aus:

(1) Entschluss des Veranstalters, eine öffentliche Versammlung unter freiem Himmel oder einen Aufzug stattfinden zu lassen.

(2) Damit entsteht die Verpflichtung des Veranstalters, diesen Entschluss der zuständigen Behörde mitzuteilen

(3) Verpflichtung des Veranstalters, nunmehr mindestens 48 Stunden zu warten (und den Entschluss zur Durchführung der Versammlung „zunächst noch für sich zu behalten").

(4) Bekanntgabe des Entschlusses zur Abhaltung der Versammlung und Veröffentlichung entsprechender Einladungen (= öffentlicher Aufruf und Einladung zu der Versammlung

(5) Beginn der Versammlung

3. § 14 VersG macht nur fragmentarische Aussagen zum sachlichen Mindestgehalt der Anmeldung. Dem Gesetzeswortlaut nach notwendig sind Angaben zum Gegenstand der Versammlung oder des Aufzuges (= das Thema, um das es inhaltlich geht) und zur Person des Leiters. Erstaunlicherweise fordert § 14 VersG keine Angaben zu Ort und Zeit der Versammlung oder des Aufzuges, obwohl gerade diese Daten für die Behörde wichtig sind, um die weitere Vorgehensweise koordinieren zu können und das Kooperationsgebot umzusetzen. Die h.M. geht davon aus, dass der Wortlaut des § 14 VersG insoweit lückenhaft ist und dass auch örtliche und zeitliche Angaben für eine wirksame Anmeldung unentbehrlich sind.[297] Dies folge aus einer teleologischen Gesamtbetrachtung des § 14 VersG und gehe auch mittelbar aus § 25 Nr. 1 VersG hervor, der - wie selbstverständlich - sogar eine Strafbarkeit des Veranstalters vorsieht, wenn dieser die Veranstaltung oder den Aufzug wesentlich anders durchführt, als in der Anmeldung angegeben. **260**

4. Die Anmeldung ist formfrei, kann also schriftlich oder mündlich (auch telefonisch oder elektronisch) erfolgen. Es handelt sich um eine öffentlich-rechtliche Willenserklärung, die in dieser Eigenschaft den allgemeinen Regeln unterliegt und auf die - spiegelbildlich - der Rechtsgedanke des § 37 Abs. 2 VwVfG Anwendung finden dürfte. Die von § 14 VersG geforderten Angaben stehen jedoch einer allzu formlosen oder gar konkludenten Anmeldung entgegen. **261**

[297] Dürig-Friedl/Enders, Versammlungsrecht, § 14 Rdnr. 17 - 19.

§ 15 Abs. 1 VersG [Verbot einer Versammlung, Auflagen zu einer Versammlung]

Die zuständige Behörde kann die Versammlung oder den Aufzug verbieten oder von bestimmten Auflagen abhängig machen, wenn nach den zur Zeit des Erlasses der Verfügung erkennbaren Umständen die öffentliche Sicherheit oder Ordnung bei Durchführung der Versammlung oder des Aufzuges unmittelbar gefährdet ist.

Erläuterungen:

262 **I. Anwendungsbereich und Adressat**

§ 15 Abs. 1 VersG ist als Eingriffsgrundlage einschlägig, wenn es um das Verbot (= die Untersagung vor Beginn) einer öffentlichen Versammlung unter freiem Himmel oder um deren Reglementierung durch Auflagen geht.

Verbot oder Auflagen nach § 15 Abs. 1 VersG richten sich normalerweise an den Veranstalter - im Gegensatz zur Auflösungsverfügung, die sich als Allgemeinverfügung gem. § 35 S. 2 VwVfG an alle Teilnehmer richtet.

263 **II. Zuständige Behörde**

Zuständige Behörde für das Verbot einer Versammlung oder für die Erteilung von Auflagen ist die Ordnungsbehörde (nicht die Polizei). In Rheinland-Pfalz ist dies in großen kreisangehörigen Städten die Stadtverwaltung, in Landkreisen die Kreisverwaltung und in kreisfreien Städten die Stadtverwaltung (§ 2 Nr. 9 der Landesverordnung über die Zuständigkeit der allgemeinen Ordnungsbehörden).

264 **III. Das Verbot einer Versammlung und dessen Voraussetzungen**

Gem. § 15 Abs. 1 VersG ist Voraussetzung für das Ergehen eines Verbotes oder für die Erteilung von Auflagen, dass *nach den zur Zeit des Erlasses der Verfügung erkennbaren Umständen die öffentliche Sicherheit oder Ordnung bei Durchführung der Versammlung oder des Aufzuges unmittelbar gefährdet ist.*

Reduziert man diese (etwas weitschweifig und verschlungen erscheinende[298]) Umschreibung auf ihre wesentliche Aussage, so ist Voraussetzung für das Verbot einer Versammlung oder für das Ergehen von Auflagen, dass durch die betreffende Versammlung eine *unmittelbare Gefahr für die öffentliche Sicherheit oder Ordnung* heraufbeschworen wird. Man gelangt also letztendlich zur polizeilichen Generalklausel, mit der Besonderheit, dass der Gefahrenbegriff höhergelegt ist *(„unmittelbar")* und dass es gewisse Schwierigkeiten und Eigengesetzlichkeiten in Bezug auf die kollektive Zurechnung der aus dem Versammlungsgeschehen möglicherweise resultierenden Gefahren gibt (dazu nachfolgend).

1. Unmittelbare Gefährdung 265

a) Es gelten insoweit grundsätzlich die allgemeinen Begriffe und Regeln des Polizei- und Ordnungsrechts. Gefährdung entspricht der Gefahr. Gefahr bedeutet die Wahrscheinlichkeit, dass die Schutzgüter der öffentlichen Sicherheit oder öffentlichen Ordnung in nicht unerheblicher Weise beeinträchtigt werden.[299] Maßgebend ist allein die ex-ante-Betrachtung, d.h. die Beurteilung aus der Vorausschau und aus der Perspektive eines objektiven, vernünftigen Dritten in der Position der handelnden Behörde (nicht hingegen die Betrachtung im Nachhinein durch einen „allwissenden Beobachter aus der Vogelperspektive"). Die befürchtete Rechtsgutverletzung darf nicht von geringer und völlig untergeordneter Intensität sein; in derlei Fällen spricht man von einer bloßen Belästigung unterhalb der Gefahrenschwelle.[300]

b) Problematisch erweist sich die Deutung des Attributes „unmittelbar". Im 266
allgemeinen Polizei- und Ordnungsrecht wird durch das Merkmal „unmittelbar" eine besondere zeitliche Nähe der Gefahr zum Ausdruck gebracht.[301] Die „unmittelbare Gefahr" wird dort weitgehend als Synonym verwendet für Kategorien wie „gegenwärtige Gefahr", „dringende Gefahr", „unmittelbar bevorstehende Gefahr" u.ä. Im Rahmen des § 15 Abs. 1 VersG könnte die unreflektierte Übertragung dieser Maßstäbe jedoch zu Wertungswidersprüchen führen: Gem. § 14 VersG sind öffentliche Versammlungen unter freiem Himmel spätestens 48 Stunden vor der Bekanntgabe

---

[298] Dass beim Erlass eines ordnungsbehördlichen Verwaltungsaktes die im Zeitpunkt seines Ergehens erkennbaren Umstände maßgeblich sind, folgt bereits aus den allgemeinen Regeln des Polizei- und Ordnungsrechts (ex-ante-Betrachtung, Gefahrenprognose und Anscheinsgefahr etc.).

[299] Götz/Geis, Allgemeines Polizei- und Ordnungsrecht, § 6 Rdnr. 4 ff.

[300] Schenke, Polizei- und Ordnungsrecht, Rdnr. 74.

[301] Götz/Geis, Allgemeines Polizei- und Ordnungsrecht, § 6 Rdnr. 26 ff.; Schenke, Polizei- und Ordnungsrecht, Rdnr. 78.

bei der zuständigen Behörde anzumelden. Gefahren in dem hier erörterten Sinne können aber frühestens auftreten, wenn die Versammlung beginnt. Im Augenblick der Entscheidung der Behörde darüber, ob sie eine Versammlung verbieten soll oder nicht, kann daher von einer besonderen zeitlichen Nähe der erwarteten Gefahren für sich genommen kaum die Rede sein.[302] Will man den Gleichklang in der Terminologie von allgemeinem Polizei- und Ordnungsrecht und Versammlungsrecht wahren, so lässt sich diesem logischen Dilemma nur entgehen, indem man die unmittelbare Gefährdung i.S.d. § 15 Abs. 1 VersG auf den (hypothetischen) Moment der Durchführung der Versammlung selbst bezieht - was Grammatik und Satzbau der Vorschrift durchaus zulassen.

Eine andere Lösung besteht darin, das Attribut „unmittelbar" abweichend vom allgemeinen Polizei- und Ordnungsrecht zu interpretieren: Teilweise wird die Auffassung vertreten, damit werde ein besonders hoher Grad der Wahrscheinlichkeit des Schadenseintritts zum Ausdruck gebracht.[303] Unmittelbare Gefährdung im Sinne des § 15 Abs. 1 VersG wäre dann ein Synonym für eine sehr hohe Wahrscheinlichkeit der Gefahr.

Bereits der verfassungsrechtliche Hintergrund des dem § 15 Abs. 1 VersG zugrunde liegenden Interessenkonflikts (Spannungsfeld zwischen Versammlungsfreiheit und Gefahrenabwehr; Bedeutung und Ausstrahlung des Art. 8 GG) legt es nahe, für den weitgehenden Eingriff eines Versammlungsverbots eine zeitliche Nähe und eine besonders hohe Wahrscheinlichkeit des Schadenseintritts zu fordern.[304] Daher sprechen gute Gründe für die Annahme, dass für das Vorliegen einer unmittelbaren Gefahr i.S.d. § 15 Abs. 1 VersG eine wertende Gesamtschau erforderlich ist, in die zeitliche Elemente ebenso einfließen wie solche der Wahrscheinlichkeitsprognose und nicht zuletzt qualitative Aspekte hinsichtlich der gefährdeten Schutzgüter. Eine vollständige Kongruenz des Attributes „unmittelbar" mit den Kategorien des allgemeinen Polizei- und Ordnungsrecht dürfte nicht bestehen.

267 **c)** Nach allgemeinen Regeln ist die Behörde verpflichtet, den Sachverhalt von Amts wegen aufzuklären (§ 24 VwVfG [Untersuchungsgrundsatz]). Damit trägt die Behörde eine Art Beweislast für das Vorliegen von Gefahren, die ein Verbot der Versammlung rechtfertigen könnten. Eine Abwälzung dieser Obliegenheit auf den Veranstalter ist unzulässig. Von diesem kann nicht verlangt werden, das Nichtvorhandensein von Gefahren zu be-

---

302 Laubinger/Repkewitz, VerwArch. Band 93 (2002), 149 (172).

303 So in der Tendenz BVerfGE 69, 315 (353) sowie BVerfG, NVwZ 1998, 834; Laubinger/Repkewitz, a.a.O., m.w.N.

304 Schenke, Polizei- und Ordnungsrecht, Rdnr. 373 m.w.N.

weisen oder besondere Anstrengungen zur Gefahrenabwehr zu unternehmen.[305] Auch die Weigerung des Veranstalters, an einem Kooperationsgespräch teilzunehmen, kann seitens der Versammlungsbehörde nicht als Zeichen mangelnder Zuverlässigkeit gewertet werden - schon deshalb nicht, weil mangels Genehmigungspflicht für Versammlungen gar keine Zuverlässigkeitsprüfung stattfinden kann.[306] Auch die Vorlage eines besonderen Sicherheitskonzepts kann nicht verlangt werden.[307]

d) Zu Bedeutung und Interpretation der Schutzgüter öffentliche Sicherheit und öffentliche Ordnung in versammlungsrechtlichem Kontext siehe die Ausführungen unter Abschnitt D.III. (Rdnr. 77 ff.) und Abschnitt D.V. (Rdnr. 100 ff.).

e) Zurechenbarkeit für die Versammlung 268

Wegen der Vielzahl involvierter Personen und der Unschärfen der Zurechnung des Fehlverhaltens einzelner auf die gesamte Personenmehrheit sind Versammlungsverbote unter dem Gesichtspunkt der Gefährdung der öffentlichen Sicherheit nur dann relativ unproblematisch, wenn die Gefahrenprognose klar erscheint und die zu erwartenden Gefahren der beabsichtigten Versammlung eindeutig zurechenbar sind.

Beispiele für Verbote einer Versammlung wegen zu erwartender Gefahren für die öffentliche Sicherheit wären etwa:
- Drohende Begehung massenhafter Straftaten anlässlich der sog. Chaos-Tage.[308]
- Drohende Begehung einschlägiger Straftaten gegen das BtMG bei einer Versammlung von Personen, die entsprechende Absichten hegen.[309]

---

305 BVerfG, NJW 2001, 2078; Ott/Wächtler/Heinhold, Versammlungsgesetz, § 15 Rdnr. 85 m.w.N.

306 Dietel/Gintzel/Kniesel, Versammlungsgesetze, Teil II, § 14 Rdnr. 117 m.w.N.

307 BVerfG, NJW 2001, 2078; Dietel/Gintzel/Kniesel, Versammlungsgesetze, Teil II, § 14 Rdnr. 117.
Das behördliche Insistieren auf erfolgreichen Kooperationsgesprächen oder der Vorlage von Sicherheitskonzepten wäre in letzter Konsequenz eine Verletzung der Garantien aus Art. 8 GG und schlimmstenfalls ein probates Mittel, politisch unliebsame Versammlungen zu verhindern. In dieser letztgenannten Zielrichtung wäre es in einem Atemzug zu nennen mit einer Reihe anderer mittelbarer Eingriffe in die Versammlungsfreiheit, beispielsweise das Bestehen auf der Einholung straßenrechtlicher Erlaubnisse, die Auferlegung von Straßenreinigungspflichten oder die Verpflichtung zum Aufbau ggf. aufwändiger und kostspieliger Infrastruktur (z.B. Toiletten, Abfallentsorgungseinrichtungen).

308 VG Hannover, NVwZ-RR 1997, 622.

- *Aufmarsch einer politisch radikalen Organisation unter Mitführung verfassungsfeindlicher und strafbarer Symbole und Transparente.*[310]
- *Versammlung, die auf einer Autobahn oder sonstigen, stark befahrenen Bundesfernstraße stattfinden soll.*[311]
- *Blockadeaktion auf Gleisanlagen der deutschen Bundesbahn.*[312]

269 **III. Auflagen i.S.d. § 15 Abs. 1 VersG**

1. Gem. § 15 Abs. 1 VersG kann anstelle eines Verbotes die Durchführung der Versammlung auch von bestimmten Auflagen abhängig gemacht werden. Damit wird dem Rechtsgedanken des Erst-recht-Schlusses (argumentum a maiori ad minus) und dem Grundsatz der Verhältnismäßigkeit Rechnung getragen.

270 **a)** Entgegen der insoweit missverständlichen Wortwahl des § 15 Abs. 1 VersG handelt es sich bei den dort erwähnten Auflagen nicht um Nebenbestimmungen im rechtstechnischen Sinne des § 36 VwVfG, sondern um selbständige Verwaltungsakte. Die Qualifizierung als Nebenbestimmung würde voraussetzen, dass eine Hauptregelung existiert, die von der Auflage begleitet wird. Dies ist bei Versammlungen gerade nicht der Fall, da eine Versammlung nicht genehmigt werden muss, mithin kein Hauptverwaltungsakt besteht, der von einer Auflage ergänzt werden könnte. Die Auflagen i.S.d. § 15 Abs. 1 VersG sind vielmehr selbständige Verwaltungsakte. Es handelt sich um Anordnungen, die regeln, wie die Versammlung durchzuführen ist.[313] Besser und rechtlich zutreffender wäre für sie die Namensgebung „Beschränkungen" oder „beschränkende Verfügungen".[314] Die neueren Landesversammlungsgesetze verwenden diese Terminologie.

271 **b)** Die Anordnungen müssen konstitutiven Charakter haben, um Auflagen i.S.d. § 15 Abs. 1 VersG zu sein. Hinweise auf allgemeine Rechtspflichten oder schon bestehende Regelungen sind bereits begrifflich keine Auflagen i.S.d. § 15 Abs. 1 VersG. (Ähnliche Problematik wie bei § 36 VwVfG: Hinweise auf kraft Gesetzes bestehende Verpflichtungen sind keine Nebenbestimmungen im Rechtssinne.)

---

309 Hess. VGH, NVwZ 1994, 717.

310 Es muss jedoch strafbares Verhalten vorliegen (beispielsweise gem. §§ 86, 86a, 90a, 111, 129a, 130, 130a, 140 StGB). Bloße politische Provokation, ungehörige oder als taktlos empfundene Aussagen genügen nicht.

311 OVG Nds., NdsVBl. 1996, 14.

312 BGH, NJW 1998, 2149.

313 Dürig-Friedl/Enders, Versammlungsrecht, § 15 Rdnr. 75.

314 Dürig-Friedl/Enders, Versammlungsrecht, § 15 Rdnr. 75 ff.

Beispiele:
- Die Vorgabe, dass den Anordnungen der Polizei Folge zu leisten ist, begründet keine Auflage i.S.d. § 15 VersG.
- Gleiches gilt für den Hinweis, dass Straßen, Gebäude oder Mobiliar nicht beschädigt werden dürfen.

2. Auflagen i.S.d. § 15 Abs. 1 VersG können Ort, Zeit und Art und Weise der Durchführung der Versammlung betreffen. Die Rechtsprechung zieht den Rahmen der Gestaltungsmöglichkeiten relativ weit. Die Auflagen müssen jedoch in unmittelbarem Zusammenhang mit dem Versammlungsgeschehen stehen und darauf abzielen, eine Versammlung zu ermöglichen, die ansonsten aus Rechtsgründen nicht zulässig wäre, wenn sie nach den ursprünglichen Vorstellungen des Veranstalters durchgeführt würde.[315] Daher setzt das Ergehen einer Auflage - ähnlich wie ein Verbot - das Bestehen einer Gefahr für die öffentliche Sicherheit oder Ordnung voraus.[316] **272**

Beispiele für grundsätzlich mögliche Auflagen i.S.d. § 15 Abs. 1 VersG:
- Auflage, einen bestimmten Weg einzuhalten oder bestimmte Örtlichkeiten nicht aufzusuchen (z.B. die Innenstadt oder ein bestimmtes Denkmal).
- Auflage, die Versammlung zu einer bestimmten Zeit stattfinden zu lassen (z.B. nicht im Feierabendverkehr oder nicht an einem politisch besonders sensiblen Gedenktag).
- Auflage, dass ein bestimmter Redner nicht auftreten darf (weil dieser erfahrungsgemäß die Stimmung anheizt und in der Vergangenheit schon häufiger zu Straftaten aufgerufen hat).
- Auflage, keine Lautsprecher zu verwenden (weil eine in unmittelbarer Nähe stattfindende feierliche Gedenkveranstaltung dadurch gestört würde).
- Auflage, keine Fahnen oder brennenden Fackeln zu tragen, keine Trommeln zu schlagen, nicht im Gleichschritt zu marschieren (weil dadurch eine einschüchternde und militante Atmosphäre entstünde).

Problematisch bei Auflagen ist vor allem den Umstand, dass diese nicht den Zweck der Versammlung konterkarieren dürfen. Auflagen können so gravierend sein, dass sie das eigentliche kommunikative Anliegen einer Versammlung zerstören und wertungsmäßig einem Verbot weitgehend gleichzusetzen sind.[317] Dabei entsteht oft eine Gratwanderung, was für eine **273**

[315] Dietel/Gintzel/Kniesel, Versammlungsgesetze, Teil II, § 15 Rdnr. 8 ff.
[316] Dürig-Friedl/Enders, Versammlungsrecht, § 15 Rdnr. 77.
An dieser Stelle besteht offenbar ein weit verbreitetes Missverständnis dahingehend, Auflagen stünden im beliebigen Ermessen der Behörde, könnten also mehr oder weniger frei nach Opportunitätsgesichtspunkten angeordnet werden, wenn die Behörde dies für sinnvoll und sachgerecht hält.
[317] Schenke, Polizei- und Ordnungsrecht, Rdnr. 373.

Versammlung noch als Ausdruck zumutbarer Rücksichtnahme auf die Interessen anderer hinzunehmen ist und was den Sinn und Zweck der Veranstaltung zunichte machen würde.

Beispiele für bedenkliche Auflagen in dem letztgenannten Sinne - Ausgangsfälle wie oben - wären etwa:
- Ein Aufzug, dessen erklärtes Ziel es ist, Aufmerksamkeit zu erregen, wird durch eine Auflage gezwungen, die Innenstadt nicht zu betreten und soll durch weitgehend menschenleere Viertel am Stadtrand führen.
- Eine Versammlung, die eine betont historische Dimension hat, soll aufgrund einer Auflage an dem entscheidenden Gedenktag nicht stattfinden dürfen.
- Bei dem Redner, der aufgrund einer Auflage nicht auftreten darf, handelt es sich um die zentrale geistige Figur der Bewegung.
- Die Versammlung, die keine Lautsprecher benutzen darf, erschöpft sich in Redebeiträgen, die infolge des starken Verkehrslärms von den Teilnehmern voraussichtlich nicht verstanden werden können.

Unzulässig sind auch solche Auflagen, die den Veranstalter zu praktisch unmöglichem Verhalten verpflichten.

Beispiele:
- Auflage, den Straßenverkehr nicht zu beeinträchtigen.
- Auflage, Verunreinigungen der Straße oder Lärmquellen jeder Art zu verhindern.

Unzulässig sind des Weiteren Auflagen, die nur noch mittelbar mit der Versammlung in Zusammenhang stehen:

Beispiele:
- Auflage, für Toilettenwagen und sanitäre Anlagen zu sorgen.
- Auflage, eine Bürgschaftserklärung für sämtliche möglichen finanziellen Folgen des Versammlungsgeschehens zu unterzeichnen.

In Anbetracht der geschilderten Schwierigkeiten sind bei der Erteilung von Auflagen sorgfältig und kritisch die tatbestandlichen Voraussetzungen des § 15 Abs. 1 VersG vor dem Hintergrund der Bedeutung des Art. 8 GG zu prüfen. Dabei dürfte in der Tendenz eher mit einem strengen Maßstab zu messen sein, da die Erfahrung lehrt, dass Behörden manchmal dazu neigen, lästige, unerwünschte oder politisch missliebige Versammlungen mit Auflagen stark zu beeinflussen oder ganz zu verhindern.[318]

3. Da Auflagen normalerweise von der Versammlungsbehörde angeordnet werden, sind sie grundsätzlich nicht sofort vollziehbar. Ein Widerspruch des Veranstalters oder anderer in eigenen Rechten Betroffener entfaltet nach allgemeinen Regeln aufschiebende Wirkung (§ 80 Abs. 1 VwGO). Wenn die Behörde diesen Automatismus durchbrechen will, muss sie gem. § 80 Abs. 2 S. 1 Nr. 4 und § 80 Abs. 3 VwGO die sofortige Vollziehbarkeit anordnen. Im Falle einer streitigen Austragung der Angelegenheit ist damit das gerichtliche Verfahren des vorläufigen Rechtsschutzes einschlägig (§ 80 Abs. 5 bis Abs. 8 VwGO: Antrag des Betroffenen beim Verwaltungsgericht auf Wiederherstellung der aufschiebenden Wirkung). 274

Anders sieht die Frage der sofortigen Vollziehbarkeit aus, wenn die Polizei Auflagen anordnet. Der Widerspruch gegen solche Maßnahmen entfaltet gem. § 80 Abs. 2 S. 1 Nr. 2 VwGO keine aufschiebende Wirkung. Im Falle kontradiktorischer Austragung ist auch hier das gerichtliche Verfahren des vorläufigen Rechtsschutzes zu beschreiten (§ 80 Abs. 5 bis Abs. 8 VwGO), allerdings mit anderer prozessualer Vorgehensweise: Antrag des Betroffenen beim Verwaltungsgericht auf Anordnung der aufschiebenden Wirkung.

4. Davon zu unterscheiden sind Auflagen, die das im Verfahren des vorläufigen Rechtsschutzes angerufene Gericht anordnen kann. Diese können zwar inhaltlich den Auflagen i.S.d. § 15 Abs. 1 VersG ähneln, haben jedoch ihre Rechtsgrundlage im Prozessrecht, nämlich in § 80 Abs. 5 S. 4 VwGO (bei Verwaltungsgerichten) und § 32 BVerfGG (beim Bundesverfassungsgericht). Sie unterliegen nicht dem gleichen Rechtsregime wie Auflagen i.S.d. § 15 VersG. Bereits formal sollte der Unterschied in der Rechtsform ins Auge springen: Einerseits behördliche Verwaltungsakte, andererseits gerichtliche Beschlüsse. 275

318 Lesenswert dazu die Abhandlung von Hoffmann-Riem, NJW 2004, 2777 (2781), der aus seiner Praxis als Richter am BVerfG und für Art. 8 GG zuständiger Berichterstatter Beispiele rechtsmissbräuchlichen Verhaltens durch Behörden auflistet, etwa
- Herauszögern der Entscheidung über ein mögliches Verbot, um für die Betroffenen die Einholung gerichtlichen Rechtsschutzes zu vereiteln;
- Verkürzung der Dauer einer Versammlung durch entsprechende Auflagen, damit diese nicht mehr genügend Zeit hat, für ihr Anliegen zu demonstrieren;
- bewusst schleppende Durchführung von Personenkontrollen potentieller Teilnehmer, damit diese nicht mehr rechtzeitig zum Versammlungsort gelangen können;
- Verlegung des Versammlungsortes an entlegene Stellen durch entsprechende Auflagen, damit keine öffentliche Wahrnehmung mehr entsteht.

Derartige gerichtliche Auflagen im Verfahren des vorläufigen Rechtsschutzes sind relativ formlos möglich. Bei besonderer Eilbedürftigkeit kann der Beschluss sogar zunächst fernmündlich durch Bekanntgabe des Tenors ergehen. Die schriftliche Entscheidung des Gerichts wird dann nachträglich zugestellt.[319]

276 Die h.M. im Prozessrecht interpretiert die Gestaltungsmöglichkeiten durch Auflagen des Gerichts im Rahmen des gerichtlichen Eilverfahrens weit und legt § 80 Abs. 5 VwGO über seinen Wortlaut hinaus aus. So sind Auflagen im Verfahren des vorläufigen Rechtsschutzes grundsätzlich unabhängig vom Tenor und nicht nur bei stattgebenden, sondern auch bei ablehnenden Entscheidungen möglich.[320] Das angerufene Gericht kann relativ unabhängig von den prozessualen Anträgen der Beteiligten agieren. Es handelt sich bei den Auflagen um spezielle, auf die Zwecke des Verfahrens des vorläufigen Rechtsschutzes zugeschnittene „Nebenbestimmungen". Bei allem Bestreben um formlose Erreichung des Rechtsschutzziels im Rahmen des Art. 19 Abs. 4 GG (Gebot der Gewährung effektiven Rechtschutzes) wird man allerdings darauf zu achten haben, dass ein anderer Grundsatz der Rechtsstaatlichkeit dabei nicht „unter die Räder kommt", nämlich die Gewaltenteilung. Das Gericht sollte auch im Verfahren des vorläufigen Rechtsschutzes nicht von einer streitentscheidenden zu einer rechtsgestaltenden, verwaltenden Instanz werden, sollte also nicht unversehens - in möglicherweise durchaus wohlmeinender Absicht - in die Rolle der Behörde schlüpfen.

---

[319] Kopp/Schenke, VwGO, § 80 Rdnr. 168 ff.

[320] Kopp/Schenke, a.a.O., m.w.N.

§ 15 Abs. 2 VersG
[Verbot einer Versammlung oder Auflagen zu einer Versammlung an besonderen Erinnerungsorten der nationalsozialistischen Vergangenheit]

Eine Versammlung oder ein Aufzug kann insbesondere verboten oder von bestimmten Auflagen abhängig gemacht werden, wenn

1. die Versammlung oder der Aufzug an einem Ort stattfindet, der als Gedenkstätte von historisch herausragender, überregionaler Bedeutung an die Opfer der menschenunwürdigen Behandlung unter der nationalsozialistischen Gewalt- und Willkürherrschaft erinnert, und

2. nach den zur Zeit des Erlasses der Verfügung konkret feststellbaren Umständen zu besorgen ist, dass durch die Versammlung oder den Aufzug die Würde der Opfer beeinträchtigt wird.

Das Denkmal für die ermordeten Juden Europas in Berlin ist ein Ort nach Satz 1 Nr. 1. Seine Abgrenzung ergibt sich aus der Anlage zu diesem Gesetz. Andere Orte nach Satz 1 Nr. 1 und deren Abgrenzung werden durch Landesgesetz bestimmt.

Anlage zu § 15 Abs. 2 VersG:

Die Abgrenzung des Ortes nach § 15 Abs. 2 Satz 2 (Denkmal für die ermordeten Juden Europas) umfasst das Gebiet der Bundeshauptstadt Berlin, das umgrenzt wird durch die Ebertstraße, zwischen der Straße In den Ministergärten bzw. Lennestraße und der Umfahrung Platz des 18. März, einschließlich des unbefestigten Grünflächenbereichs Ebertpromenade und des Bereichs der unbefestigten Grünfläche im Bereich des J.-W.-von-Goethe-Denkmals, die Behrenstraße, zwischen Ebertstraße und Wilhelmstraße, die Cora-Berliner-Straße, die Gertrud-Kolmar-Straße, nördlich der Einmündung der Straße In den Ministergärten, die Hannah-Arendt-Straße, einschließlich der Verlängerung zur Wilhelmstraße. Die genannten Umgrenzungslinien sind einschließlich der Fahrbahnen, Gehwege und aller sonstigen zum Betreten oder Befahren bestimmten öffentlichen Flächen Bestandteil des Gebiets.

Rheinland-pfälzisches Landesgesetz zum Schutz der Gedenkstätte KZ Osthofen und der Gedenkstätte SS-Sonderlager/KZ Hinzert:

§ 1

Orte nach § 15 Abs. 2 Satz 1 Nr. 1 des Versammlungsgesetzes sind

1. die Gedenkstätte KZ Osthofen einschließlich des NS-Dokumentationszentrums Rheinland-Pfalz,

2. die Gedenkstätte SS-Sonderlager/KZ Hinzert einschließlich neun Stätten der Unmenschlichkeit im Umfeld.

Es folgen genaue räumliche Umschreibungen. Vom Abdruck wird hier abgesehen.

Erläuterungen:

277 **I. Allgemeines und rechtsdogmatische Einordnung**

§ 15 Abs. 2 VersG präzisiert die allgemeine Ermächtigungsgrundlage des § 15 Abs. 1 VersG und ist ein besonderer Anwendungsfall letzterer. Die Vorschrift normiert besonders gelagerte Konstellationen, in denen ein Verbot oder Auflagen nach § 15 Abs. 1 VersG ergehen können. Dies wird durch das Wörtchen *insbesondere* deutlich.

Rechtsdogmatisch dürften die von § 15 Abs. 2 VersG thematisierten Situationen als spezialgesetzlich normierte Erscheinungsformen einer Gefährdung der öffentlichen Ordnung i.S.d. § 15 Abs. 1 VersG anzusehen sein. Die Vorschrift wurde im Jahre 2005 ins VersG eingefügt, um möglichen Aufmärschen Rechtsradikaler in der Nähe jener Orte vorzubeugen, die eine besondere geschichtliche Dimension haben und als Gedenkstätten an die nationalsozialistische Gewaltherrschaft erinnern sollen (besondere Erinnerungsorte).[321]

---

[321] Die von § 15 Abs. 2 VersG umschriebenen Versammlungen rechtsradikaler Kreise an den genannten Gedenkstätten würden der besonderen - quasi sakralen - Widmung einer solchen Gedenkstätte zuwiderlaufen, diese gewissermaßen entweihen und zudem das Andenken an die Opfer beeinträchtigen, wenn nicht gar verhöhnen. Darüber hinaus könnte durch derlei Szenarien auch im Ausland dem Ansehen der Bundesrepublik Deutschland Schaden zugefügt werden und - insbesondere bei selektiver Berichterstattung - international der Eindruck entstehen, Deutschland kümmere sich nicht mehr um die Verbrechen der Hitler-Zeit, der Nationalsozialismus erlebe eine Renaissance in Deutschland, das Land sei erneut auf dem Weg in eine faschistische Diktatur oder ähnliche, in Wirklichkeit gegenwärtig eher fernliegende Befürchtungen.

§ 15 Abs. 2 VersG zeigt eine gewisse Verwandtschaft zu den Bestimmungen über die Errichtung der Bannmeilen oder befriedeten Bezirke durch § 16 VersG: Beide Vorschriften haben gemeinsam, dass bestimmte, räumlich näher eingegrenzte Gebiete einem grundsätzlichen Versammlungsverbot unterworfen werden. Dies bedeutet aber nur eine äußerliche und oberflächliche Verwandtschaft. Der Sinn und Zweck der beiden Normen ist ansonsten verschieden: Während § 15 Abs. 2 VersG das besondere Andenken an die Opfer des Nationalsozialismus an geschichtlichen Erinnerungsorten schützen will, geht es bei § 16 VersG um den Schutz von Verfassungsorganen bei ihrer Entscheidungsfindung vor äußerem politischem Druck (siehe dazu nachfolgend die Erläuterungen zu § 16 VersG). Auch in der rechtstechnischen Ausgestaltung gibt es eine Vielzahl von Unterschieden zwischen § 15 Abs. 2 VersG einerseits und § 16 VersG andererseits. Daher sollte man zur Vermeidung von Missverständnissen terminologisch nur im Zusammenhang mit § 16 VersG von Bannmeilen oder befriedeten Bezirken sprechen. 278

II. Voraussetzungen 279

Die tatbestandlichen Voraussetzungen für ein Versammlungsverbot oder für Auflagen nach § 15 Abs. 2 VersG lauten folgendermaßen:

1. Die Versammlung oder der Aufzug müssen an einem Ort stattfinden, der als Gedenkstätte von historisch herausragender, überregionaler Bedeutung an die Opfer der menschenunwürdigen Behandlung unter der nationalsozialistischen Gewalt- und Willkürherrschaft erinnert.

Derlei Örtlichkeiten sind abschließend gesetzlich zu normieren, um solche im Sinne des § 15 Abs. 2 VersG sein zu können.

a) Kraft bundesgesetzlicher Bestimmung ist das Denkmal für die ermordeten Juden Europas in Berlin (Holocaust-Gedenkstätte) ein Ort nach § 15 Abs. 2 S. 1 VersG. Seine genaue Eingrenzung ergibt sich aus der Anlage zum VersG.

b) Weitere Örtlichkeiten i.S.d. § 15 Abs. 2 VersG können durch Landesgesetz bestimmt werden. In Rheinland-Pfalz hat der Gesetzgeber den Gedenkstätten für die Konzentrationslager Hinzert und Osthofen einen solchen besonderen versammlungsrechtlichen Status verliehen. In dem betreffenden Landesgesetz finden sich genaue räumliche Festlegungen.

Der gesetzgeberische Umgang mit besonderen Erinnerungsorten und Gedenkstätten i.S.d. § 15 Abs. 2 VersG ist in den Bundesländern ziemlich unterschiedlich. Einige Bundesländer haben ganz auf den Erlass entsprechender Gesetze verzichtet, andere haben sehr intensiv diesbezügliche Regelungen erlassen, insbesondere Brandenburg durch ein eigenes Gräberstättengesetz.

280 **2.** Es muss nach den zur Zeit des Erlasses der Verfügung konkret feststellbaren Umständen zu besorgen sein, dass durch die Versammlung oder den Aufzug die Würde der Opfer beeinträchtigt wird.

Insoweit ist eine Gefahrenprognose erforderlich. Bloße Verdachtsmomente oder Vermutungen reichen nach allgemeinen Grundsätzen nicht aus (vgl. dazu den Gesetzestext: *„...konkret feststellbare Umstände...“*). Andererseits wird mit der Formulierung *„zu besorgen ist“* zum Ausdruck gebracht, dass ein hinreichend konkretisiertes Maß an diesbezüglichen Befürchtungen genügt. Die tatbestandliche Schwelle des § 15 Abs. 2 VersG für die Verhängung eines Verbotes oder für die Erteilung von Auflagen dürfte am ehesten der im allgemeinen Polizeirecht oftmals anzutreffenden Formulierung vergleichbar sein, *„dass Tatsachen die Annahme rechtfertigen“*.[322] Dabei wird man bei Zusammenkünften von Personengruppen einer gewissen politischen Richtung und ab einem bestimmten Fanatisierungsprofil wohl davon ausgehen können, dass eine Demonstration von ihnen am Ort der Gedenkstätte mit dem Charakter dieses sensiblen Ortes nicht vereinbar ist. Der Versammlungsfreiheit dürfte dadurch kein nennenswerter Schaden entstehen, da es den Betreffenden nach wie vor freisteht, an anderer Stätte ihr Anliegen - auch im Rahmen einer Versammlung - grundsätzlich ungestört zu verfolgen.[323]

---

322 Dietel/Gintzel/Kniesel, Versammlungsgesetze, Teil II, § 15 Rdnr. 149.

323 Bei § 15 Abs. 2 VersG drängt sich der Eindruck auf, dass mit der neu geschaffenen Vorschrift viel „Theaterdonner" produziert wurde - insbesondere angesichts der sich über Monate hinziehenden, die Medien beherrschenden Diskussionen um die angeblich tiefgreifenden Änderungen des Versammlungsrechts, die dem Erlass des § 15 Abs. 2 VersG vorausgingen. Treffend erscheint die Feststellung von Stohrer in JuS 2006, 15 (17), der insoweit stellvertretend für viele andere zitiert sei: *„...wird wegen der Neuregelung keine einzige rechtsextremistische Veranstaltung verhindert werden können, bei der dies nicht schon auf Grund des bisherigen Rechts möglich gewesen wäre ... Im Gegenteil enthält § 15 Abs. 2 VersG sogar neue `Fallstricke´.“*

§ 15 Abs. 3 VersG [Auflösung einer Versammlung]

Sie kann eine Versammlung oder einen Aufzug auflösen, wenn sie nicht angemeldet sind, wenn von den Angaben der Anmeldung abgewichen oder den Auflagen zuwidergehandelt wird oder wenn die Voraussetzungen zu einem Verbot nach Absatz 1 oder 2 gegeben sind.

Erläuterungen:

I. Anwendungsbereich 281

1. Verhältnis zum allgemeinen Polizeirecht

a) § 15 Abs. 3 VersG normiert enumerativ die Auflösungsgründe für öffentliche Versammlungen unter freiem Himmel. Ein Rückgriff auf das allgemeine Polizei- und Ordnungsrecht ist wegen des abschließenden Charakters des VersG grundsätzlich nicht möglich; insoweit gelten sinngemäß die Erwägungen zu § 5, § 13 und § 15 Abs. 1 VersG.

b) Relativiert wird der abschließende Charakter der Auflösungsgründe des § 15 Abs. 3 VersG durch die allgemein anerkannte Möglichkeit, ausnahmsweise dann eine Versammlung auf der Grundlage des allgemeinen Polizei- und Ordnungsrechts aufzulösen, wenn die Auflösung ihren Grund nicht in einer versammlungsspezifischen Gefahr, sondern in einem versammlungsfremden Grund hat, etwa baurechtlicher oder gesundheitsrechtlicher Natur (z.B. Einsturzgefahr des Gebäudes, Bombendrohung, Gefahr durch übertragbare Krankheiten o.ä.).

c) Möglich ist ein Rückgriff auf das allgemeine Polizeirecht auch dann, wenn es um die Auflösung einer bereits wirksam verbotenen Versammlung geht, die sich verbotswidrig dennoch zusammengefunden hat. Das Dogma von der Polizeifestigkeit des Versammlungsrechts greift hier von vornherein nicht, da die betreffende Versammlung sich nicht auf Art. 8 GG berufen kann und von Beginn an illegal ist.

d) Gleiches gilt bei einer wirksam aufgelösten Versammlung, die sich - der Auflösungsverfügung zuwider handelnd - erneut zusammengefunden hat.

282 **2. Verhältnis zu § 15 Abs. 1 und Abs. 2 VersG**

§ 15 Abs. 3 VersG ist als Eingriffsgrundlage einschlägig, wenn es um die Auflösung (die Untersagung nach Beginn) einer öffentlichen Versammlung unter freiem Himmel geht. § 15 Abs. 3 VersG korrespondiert sehr eng mit § 15 Abs. 1 und Abs. 2 VersG. Gegenüber den dort normierten Verbotstatbeständen erweitert § 15 Abs. 3 VersG die Auflösungstatbestände um weitere Modalitäten. Praktische Relevanz von den vier Auflösungstatbeständen des § 15 Abs. 3 VersG haben jedoch nur die Varianten 3. und 4. Die Varianten 1. und 2. sind hingegen weitestgehend bedeutungslos; dazu nachfolgend). Ähnlich wie § 15 Abs. 1 und Abs. 2 richtet sich § 15 Abs. 3 VersG an die Ordnungsbehörde *(„Sie [scil.: Die zuständige Behörde] kann ...“)*. Dies wird vielfach als wenig sachgerecht empfunden, da zumeist die Polizei mit dem aktuellen Versammlungsgeschehen vor Ort konfrontiert ist, nachdem die Versammlung begonnen hat.

283 **II. Die vier Auflösungsgründe des § 15 Abs. 3 VersG**

1. Auflösung nach § 15 Abs. 3 Var. 1 VersG (Versammlung oder Aufzug sind nicht angemeldet)

Wie bereits zu § 14 VersG dargelegt wurde, ist die Anmeldepflicht für Versammlungen aus verfassungsrechtlichen Gründen sehr restriktiv zu interpretieren. Dementsprechend darf auch die Verletzung eventueller Obliegenheiten aus § 14 VersG nicht schon schematisch zum Verbot oder zur Auslösung der Versammlung führen.[324] Auch § 15 Abs. 3 Var. 1 VersG ist aus den genannten verfassungsrechtlichen Gründen äußerst restriktiv zu interpretieren. Die bloße Nichtanmeldung ist normalerweise kein Auflösungsgrund[325]; die Auflösung ist auch grundsätzlich nicht als Mittel zur Durchsetzung der Anmeldepflicht gedacht.

284 **2. Auflösung nach § 15 Abs. 3 Var. 2 VersG (Abweichung von den Angaben der Anmeldung)**

Auch diese tatbestandliche Variante des § 15 Abs. 3 VersG ist aus verfassungsrechtlichen Gründen durchweg gegenstandslos. Es gelten sinngemäß die Überlegungen zu § 15 Abs. 3 Var. 1 VersG.

---

324 BVerfGE 69, 315 (351); Schenke, Polizei- und Ordnungsrecht, Rdnr. 374.

325 OVG NW, NVwZ 1989, 886.

3. Auflösung nach § 15 Abs. 3 Var. 3 VersG (Verstoß gegen Auflagen) 285

a) Zum Begriff und zur rechtlichen Problematik der Auflagen i.S.d. § 15 Abs. 3 Var. 3 VersG gelten die Erläuterungen zu § 15 Abs. 1 VersG. Auflagen sind aus den dort genannten Gründen mit der gebotenen Zurückhaltung zuzulassen und auszulegen.

Beispiele für Verstöße gegen Auflagen wären etwa - unter Zugrundelegung der Ausgangsfälle bei § 15 Abs. 1 VersG:
- Die Versammlung hält sich nicht an den vorgegebenen Versammlungsort.
- Die Versammlung weicht von der festgelegten Zeit ab.
- Der Redner, dessen Auftritt untersagt wurde, hält dennoch eine Ansprache.
- Es werden entgegen der Auflage die verbotenen Lautsprecher eingesetzt.
- Die Versammlungsteilnehmer tragen entgegen der verhängten Auflagen die verbotenen Fahnen, die brennenden Fackeln, marschieren im Gleichschritt zum Trommelschlag.

b) Auf die Rechtmäßigkeit der ergangenen Auflage kommt es beim Auflösungstatbestand des § 15 Abs. 3 Var. 3 VersG wegen der fehlerunabhängigen Wirksamkeit von Verwaltungsakten grundsätzlich nicht an.[326] Entscheidend ist, dass die Auflage wirksam ergangen ist und als zu befolgender Verwaltungsakt im Raum steht.

Anders verhält es sich, wenn gegen die Auflage wirksam Anfechtungswiderspruch eingelegt wurde. Da Auflagen i.S.d. § 15 Abs. 1 VersG normalerweise von den Ordnungsbehörden ausgesprochen werden, handelt es sich nicht um unaufschiebbare Anordnungen der Polizei i.S.d. § 80 Abs. 2 S. 1 Nr. 2 VwGO. Sofern die Ordnungsbehörde nicht die sofortige Vollziehbarkeit der Auflage gem. § 80 Abs. 2 S. 1 Nr. 4 VwGO anordnet, entfaltet der Widerspruch aufschiebende Wirkung. Diese verbietet jedwede Vollziehung oder Umsetzung des angefochtenen Verwaltungsaktes (Suspensiveffekt), so dass eine Zuwiderhandlung gegen die Auflage rechtlich nicht erfasst werden kann und insbesondere nicht zu Lasten der Versammlung und ihrer Teilnehmer gehen darf.

---

326 Maurer/Waldhoff, Allgemeines Verwaltungsrecht, § 9 Rdnr. 40; Dürig-Friedl/Enders, Versammlungsrecht, § 15 Rdnr. 164.

286 **4. Auflösung nach § 15 Abs. 3 Var. 4 VersG (Voraussetzungen für ein Verbot nach § 15 Abs. 1 oder Abs. 2 VersG liegen vor)**

Wenn § 15 Abs. 3 Var. 4 VersG auf die Voraussetzungen eines Verbotes nach § 15 Abs. 1 oder Abs. 2 VersG verweist, so bedeutet dies mit anderen Worten, dass von der Versammlung eine unmittelbare Gefahr für die öffentliche Sicherheit oder Ordnung ausgehen muss (gegebenenfalls auch aus den in § 15 Abs. 2 VersG dargelegten Gründen). Der Gefahr gleichzustellen ist die Störung. Eine Störung liegt in Kategorien des allgemeinen Polizei- und Ordnungsrechts vor, wenn die nicht unerhebliche Beeinträchtigung der Schutzgüter der öffentlichen Sicherheit oder Ordnung bereits eingetreten ist. Dies wird bei § 15 Abs. 3 VersG zumeist der Fall sein, da die Versammlung begriffsnotwendig bereits begonnen haben muss, damit die Vorschrift zur Anwendung gelangt.

Der Auflösungstatbestand des § 15 Abs. 3 Var. 4 VersG ist von allen Varianten des § 15 Abs. 3 VersG mit Abstand am bedeutsamsten. Hier kumulieren sämtliche bereits erörterten Probleme der behördlichen Beendigung von Versammlungen; auf die Ausführungen zu § 15 Abs. 1 VersG sei zur Vermeidung unnötiger Wiederholungen verwiesen:

- Vorliegen einer Gefahr für die öffentliche Sicherheit oder Ordnung (§ 15 Abs. 1 VersG (Rdnr. 77 ff., 100 ff.);
- Zurechenbarkeit dieser Gefahr für die Versammlung (§ 15 Abs. 1 VersG (Rdnr. 268);
- Grundsatz der Verhältnismäßigkeit, Vorrang von Auflagen (§ 15 Abs. 1 VersG (Rdnr. 269 ff.);
- Ermessensfehlerfreier Umgang mit der Störereigenschaft und Störerauswahl (Rdnr. 106 ff.).

Beispiele für Versammlungen, von denen Gefahren für die öffentliche Sicherheit oder Ordnung i.S.d. § 15 Abs. 3 Var. 4 ausgehen, so dass diese aufzulösen wären, sind etwa:
- Etliche Versammlungsteilnehmer sind vermummt und bewaffnet und weigern sich, die Vermummung abzulegen und die Waffen abzugeben.
- Die Mehrheit der Versammlungsteilnehmer ist uniformiert und tritt in einer militant-einschüchternden Art und Weise auf.
- Die Versammlungsteilnehmer beginnen Fensterscheiben einzuschlagen und Autos zu beschädigen.
- Die Versammlungsteilnehmer führen eine Vielzahl strafbarer Transparente und Symbole mit sich und lehnen es ab, diese zu entfernen.

- Eine größere Anzahl von Versammlungsteilnehmern versucht - mit Billigung der Mehrheit der übrigen Teilnehmer - ein Gebäude zu stürmen, in dem eine ihnen missliebige andere Versammlung stattfindet.

III. Verfahrensrechtliche Aspekte 287

1. Die Auflösung einer Versammlung richtet sich an alle anwesenden Versammlungsteilnehmer und stellt daher eine Allgemeinverfügung gem. § 35 S. 2 VwVfG dar.

2. Wegen ihrer weitreichenden Wirkungen ist nach h.M. der Erlass einer 288
Auflösungsverfügung gem. § 15 Abs. 3 VersG nicht konkludent möglich, sondern muss ausdrücklich erfolgen - ähnlich wie beim Ausschluss einzelner Versammlungsteilnehmer aus einer laufenden Versammlung und bei der Auflösung von Versammlungen in geschlossenen Räumen. Zur Vermeidung unnötiger Wiederholungen kann auf die verfahrensrechtlich gleichgelagerte Problematik bei § 11, § 13 Abs. 1 VersG und § 18 Abs. 3 VersG verwiesen werden.

3. Sofern die Auflösung von der (bewaffneten und uniformierten Voll- 289
zugs)Polizei ausgesprochen wird, was regelmäßig aufgrund der Anwesenheit der Polizei am Versammlungsort und ihrer Eilzuständigkeit (in Rh.-Pf. gem. § 1 Abs. 8 POG) der Fall sein dürfte, ist die Auflösungsverfügung wegen § 80 Abs. 2 S. 1 Nr. 2 VwGO kraft Gesetzes sofort vollziehbar, d.h. ein Anfechtungswiderspruch gegen sie entfaltet keine aufschiebende Wirkung. Dies kann sich anders darstellen, wenn eine Ordnungsbehörde die Auflösung anordnet. Dann können Probleme mit der aufschiebenden Wirkung von Widerspruch und Anfechtungsklage entstehen, die für die Versammlungsbehörde nur über eine Anordnung der sofortigen Vollziehbarkeit nach § 80 Abs. 2 S. 1 Nr. 4, Abs. 3 VwGO zu lösen wären.

4. § 15 Abs. 3 VersG enthält - im Gegensatz zu seinem Pendant für öffent- 290
liche Versammlungen in geschlossenen Räumen, dem Auflösungstatbestand des § 13 VersG - keine eigene Regelung des Inhalts, dass nach Auflösung der Versammlung alle Teilnehmer sich sofort zu entfernen haben. Gem. § 18 Abs. 1 VersG ist für Versammlungen unter freiem Himmel § 13 Abs. 2 VersG jedoch entsprechend anzuwenden. Aufgrund dieser ausdrücklichen Verweisung gilt die Verpflichtung, sich nach wirksamer Auflösungsverfügung sofort zu entfernen, auch für die Teilnehmer an öffentlichen Versammlungen unter freiem Himmel. Zur verfahrensrechtlichen Durchsetzung dieser Verpflichtung - gegebenenfalls im Wege des unmittelbaren Zwanges - kann auf die Ausführungen zu § 13 Abs. 2 VersG ver-

wiesen werden (Platzverweisung als Grundverfügung und darauf aufbauende Vollstreckungsmaßnahmen).

291 **5.** Auch enthält § 15 Abs. 3 VersG - ebenfalls im Gegensatz zum Pendant des § 13 VersG - keine eigene Regelung des Inhalts, dass einschränkende Verfügungen (Minus- oder Mindermaßnahmen) möglich sind, die vorrangig vor einer Auflösung zu ergreifen sind, wenn letztere damit vermieden werden kann. Eigenartigerweise verweist § 18 Abs. 1 VersG nicht auf den einschlägigen § 13 Abs. 1 S. 2 VersG. Gleichwohl ist einhellig anerkannt, dass derartige Rechtsfiguren zulässig und sogar geboten sind. Dies wird mit der allgemeinen juristischen Methodenlehre begründet (argumentum a maiori ad minus [Erst-recht-Schluss]) und dem mit Verfassungsrang ausgestatteten Grundsatz der Verhältnismäßigkeit entnommen.

§ 15 Abs. 4 VersG [Auflösung einer verbotenen Versammlung]
Eine verbotene Veranstaltung ist aufzulösen.

Erläuterungen:

I. Anwendungsbereich 292

1. § 15 Abs. 4 VersG sprengt seinem Wortlaut nach den üblichen Rahmen des VersG, da hier nicht mehr von Versammlungen und Aufzügen die Rede ist, sondern von „Veranstaltungen“ - eine weitergehende Kategorie und gewissermaßen ein Oberbegriff. Nach einhelliger Auffassung sind mit Veranstaltungen i.S.d. § 15 Abs. 4 VersG jedoch (nur) öffentliche Versammlungen unter freiem Himmel oder Aufzüge i.S.d. §§ 14 ff. VersG gemeint[327], da die Vorschrift erkennbar unmittelbar Bezug auf § 15 Abs. 1 bis Abs. 3 VersG nimmt (systematische Auslegung).

2. § 15 Abs. 4 VersG erfasst nach h.M. nicht nur verbotene öffentliche 293
Versammlungen unter freiem Himmel i.S.d. § 15 Abs. 1 und Abs. 2 VersG, sondern alle verbotenen Versammlungen dieser Art, gilt also auch für Verbote nach § 1 Abs. 2, § 16 VersG u.a. Die genaue Rechtsgrundlage des Verbotes soll für die Anwendbarkeit des § 15 Abs. 4 VersG irrelevant sein.

II. Besonderheit der gebundenen Entscheidung 294

§ 15 Abs. 4 VersG ist insofern strukturell eine auffällige Vorschrift, als es sich um eine der wenigen Eingriffsgrundlagen im VersG handelt, deren Rechtsfolge in einer gebundenen Entscheidung besteht *(„... Veranstaltung ist aufzulösen.“)*. Fast alle anderen Eingriffsgrundlagen des Versammlungsgesetzes sind Ermessensvorschriften *(kann, soll, darf u.ä.)*.

Befugnisnormen ohne Ermessen und mit automatisch eintretender, zwingend festgesetzter Rechtsfolge sind bei der praktischen Anwendung des Polizei- und Ordnungsrechts erfahrungsgemäß wenig hilfreich, denn sie nehmen der Behörde die Möglichkeit, flexibel reagieren zu können. In Anbe-

---

[327] Statt vieler: Dürig-Friedl/Enders, Versammlungsrecht, § 15 Rdnr. 150, 167 f.
Diese Auslegung ist insofern nicht ganz widerspruchsfrei, als auch bei § 17a VersG von „Veranstaltungen“ die Rede ist, die h.M. dort jedoch davon ausgeht, der Wortlaut sei ernst zu nehmen; der Gesetzgeber habe in diesem Falle mit der Verwendung eines terminus technicus die Anwendbarkeit der Vorschrift über öffentliche Versammlungen hinaus angeordnet.
Instruktiv zu derlei Auslegungsproblemen: Rüthers, Rechtstheorie, § 5 und § 22.

tracht der insoweit empfundenen rechtspolitischen Verfehltheit des § 15 Abs. 4 VersG wird die Vorschrift auch an dieser Stelle gegen ihren Wortlaut ausgelegt. Nach h.M. soll bei Vorliegen außergewöhnlicher Umstände und erheblicher Gefahren ausnahmsweise von der Auflösung einer verbotenen Versammlung abgesehen werden dürfen. Dies gelte insbesondere dann, wenn die Durchsetzung der Auflösung praktisch nicht möglich sei, wenn dadurch Eskalationen zu befürchten seien, die schwerer wögen als die Tolerierung der verbotenen Versammlung, wenn Gefahren für Leib oder Leben drohten, wenn Unbeteiligte oder Einsatzkräfte durch eine Auflösung massiv beeinträchtigt würden u.ä..[328]

295 **III. Durchsetzung der Auflösung**

Die Auflösung kann durchgesetzt werden durch Platzverweise und darauf aufbauende Vollstreckungsmaßnahmen in Gestalt des unmittelbaren Zwanges. Zur Vermeidung unnötiger Wiederholungen sei insoweit auf die Erläuterungen zu § 11 Abs. 2, § 13 Abs. 2 und § 15 Abs. 3 VersG verwiesen.

[328] Statt vieler: Dietel/Gintzel/Kniesel, Versammlungsgesetze, Teil II, § 15 Rdnr. 251. Dem gewonnenen Ergebnis ist ohne jede Einschränkung zuzustimmen; allein die Begründung ist wenig überzeugend. Es drängt sich insbesondere die Frage auf, warum der Gesetzgeber den eindeutigen Wortlaut der Vorschrift in Bezug auf das fehlende Ermessen nicht geändert hat, wenn die Unzweckmäßigkeit dieser Vorgaben allseits anerkannt ist.

§ 16 VersG [Bannkreise]

(1) Öffentliche Versammlungen unter freiem Himmel und Aufzüge sind innerhalb des befriedeten Bannkreises der Gesetzgebungsorgane der Länder verboten. Ebenso ist es verboten, zu öffentlichen Versammlungen unter freiem Himmel oder Aufzügen nach Satz 1 aufzufordern.

(2) Die befriedeten Bannkreise für die Gesetzgebungsorgane der Länder werden durch Landesgesetze bestimmt.

(3) Das Weitere regeln die Bannmeilengesetze der Länder.

Gesetz über befriedete Bezirke für Verfassungsorgane des Bundes

(BefBezG vom 8. Dezember 2008)

§ [1 Befriedete Bezirke]

Für den Deutschen Bundestag, den Bundesrat und das Bundesverfassungsgericht werden befriedete Bezirke gebildet. Die Abgrenzung der befriedeten Bezirke ergibt sich aus der Anlage zu diesem Gesetz.

§ 2 [Schutz von Verfassungsorganen]

Öffentliche Versammlungen unter freiem Himmel und Aufzüge sind innerhalb der befriedeten Bezirke nach § 1 verboten. Ebenso ist es verboten, zu Versammlungen oder Aufzügen nach Satz 1 aufzufordern.

§ 3
[Zulassung von Versammlungen unter freiem Himmel und Aufzügen]

(1) Öffentliche Versammlungen unter freiem Himmel und Aufzüge innerhalb der nach § 1 gebildeten befriedeten Bezirke sind zuzulassen, wenn eine Beeinträchtigung der Tätigkeit des Deutschen Bundestages und seiner Fraktionen, des Bundesrates oder des Bundesverfassungsgerichts sowie ihrer Organe und Gremien und eine Behinderung des freien Zugangs zu ihren in dem befriedeten Bezirk gelegenen Gebäuden nicht zu besorgen ist. Davon ist im Falle des Deutschen Bundestages und des Bundesrates in der Regel dann auszugehen, wenn die Versammlung oder der Aufzug an einem Tag durchgeführt werden soll, an dem Sitzungen der in Satz 1 genannten Stellen nicht stattfinden. Die Zulassung kann mit Auflagen verbunden werden.

(2) Anträge auf Zulassung von Versammlungen nach Absatz 1 sollen spätestens sieben Tage vor der beabsichtigten Versammlung oder dem Aufzug

schriftlich, elektronisch oder zur Niederschrift beim Bundesministerium des Innern gestellt werden. Das Bundesministerium des Innern entscheidet jeweils im Einvernehmen mit dem Präsidenten oder der Präsidentin der in § 1 Satz 1 genannten Verfassungsorgane. Die Entscheidung nach Satz 2 ergeht schriftlich oder elektronisch.

(3) Durch die Zulassung werden die in den Ländern Berlin und Baden-Württemberg jeweils geltenden versammlungsrechtlichen Vorschriften nicht berührt.

§ 4 [Bußgeldvorschriften]

(1) Ordnungswidrig handelt, wer entgegen § 2 an einer öffentlichen Versammlung unter freiem Himmel oder einem Aufzug teilnimmt oder zu einer solchen Versammlung oder zu einem Aufzug auffordert.

(2) Die Ordnungswidrigkeit kann mit einer Geldbuße bis zu zwanzigtausend Euro geahndet werden.

§ 5 [Einschränkung des Grundrechts der Versammlungsfreiheit]

Das Grundrecht der Versammlungsfreiheit (Artikel 8 des Grundgesetzes) wird durch dieses Gesetz eingeschränkt.

Anlage (zu § 1 Satz 2)

1. Deutscher Bundestag

(Es folgen genaue räumliche Festlegungen. Vom Abdruck wird hier abgesehen.)

2. Bundesrat

(Es folgen genaue räumliche Festlegungen. Vom Abdruck wird hier abgesehen.)

3. Bundesverfassungsgericht

(Es folgen genaue räumliche Festlegungen. Vom Abdruck wird hier abgesehen.)

Rheinland-pfälzisches Landesgesetz über die Bildung eines befriedeten Bezirks für den Landtag Rheinland-Pfalz

§ 1 [Befriedeter Bezirk]

(1) Für den Landtag Rheinland-Pfalz wird ein befriedeter Bezirk gebildet.

(2) Der befriedete Bezirk umfasst:
(Es folgen genaue räumliche Festlegungen. Vom Abdruck wird hier abgesehen.)

§ 2 [Schutz des Landtags]

Öffentliche Versammlungen unter freiem Himmel und Aufzüge sind innerhalb des befriedeten Bezirks nach § 1 verboten, soweit sie nicht nach § 3 zuzulassen sind. Ebenso ist es verboten, zu nach Satz 1 verbotenen Versammlungen und Aufzügen aufzurufen.

§ 3 [Zulassung von Versammlungen unter freiem Himmel und Aufzügen]

(1) Öffentliche Versammlungen unter freiem Himmel und Aufzüge innerhalb des nach § 1 gebildeten befriedeten Bezirks sind auf Antrag zuzulassen, wenn eine Beeinträchtigung der Tätigkeit des Landtags und seiner Fraktionen, seiner Organe und Gremien und eine Behinderung des Zugangs nicht zu besorgen ist. Davon ist in der Regel auszugehen, wenn die Versammlung oder der Aufzug an einem Tag durchgeführt werden soll, an dem Sitzungen des Landtags oder der in Satz 1 genannten Stellen nicht stattfinden.

(2) Zuständig für die Zulassung von öffentlichen Versammlungen oder Aufzügen innerhalb des befriedeten Bezirks nach § 1 ist das für Versammlungsrecht zuständige Ministerium, das jeweils im Einvernehmen mit der Präsidentin oder dem Präsidenten des Landtags entscheidet.

(3) Anträge auf Zulassung sind spätestens zehn Tage vor der Versammlung oder dem Aufzug bei der Stadtverwaltung Mainz zu stellen. Die Stadt Mainz nimmt die Entscheidung über die Zulassung von Versammlungen und Aufzügen im befriedeten Bezirk als Auftragsangelegenheit wahr.

(4) Durch die Zulassung werden die sonstigen versammlungsrechtlichen Vorschriften nicht berührt.

§ 4 [Nebenbestimmungen]

(1) Die Zulassung kann unter Bedingungen erteilt, mit Auflagen verbunden und befristet werden, soweit dies erforderlich ist, um die Erfüllung der in § 3 Abs. 1 genannten Zulassungsvoraussetzungen sicherzustellen.

(2) Bei Nichtbeachtung von Nebenbestimmungen nach Absatz 1 kann die zuständige Behörde eine Versammlung oder einen Aufzug auflösen.

§ 5 [Bußgeldvorschriften]

Ordnungswidrig handelt, wer

1. entgegen § 2 an einer öffentlichen Versammlung unter freiem Himmel oder einem Aufzug teilnimmt oder zu einer solchen Versammlung oder einem solchen Aufzug aufruft,

2. als Teilnehmerin oder Teilnehmer einer öffentlichen Versammlung oder eines Aufzugs einer vollziehbaren Auflage nach § 4 nicht nachkommt.

(2) Die Ordnungswidrigkeit kann mit einer Geldbuße bis zu 20 000 Euro geahndet werden.

§ 6 [Einschränkung von Grundrechten]

Das Grundrecht der Versammlungsfreiheit (Artikel 8 Abs. 1 des Grundgesetzes, Artikel 12 Abs. 1 der Verfassung für Rheinland-Pfalz) wird durch dieses Gesetz eingeschränkt.

...

Erläuterungen:

296 **I. Sinn und Zweck von Bannkreisen, Bannmeilen oder befriedeten Bezirken**

1. § 16 VersG verbietet generell öffentliche Versammlungen unter freiem Himmel und Aufzüge innerhalb der befriedeten Bannkreise der Gesetzgebungsorgane in den Bundesländern. Ein ähnliches Verbot spricht § 2 BefBezG für das räumliche Umfeld bestimmter Verfassungsorgane des Bundes aus.

Unter einem befriedeten Bezirk, einer Bannmeile oder einem Bannkreis im Sinne des Versammlungsrechts versteht man ein besonders eingegrenztes Gebiet, typischerweise im räumlichen Umfeld demokratisch legitimierter

Verfassungsorgane, innerhalb dessen öffentliche (politisch motivierte) Versammlungen nicht stattfinden dürfen. Die Terminologie ist nicht einheitlich. Früher war eher die Bezeichnung als Bannmeile oder Bannkreis üblich, in jüngerer Zeit setzt sich mehr die Namensgebung als befriedeter Bezirk durch. Gemeint ist in der Sache dasselbe.[329] Die politisch Verantwortlichen erhoffen sich offenbar von dem Begriff „befriedeter Bezirk“ mehr Bürgernähe, denn bei den Begriffen „Bannmeile“ oder „Bannkreis“ schwingt ein obrigkeitlicher und repressiver Unterton mit. Es könnte der Eindruck entstehen, die Bürger würden aus dem Umfeld der Parlamente verbannt.

2. § 16 VersG und die Gesetze über befriedete Bezirke bzw. Bannmeilen/Bannkreise sollen die ungestörte Arbeit und Funktionsfähigkeit der Parlamente und der Abgeordneten garantieren. Die politischen Entscheidungsträger sollen ihre Entscheidungen unbefangen und unbeeinflusst treffen können und in ihrer Amtsführung nicht „dem Druck der Straße“ ausgesetzt sein. **297**

Beispiel:
Während der Bundestag über ein umstrittenes Gesetz abstimmen soll, tobt vor dem Parlamentsgebäude - möglicherweise für die Abgeordneten hörbar und sichtbar - eine wütende und sich zunehmend gewaltbereit zeigende Menschenmenge. Wenn in einer solchen Situation der eine oder andere Abgeordnete sich beeindrucken ließe oder gar aus Angst sein Abstimmungsverhalten in eine bestimmte Richtung lenken würde, wäre dies vielleicht menschlich verständlich, für die Objektivität der Entscheidungsfindung aber fatal.

II. Historischer Exkurs **298**

Hinter § 16 VersG, den Bannmeilengesetzen der Bundesländer und dem BefBezG stehen traumatische Erfahrungen aus der Zeit der Weimarer Republik und des Nationalsozialismus. In jenen Jahren war es mehrfach zu blutigen bzw. verhängnisvollen Vorfällen im Zusammenhang mit politischen Demonstrationen vor dem Reichstag gekommen:

1. Zu erwähnen ist vor allem das „Blutbad vor dem Reichstagsgebäude“ am 13. Januar 1920 mit schätzungsweise 40 Toten und weit über 100 Verletzten. Der Reichstag stimmte damals über ein Gesetz ab, welches die Einführung und die rechtlichen Befugnisse von Betriebsräten in sämtlichen Wirt-

[329] Dürig/Friedl/Enders, Versammlungsrecht, § 16 Rdnr. 2 m.w.N.

schaftsunternehmen reglementieren sollte - so wie die Weimarer Reichsverfassung von 1919 dies in einem Gesetzgebungsauftrag vorsah. Dabei zeichnete sich ein Kompromiss im Parlament ab, der den Inhabern der Unternehmen nach wie vor eine rechtlich relativ starke Stellung beließ und der den linksradikalen Kräften nicht weit genug ging. USPD und die im Parlament nicht vertretene KPD riefen zu einer großangelegten Protestdemonstration vor dem Reichstag auf. Sie forderten den „Ausbau der Betriebsräte zu selbständigen revolutionären Organen“ und das volle Kontrollrecht der Betriebsräte in den Unternehmen anstelle eines bloßen Mitbestimmungsrechts. Tatsächlich erschienen am 13. Januar 1920, dem Tag der Abstimmung über das Gesetz im Reichstag, zehntausende Menschen zu der Kundgebung. Das Reichstagsgebäude wurde von der Sicherheitspolizei geschützt, die zwar schwer bewaffnet, aber zahlenmäßig hoffnungslos unterlegen war. Im Verlauf der Versammlung versuchten gewaltbereite Demonstranten, in das Reichstagsgebäude einzudringen. Auch wurden Reichstagsabgeordnete und Polizeibeamte tätlich angegriffen; einzelne Polizeibeamte wurden verprügelt und ihrer Waffe beraubt. Die Situation eskalierte immer mehr; vereinzelt wurden sogar Schüsse aus der Menge abgegeben, wobei ein Polizeibeamter tödlich verletzt wurde. Die Sicherheitspolizei erhielt nun den Befehl, den befürchteten Ansturm auf das Gebäude unter Gebrauch ihrer Schusswaffen abzuwehren. Daraufhin eröffneten die Polizeibeamten das Feuer, teilweise mit automatischen Waffen. Die Menge zerstreute sich fluchtartig in Panik und viele Personen wurden getötet oder verletzt. Die genaue Zahl der Opfer ist umstritten. Auf Seiten der Sicherheitspolizei wurde 1 Beamter getötet und 15 Beamte verletzt. Die Zahl der Toten und Verletzten unter den Demonstranten ließ sich nicht genau ermitteln, es ist die Rede von bis zu 42 Toten. Die Geschehnisse vom 13. Januar 1920 gelten jedenfalls als die blutigste Demonstration in der deutschen Geschichte. Sie waren seinerzeit Anlass für den Erlass eines ersten Bannmeilengesetzes, welches den Reichstag und die Landtage vor dem „Druck der Straße“ schützen und ähnliche Auseinandersetzungen vermeiden sollte. Öffentliche Versammlungen in unmittelbarer räumlicher Nähe zu den Parlamenten wurden künftig generell verboten. Dieses erste Bannmeilengesetz galt während der gesamten Weimarer Republik, wurde gerade in deren Endphase jedoch oft genug von Mitgliedern rechts- oder linksextremer Bewegungen verletzt. Noch am Tag seiner Ernennung zum Reichskanzler am 30. Januar 1933 setzte Hitler das Bannmeilengesetz außer Kraft.

299 **2.** Ein weiterer verhängnisvoller Vorgang im Zusammenhang mit unlauterem Druck auf das Parlament durch räumlich nahe gelegene Massenaufmärsche ist für den 24. März 1933 zu verzeichnen. An diesem Tag fand die letzte noch halbwegs freie Sitzung des Reichstags in Berlin statt, bevor dieser sich durch den Erlass des sog. Ermächtigungsgesetzes selbst entmachte-

te. Nach dem Brand des Reichstagsgebäudes in der Nacht vom 27. auf den 28. Februar 1933 hatte der neue Reichskanzler Adolf Hitler ultimativ vom Reichstag ein Gesetz verlangt, welches ihm mehr oder weniger diktatorische Vollmachten übertragen sollte. Zur Begründung erklärte Hitler, die Geschehnisse um den Reichstagsbrand hätten gezeigt, dass der Staat sich in großer Gefahr befinde und nur ein schnelles Handeln der Regierung geeignet sei, die Gefahren eines Bürgerkriegs oder eines kommunistischen Umsturzes effektiv zu bannen. Zu diesem Zwecke sei es erforderlich, dass der Reichstag vorübergehend seine verfassungsmäßigen Befugnisse der Regierung übertrage. Der Reichstag solle ein „Gesetz zur Behebung der Not von Volk und Reich" (= das berüchtigte Ermächtigungsgesetz) verabschieden, mit dem der Reichskanzler (= Adolf Hitler) ermächtigt werde, in fast allen relevanten Staatsangelegenheiten anstelle des Reichstages zu entscheiden. Dieses von Hitler vorformulierte Ermächtigungsgesetz sah dermaßen weitgehende Befugnisse für den Reichskanzler vor, dass es einer Abschaffung der Gewaltenteilung und der Republik gleichkam. Viele Abgeordnete des Reichstags erkannten offenbar sehr wohl, welche verheerenden rechtlichen Folgen dieses Ermächtigungsgesetz für die Demokratie in Deutschland haben würde, stimmten unter dem Druck der inszenierten Abstimmung am Ende aber doch für das Gesetz. Uniformierte SA-Leute hatten in großer Zahl die nach dem Reichstagsbrand vorübergehend als Parlamentsgebäude dienende Kroll-Oper umstellt und die Abgeordneten durch ihre militante Präsenz und durch Skandieren aggressiver Parolen eingeschüchtert. Bereits beim Gang zur Sitzung mussten die Abgeordneten durch Spaliere von SA und SS-Kolonnen gehen, die keinen Zweifel daran ließen, dass - wenn das Gesetz nicht durch eine entsprechende Mehrheit bei der Abstimmung in der gewünschten Form zustande käme - die Abgeordneten das Gebäude nicht unbeschadet verlassen würden.

3. In der Zeit des Nationalsozialismus gab es fortan weder Bannmeilen **300**
noch gab es Probleme mit unzulässigem Druck der Bevölkerung auf das Parlament. Politische Aktivitäten waren allein der NSDAP und ihren Teilorganisationen vorbehalten. Die Vorstellung, dass eine regimekritische Versammlung sich hätte zusammenfinden und artikulieren können, dies auch noch in unmittelbarer Nähe von Reichstag oder Reichsregierung, mutet angesichts des bestehenden Repressionsapparates, der seinesgleichen suchte, geradezu absurd an. Zudem hatte das Parlament durch das oben erwähnte Ermächtigungsgesetz seine Bedeutung ohnehin verloren - es gab dort keine Abstimmungen über politisch bedeutsame Entscheidungen mehr. (Bezeichnend ist, dass der Reichstag hinter vorgehaltener Hand als „Männergesangverein" verspottet wurde, da seine Auftritte sich weitgehend darin erschöpften, Beifall zu den theatralischen Auftritten Hitlers zu klatschen und während dieser Inszenierungen feierlich Lieder zu singen.)

301 **4.** In der Geschichte der Bundesrepublik Deutschland kam es nur sehr selten zu Verletzungen der Bannmeilen, die in der neu gegründeten Republik wieder eingerichtet wurden. Dennoch sollte man den Blick nicht dafür verlieren, dass die Gefahren, die die Bannmeilenregelungen zu verhindern suchen, keine spezifischen Gefahren der Weimarer Republik oder des Nationalsozialismus sind. Es handelt sich um zeitlose Probleme, die im Übrigen international sind und auch in anderen Staaten virulent werden können. Es kam und kommt immer wieder zu Versuchen der mehr oder weniger gewaltsamen Einflussnahme auf parlamentarische Entscheidungen - wenngleich diese in Deutschland in jüngerer Zeit die große Ausnahme blieben und die Demokratie nicht substantiell gefährdeten. So wurde beispielsweise im Jahre 1993, als der Bundestag mit breiter Mehrheit das Asylrecht verschärfen wollte, von Gruppierungen aus dem linksautonomen Spektrum der Versuch unternommen, die entscheidende Abstimmung im Bundestag gewaltsam zu verhindern, wobei es auch zu tätlichen Angriffen auf Bundestagsabgeordnete kam.

302

III. Befriedete Bezirke auf Bundes- und Landesebene

Aufgrund der Veränderung bei den Gesetzgebungszuständigkeiten im Versammlungsrecht im Jahre 2006 ist strikt zu differenzieren zwischen befriedeten Bezirken (Bannmeilen, Bannkreisen) auf Bundesebene und solchen auf Länderebene.

303

1. Befriedete Bezirke nach Bundesrecht

Ursprünglich galt für die Bundesverfassungsorgane das Bannmeilengesetz von 1955, welches öffentliche Versammlungen unter freiem Himmel im unmittelbaren räumlichen Umfeld von Bundestag, Bundesrat und Bundesverfassungsgericht generell ausschloss. Dieses alte Bannmeilengesetz des Bundes wurde 2008 aufgehoben und durch das Gesetz über die befriedeten Bezirke - BefBezG - ersetzt. Die Veränderung war auch erforderlich, weil es nach der Föderalismusreform keine bundesrechtliche Zuständigkeit im Versammlungsrecht mehr gab. Dabei ist die Begründung der Gesetzgebungsbefugnis des Bundes für das BefBezG nicht unproblematisch. Da dem Bund seit der Föderalismusreform von 2006 die Gesetzgebungskompetenz für das Versammlungsrecht fehlt, muss man insoweit eine Zuständigkeit kraft Natur der Sache bemühen. Teilweise wird auch auf Art. 74 Abs. 1 Nr. 1 GG (Strafrecht) verwiesen.

Räumlich durch befriedete Bezirke geschützte Institutionen auf Bundesebene sind nach wie vor die Gesetzgebungsorgane des Bundes, d.h. Bundestag und Bundesrat sowie das Bundesverfassungsgericht.

Mit dem BefBezG wurde das pauschale Versammlungsverbot innerhalb der Bannmeile deutlich gelockert. Vielfach war argumentiert worden, eine Bannmeile suggeriere, die Bevölkerung werde aus dem Umfeld der Verfassungsorgane „verbannt", sei also unerwünscht. Dieser Eindruck leiste der Demokratie- und Politikverdrossenheit Vorschub. Aus diesem Grunde wurde die derzeitige Kompromisslösung geschaffen: Es existiert zwar grundsätzlich nach wie vor eine Bannmeile um die genannten Verfassungsorgane des Bundes. Politische Demonstrationen dort sind aber nach entsprechender Genehmigung zulässig, wenn keine Störung zu erwarten ist.

Maßgebliche Norm ist vor allem § 3 BefBezG. Danach sind öffentliche Versammlungen unter freiem Himmel und Aufzüge innerhalb der befriedeten Bezirke im Einzelfall zuzulassen, wenn eine Beeinträchtigung der Tätigkeit der genannten Verfassungsorgane des Bundes sowie eine Behinderung des freien Zugangs zu deren Gebäuden innerhalb der befriedeten Bezirke nicht zu besorgen ist. Davon ist im Falle von Bundestag und Bundesrat in der Regel auszugehen, wenn die Versammlung oder der Aufzug an einem Tag durchgeführt werden soll, an dem Sitzungen dieser Verfassungsorgane nicht stattfinden (sitzungsfreie Tage). § 3 Abs. 1 BefBezG normiert also - rechtssystematisch interessant - den Sonderfall einer genehmigungsbedürftigen Versammlung.

Über die Genehmigung öffentlicher Versammlungen innerhalb der befriedeten Bezirke der Bundesverfassungsorgane entscheidet gem. § 3 Abs. 2 BefBezG das Bundesinnenministerium im Einvernehmen mit dem jeweiligen Präsidenten des betroffenen Verfassungsorgans. Der entsprechende Antrag soll spätestens 7 Tage vor der geplanten Veranstaltung gestellt werden.

2. Bannkreise nach Landesrecht in den Bundesländern 304

Die Einrichtung von Bannkreisen um die jeweiligen Gesetzgebungsorgane auf Landesebene ist Sache der Bundesländer. Gesetzgebungsorgane sind in den Flächenländern die Landtage, in Berlin das Abgeordnetenhaus, in Hamburg und Bremen die Bürgerschaft. Nicht alle Bundesländer haben von der Gesetzgebungsermächtigung des § 16 Abs. 2 und Abs. 3 VersG Gebrauch gemacht.

a) Bundesländer mit Bannmeilengesetzen

Bannmeilenregelungen für die Gesetzgebungsorgane gibt es derzeit in:

- Baden-Württemberg,
- Bayern,
- Berlin,
- Hamburg,
- Hessen,
- Niedersachsen,
- Nordrhein-Westfalen,
- Rheinland-Pfalz und
- dem Saarland.

Bayern und Niedersachsen haben kein gesondertes Bannmeilengesetz erlassen, sondern die diesbezüglichen Regelungen in das LVersG integriert.

b) Bundesländer ohne Bannmeilengesetze

Demgegenüber haben

- Brandenburg,
- Bremen,
- Mecklenburg-Vorpommern,
- Sachsen,
- Sachsen-Anhalt,
- Schleswig-Holstein und
- Thüringen

auf den Erlass von Bannmeilengesetzen verzichtet.

305 ### c) Rechtslage in Rheinland-Pfalz

In Rheinland-Pfalz existiert ein Landesgesetz über befriedete Bezirke. Dieses statuiert eine Bannmeile rund um den Landtag, die in § 1 des Gesetzes räumlich genau beschrieben ist. Innerhalb dieses befriedeten Bezirks sind öffentliche Versammlungen unter freiem Himmel grundsätzlich verboten. Es besteht jedoch die Möglichkeit, für eine öffentliche Versammlung innerhalb der Bannmeile des Landtages eine Ausnahmegenehmigung zu beantragen und zu erhalten, wenn eine Beeinträchtigung der Tätigkeit des Landtags und seiner Fraktionen, seiner Organe und Gremien und eine Behinderung des Zugangs nicht zu besorgen ist. Davon ist gem. § 3 Abs. 1 LBefBezG in der Regel auszugehen, wenn die Versammlung oder der Aufzug an einem Tag durchgeführt werden soll, an dem Sitzungen des Landtags oder seiner Fraktionen, Organe oder Gremien nicht stattfinden. Auch kann die Zulassung der Versammlung gem. § 4 Abs. 1 LBefBezG unter Bedingungen erteilt, mit Auflagen verbunden und befristet werden, soweit dies erforderlich ist, um die Erfüllung der in § 3 Abs. 1 LBefBezG genannten Voraussetzungen sicherzustellen.[330] Die Ausnahmegenehmigung ist gem. § 3 Abs. 3 LBefBezG spätestens zehn Tage vor der Veranstaltung bei der Stadtverwaltung Mainz zu beantragen. Über die Genehmigung entscheidet gem. § 3 Abs. 2 LBefBezG das rh.-pf. Innenministerium im Einvernehmen mit dem Präsidenten des Landtags.

IV. Allgemeine Auslegungsregeln der Bannmeilenvorschriften 306

1. Zu den befriedeten Bezirken zählen nicht nur öffentliche Straßen, Wege und Plätze, sondern auch Privatgrundstücke. Das grundsätzliche Versammlungsverbot dort gilt für alle zeitlichen Erscheinungsformen, auch für Spontan- oder Eilversammlungen.[331]

2. Nach dem ausdrücklichen Wortlaut des Gesetzes (§ 16 VersG, § 2 BefBezG des Bundes, § 2 rh.-pf. BefBezG) gilt das Verbot von Versammlungen innerhalb der befriedeten Bezirke nur für öffentliche Versammlungen unter freiem Himmel und für Aufzüge, nicht aber für Versammlungen in geschlossenen Räumen und auch nicht für nichtöffentliche Versammlungen. Die generellen Demonstrationsverbote der Bannmeilengesetze sind wegen ihres besonderen Charakters auch nicht im Wege der Analogie erweiterungsfähig auf die letztgenannten Versammlungstypen. 307

3. Auch existieren nur für die gesetzlich ausdrücklich genannten Institutionen Bannmeilen. Die Vorschriften über Bannmeilen sind wegen ihres besonderen Charakters nicht im Wege der Analogie zugunsten jener anderen Verfassungsorgane anwendbar, die gesetzlich nicht erwähnt sind. (In Betracht kämen insoweit auf Bundesebene beispielsweise Bundeskanzler, Bundeskanzleramt, Bundespräsident, Bundespräsidialamt, Bundesministerien. Auf Landesebene wäre zu denken an den Ministerpräsidenten, die Staatskanzlei oder Landesministerien.) 308

---

[330] Im Gegensatz zu den Auflagen i.S.d. § 15 VersG handelt es sich hier um echte Nebenbestimmungen i.S.d. § 36 BVwVfG.

[331] Dürig/Friedl/Enders, Versammlungsrecht, § 16 Rdnr. 7, 8.

309 **V. Rechtsfolgen bei Verstößen gegen die Bannmeilenvorschriften**

1. Befriedete Bezirke nach Bundesrecht

Öffentliche Versammlungen unter freiem Himmel oder Aufzüge innerhalb der befriedeten Bezirke der Bundesverfassungsorgane gem. §§ 1, 2 BefBezG sind ohne entsprechende Ausnahmegenehmigung nach § 3 BefBezG illegal. Veranstalter und Teilnehmer an einer solchen Versammlung verwirklichen den Bußgeldtatbestand des § 4 BefBezG. Die Versammlung ist eine kraft Gesetzes verbotene Veranstaltung i.S.d. § 15 Abs. 4 VersG und als solche aufzulösen.

310 **2. Befriedete Bezirke nach Landesrecht**

Öffentliche Versammlungen unter freiem Himmel oder Aufzüge innerhalb der Bannkreise von Gesetzgebungsorganen der Länder, in denen ein Bannmeilengesetz gilt, sind ohne entsprechende Ausnahmegenehmigung rechtswidrig und verboten. Veranstalter und Teilnehmer an einer solchen Versammlung verwirklichen den Bußgeldtatbestand des § 29a VersG. Die Versammlung ist in ihrer Eigenschaft als kraft Gesetzes verbotene Versammlung gem. § 15 Abs. 4 VersG aufzulösen.

Im rh-pf. BefBezG existiert zudem mit § 4 Abs. 2 eine weitere Befugnisnorm zur Auflösung von Versammlungen, die innerhalb des befriedeten Bezirks stattfinden und Nebenbestimmungen missachten. Auch hat der Landesgesetzgeber mit § 5 LBefBezG für Verstöße einen Bußgeldtatbestand geschaffen.

§ 17 VersG [Besonderheiten bei religiösen Feiern, Gottesdiensten, Volksfesten u.ä.]

Die §§ 14 bis 16 gelten nicht für Gottesdienste unter freiem Himmel, kirchliche Prozessionen, Bittgänge und Wallfahrten, gewöhnliche Leichenbegängnisse, Züge von Hochzeitsgesellschaften und hergebrachte Volksfeste.

Erläuterungen:

I. Methodische und rechtspolitische Dimension des § 17 VersG 311

§ 17 VersG nimmt Gottesdienste unter freiem Himmel, kirchliche Prozessionen, Bittgänge und Wallfahrten, Leichenbegängnisse, Züge von Hochzeitsgesellschaften und hergebrachte Volksfeste vom Anwendungsbereich der §§ 14 bis 16 VersG aus. Verallgemeinernd kann man die von § 17 VersG thematisierten Konstellationen entweder als öffentliche religiöse Veranstaltungen unter freiem Himmel oder als öffentliche Volksfeste unter freiem Himmel bezeichnen. Für diese sollen aufgrund der ausdrücklichen Vorgaben des § 17 VersG die Anmeldepflicht des § 14 VersG, die Eingriffsermächtigungen des § 15 VersG und die Bannmeilenregelungen des § 16 VersG nicht gelten. Die einigermaßen harmonische Einordnung dieser gesetzgeberischen Aussage ins Gesamtgefüge des Versammlungsrechts bereitet erhebliche Probleme.

§ 17 VersG ist eine mehrdeutige, geradezu kryptische und perplex wirkende Norm, die verschiedene Interpretationen ermöglicht. Dabei könnte § 17 VersG auch versteckte Rückschlüsse zulassen auf die Geltung des engen oder des weiten Versammlungsbegriffs aus Sicht des einfachen Gesetzgebers. Es sind unterschiedliche Auslegungen des § 17 VersG möglich:

1. Interpretation des § 17 VersG im Sinne eines Umkehrschlusses 312

Indem § 17 VersG vorsieht, dass die §§ 14 bis 16 VersG für die dort aufgeführten religiösen Zusammenkünfte und für Volksfeste nicht gelten, wird unweigerlich die Frage aufgeworfen, ob denn die übrigen Vorschriften des VersG für die genannten Veranstaltungstypen gelten. Wenn die Regelung des § 17 VersG einen Sinn geben soll, müsste man dies wohl bejahen. Zumindest wenn die allgemeinen Grundsätze der juristischen Logik und Methodenlehre angewendet werden, müsste man zum Ergebnis gelangen, dass in § 17 VersG ein derartiger (versteckter) Umkehrschluss enthalten ist (argumentum e contrario).

Verfolgt man diese logische Interpretation des § 17 VersG weiter, so ließe sich aus der Vorschrift sogar ein grundsätzliches Bekenntnis zum weiten Versammlungsbegriff entnehmen. Indem § 17 VersG nämlich vorschreibt, dass die §§ 14 bis 16 VersG für religiöse Veranstaltungen der dort genannten Art und für hergebrachte Volksfeste nicht gelten, würde die Vorschrift zum Ausdruck bringen, dass die genannten Zusammenkünfte sehr wohl Versammlungen im Rechtssinne sind und die übrigen Vorschriften des VersG grundsätzlich für solche Versammlungen gelten. Dies wiederum würde bedeuten, dass die von der h.M. geforderte politische Dimension einer Versammlung i.S.d. VersG nicht erforderlich wäre. § 17 VersG wäre dann ein gesetzgeberisches Indiz für die Geltung des weiten Versammlungsbegriffs.

313 **2. Historische und teleologische Interpretation des § 17 VersG (herrschende Meinung)**

Die h.M. lehnt die soeben skizzierte Interpretation des § 17 VersG ab.[332] Diese logisch zwingend erscheinende Argumentation steht und fällt mit der Prämisse, dass der Gesetzgeber sich beim Erlass einer Vorschrift tiefere Gedanken über deren Sinn und Zweck gemacht hat. Dies sei bei § 17 VersG nicht der Fall gewesen. § 17 VersG beruhe auf einem schlichten Versehen. Der Gesetzgeber habe beim Erlass des VersG im Jahre 1953 mit § 17 VersG unreflektiert altes Recht übernommen, dabei aber übersehen, dass nach dem Vorgängergesetz für Versammlungen noch eine Erlaubnispflicht bestanden habe.[333]

Mit der Vorschrift werde daher lediglich zum Ausdruck gebracht, dass es sich bei Zusammenkünften der in § 17 VersG genannten Art um religiöse oder kulturelle Veranstaltungen handele, die ihren Eigengesetzlichkeiten folgten und die von den typischerweise vom VersG erfassten Versammlungen - für die eine gewisse politische Dimension unabdingbar sei - zu unterscheiden seien. Aus diesem Grunde seien Versammlungen mit vorrangig religiösem Charakter oder Versammlungen, die der Brauchtumspflege dienen oder solche mit Vergnügungscharakter generell vom Anwendungsbereich des VersG ausgenommen. § 17 VersG sei daher richtigerweise nicht im Wege eines Umkehrschlusses (argumentum e contrario), sondern im Wege der Analogie zu interpretieren: Die Vorschrift bringe - über ihren unvollständigen und missglückten Wortlaut hinaus - einen verallgemeinerungsfähigen Rechtsgedanken zum Ausdruck, nämlich dass das VersG ins-

---

332 Dürig/Friedl/Enders, Versammlungsrecht, § 17 Rdnr. 1.

333 Dietel/Gintzel/Kniesel, Versammlungsgesetz, 16. Aufl., § 17 Rdnr. 5 ff. m.w.N.

gesamt auf religiöse Veranstaltungen, Veranstaltungen der Brauchtumspflege und Vergnügungsveranstaltungen keine Anwendung finde. Die Aufzählung der in § 17 VersG genannten Veranstaltungen sei somit beispielhaft und nicht abschließend gemeint.

Mit dieser Interpretation des § 17 VersG gelangt man im Ergebnis zum engen Versammlungsbegriff, der auch vom Bundesverfassungsgericht vertreten wird und mittlerweile ganz herrschende Meinung ist.[334] Den folgenden Ausführungen wird diese Sichtweise zugrunde gelegt.[335]

II. Anwendungsbereich und Rechtsfolgen 314

1. Die von § 17 VersG exemplarisch genannten Veranstaltungen mit religiösem oder kulturellem Inhalt folgen ihren Eigengesetzlichkeiten und unterscheiden sich von den typischerweise vom VersG erfassten Versammlungen i.S.d. engen Versammlungsverständnisses. Begrifflich wird man bei den von § 17 VersG genannten Veranstaltungen - losgelöst von der speziellen Regelung in § 17 VersG - bereits den Rechtscharakter einer Versammlung i.S.d. VersG in Zweifel ziehen müssen.[336]

2. Aus diesem Grunde sind nach h.M. Versammlungen mit vorrangig reli- 315
giösem Charakter oder Versammlungen, die der Brauchtumspflege dienen oder solche mit Vergnügungscharakter gänzlich und generell vom Anwendungsbereich des VersG ausgenommen. Insofern bringt § 17 VersG einen verallgemeinerungsfähigen Rechtsgedanken zum Ausdruck. Dementsprechend unterliegen derlei Veranstaltungen mit religiösem Thema oder mit dem Charakter der Brauchtumspflege dem allgemeinen Polizei- und Ordnungsrecht. Dies gilt erst recht für Vergnügungsveranstaltungen.

3. Die Abgrenzung zwischen den genannten Veranstaltungen i.S.d. § 17 316
VersG und den Versammlungen i.S.d. VersG (und des Art. 8 GG) kann im Einzelfall jedoch sehr schwierig werden, da Veranstaltungen mit religiösem oder mit Brauchtumspflegecharakter häufig auch eine politische Dimension haben können oder sogar gezielt haben sollen (Mischveranstaltungen; die Problematik zeigt schlaglichtartig die notorische Unschärfe des engen Versammlungsbegriffs.) Entscheidend dürfte dann sein, ob die betreffende Veranstaltung den traditionell vorgezeichneten Rahmen eines

---

334 BVerfG, NJW 2001, 2459; BVerfGE 104, 92; Schenke, Polizei- und Ordnungsrecht, Rdnr. 361 m.w.N.; Jarass/Pieroth, GG, Art. 8, Rdnr. 3 ff. m.w.N.

335 Die Argumentation wirkt allerdings sehr ergebnisorientiert, im Stile „dass nicht sein kann, was nicht sein darf".

336 Dürig-Friedl/Enders, Versammlungsrecht, § 17 Rdnr. 2.

Gottesdienstes oder eines Brauchtumsfestes einhält oder darüber hinausgeht und wo der Schwerpunkt liegt.[337]

Beispiele (für Nichtanwendbarkeit des VersG):
- Ein Faschingsumzug bleibt wegen der vorrangig karnevalistischen Zielsetzung eine bloße Veranstaltung der Brauchtumspflege i.S.d. § 17 VersG, auch wenn dabei politische Aussagen gemacht werden.
- Auch ein Gottesdienst ist grundsätzlich keine Versammlung im Rechtssinne, auch wenn dieser von Aktivisten der Friedensbewegung veranstaltet wird und sich in seinen Aussagen (Predigt, Fürbitten etc.) erkennbar gegen die Außenpolitik der Bundesregierung richtet.

Beispiele (für Anwendbarkeit des VersG):
- Der Gottesdienst wird jedoch zur politischen Versammlung, wenn er nur noch den vorgeschobenen Anlass bietet, um darin eingebettet oder in seinem Umfeld eindeutig politische Manifestationen kundzutun.
- Gleiches gilt für religiöse Vorträge oder Diskussionen mit erkennbar politisch-weltanschaulichem Gepräge, denen bereits äußerlich der förmliche Rahmen eines Gottesdienstes fehlt.
- Auch ein „Leichenbegängnis" kann zur politischen Veranstaltung und Versammlung im Rechtssinne werden, wenn der übliche Beerdigungszweck in den Hintergrund tritt und stattdessen - etwa im Rahmen einer feierlichen Gedenkveranstaltung - vorrangig politische Ziele kundgetan werden, insbesondere Erregung und Solidarisierung bei den Teilnehmern und Zuschauern.

317 **4.** Nach ganz h.M.[338] genießen die Veranstaltungen i.S.d. § 17 VersG nicht die unter D.VII. (Rdnr. 119 ff.) genannten straßenrechtlichen Privilegien. Sofern sie das verkehrsübliche Maß der Nutzung einer öffentlichen Straße oder eines Platzes überschreiten und über den Gemeingebrauch hinausgehen, benötigen sie eine behördliche Genehmigung.

[337] Dürig-Friedl/Enders, Versammlungsrecht, § 17 Rdnr. 3.
[338] Dietel/Gintzel/Kniesel, Versammlungsgesetze, Teil II, § 17 Rdnr. 6.

§ 17a Abs. 1 VersG [Schutzwaffenverbot]

Es ist verboten, bei öffentlichen Versammlungen unter freiem Himmel, Aufzügen oder sonstigen öffentlichen Veranstaltungen unter freiem Himmel oder auf dem Weg dorthin Schutzwaffen oder Gegenstände, die als Schutzwaffen geeignet und den Umständen nach dazu bestimmt sind, Vollstreckungsmaßnahmen eines Trägers von Hoheitsbefugnissen abzuwehren, mit sich zu führen.

Erläuterungen:

I. Allgemeines 318

§ 17a VersG wurde im Jahre 1985 in das VersG eingefügt. Das Verbot von Schutzwaffen soll - ebenso wie das Verbot der Vermummung - eine mögliche Enthemmung gewaltbereiter Versammlungsteilnehmer verhindern, die sich durch das Tragen derartiger Schutzgegenstände und durch die Anonymität aufgrund der Unerkennbarkeit ihrer Gesichtszüge allzu sicher fühlen könnten. Daneben soll die Vorschrift auch die Identifizierung und Verfolgung von Straftätern erleichtern. § 17a VersG ist nach den Vorstellungen des Gesetzgebers eine Ausformung der verfassungsrechtlichen Vorgaben des Art. 8 GG an Versammlungen, die friedlich sein müssen. Aufschlussreich zu den Motiven des Gesetzgebers ist die Bundestagsdrucksache 10/3580 zu § 17a VersG, in der es heißt: *„Versammlungsteilnehmer, die passiv bewaffnet und vermummt sind, dokumentieren aufgrund ihres martialischen Erscheinungsbildes eine offensichtliche Gewaltbereitschaft und üben auf die Menge nach massenpsychologischen Erkenntnissen eine aggressionsstimulierende Wirkung aus."*

II. Anwendungsbereich 319

Das Schutzwaffenverbot des § 17a Abs. 1 VersG ist rechtssystematisch eine auffällige Vorschrift, da es den üblichen Rahmen des VersG gleich in zweifacher Hinsicht sprengt:

1. Erstens gilt die Vorschrift auch für die Vorbereitungsphase einer Versammlung *(„...oder auf dem Weg dorthin...")*. Normalerweise beschäftigt sich das VersG aber nicht mit sog. Vorfeldgefahren, sondern erfasst nur die Gefahren, die in der Phase der Versammlung selbst entstehen.

2. Zweitens gilt die Vorschrift für alle öffentlichen Veranstaltungen unter freiem Himmel, ungeachtet des Umstandes, ob es sich dabei um Versammlungen oder nicht handelt *(„...oder sonstigen öffentlichen Veranstaltungen unter freiem Himmel...“)*. Normalerweise beschäftigt sich das VersG nur mit Versammlungen.

Diese systemwidrigen Erweiterungen des Versammlungsrechts können zu ungewohnten Konstellationen und überraschenden Ergebnissen führen.

Beispiel:
Gewaltbereite Fußballfans, die Schutzausrüstungen mit sich führen und vermummt sind, verstoßen gegen das Schutzwaffen- und Vermummungsverbot des § 17a Abs. 1 und Abs. 2 VersG, obwohl ein Fußballspiel bzw. die Zusammenkunft von Fußballanhängern - mangels politischer Aussage und Teilhabe an der öffentlichen Meinungsbildung - weder eine Versammlung im Schutzbereich des Art 8 GG noch eine Versammlung im Anwendungsbereich des VersG ist. Da § 17a Abs. 1 und Abs. 2 VersG auch die Vorfeldphase solch öffentlicher Veranstaltungen erfassen, ist sogar der Weg der schutzbewaffneten und vermummten „Fans“ zu der Sportstätte in diesem Zustand verboten und regelmäßig strafbar.

Nach h.M. soll dies auch dann gelten, wenn es um Fußballspiele namhafter Mannschaften in großen, professionell ausgebauten Stadien geht. Auf den ersten Blick wäre man geneigt, die Anwendbarkeit des § 17a VersG in derlei Konstellationen zu verneinen, denn die Vorschrift gelangt nicht zur Anwendung im Zusammenhang mit Veranstaltungen in geschlossenen Räumen. Große, kommerziell genutzte Fußballstadien sind aber nach außen räumlich geschlossen, geradezu hermetisch abgeriegelt, und es finden strenge Einlasskontrollen statt. Daher dürfte es sich bei strenger Berücksichtigung des Wortlautes und unreflektierter Anwendung der Formel „geschlossene räumliche bzw. bauliche Abgrenzung der Versammlungsstätte“ bei den dort stattfindenden Sportveranstaltungen eher um solche in geschlossenen Räumen handeln. Bei einer mehr wertenden Betrachtung gelangt man hingegen zu dem Ergebnis, dass die Veranstaltung unter freiem Himmel ist. Das Fußballspiel als Großveranstaltung ist nämlich nicht begrenzt auf das Spielfeld und die Ränge, sondern umfasst auch den gesamten Außenbereich des Stadions. Es geht also um einen riesigen Bereich. Dieser mag zwar nach außen irgendwo hermetisch abgeschlossen sein. Bei einer wertenden atmosphärischen Gesamtbetrachtung gelangt man jedoch eher zu dem Ergebnis, dass eine Großveranstaltung unter freiem Himmel vorliegt, insbesondere angesichts der unüberschaubaren Dimension des in Rede stehenden Veranstaltungsraumes.[339]

---

339 So im Ergebnis OLG Bamberg, NStZ 2016, 487 sowie OLG Hamm, NStZ-RR 2017, 390. Die Diskussion um die Einordnung großer Sportveranstaltungen in Stadien

III. Schutzwaffen i.S.d. § 17a Abs. 1 VersG 320

Der Begriff der Schutzwaffe ist missverständlich. Gemeint sind keineswegs Waffen im Sinne des Waffenrechts (also Gerätschaften zum Angriff gegen den Körper einer anderen Person oder zum aktiven Agieren in der Offensive). Schutzwaffen i.S.d. § 17a Abs. 1 VersG sind vielmehr Gegenstände, die dem Schutz des eigenen Körpers bei bewaffneten kämpferischen Auseinandersetzungen dienen sollen (siehe dazu auch den Gesetzeswortlaut: *„... Gegenstände ..., um Vollstreckungsmaßnahmen ... abzuwehren").* Einige neuere VersG der Länder verwenden daher den zutreffenden Begriff der „Schutzausrüstung".

IV. Den Schutzwaffen gleichgestellte Gegenstände i.S.d. § 17a Abs. 1 VersG 321

1. Objektive Komponente

Dem Verbot des § 17a Abs. 1 VersG unterfallen auch Gegenstände, die als Schutzwaffen geeignet und den Umständen nach dazu bestimmt sind, Vollstreckungsmaßnahmen eines Trägers von Hoheitsbefugnissen abzuwehren. Im Schrifttum zum Versammlungsrecht wird daher häufig differenziert zwischen Schutzwaffen im technischen und im untechnischen Sinne:

Erstere sind nach ihrer Zweckbestimmung und ihren Konstruktionsmerkmalen von vornherein als Schutzwaffen bestimmt. Letztere sind von ihrem primären Zweck her keine Schutzwaffen, können aber objektiv ohne weiteres dazu umfunktioniert werden, was subjektiv von ihrem jeweiligen Träger auch so gewollt ist.

Beispiele für Schutzwaffen im technischen Sinne wären etwa:
- Militärische oder polizeiliche Helme oder Schutzschilde.
- Gasmasken.
- Panzerungen oder Polsterungen des Körpers, die bei bestimmten Kampfsportarten üblich sind.

Beispiele für Schutzwaffen im untechnischen Sinne wären etwa:
- Motorradhelme oder gewerbliche Schutzhelme.
- Montur aus schwerer, gepolsterter Lederjacke, Lederhose und Motorradstiefeln o.ä.

---

als unter freiem Himmel oder in geschlossenen Räumen zeigt schlaglichtartig einmal mehr, dass sich hier allzu schematische Lösungen verbieten, sondern jeweils eine wertende Gesamtbetrachtung unter Berücksichtigung aller Umstände entscheidet.

322 **2. Subjektive Komponente**

a) Soweit es um Schutzwaffen im untechnischen Sinne geht, muss - um unter das Verbot des § 17a Abs. 1 VersG zu fallen - zusätzlich zu der objektiven Komponente des „Mit sich Führens“ eine subjektive, voluntative Komponente kommen, dergestalt, dass der Träger des betreffenden Gegenstandes diesen dazu verwenden will, staatliche Vollstreckungsmaßnahmen abzuwehren. (Vgl. § 17a Abs. 1 VersG: *„...Gegenstände, die als Schutzwaffen geeignet und den Umständen nach dazu bestimmt sind, Vollstreckungsmaßnahmen eines Trägers von Hoheitsbefugnissen abzuwehren...“)*

b) Diese Zweckentfremdungsabsicht erfordert - ähnlich wie die Frage der Qualifikation eines Gegenstandes als Waffe im untechnischen Sinne des § 2 Abs. 3 VersG - eine behördliche bzw. polizeiliche Prognoseentscheidung, die nur unter Berücksichtigung aller Umstände des Einzelfalles ergehen kann und für die auf der präventiven Seite grundsätzlich die allgemeinen Grundsätze des Polizei- und Ordnungsrechts gelten (ex-ante-Betrachtung, objektiver Dritter, Anscheinsgefahr, Gefahrenverdacht etc.).

c) Die Dimension dieser Prognoseentscheidung wird verschärft durch den Umstand, dass die Qualifikation eines Gegenstandes als Schutzwaffe i.S.d. § 17a Abs. 1 VersG grundsätzlich eine Strafbarkeit nach § 27 Abs. 2 Nr. 1 VersG nach sich zieht. Damit wäre - zumindest wenn man dem Wortlaut des VersG strikt folgt und zudem das Legalitätsprinzip und den Strafverfolgungszwang streng auslegt - einer vermittelnden Lösung (bloße Wegnahme des Gegenstandes ohne strafrechtliche Folgen) der Weg verstellt.

d) Insgesamt bedarf die Handhabung des Verbotes aus § 17a Abs. 1 VersG eines gewissen Fingerspitzengefühls und gegebenenfalls auch einer restriktiven und verfassungskonformen Interpretation (ähnlich wie das Uniformierungsverbot des § 3 VersG), da es durchaus Situationen geben kann, in denen ein Versammlungsteilnehmer nachvollziehbare oder zumindest gänzlich harmlose Gründe für das Tragen einer bestimmten Kleidung hat, diese jedoch vom Wortlaut der Vorschrift her bereits als Schutzbewaffnung erfasst werden könnte. Entscheidend sind dann die näheren Begleitumstände und vor allem der - bestehende oder auch nicht bestehende - „böse Wille“ des Betreffenden.

Beispiele:
- Der empfindliche, leicht hypochondrisch veranlagte H nimmt bei unsicherer Wetterlage in regensicherer Kleidung an einer Demonstration teil, da er in ständiger Angst vor Durchnässung und daraus resultierenden Erkältungen lebt. Auch wenn die Polizei bei dieser Demonstration Wasserwerfer

einsetzen sollte und dem H seine Aufmachung dabei gelegen käme, wird man seine Kleidung nicht als (gem. § 27 Abs. 2 Nr. 1 VersG strafbare) Schutzbewaffnung einordnen können.
- Anders könnte dies unter Umständen aussehen, wenn ein kräftiger und gesunder junger Mann bei herrlichem Sonnenschein in kompletter Regenkleidung zu einer Versammlung ausrückt und es in der Vergangenheit bei Versammlungen dieser Art wiederholt zum Einsatz von Wasserwerfern durch die Polizei gekommen ist.

§ 17a Abs. 2 VersG [Vermummungsverbot]

Es ist auch verboten,

1. an derartigen Veranstaltungen in einer Aufmachung, die geeignet und den Umständen nach darauf gerichtet ist, die Feststellung der Identität zu verhindern, teilzunehmen oder den Weg zu derartigen Veranstaltungen in einer solchen Aufmachung zurückzulegen;

2. bei derartigen Veranstaltungen oder auf dem Weg dorthin Gegenstände mit sich zu führen, die geeignet und den Umständen nach dazu bestimmt sind, die Feststellung der Identität zu verhindern.

Erläuterungen:

323 **I. Anwendungsbereich**

§ 17a Abs. 2 VersG statuiert das sog. Vermummungsverbot. Auch das Vermummungsverbot des § 17a Abs. 2 VersG sprengt - ebenso wie das Schutzwaffenverbot des § 17a Abs. 1 VersG - den üblichen Anwendungsbereich des VersG gleich in zweifacher Hinsicht:

1. Erstens gilt es aufgrund seines Wortlautes für alle öffentlichen Veranstaltungen unter freiem Himmel schlechthin, egal, ob es sich dabei um Versammlungen im Rechtssinne handelt oder nicht
(„...an derartigen Veranstaltungen teilzunehmen..." - gemeint sind damit alle öffentlichen Veranstaltungen unter freiem Himmel i.S.d. § 17a Abs. 1, auf den Abs. 2 Bezug nimmt).

2. Zweitens erfasst das Vermummungsverbot des § 17a Abs. 2 VersG auch die Vorbereitungsphase einer derartigen öffentlichen Veranstaltung
(„...oder den Weg zu derartigen Veranstaltungen in einer solchen Aufmachung zurückzulegen...").

Dieser weit ausgreifende Charakter des Vermummungsverbotes wird noch unterstrichen durch den Umstand, dass nicht nur das Tragen der Vermummung als solches verboten ist (§ 17a Abs. 2 Nr. 1 VersG), sondern bereits das bloße Mitsichführen von Gegenständen, die geeignet sind, eine Verschleierung der Identität herbeizuführen (§ 17a Abs. 2 Nr. 2 VersG).

II. „Vermummung“ i.S.d. § 17a Abs. 2 VersG 324

1. Objektive Komponente

Unter einer Vermummung i.S.d. § 17a Abs. 2 VersG versteht man die Verhüllung, Verkleidung, Verschleierung oder künstliche Veränderung des äußeren Erscheinungsbildes, vor allem des Gesichts, so dass eine Identifizierung der betreffenden Person nicht mehr möglich ist.

Beispiele für Vermummungen in diesem Sinne wären:
- Aufziehen einer Wollmaske, Strumpfmaske, Sturmhaube o.ä.
- Tragen eines bis zu den Augen hochgezogenen Schals.
- Verschleierung („im Stile von Beduinen oder Tuareg in der Sahara“).
- Tragen einer Perücke und eines künstlichen Bartes.
- Extreme Bemalung des Gesichts.
- Aufsetzen einer Karnevalsmaske.

2. Subjektive Komponente 325

a) Ähnlich wie beim Schutzwaffenverbot des § 17a Abs. 1 VersG muss auch beim Vermummungsverbot des § 17a Abs. 2 VersG zu der objektiven Komponente (= künstliche Veränderung des äußeren Erscheinungsbildes, so dass eine Identifizierung nicht mehr möglich ist) eine subjektive, voluntative Komponente hinzukommen, dergestalt, dass der Betreffende damit die Unmöglichkeit seiner Identifizierung beabsichtigt und gezielt herbeiführen will.
(Vgl. § 17a Abs. 2 VersG: „...Aufmachung, die geeignet und den Umständen nach <u>darauf gerichtet ist</u>, die Feststellung der Identität zu verhindern...“)

b) Die Vorschrift ähnelt damit in ihrer Struktur dem Waffentragungsverbot des § 2 Abs. 3 VersG in Bezug auf potentiell gefährliche, waffenähnliche Werkzeuge und dem Schutzwaffenverbot des § 17a Abs. 1 VersG in Bezug auf schutzwaffenähnliche Gegenstände. Auch beim Vermummungsverbot ist eine behördliche Prognoseentscheidung bezüglich des „bösen Willens“ erforderlich, die nur unter Berücksichtigung aller Umstände des Einzelfalles ergehen kann und für die grundsätzlich die allgemeinen Regeln des Polizei- und Ordnungsrechts gelten (ex-ante-Betrachtung, objektiver Dritter, Anscheinsgefahr, Gefahrenverdacht etc.). Auch hier kann diese Prognoseentscheidung durch den Straftatbestand des § 27 Abs. 2 VersG jedoch unweigerlich eine strafrechtliche Dimension erlangen. Dadurch kann eine nur schwer lösbare Konkurrenz zwischen präventiven und strafprozessualen

Vorgaben entstehen. (Zur Vermeidung unnötiger Wiederholungen sei insoweit auf die parallel gelagerte Problematik bei § 2 Abs. 3 VersG und § 17a Abs. 1 VersG verwiesen).

Jedenfalls fallen Aufmachungen, die ohne die genannte Zielsetzung getragen werden, nicht unter das Verbot des § 17a Abs. 2 VersG.

Beispiele (für letzteres):
- Der Künstler K, der sein Gesicht grell geschminkt und durch Bemalung verfremdet hat, um seinem künstlerischen Anliegen Ausdruck zu verleihen, dürfte nicht ohne weiteres unter das Vermummungsverbot des § 17a Abs. 2 VersG fallen (nicht zuletzt auch wegen der Ausstrahlungswirkung des Art. 5 Abs. 3 GG).
- Gleiches gilt für eine streng islamische Frau, die meint, aus religiösen Gründen in der Öffentlichkeit einen Schleier tragen zu müssen, der auch Teile ihres Gesichts bedeckt (Ausstrahlungswirkung des Art. 4 Abs. 1 GG).

326 **III. Verfassungskonforme, restriktive Auslegung und teleologische Reduktion**

1. Ähnlich wie das Uniformverbot des § 3 und das Schutzwaffenverbot des § 17a Abs. 1 VersG ist auch das Vermummungsverbot des § 17a Abs. 2 VersG eine verfassungsrechtlich bedenkliche Vorschrift, da sie ihrem Wortlaut nach Freiheitsrechte in rigider Form einschränkt:

- Erstens ist es grundsätzlich jedem selbst überlassen ist, wie er sein äußeres Erscheinungsbild gestaltet und dabei seine Gesichtszüge zum Ausdruck bringt oder auch nicht (Art. 2 Abs. 1 GG).

- Zweitens hat jede Versammlung grundsätzlich das Recht, ihre optischen Gestaltungsmittel selbst zu wählen (Art. 8 Abs. 1 GG).

Daher besteht weitestgehend Einigkeit darüber, dass die Verbotsnorm des § 17a Abs. 2 VersG einer behutsamen Handhabung sowie verfassungskonformer und restriktiver Interpretation bedarf. Nicht jede Veränderung des äußeren Erscheinungsbildes oder des Gesichts, die zur Folge hat, dass der Betreffende nicht mehr oder nur noch unter großen Schwierigkeiten identifizierbar ist, kann unter das Vermummungsverbot des § 17a Abs. 2 VersG fallen. Dies gilt um so mehr angesichts der Tatsache, dass die Vorschrift ihren versammlungsrechtlichen Rahmen überschreitet und für sämtliche öffentlichen Veranstaltungen gilt und zudem eine Strafbarkeit nach sich zieht (§ 27 Abs. 2 Nr. 2 VersG).

2. Auch wäre eine teleologische Reduktion des Wortlautes der Norm dahingehend zu erwägen, dass nicht jede vorsätzliche Verschleierung der Gesichtszüge und nicht jedes Konterkarieren der Identitätszuordnung automatisch den Tatbestand des § 17a Abs. 2 VersG verwirklicht, sondern nur solche Aktivitäten, die gegen die Behörden gerichtet sind. Angesichts der geschilderten verfassungsrechtlichen Angreifbarkeit der Vorschrift, ihrer Entstehungsgeschichte und der ratio legis sprechen gute Gründe für eine derartige restriktive Auslegung. **327**

Beispiel:
Das Tragen einer überdimensionalen Sonnenbrille und eines falschen Bartes durch einen exilpolitisch tätigen Ausländer bei einer Demonstration im Zusammenhang mit seinen Aktivitäten wäre nur dann als Verstoß gegen § 17a Abs. 2 VersG zu werten, wenn es dem Protagonisten darum ginge, die deutschen Behörden über seine Identität im Unklaren zu lassen, nicht aber, wenn er sich damit nur vor Nachstellungen des Geheimdienstes seines Herkunftslandes oder möglichen Racheakten verfeindeter, gewaltbereiter anderer ausländischer Organisationen schützen will.

§ 17a Abs. 3 VersG [Ausnahmen vom Schutzwaffen- und Vermummungsverbot]

Die Absätze 1 und 2 gelten nicht, wenn es sich um Veranstaltungen im Sinne des § 17 handelt. Die zuständige Behörde kann weitere Ausnahmen von den Verboten der Absätze 1 und 2 zulassen, wenn eine Gefährdung der öffentlichen Sicherheit oder Ordnung nicht zu besorgen ist.

Erläuterungen:

328 Das Schutzwaffenverbot des § 17a Abs. 1 und das Vermummungsverbot des § 17a Abs. 2 VersG gelten gem. § 17a Abs. 3 S. 1 VersG nicht für religiöse Feiern, kulturelle Veranstaltungen, Volksfeste und ähnliche Veranstaltungen i.S.d. § 17 VersG. Darin manifestiert sich der besondere Charakter derartiger Veranstaltungen i.S.d. § 17 VersG - denen unter Zugrundelegung des engen Versammlungsbegriffs von vornherein der Charakter von Versammlungen im rechtlichen Sinne fehlt.

329 Wegen der verfassungsrechtlichen Bedenklichkeit der relativ weitreichenden und pauschalen Schutzwaffen- und Vermummungsverbote in § 17a Abs. 1 und Abs. 2 VersG sieht der Gesetzgeber zudem durch § 17a Abs. 3 S. 2 VersG die behördliche Gestattung entsprechender Ausnahmen vor, da es durchaus nachvollziehbare Beweggründe geben kann, die einen Teilnehmer einer Versammlung veranlassen könnten, seine Identität nicht preisgeben zu wollen oder Schutzgegenstände mit sich zu führen.

Beispiele:[340]
- Politisch engagierte Ausländer möchten gegen ihre Regierung friedlich demonstrieren, befürchten aber, vom Geheimdienst ihres Heimatlandes dabei beobachtet, fotografiert und identifiziert zu werden und bei einer eventuellen Rückkehr schweren Repressalien ausgesetzt zu sein.
- An ansteckenden Krankheiten leidende Personen oder Drogenabhängige möchten gegen gesellschaftliche Ausgrenzung demonstrieren, befürchten aber durch ihr persönliches Bekanntwerden weitere Nachteile.
- Künstler möchten mit grell geschminkten Gesichtern und verfremdetem Erscheinungsbild auf politische Missstände aufmerksam machen.
- Ausländer möchten in der traditionellen Kluft ihrer Heimat demonstrieren.

[340] Die genannten Fallkonstellationen werden nur dann zu einem Anwendungsfall für eine Ausnahmegenehmigung nach § 17a Abs. 3 S. 2 VersG, wenn man nicht bereits auf einer Stufe zuvor - im Wege der teleologischen Reduktion des § 17a Abs. 2 Vers - den Anwendungsbereich der Vorschrift verneint.

- *Tierschützer möchten gegen die Missstände der kommerziellen Massentierhaltung protestieren und haben sich zur Unterstreichung ihres Anliegens Tiermasken aufgesetzt.*

§ 17a Abs. 4 VersG
[Anordnungen zur Durchsetzung des Schutzwaffen- und Vermummungsverbotes]

Die zuständige Behörde kann zur Durchsetzung der Verbote der Absätze 1 und 2 Anordnungen treffen. Sie kann insbesondere Personen, die diesen Verboten zuwiderhandeln, von der Veranstaltung ausschließen.

Erläuterungen:

330 Zur Durchsetzung des Schutzwaffen- und Vermummungsverbotes aus § 17a Abs. 1, Abs. 2 VersG statuiert § 17a Abs. 4 VersG eine spezielle Eingriffsgrundlage, derzufolge die zuständige Behörde zur Durchsetzung der Verbote der Absätze 1 und 2 Anordnungen treffen kann und insbesondere Personen, die diesen Verboten zuwiderhandeln, von der Veranstaltung ausschließen kann. Zuständige Behörde ist nach allgemeinen Regeln grundsätzlich die Ordnungsbehörde. Für die Polizei besteht eine Eilzuständigkeit bei Gefahr im Verzug.

Da mit § 17a Abs. 4 VersG eine spezielle Ermächtigungsgrundlage besteht, sind im Bereich der Verstöße gegen das Schutzwaffen- oder Vermummungsverbot Erst-recht-Schlüsse (argumentum a maiori ad minus) zur Eröffnung des Anwendungsbereiches von Befugnisnormen, Herleitungen von Minus- oder Mindermaßnahmen aus §§ 15 Abs. 3, 18 Abs. 3 VersG oder ein Rückgriff auf Ermächtigungsgrundlagen des allgemeinen Polizei- und Ordnungsrechts überflüssig und verfehlt.

§ 18 Abs. 1 VersG
[Geltung einzelner Vorschriften des II. Abschnitts auch im III. Abschnitt, d.h. für öffentliche Versammlungen unter freiem Himmel]

Für Versammlungen unter freiem Himmel sind § 7 Abs. 1, §§ 8, 9 Abs. 1, §§ 10, 11 Abs. 2, §§ 12 und 13 Abs. 2 entsprechend anzuwenden.

Erläuterungen:

I. § 18 Abs. 1 als zentrale Verweisungsnorm 331

§ 18 Abs. 1 VersG normiert, welche Vorschriften über öffentliche Versammlungen in geschlossenen Räumen auch für öffentliche Versammlungen unter freiem Himmel gelten. § 18 Abs. 1 VersG ist die zentrale Verweisungsnorm und ermöglicht rechtlich den Brückenschlag von den Bestimmungen des III. Abschnitts des VersG zu den Bestimmungen des II. Abschnitts des VersG.

Gemäß § 18 Abs. 1 VersG gelten folgende Vorschriften des VersG für öffentliche Versammlungen in geschlossenen Räumen auch für öffentliche Versammlungen unter freiem Himmel:

1. § 7 Abs. 1 VersG: Erfordernis eines Leiters.

2. § 8 VersG: Aufgaben und Befugnisse des Leiters.

3. § 9 Abs. 1 VersG: Möglichkeit des Leiters, unter Einhaltung bestimmter Rahmenvorgaben ehrenamtliche Ordner zu bestellen.

4. § 10 VersG: Verpflichtung der Versammlungsteilnehmer, den Anweisungen des Leiters und der Ordner zu folgen.

5. § 11 Abs. 2 VersG: Verpflichtung, die Versammlung bei Ausschluss sofort zu verlassen.

6. § 12 VersG: Verhalten von Polizeibeamten, die in die Versammlung entsandt wurden.

7. § 13 Abs. 2 VersG: Verpflichtung aller Teilnehmer, sich sofort zu entfernen, wenn eine Versammlung für aufgelöst erklärt wurde.

Zudem gilt § 12a VersG (Bild- und Tonaufnahmen von der Versammlung durch die Polizei) bei öffentlichen Versammlungen unter freiem Himmel. Diese Vorschrift wird jedoch nicht durch § 18 Abs. 1, sondern gesondert durch § 19a VersG für entsprechend anwendbar erklärt.

332 **II. Normen, auf die nicht verwiesen wird**

Aus dem diesbezüglichen Schweigen des § 18 Abs. 1 VersG ist der Vorschrift im Umkehrschluss (argumentum e contrario / argumentum e silentio) zu entnehmen, dass folgende Paragraphen betreffend öffentliche Versammlungen in geschlossenen Räumen nicht für öffentliche Versammlungen unter freiem Himmel gelten:

1. § 5 VersG: Verbot von öffentlichen Versammlungen in geschlossenen Räumen.

2. § 6 VersG: Möglichkeit, bestimmte Personen in der Einladung von der Teilnahme auszuschließen.

3. § 7 Abs. 2 VersG: Grundsatz, dass der Veranstalter im Zweifel Leiter der Versammlung ist und dass dies bei Vereinigungen deren Vorsitzender ist.

4. § 7 Abs. 3 VersG: Möglichkeit des Veranstalters, die Leitung einer anderen Person zu übertragen.

5. § 7 Abs. 4 VersG: Hausrecht des Leiters.

6. § 9 Abs. 2 VersG: Verpflichtung des Leiters, die Zahl der Ordner der Polizei mitzuteilen und Möglichkeit der Polizei, diese angemessen zu beschränken.

7. § 11 Abs. 1 VersG: Befugnis des Leiters, Teilnehmer von der Veranstaltung auszuschließen.

8. § 13 Abs. 1 VersG: Auflösung von öffentlichen Versammlungen in geschlossenen Räumen.

III. Wesentliche Unterschiede zwischen öffentlichen Versammlungen in geschlossenen Räumen und öffentlichen Versammlungen unter freiem Himmel 333

1. Die tatbestandlichen Voraussetzungen für ein Verbot und für eine Auflösung sind bei öffentlichen Versammlungen in geschlossenen Räumen (§ 5, § 13 Abs. 1 VersG) höher angesiedelt als bei öffentlichen Versammlungen unter freiem Himmel (§ 15 VersG). Umgekehrt formuliert: Die ordnungsbehördliche bzw. polizeiliche Eingriffsschwelle ist bei öffentlichen Versammlungen unter freiem Himmel niedriger.

2. Für öffentliche Versammlungen in geschlossenen Räumen besteht keine Anmeldepflicht. Öffentliche Versammlungen unter freiem Himmel sind hingegen gem. § 14 VersG grundsätzlich anzumelden.

3. Öffentliche Versammlungen in geschlossenen Räumen sind örtlich grundsätzlich beliebig durchführbar. Bei öffentlichen Versammlungen unter freiem Himmel sind die Bannmeilenvorschriften i.S.d. § 16 VersG zu beachten.

4. Bei öffentlichen Versammlungen in geschlossenen Räumen dürfen die Teilnehmer Schutzausrüstungen tragen und vermummt sein. Für öffentliche Versammlungen unter freiem Himmel bestehen gem. § 17a VersG Schutzwaffen- und Vermummungsverbote.

5. Bei öffentlichen Versammlungen in geschlossenen Räumen gibt es ein Hausrecht, das vorrangig vor polizeilichen Maßnahmen ist und das gem. § 7 Abs. 4 VersG der Leiter der Versammlung ausübt. Bei öffentlichen Versammlungen unter freiem Himmel gibt es naturgemäß kein Hausrecht, sondern allenfalls Eigentümerrechte dessen, dem die Versammlungsfläche gehört.

6. Bei öffentlichen Versammlungen in geschlossenen Räumen hat der Leiter gem. § 11 Abs. 1 VersG die Befugnis, Teilnehmer, welche die Ordnung gröblich stören, von der Versammlung auszuschließen. Bei öffentlichen Versammlungen unter freiem Himmel obliegt diese Aufgabe gem. § 18 Abs. 3 VersG allein der Polizei.

7. Bei öffentlichen Versammlungen in geschlossenen Räumen ist die Verwendung von Ordnern gem. § 9 Abs. 2 VersG lediglich auf Anfordern der Polizei mitzuteilen. Bei öffentlichen Versammlungen unter freiem Himmel bedarf die Verwendung von Ordnern gem. § 18 Abs. 2 VersG einer polizeilichen Genehmigung.

§ 18 Abs. 2 VersG
[Erfordernis einer polizeilichen Genehmigung für die Verwendung von Ordnern]

Die Verwendung von Ordnern bedarf polizeilicher Genehmigung. Sie ist bei der Anmeldung zu beantragen.

Erläuterungen:

334 **I. Allgemeines**

Bei öffentlichen Versammlungen unter freiem Himmel bedarf die Verwendung von Ordnern gem. § 18 Abs. 2 VersG einer polizeilichen Genehmigung. Dies steht im Gegensatz zur Rechtslage bei öffentlichen Versammlungen in geschlossenen Räumen, bei denen gem. § 9 Abs. 2 VersG der Leiter lediglich verpflichtet ist, die Zahl der von ihm bestellten Ordner den Behörden auf Anfordern mitzuteilen. (Siehe dazu auch die Erläuterungen zu § 9 Abs. 2 und § 18 Abs. 1 VersG.)

335 **II. Anwendung der Vorschrift und Verfahren**

1. Zum Begriff des Ordners siehe die Erläuterungen zu §§ 7 ff. VersG.

2. § 18 Abs. 2 VersG ist eine vom Wortlaut her missverständlich gefasste Vorschrift, denn mit polizeilicher Genehmigung meinte der Gesetzgeber wohl eher ordnungsbehördliche Erlaubnis.

a) Erlaubnis wäre treffender, weil derjenige, der Ordner verwenden will, dafür keine *nachträgliche* Genehmigung einzuholen hat, sondern *vorher* eine Erlaubnis beantragen muss. Meist kennzeichnet in der Rechtssprache der Begriff „Genehmigung" eine nachträglich eingeholte behördliche Zustimmung, wenngleich diese Terminologie nicht durchgehend befolgt wird.

b) Vor allem sollte für die Genehmigung zur Verwendung von Ordnern - entgegen dem Wortlaut des § 18 Abs. 2 S. 1 VersG - eigentlich nicht die Polizei, sondern die Ordnungsbehörde zuständig sein. Dies folgt aus § 18 Abs. 2 S. 2 VersG, der bestimmt, dass die Genehmigung bei der Anmeldung der Versammlung zu beantragen ist. Anzumelden ist eine Versammlung aber gegenüber der Ordnungsbehörde (siehe dazu die Erläuterungen zu § 14 VersG). Diese entscheidet dabei notwendigerweise auch über die nähere Gestaltung und die Modalitäten der Versammlung. Dazu zählt auch die Frage der Verwendung von Ordnern.

Der Wortlaut des § 18 Abs. 2 VersG erscheint jedoch zwingend. Daher wird eine Beteiligung der Polizei bei der Frage der Verwendung von Ordnern für notwendig erachtet. Die Ordnungsbehörde kann juristisch nur als Überbringer der polizeilichen Entscheidung fungieren.

3. Berechtigt zur Stellung des Antrages ist der Veranstalter oder der Leiter der Versammlung.

4. Die Entscheidung über die Zulässigkeit der Verwendung von Ordnern ist eine behördliche Ermessensentscheidung, die in dieser Eigenschaft den allgemeinen Regeln über die fehlerfreie Ermessenausübung unterliegt. Typische Versagungsgründe für die Genehmigung zur Verwendung von Ordnern wären etwa, dass die eingesetzten Ordner persönlich unzuverlässig erscheinen (z.B. einschlägig wegen Körperverletzung vorbestrafte Personen) oder die Anzahl der Ordner unangemessen hoch erscheint, wodurch eine einschüchternde Wirkung entstünde. Im Normalfall wird die Genehmigung zu erteilen sein. Sie kann allerdings - auch insoweit den allgemeinen Regeln des Verwaltungsrechts folgend - mit Nebenbestimmungen (§ 36 VwVfG) verbunden werden.

Beispiele:
- Auflage zu namentlicher Benennung der Ordner.
- Bedingung, dass eine bestimmte Höchstzahl von Ordnern nicht überschritten wird.

§ 18 Abs. 3 VersG [Ausschluss von Störern durch die Polizei]

Die Polizei kann Teilnehmer, welche die Ordnung gröblich stören, von der Versammlung ausschließen.

Erläuterungen:

336 **I. Allgemeines und Anwendungsbereich**

1. § 18 Abs. 3 VersG ist eine spezielle Eingriffsgrundlage, die es der Polizei ermöglicht, Teilnehmer an öffentlichen Versammlungen unter freiem Himmel, welche die Ordnung gröblich stören, von der betreffenden Veranstaltung auszuschließen. Die Vorschrift ist das Gegenstück zu § 11 Abs. 1 VersG, der die gleiche Situation für öffentliche Versammlungen in geschlossenen Räumen reglementiert.

Der wesentliche Unterschied zwischen § 18 Abs. 3 VersG und § 11 Abs. 1 VersG besteht darin, dass ersterer die Polizei ermächtigt, während letzterer an den Leiter der Versammlung adressiert ist. Grund für diese unterschiedlichen Zuständigkeiten ist zum einen, dass das VersG bei Versammlungen in geschlossenen Räumen von einer stärker ausgeprägten Autonomie und Selbstorganisation der betreffenden Versammlung ausgeht („Selbstreinigungsmechanismen"), zum anderen, dass Versammlungen unter freiem Himmel typischerweise auf öffentlichen Straßen, Wegen oder Plätzen stattfinden und es wegen des dort garantierten Gemeingebrauchs und der zwangsläufig stärkeren Beteiligung der Allgemeinheit angebracht erscheint, die Befugnisse des Leiters eher restriktiv zu fassen.

2. Das Ausschlussrecht nach § 18 Abs. 3 VersG bezieht sich nur auf Teilnehmer einer Versammlung, nicht hingegen auf Außenstehende. Für letztere gilt von vornherein allgemeines Polizeirecht.

337 **II. Voraussetzungen des Ausschlusses**

1. Teilnehmer

Es gelten sinngemäß die Ausführungen zu § 11 Abs. 1 VersG.

2. Gröbliche Störung der Ordnung

Es gelten sinngemäß die Ausführungen zu § 11 Abs. 1 VersG.

III. Verfahrensrechtliche Aspekte

1. Die Ausschließung eines Teilnehmers ist eine Ermessensentscheidung der Polizei, die insoweit den allgemeinen Regeln über die Ermessensausübung unterliegt (§ 40 VwVfG).

2. Nach allgemeinen Regeln (Grundsatz der Verhältnismäßigkeit) ist ein Ausschluss nicht erforderlich, wenn Ermahnungen oder Verwarnungen genügen, um den Störer zur Vernunft zu bringen. Daher ist Vorsicht geboten bei sofortigem Ausschluss anlässlich erstmaliger Störung. Nur bei besonders schweren Verfehlungen oder wenn erkennbar ist, dass der Betreffende nicht kooperationsbereit ist, ist ein solcher angebracht.

3. Nach h.M. muss die Polizei eine Person, gegen die nach allgemeinem Polizeirecht vorgegangen werden soll, zuvor gem. § 18 Abs. 3 VersG von der Versammlung auszuschließen.

Beispiel:
Der Fanatiker F steht inmitten einer Wahlkampfkundgebung auf dem Marktplatz und beginnt, nach dem Hauptredner, dem Politiker P, mit rohen Eiern zu werfen. Es genügt nicht, dass die Polizei den F überwältigt, ihm die Wurfgeschosse wegnimmt und ihn aus der Menge herausführt; nach h.M. ist dem F zuvor oder zumindest gleichzeitig zu erklären, dass er (mit sofortiger Wirkung gem. § 80 Abs. 2 S. 1 Nr. 2 VwGO) von der Versammlung ausgeschlossen ist.

4. Der Ausschluss nach § 18 Abs. 3 VersG soll nach wohl h.M. nicht konkludent möglich sein, sondern müsse ausdrücklich erfolgen, weil daran entscheidende Rechtsfolgen geknüpft seien.[341] 338

Beispiel:
Ausgangsfall wie oben. Das gewaltsame Abführen des F wäre nicht als konkludente Ausschlussverfügung interpretierbar. Die Rechtsfolge des Ausschlusses müsste dem F gegenüber ausdrücklich verfügt werden.

Über die Sinnhaftigkeit derartiger Formalien kann man geteilter Meinung sein. Einerseits tragen sie zu einer gewissen Rechtssicherheit und Bestimmtheit bei. Auch wird damit der Gefahr vorgebeugt, dass die Polizei zunächst einmal aus einem eher unreflektierten Rechtsgefühl und taktischen Notwendigkeiten heraus Eingriffsakte vornimmt und erst nachträglich versucht, diesen eine rechtliche Form und Begründung zu geben. An-

---

[341] BVerfGK 4, 154.

dererseits belasten Formalien gerade bei bestehender Gefahr im Verzug und Eilbedürftigkeit eine effektive Gefahrenabwehr. Auch fällt es schwer, eine rechtlich tragfähige Begründung für das Verbot konkludenten Handelns zu finden. Nach allgemeinen Regeln jedenfalls ist im Polizei- und Ordnungsrecht der konkludente Erlass von Verwaltungsakten möglich (vgl. § 37 Abs. 2 VwVfG). Das Abführen eines Versammlungsteilnehmers aus der Versammlung heraus kann aber nur den objektiven Erklärungswert haben, dass der Betreffende fortan an dieser Versammlung nicht mehr teilnehmen darf, er mithin ausgeschlossen ist. Man kann zur Begründung für die erhöhte formale Sichtweise im Rahmen des § 18 Abs. 3 VersG nur auf die besondere Reichweite der behördlichen Entscheidung und auf die Bedeutung des Art. 8 GG verweisen.

339 **IV. Rechtsfolgen des Ausschlusses**

1. Rechtsfolge eines wirksam verfügten Ausschlusses ist, dass der Störer den Schutz des Art. 8 GG bezogen auf diese Versammlung verliert. (Materiell-rechtlich setzt dies im Ergebnis allerdings auch die Rechtmäßigkeit des Ausschlusses voraus.)

2. Aufgrund des in § 18 Abs. 1 VersG für entsprechend anwendbar erklärten § 11 Abs. 2 VersG hat der ausgeschlossene Teilnehmer die Versammlung sofort zu verlassen. Sofortiges Verlassen in diesem Sinne bedeutet unverzügliches Sich entfernen vom Veranstaltungsort.

3. Ein präventiver, versammlungsrechtlicher Ausschluss dürfte - nach allgemeinen Regeln - nicht erforderlich sein, wenn gegen die betreffende Person mit strafprozessualer Zielrichtung vorgegangen werden soll.

Beispiel:
Ein Versammlungsteilnehmer feuert während einer Demonstration aus der Menge heraus ein Wurfgeschoss ab, welches die Fensterscheibe eines Geschäfts zertrümmert. Durch die Glassplitter werden umstehende Personen verletzt (Strafbarkeit - entsprechenden Vorsatz unterstellt - nach § 303 sowie § 223, 224 StGB). Polizeibeamte, die den Vorgang beobachtet haben, ergreifen den C, erklären ihm die vorläufige Festnahme und führen ihn vom Versammlungsgeschehen ab.

4. Zur vollstreckungsrechtlichen Durchsetzung der Pflicht zum Verlassen des Versammlungsortes gelten sinngemäß die Ausführungen zu § 11 Abs. 2 VersG (Platzverweisung als Grundverfügung und darauf aufbauende Vollstreckungsmaßnahmen).

§ 19 VersG [Besondere Vorschriften für Aufzüge]

(1) Der Leiter des Aufzuges hat für den ordnungsmäßigen Ablauf zu sorgen. Er kann sich der Hilfe ehrenamtlicher Ordner bedienen, für welche § 9 Abs. 1 und § 18 gelten.

(2) Die Teilnehmer sind verpflichtet, die zur Aufrechterhaltung der Ordnung getroffenen Anordnungen des Leiters oder der von ihm bestellten Ordner zu befolgen.

(3) Vermag der Leiter sich nicht durchzusetzen, so ist er verpflichtet, den Aufzug für beendet zu erklären.

(4) Die Polizei kann Teilnehmer, welche die Ordnung gröblich stören, von dem Aufzug ausschließen.

Erläuterungen:

§ 19 VersG statuiert besondere Vorschriften für Aufzüge. Mit Aufzügen sind öffentliche Versammlungen unter freiem Himmel gemeint, die sich fortbewegen. Die rechtliche Sinnhaftigkeit der Vorschrift ist zweifelhaft. Der Gesetzgeber ging beim Erlass des VersG offenbar davon aus, wegen der Besonderheiten ihres äußeren Ablaufs bedürften Aufzüge spezieller Regelungen, die teilweise von denen für ortsfeste öffentliche Versammlungen unter freiem Himmel abweichen. Dieser Zielsetzung sollten die besonderen Vorschriften des § 19 VersG Rechnung tragen. Letztere sind aber sehr fragmentarisch. Im Wesentlichen verweisen sie doch wieder auf die Vorschriften über ortsfeste öffentliche Versammlungen unter freiem Himmel. Sofern sie eigenständige Regelungen enthalten (Abs. 3), sind sie rechtstechnisch wenig präzise. **340**

Überdies gelten im Zweifel alle Bestimmungen über öffentliche Versammlungen unter freiem Himmel auch für Aufzüge (wie bereits aus der Überschrift zu den §§ 14 ff. VersG hervorgeht), da ein Aufzug systematisch ein Unterfall der öffentlichen Versammlung unter freiem Himmel ist. Im Ergebnis gibt es rechtlich somit keine nennenswerten Unterschiede zwischen Aufzügen und öffentlichen Versammlungen unter freiem Himmel. Häufig ist eine genaue Abgrenzung ohnehin in der Praxis kaum durchführbar. Von praktischer Bedeutung erscheint die besondere Eingriffsgrundlage des § 19 Abs. 4 VersG, die - wortgleich mit § 18 Abs. 3 VersG - die Polizei berechtigt, Teilnehmer eines Aufzuges, die die Ordnung gröblich stören, von diesem Aufzug auszuschließen. § 19 Abs. 4 VersG geht dem § 18 Abs. 3 VersG als speziellere Norm vor.

§ 19a VersG [Bild- und Tonaufnahmen von Versammlungen durch die Polizei]

Für Bild- und Tonaufnahmen durch die Polizei bei Versammlungen unter freiem Himmel und Aufzügen gilt § 12a.

Erläuterungen:

341 § 19a VersG beschäftigt sich - ebenso wie § 12a VersG - mit Bild- und Tonaufnahmen von Versammlungen bzw. Versammlungsteilnehmern durch die Polizei. Aufgrund der Verweisung des § 19a VersG auf § 12a VersG gelten für Bild- und Tonaufnahmen von öffentlichen Versammlungen unter freiem Himmel die tatbestandlichen Voraussetzungen des § 12a VersG. Dieser statuiert einen qualifizierten Gefahrenbegriff, d.h. es müssen tatsächliche Anhaltspunkte die Annahme rechtfertigen, dass von Teilnehmern einer Versammlung erhebliche Gefahren für die öffentliche Sicherheit oder Ordnung ausgehen.

Verfassungsrechtlich kann § 19a VersG - im Gegensatz zu § 12a VersG - jedoch auf ein vergleichsweise stärkeres Fundament aufbauen, da § 19a VersG als Ausformung des Gesetzesvorbehalts des Art. 8 Abs. 2 GG anzusehen ist, während § 12a VersG nur auf die verfassungsimmanenten Schranken des Art. 8 Abs. 1 GG gestützt werden kann.

Zur Vermeidung unnötiger Wiederholungen kann auf die Erläuterungen zu § 12a VersG verwiesen werden. Die rechtspolitische und polizeitaktische Bedeutung des § 19a VersG ist kaum zu unterschätzen. Die Vorschrift befindet sich an der Schnittstelle zu den Befugnisnormen des allgemeinen Polizei- und Ordnungsrechts über offene und verdeckte personenbezogene Datenerhebungen. Die Frage, unter welchen Voraussetzungen die Polizei das Versammlungsgeschehen mit technischen Mitteln beobachten und aufzeichnen darf, zählt zu den umstrittensten Themen des Versammlungsrechts, ist nach wie vor Gegenstand zahlreicher gerichtlicher Entscheidungen[342] und spiegelt sich in den partiellen Neuregelungen des Versammlungsrechts durch einzelne Bundesländer wider.

[342] BVerfGE 122, 342.

§ 20 VersG [Einschränkungen des Grundrechts aus Art. 8 GG durch das VersG]

Das Grundrecht des Artikels 8 des Grundgesetzes wird durch die Bestimmungen dieses Abschnitts eingeschränkt.

Erläuterungen:

I. Verfassungsrechtlicher Bezug zum Zitiergebot aus Art. 19 Abs. 1 S. 2 GG 342

§ 20 VersG trägt den Vorgaben des Art. 19 Abs. 1 S. 2 GG Rechung. Das dort normierte verfassungsrechtliche Zitiergebot soll sicherstellen, dass durch Gesetz nur wirklich gewollte Grundrechtseingriffe erfolgen und der Gesetzgeber sich beim Erlass grundrechtsbeschränkender Regelungen über deren Auswirkungen auf die betroffenen Grundrechte Rechenschaft ablegt.[343]

II. Restriktive Interpretation des Zitiergebotes 343

1. Da der Tatbestand eines Grundrechtseingriffs in der Tendenz durchweg mittlerweile eher weit interpretiert wird und um den Gesetzgeber nicht unnötig zu behindern, wird das Zitiergebot sehr restriktiv ausgelegt. Im Ergebnis wird das Zitiergebot des Art. 19 Abs. 1 S. 2 dadurch zu einer Vorgabe, die allmählich einer bloßen Sollvorschrift nahekommt.

2. Folgende Einschränkungen des Zitiergebotes sind nach herrschender Literatur und Judikatur anerkannt:[344]

a) Das Zitiergebot gilt nur für gezielte und unmittelbare Grundrechtseingriffe.[345]

b) Als Grundrechtseinschränkung i.S.d. Art. 19 Abs. 1 S. 2 GG sind nach Auffassung des BVerfG nicht anzusehen „grundrechtsrelevante Regelungen, die der Gesetzgeber in Ausführung der ihm obliegenden, im Grundgesetz vorgesehenen Regelungsaufträge, Inhaltsbestimmungen und Schrankenbestimmungen vornimmt“.[346] Dazu zählen insbesondere die Vorbehalte

[343] Krebs, in: von Münch/Kunig, GG, Art. 19 Rdnr. 14 ff.
[344] Jarass/Pieroth, GG, Art. 19 Rdnr. 3 - 7 m.w.N.
[345] Krebs, in: von Münch/Kunig, GG, Art. 19 Rdnr. 16 m.w.N. zur Judikatur des BVerfG.
[346] BVerfGE 64, 72 (80).

des Art. 2 Abs. 1 GG, des Art. 5 Abs. 2 GG, des Art. 12 Abs. 1 GG und des Art. 14 GG.[347]

c) Auch Ausgestaltungsaufträge des Gesetzgebers für einzelne Grundrechte sind nicht als Grundrechtseinschränkungen i.S.d. Art. 19 Abs. 1 S. 2 GG anzusehen. Ausgestaltungsaufträge in diesem Sinne finden sich etwa bei Art. 6 Abs. 1 GG und Art. 14 GG.[348]

d) Aus der systematischen Stellung des Art. 19 Abs. 1 S. 2 GG wird entnommen, dass das Zitiergebot nur für die Grundrechte aus Art. 1 bis 17 GG gilt, nicht hingegen für die grundrechtsgleichen Rechte außerhalb der Art. 1 bis 17 GG. Grundrechtsgleiche Rechte im letztgenannten Sinne sind vor allem Art. 28 Abs. 2, Art. 33 Abs. 1, Abs. 2, Abs. 3, Abs. 5; Art. 38, Art. 101, Art. 102, Art. 103 Abs. 1, Abs. 2, Abs. 3, Art. 104 GG.

e) Das Zitiergebot des Art. 19 Abs. 1 S. 2 GG kommt nur bei Grundrechten zur Anwendung, die aufgrund ausdrücklicher Ermächtigung vom Gesetzgeber eingeschränkt werden dürfen, also Art. 2 Abs. 2 S. 3, Art. 6 Abs. 3, Art. 8 Abs. 2, Art. 10 Abs. 2, Art. 11 Abs. 2, Art. 13 Abs. 2 - Abs. 5, Abs. 7 und Art. 16 Abs. 1 S. 2 GG.[349]

f) Auch die Fixierung verfassungsimmanenter Schranken aus kollidierendem Verfassungsrecht durch Gesetz unterliegt nicht dem Zitiergebot des Art. 19 Abs. 1 S. 2 GG.[350]

e) Das Zitiergebot findet keine Anwendung bei vorkonstitutionellen Gesetzen.[351]

344
345
346
347
348
349

[347] Jarass/Pieroth, GG, Art. 19 Rdnr. 3 - 7 m.w.N. zur Judikatur des BVerfG.
[348] Jarass/Pieroth, a.a.O.
[349] Jarass/Pieroth, GG, Art. 19 Rdnr. 5.
[350] Jarass/Pieroth, GG, Art. 19 Rdnr. 5.
[351] Krebs, in: von Münch/Kunig, GG, Art. 19 Rdnr. 17 m.w.N.

Abschnitt IV: Straftatbestände und Ordnungswidrigkeiten

Vorbemerkungen zu §§ 21 bis 29a VersG 350

I. Allgemeines

In den §§ 21 bis 28 VersG sind versammlungsspezifische Straftatbestände normiert (versammlungsrechtliches Nebenstrafrecht). Die §§ 29, 29a VersG statuieren die Ordnungswidrigkeiten. Bei den Straftatbeständen des VersG finden sich einzelne Ungereimtheiten und systemimmanente Schwierigkeiten, auf die es vorab hinzuweisen gilt:

II. Uneinheitlicher inhaltlicher Bezugsrahmen

Einzelne Straftatbestände und Ordnungswidrigkeiten beziehen sich nicht nur auf Verhaltensweisen im Zusammenhang mit öffentlichen Versammlungen. Sie pönalisieren darüber hinaus auch Verhaltensweisen bei nichtöffentlichen Versammlungen (§ 21 und § 28 VersG) oder sie gelten für jedwede Veranstaltung unter freiem Himmel (§ 27 Abs. 2 VersG) oder sie erfassen sogar Verhaltensweisen in der Öffentlichkeit schlechthin (§ 28 VersG). Diese letztgenannten Vorschriften würden unter systematischen Gesichtspunkten - zumindest überwiegend - nicht ins VersG, sondern ins allgemeine Strafgesetzbuch gehören.

III. Teilweise wenig abgestimmter Strafrahmen 351

Auffallend ist der zuweilen wenig untereinander abgestimmte Strafrahmen. So ist beispielsweise der unter Umständen relativ harmlose Verstoß gegen das Uniformierungsverbot gem. § 28 VersG mit Freiheitsstrafe bis zu zwei Jahren bedroht. Auch die tendenziell nicht so gefährlichen Verstöße gegen die Verbote der Passivbewaffnung und der Vermummung gem. § 27 Abs. 2 VersG sind jeweils mit Freiheitsstrafe bis zu einem Jahr bedroht, während der wirklich gefährliche und von krimineller Energie zeugende Verstoß gegen das Waffentragungsverbot gem. § 27 Abs. 1 VersG erstaunlicherweise nur mit Freiheitsstrafe bis zu einem Jahr erfasst wird.

352 **IV. Unterschiedlicher Umgang mit der verwaltungsrechtlichen Akzessorietät**

In den Straftatbeständen ist bisweilen ein uneinheitlicher Umgang mit der verwaltungsrechtlichen Akzessorietät der Tatbestandsmerkmale zu verzeichnen - zumindest ist die diesbezügliche Terminologie uneinheitlich. Darin spiegelt sich die grundsätzliche Unsicherheit im Umgang mit dem Problemfeld Verwaltungsaktakzessorietät des materiellen Strafrechts wider[352]: Beispielsweise wird bei Verstößen gegen Auflagen und Verbote teilweise deren Vollziehbarkeit verlangt, um eine Strafbarkeit auszulösen (§ 23, § 26 Nr. 1 und § 29 Abs. 1 Nr. 1, Nr. 3 VersG), teilweise scheint nach dem Wortlaut deren bloße Existenz zu genügen (§ 25 Nr. 2 VersG).

353 **V. Straftatbestände der §§ 21 ff. VersG sind teilweise echte Sonderdelikte**

Bei einzelnen Straftatbeständen der §§ 21 ff. VersG handelt es sich um echte Sonderdelikte, die nur von bestimmten Personen begehbar sind. Diese Sonderdelikte stehen - ähnlich wie die eigenhändigen Delikte - im Gegensatz zu den üblicherweise im Strafrecht anzutreffenden Allgemeindelikten, deren tauglicher Täter jedermann sein kann. Man erkennt die Allgemeindelikte meist daran, dass das Gesetz als potentiellen Täter einen namenlosen „Wer“ nennt, während beim Sonderdelikt bereits im objektiven Tatbestand eine besondere Eigenschaft des handelnden Subjekts hervorgehoben wird, die von vornherein den möglichen Täterkreis begrenzt (z.B. die Eigenschaft als Arzt bei § 203 StGB oder als Amtsträger bei §§ 331 ff. StGB).[353] So verlangen die §§ 24, 25 und 26 VersG die Eigenschaft als Leiter oder als Veranstalter. Bei solchen Sonderdelikten gelten die allgemeinen Zurechnungsregeln über Täterschaft und Teilnahme nur eingeschränkt.

354 **VI. Partielle Überlagerung der allgemeinen juristischen Methodenlehre durch die Vorgaben des Art. 103 GG**

Bei den kleineren Ungereimtheiten in den Straftatbeständen der §§ 21 ff. VersG mag man geneigt sein, diese - wie so häufig im Versammlungsrecht - mit den Rechtsfiguren der juristischen Methodenlehre (insbesondere mittels Analogie und Erst-recht-Schluss) gegebenenfalls zu korrigieren. Durch

---

[352] Siehe dazu Sternberg-Lieben, in: Schönke/Schröder, StGB, Vorbem. zu §§ 32 ff. Rdnr. 62 ff. m.w.N.; Heine/Schittenhelm, in: Schönke/Schröder, Vorbem. zu §§ 324 ff. Rdnr. 15 ff. m.w.N.

[353] Wessels/Beulke/Satzger, Strafrecht, Allgemeiner Teil, § 1 Rdnr. 53 ff.

den juristischen „Freistil“ im Umgang mit den versammlungsrechtlichen Vorschriften des II. und III. Abschnitts des VersG hat man sich möglicherweise an einen „lockeren Umgang“ mit der Interpretation der Tatbestände im VersG gewöhnt. Dem sind jedoch bei den Straftatbeständen im IV. Abschnitt des VersG Grenzen gesetzt. Da es sich um materielles Strafrecht handelt, gelten uneingeschränkt die verfassungsrechtlichen Vorgaben des Art. 103 Abs. 2 GG: Nullum crimen, nulla poena sine lege praevia, scripta, certa, stricta (= Kein Verbrechen, keine Strafe, ohne zuvor erlassenes, schriftlich fixiertes, hinreichend bestimmtes und nicht der Analogie zugängliches Gesetz). Verhaltensweisen, die nicht einwandfrei vom Wortlaut der Straftatbestände erfasst werden, können nicht darunter im Wege der Analogie oder des Erst-recht-Schlusses subsumiert werden und sind somit straflos.

VII. Geltung der allgemeinen Regeln des materiellen Strafrechts 355

Im Übrigen gelten für die §§ 21 ff. VersG die allgemeinen Regeln des materiellen Strafrechts:

1. Bestimmung und Abgrenzung von Täterschaft und Teilnahme (Alleintäterschaft, Mittäterschaft und mittelbare Täterschaft einerseits, Anstiftung und Beihilfe andererseits).

2. Bestimmung und Abgrenzung der Vorsatz- und Fahrlässigkeitsform: Absicht (dolus directus 1. Grades), Wissentlichkeit (dolus directus 2. Grades), billigende Inkaufnahme oder bedingter Vorsatz (dolus eventualis) in Abgrenzung zur schweren (bewussten) und leichten (unbewussten) Fahrlässigkeit.

Bei den Straftatbeständen des VersG handelt es sich ausnahmslos um Vorsatzdelikte, für deren Verwirklichung - sofern im subjektiven Tatbestand nichts Gegenteiliges steht - dolus eventualis genügt. Vereinzelt gibt es besondere subjektive Tatbestandsmerkmale, die dolus directus 1. Grades erfordern (z.B. bei § 21 VersG).

3. Auch hinsichtlich der Rechtsfertigungsgründe gelten die allgemeinen Regeln. Bedeutsam sind im Versammlungsrecht vor allem die Notwehr (§ 32 StGB) und der Notstand (§ 34 StGB), aber auch alle sonstigen Rechtfertigungsgründe können auftreten, auf Seiten der Behörden auch amtliche Befugnisse.

4. Auf der Verschuldensebene und hinsichtlich denkbarer Irrtümer sind vor allem mögliche Probleme bei der Schuldfähigkeit sowie Tatbestandsirrtümer und Verbotsirrtümer zu erwähnen.

356 **VIII. Konkurrenzen**

Konkurrenzen sind nach allgemeinen Regeln möglich mit grundsätzlich allen sonstigen Straftatbeständen des allgemeinen Strafrechts. Von diesen spielen bei Versammlungen typischerweise vor allem die nachfolgend genannten eine Rolle:

- § 86 StGB [Verbreiten von Propagandamitteln verfassungswidriger Organisationen]
- § 86a StGB [Verwenden von Kennzeichen verfassungswidriger Organisationen]
- § 90a StGB [Verunglimpfung des Staates und seiner Symbole]
- § 90b StGB [Verunglimpfung von Verfassungsorganen]
- § 111 StGB [Öffentliche Aufforderung zu Straftaten]
- § 113 StGB [Widerstand gegen Vollstreckungsbeamte]
- § 123 StGB [Hausfriedensbruch]
- § 125 StGB [Landfriedensbruch]
- § 126 StGB [Androhung schwerer Straftaten]
- § 127 StGB [Bildung bewaffneter Gruppen]
- § 129a Abs. 3 StGB [Werben für eine terroristische Vereinigung]
- § 130 StGB [Volksverhetzung]
- § 130a StGB [Anleitung zu Straftaten]
- § 140 StGB [Belohnung und Billigung von Straftaten]
- § 185 StGB [Beleidigung]
- § 186 StGB [Üble Nachrede]
- § 187 StGB [Verleumdung]
- §§ 223 StGB ff. [Körperverletzungsdelikte]
- § 239 StGB [Freiheitsberaubung]
- § 240 StGB [Nötigung]
- § 241 StGB [Bedrohung]
- §§ 303 ff. StGB [Sachbeschädigungsdelikte]
- §§ 306 StGB ff. [Brandstiftungsdelikte]
- § 315 StGB [Gefährliche Eingriffe in den Bahnverkehr]
- § 315b StGB [Gefährliche Eingriffe in den Straßenverkehr]
- § 316b StGB [Störung öffentlicher Betriebe]

Abschnitt IV

Straf- und Bußgeldvorschriften

§ 21 VersG [Störung von Versammlungen oder Aufzügen]

Wer in der Absicht, nicht verbotene Versammlungen oder Aufzüge zu verhindern oder zu sprengen oder sonst ihre Durchführung zu vereiteln, Gewalttätigkeiten vornimmt oder androht oder grobe Störungen verursacht, wird mit Freiheitsstrafe bis zu drei Jahren oder mit Geldstrafe bestraft.

Tatbestandliche Struktur des § 21 VersG 357

I. Objektiver Tatbestand

1. Versammlung oder Aufzug,

2. die/der nichtverboten ist.

3.
a) Vornahme von Gewalttätigkeiten oder

b) Androhung von Gewalttätigkeiten oder

c) Verursachung grober Störungen.

II. Subjektiver Tatbestand

1. Vorsatz (bezüglich aller objektiver Tatbestandsmerkmale)

2. Absicht, die Versammlung zu verhindern oder zu sprengen oder sonst ihre Durchführung zu vereiteln („finale Verklammerung").

Erläuterungen: 358

I. Allgemeines und Deliktsstruktur

1. § 21 VersG ist ein konkretes Gefährdungsdelikt, nicht hingegen ein Erfolgsdelikt. Zur Erfüllung des Straftatbestandes genügt die Vornahme der im objektiven Tatbestand umschriebenen Tathandlungen. Nicht erforderlich für die Vollendung des § 21 VersG ist, dass es dem Täter tatsächlich gelingt, die Versammlung zu verhindern oder zu sprengen oder ihre Durchführung zu vereiteln.

2. Der Straftatbestand des § 21 VersG überschreitet den normalen Anwendungsbereich des VersG insofern, als § 21 VersG die Störung öffentlicher und nichtöffentlicher Versammlungen unter Strafe stellt, während das VersG sich grundsätzlich nur mit öffentlichen Versammlungen beschäftigt.

3. § 21 VersG ist teilweise eine Strafbewehrung des § 2 Abs. 2 VersG, stellt aber an die Tatbestandsmäßigkeit der Störung höhere Voraussetzungen: Während § 2 Abs. 2 VersG jede Störung einer öffentlichen Versammlung verbietet, stellt § 21 VersG nur grobe Störungen unter Strafe. Die Störung muss bei § 21 VersG also eine gewisse Schwere aufweisen. Dies legt bereits der qualitative Vergleich mit den anderen Begehungsmodalitäten des § 21 VersG nahe: *„Vornahme von Gewalttätigkeiten"* oder *„Androhung von Gewalttätigkeiten"* - ebenfalls Verhaltensweisen, die eine gewisse Schwere, Massivität und kriminelle Energie implizieren.

359 **II. Tatbestandsmerkmale**

1. Wie der Wortlaut des § 21 VersG zum Ausdruck bringt, ist die Störung verbotener Versammlungen nicht strafbar nach dieser Vorschrift. Entsprechende Verhaltensweisen können jedoch nach allgemeinem Strafrecht strafbar sein, z.B. §§ 185 ff., § 240, §§ 223 ff., §§ 303 ff. StGB. Ein Verbot, welches der betreffenden Versammlung den Schutz des § 21 VersG nimmt, kann kraft Gesetzes bestehen oder kraft Verwaltungsaktes.

2. Täter ist bei § 21 VersG normalerweise ein außenstehender Dritter, kann aber auch ein Versammlungsteilnehmer sein.

3. Nicht erforderlich für die Strafbarkeit nach § 21 VersG ist, dass das in Rede stehende Störverhalten am Ort der Versammlung stattfindet und sich zeitlich während der Versammlung ereignet. Den gesetzlichen Tatbestand des § 21 VersG erfüllen auch Verhaltensweisen im Vorfeld einer Versammlung oder an einem anderen Ort.

Beispiele:
- Angriff auf die Person des Hauptredners in dessen Wohnung vor Versammlungsbeginn, um seinen Auftritt zu verhindern.
- Gewaltsame Verhinderung der Anreise potentieller Teilnehmer.

4. Vornahme von Gewalttätigkeiten bedeutet qualifizierte Gewalt i.S.d. § 125 StGB. Es genügt nicht Gewalt i.S.d. einfachen „vergeistigten" strafrechtlichen Gewaltbegriffs des § 240 StGB. Erforderlich ist vielmehr ein aggressives, gegen die körperliche Unversehrtheit anderer oder die Integrität fremder Sachen gerichtetes aktives Tun von einer gewissen Erheblichkeit (typischerweise sog. Brachialgewalt).

Beispiele:
- Werfen von Gegenständen.
- Einschlagen auf andere Personen.

Nicht hingegen:
- Versperren des Zugangs durch bloßes Sitzen auf der Straße (Sitzblockaden).
- Bilden einer undurchlässigen Menschenkette.
- Gezieltes Besetzen aller Plätze in einem Veranstaltungsraum vor Versammlungsbeginn.

5. Androhung von Gewalttätigkeiten bedeutet nach allgemeinen Regeln das Inaussichtstellen solcher. Auf die Glaubhaftigkeit oder tatsächliche Realisierbarkeit kommt es nicht an.

Beispiele:
- Bedrohung mit einer täuschend echt aussehenden Spielzeugpistole.
- Erklärung, „man werde mit einer Anzahl Gleichgesinnter kommen und alles kurz und klein schlagen" (auch wenn der Erklärende in Wirklichkeit ganz allein steht).

6. Verursachung grober Störungen meint besonders schwere Beeinträchtigungen einer Versammlung. Es genügt hier nicht die einfache Störung i.S.d. § 2 Abs. 2 VersG.

Auch die gröbliche Störung i.S.d. §§ 11 Abs. 1, 18 Abs. 3, 19 Abs. 4 VersG bedeutet nicht automatisch die Strafbarkeit des Störers nach § 21 VersG. Sie zieht zunächst einmal (nur) den Ausschluss des Störers nach sich (wird allerdings in den meisten Fällen zugleich auch als „grobe Störung" i.S.d. § 21 VersG erfassbar sein). Für letztere ist jedenfalls ein besonders massiver Charakter des Störverhaltens erforderlich.

Beispiele (für grobe Störungen):
- Aufdrehen elektronischer Musikgeräte auf erhebliche Lautstärke.
- Werfen von Stinkbomben, Rauchbomben, Jauchebeuteln o.ä.

- Zertrümmern von Gegenständen oder Mobiliar, Sachbeschädigungen größeren Ausmaßes.
- Werfen von Gegenständen, wobei Verletzungsgefahr anderer besteht.
- An der Grenze angesiedelt ist ständiges lautes Gebrüll (die Qualifikation als „grobe" Störung hängt von der Intensität ab).

Nicht hingegen als grobe Störung erfasst werden dürften:
- Einmaliges Werfen von Konfetti, Papierfliegern, Schneebällen o.ä.
- Unpassendes oder unflätiges Benehmen.
- Zwischenrufe, Missfallenskundgebungen, Äußern von Gegenmeinungen, Verlangen nach Diskussion etc. (sofern damit nicht gezielt, massiv und beharrlich der Zweck verfolgt wird, die Durchführung der Versammlung zu verhindern).

7. Verhindert wird eine Versammlung, wenn sie nicht so stattfinden kann, wie sie geplant war. Dazu genügt u.U., dass der geplante Ort oder die geplante Zeit der Versammlung geändert werden müssen oder dass potentiellen Teilnehmern an dieser Versammlung der Zugang verwehrt wird.

Beispiel:
Stürmen des Versammlungsraumes durch gewaltbereite Gegendemonstranten.

8. Gesprengt wird eine Versammlung, wenn die Teilnehmer zum Verlassen des Versammlungsortes gezwungen werden.

Beispiel:
Werfen von Stinkbomben, was den Aufenthalt im Versammlungsraum unerträglich werden lässt.

9. Auf andere Weise vereitelt wird eine Versammlung, wenn deren Durchführung nach den Vorstellungen des Veranstalters unmöglich gemacht wird.

Beispiel:
Anhaltender mutwillig verursachter Lärm, der eine verbale Kommunikation kaum möglich sein lässt. (Bei Veranstaltungen mit feierlichem Charakter genügt insoweit bereits mäßiger Lärm, beispielsweise lautes Grölen bei einer Totengedenkfeier.)

10. Absicht ist nach allgemeinen Grundsätzen dolus directus 1. Grades. Es muss dem Täter also gerade darauf ankommen, die Versammlung zu verhindern, zu sprengen oder zu vereiteln.

§ 22 VersG
[Widerstand gegen den Leiter oder gegen Ordner einer öffentlichen Versammlung]

Wer bei einer öffentlichen Versammlung oder einem Aufzug dem Leiter oder einem Ordner in der rechtmäßigen Ausübung seiner Ordnungsbefugnisse mit Gewalt oder Drohung mit Gewalt Widerstand leistet oder ihn während der rechtmäßigen Ausübung seiner Ordnungsbefugnisse tätlich angreift, wird mit Freiheitsstrafe bis zu einem Jahr oder mit Geldstrafe bestraft.

Tatbestandliche Struktur des § 22 VersG 360

I. Objektiver Tatbestand

1. Öffentliche Versammlung oder Aufzug.

2. Leiter oder Ordner übt rechtmäßig seine Ordnungsbefugnisse aus.

3. Widerstand leisten diesem gegenüber

4.
a) durch Gewalt oder
b) durch Drohung mit Gewalt oder
c) durch tätliches Angreifen.

II. Subjektiver Tatbestand

Vorsatz (bezüglich aller objektiver Tatbestandsmerkmale).

Erläuterungen: 361

I. Allgemeines und Deliktsstruktur

1. § 22 VersG erfasst nur den Widerstand gegen Ordnungskräfte bei öffentlichen Versammlungen, nicht hingegen bei nichtöffentlichen Versammlungen. Der Widerstand gegen Ordnungskräfte bei nichtöffentlichen Versammlungen ist somit nach dem VersG nicht strafbar, kann jedoch nach allgemeinen Vorschriften des StGB strafbar sein (beispielsweise § 240, §§ 223 ff. StGB).

2. Zeitlich und räumlich erstreckt sich der Schutz des § 22 VersG grundsätzlich nur auf die Phase der Durchführung der Versammlung. Dies steht im Gegensatz zu § 21 VersG, welcher grundsätzlich auch die Vorbereitungsphase der Versammlung schützt (vgl. dazu den Wortlaut des § 22 VersG: *„Wer bei einer Versammlung ... oder ihn während der rechtmäßigen Ausübung seiner Ordnungsbefugnisse ... “).*

362 **II. Tatbestandsmerkmale**

1. Täter ist bei § 22 VersG typischerweise ein Versammlungsteilnehmer. Dies muss aber nicht sein; auch Außenstehende (Nichtteilnehmer) hinsichtlich der betreffenden Versammlung kommen als taugliche Täter i.S.d. § 22 VersG in Betracht. Insofern weist § 22 VersG eine ähnliche Struktur auf wie § 21 VersG, nur unter umgekehrten Vorzeichen.

2. Widerstand wird geleistet durch das Artikulieren oder Manifestieren eines entgegenstehenden Willens.

3. Gewalt bedeutet bei § 22 VersG - wie grundsätzlich immer im VersG - physische Gewalt von einiger Erheblichkeit. Bloße Gewalt i.S.d. vergeistigten Gewaltbegriffs des § 240 StGB („psychische Gewalt“, passiver Widerstand) genügt bei § 22 VersG nicht als Tathandlung.

4. Drohung mit Gewalt ist das Inaussichtstellen körperlicher Zwangsanwendung von der soeben umschriebenen Dimension.

5. Tätliches Angreifen ist jede unmittelbar auf den Körper eines anderen zielende Einwirkung.

6. Die Ordnungsbefugnisse des Leiters und der Ordner ergeben sich aus den §§ 8 ff., § 18 Abs. 1, § 19 Abs. 1, Abs. 2 VersG.

7. Die Rechtmäßigkeit der ausgeübten Ordnungsfunktion ist nach h.M.[354] Tatbestandsmerkmal, nicht objektive Bedingung der Strafbarkeit (Tatbestandsannex). Auf den ersten Blick mag man zwar geneigt sein, die von § 22 VersG geforderte Rechtmäßigkeit der Ausübung der Ordnungsfunktion als objektive Bedingung der Strafbarkeit einzuordnen, weil man dies vom Deliktsaufbau des § 113 StGB gewohnt ist und § 22 VersG dem § 113 StGB ähnlich erscheint. § 113 StGB, insbesondere dessen Absätze 3 und 4,

---

[354] Dietel/Gintzel/Kniesel, Versammlungsgesetze, Teil II, § 22 Rdnr. 7; Ott/Wächtler/Heinhold, VersG, § 22 Rdnr. 2.

enthalten jedoch rechtspolitisch und strafrechtsdogmatisch fragwürdige Regelungen, die nicht unbedingt Vorbildcharakter für andere Straftatbestände haben. Vor allem das Kriterium „Rechtmäßigkeit der Amtshandlung" in § 113 StGB stellt eine nicht verallgemeinerungs- oder analogiefähige Sonderregelung dar.

§ 23 VersG
[Öffentliche Aufforderung zur Teilnahme an verbotenen öffentlichen Versammlungen]

Wer öffentlich, in einer Versammlung oder durch Verbreiten von Schriften, Ton- oder Bildträgern, Abbildungen oder anderen Darstellungen zur Teilnahme an einer öffentlichen Versammlung oder einem Aufzug auffordert, nachdem die Durchführung durch ein vollziehbares Verbot untersagt oder die Auflösung angeordnet worden ist, wird mit Freiheitsstrafe bis zu einem Jahr oder mit Geldstrafe bestraft.

363 **Tatbestandliche Struktur des § 23 VersG**

I. Objektiver Tatbestand

1. Öffentliche Versammlung oder Aufzug.

2.
a) Deren/dessen Durchführung durch ein vollziehbares Verbot untersagt wurde oder
b) deren/dessen Auflösung angeordnet wurde.

3. Aufforderung zur Teilnahme an der betreffenden öffentlichen Versammlung oder an dem Aufzug nach Ergehen des Verbotes bzw. der Auflösung,

4.
a) und zwar öffentlich oder
b) in einer Versammlung oder
c) durch Verbreiten von Schriften, Ton- oder Bildträgern, Abbildungen oder anderen Darstellungen.

II. Subjektiver Tatbestand

Vorsatz (bezüglich aller objektiven Tatbestandsmerkmale).

364 **Erläuterungen:**

I. Allgemeines und Deliktsstruktur

1. Der Straftatbestand des § 23 VersG geht über den normalen Anwendungsbereich des VersG hinaus, und zwar in zweifacher Hinsicht:

a) § 23 VersG erfasst sog. Vorfeldgefahren *(„...Aufforderung zur Teilnahme an einer Versammlung...")*, während sich das VersG üblicherweise nur mit Gefahren während der Phase der Durchführung der Versammlung selbst beschäftigt.

b) Darüber hinaus pönalisiert § 23 VersG auch Verhaltensweisen, die nur mittelbaren Bezug zu einer Versammlung haben *(„...öffentlich, in einer Versammlung oder durch Verbreiten von Schriften, Ton- oder Bildträgern, Abbildungen oder anderen Darstellungen...")*.

2. Die - kompliziert gestaltete und in der Anwendung „tückische" - Vorschrift soll zur besseren Durchsetzung und Befolgung von Versammlungsverboten und Auflösungen beitragen. Als solche ist sie jedoch nur unvollkommen geeignet, denn Täter des § 23 VersG kann nur derjenige sein, der zur Teilnahme an einer derartigen Versammlung auffordert, nicht hingegen der Aufgeforderte. Wer der Aufforderung folgt und an einer verbotenen oder aufgelösten Versammlung teilnimmt, begeht lediglich eine Ordnungswidrigkeit nach § 29 Abs. 1 Nr. 1 oder 2 VersG.

II. Tatbestandsmerkmale 365

1. Auffordern bedeutet das Einwirken auf andere in der Absicht, in diesen einen entsprechenden Entschluss herbeizuführen. Ob dieser Entschluss bei den Adressaten tatsächlich gefasst wird, ist für die Tatvollendung irrelevant. Der Aufgeforderte braucht die Aufforderung nicht einmal zur Kenntnis zu nehmen. Insofern ist § 23 VersG ein schlichtes Tätigkeitsdelikt und gleichermaßen ein konkretes Gefährdungsdelikt (nicht hingegen ein Erfolgs- oder Verletzungsdelikt).

2. Öffentlich ist die Aufforderung, wenn sie von unbestimmt vielen Personen unmittelbar wahrgenommen werden kann.

Beispiele:
- Verlautbarungen im Internet.
- Ansprache in einem Festzelt.

Der Ort, von dem aus die Aufforderung ergeht, muss hingegen nicht öffentlich sein. Auch die Versammlung, innerhalb der aufgefordert wird, kann öffentlich i.S.d. VersG oder auch nichtöffentlich sein.

3. Verbreiten von Schriften, Ton- oder Bildträgern, Abbildungen oder anderen Darstellungen erfordert, dass die verkörperte Gedankenerklärung, die

die Aufforderung enthält, zugänglich gemacht werden soll, quasi in den Besitz des Aufgeforderten gelangen soll. Dies geschieht typischerweise durch Übergabe von Gegenständen (Flugblätter, Fotos etc.), kann aber im Zeitalter der modernen computergestützten Kommunikation auch durch Übermittlung von Datensätzen erfolgen (Einstellung ins Internet, e-mails, SMS etc.).

4. Zum Begriff des Verbotes gelten die allgemeinen Regeln. (Siehe dazu die Anmerkungen zu § 5 und § 15 Abs. 1 VersG.)

5. Auch zum Begriff der Auflösung gelten die allgemeinen Regeln. (Siehe dazu die Anmerkungen zu § 13 Abs. 1 und § 15 Abs. 3 VersG.)

6. Vollziehbar ist ein Verbot, wenn
- es unanfechtbar ist oder
- wenn ein Rechtsbehelf keine aufschiebende Wirkung hat.

a) Unanfechtbarkeit dürfte in der Praxis nicht relevant werden, da diese frühestens gem. § 70 VwVfG nach einem Monat eintritt, und auch dies nur, wenn der Verwaltungsakt schriftlich ergeht und eine ordnungsgemäße Rechtsbehelfsbelehrung enthält, die den Vorgaben des § 58 Abs. 1 VwGO entspricht. Ansonsten tritt gem. § 58 Abs. 2 VwGO die Unanfechtbarkeit erst nach einem Jahr ein.

b) Ein Rechtsbehelf hat keine aufschiebende Wirkung, wenn eine der Situationen des § 80 Abs. 2 VwGO vorliegt. Bedeutsam sind dabei vor allem § 80 Abs. 2 S. 1 Nr. 2 und Nr. 4 VwGO, denen zufolge die aufschiebende Wirkung von Anfechtungswiderspruch und Anfechtungsklage entfällt bei unaufschiebbaren Anordnungen und Maßnahmen von Polizeivollzugsbeamten sowie dann, wenn die sofortige Vollziehung des Verwaltungsaktes von der Ausgangsbehörde oder von der Widerspruchsbehörde angeordnet wurde.

Bei (vollzugs)polizeilichem Handeln besteht normalerweise eine sofortige Vollziehbarkeit der ergangenen Verfügungen kraft Gesetzes gem. § 80 Abs. 2 S. 1 Nr. 2 VwGO. Beim Verbot einer Versammlung durch die Ordnungsbehörde hat letztere die Möglichkeit, die sofortige Vollziehbarkeit gem. § 80 Abs. 2 S. 1 Nr. 4 und Abs. 3 VwGO anzuordnen. Allerdings ist dies gem. § 80 Abs. 3 nur unter Einhaltung gewisser, dort näher umschriebener Förmlichkeiten möglich.

§ 24 VersG [Verwendung bewaffneter Ordner]

Wer als Leiter einer öffentlichen Versammlung oder eines Aufzuges Ordner verwendet, die Waffen oder sonstige Gegenstände, die ihrer Art nach zur Verletzung von Personen oder Beschädigung von Sachen geeignet und bestimmt sind, mit sich führen, wird mit Freiheitsstrafe bis zu einem Jahr oder mit Geldstrafe bestraft.

Tatbestandliche Struktur des § 24 VersG 366

I. Objektiver Tatbestand

1. Öffentliche Versammlung oder Aufzug.

2. Deren/dessen Leiter

3. verwendet Ordner,

4.
a) die Waffen mit sich führen oder
b) sonstige Gegenstände mit sich führen, die ihrer Art nach zur Verletzung von Personen oder Beschädigung von Sachen geeignet und bestimmt sind.

II. Subjektiver Tatbestand

Vorsatz (bezüglich aller objektiven Tatbestandsmerkmale).

Erläuterungen: 367

I. Allgemeines und Deliktsstruktur

1. § 24 VersG ist ein echtes Sonderdelikt, welches nur durch den Leiter einer öffentlichen Versammlung oder eines Aufzuges begehbar ist.

2. Da § 24 VersG ein echtes Sonderdelikt ist, welches nur durch den Leiter einer öffentlichen Versammlung höchstpersönlich begehbar ist, werden die allgemeinen Regeln des Strafrechts über Täterschaft und Teilnahme entsprechend modifiziert. Insbesondere machen sich die bewaffneten Ordner selbst nicht als Täter nach § 24 VersG strafbar. Möglich bleibt für sie lediglich eine Teilnahme an der Haupttat als Gehilfe (Beihilfe nach § 27 StGB) sowie eine Strafbarkeit als Täter nach § 27 Abs. 1 VersG.

368 **II. Tatbestandsmerkmale**

1. Zum Begriff des Leiters gelten die allgemeinen Ausführungen. (Siehe dazu die Erläuterungen zu §§ 7 ff.VersG.)

2. Zum Begriff der Ordner gelten ebenfalls die allgemeinen Ausführungen. (Siehe dazu die Erläuterungen zu §§ 9, 10 VersG.)

3. Verwenden von Ordnern bedeutet Bestellen und Einsetzen von Personen mit Ordnungsfunktionen.

4. Zum Begriff der Waffe (= Waffe im eigentlichen, technischen Sinne) gelten die Ausführungen zu § 2 Abs. 3 VersG.

Gleiches gilt für den Begriff des sonstigen Gegenstandes, der seiner Art nach zur Verletzung von Personen oder Beschädigung von Sachen geeignet oder bestimmt ist (= waffenähnliche Gegenstände, „gefährliche Werkzeuge" bzw. Waffen im weiteren, untechnischen Sinne). (Vgl. auch insoweit vor allem die Ausführungen zu § 2 Abs. 3 VersG.)

Schutzwaffen i.S.d. § 17a Abs. 1 VersG sind keine Waffen i.S.d. § 24 VersG.

Beispiel:
Der vom Leiter bewusst und gewollt herbeigeführte Einsatz gepolsterter oder gepanzerter Ordner oder Ordner, die Helme tragen, wäre nicht strafbar nach § 24 VersG.

5. § 24 VersG ist - wie alle Straftatbestände des VersG - ein reines Vorsatzdelikt. Demzufolge genügt es nicht, dass der Leiter sorgfaltswidrig (fahrlässig) den Einsatz bewaffneter Ordner zulässt oder nicht verhindert. Er muss zumindest mit dolus eventualis den Einsatz der bewaffneten Ordner mittragen (Billigende Inkaufnahme: *„Sei's drum!", „Ist mir egal!"*) Dies geht auch aus dem Wortlaut des § 24 VersG hervor: *„...Ordner verwendet..."*). Die Grenzziehung kann hier - wie meist zwischen bedingtem Vorsatz und grober Fahrlässigkeit - schwierig sein.

§ 25 VersG
[Durchführung einer öffentlichen Versammlung unter freiem Himmel oder eines Aufzuges unter wesentlicher Abweichung von der Anmeldung oder von Auflagen]

Wer als Leiter einer öffentlichen Versammlung unter freiem Himmel oder eines Aufzuges

1. die Versammlung oder den Aufzug wesentlich anders durchführt, als die Veranstalter bei der Anmeldung angegeben haben, oder

2. Auflagen nach § 15 Abs. 1 oder 2 nicht nachkommt,

wird mit Freiheitsstrafe bis zu sechs Monaten oder mit Geldstrafe bis zu einhundertachtzig Tagessätzen bestraft.

Tatbestandliche Struktur des § 25 VersG 369

I. Objektiver Tatbestand

1. Öffentliche Versammlung unter freiem Himmel oder Aufzug.

2. Deren/dessen Leiter

3.
a) führt die Versammlung wesentlich anders durch, als die Veranstalter bei der Anmeldung angegeben haben oder
b) kommt Auflagen nach § 15 Abs. 1 oder 2 VersG nicht nach.

II. Subjektiver Tatbestand

Vorsatz (bezüglich aller objektiven Tatbestandsmerkmale).

Erläuterungen: 370

I. Allgemeines und Deliktsstruktur

1. § 25 VersG ist ein echtes Sonderdelikt, welches nur durch den Leiter einer öffentlichen Versammlung unter freiem Himmel oder eines Aufzuges begehbar ist.

2. § 25 VersG erfordert das Vorliegen einer öffentlichen Versammlung unter freiem Himmel oder eines Aufzuges. Von vornherein nicht anwendbar ist § 25 VersG somit bei nichtöffentlichen Versammlungen sowie bei Versammlungen in geschlossenen Räumen. Dies liegt auch in der Rechtsnatur der Vorschrift begründet, denn § 25 VersG sanktioniert Verstöße gegen die Obliegenheiten aus §§ 14 und 15 VersG; diese gelten nur für öffentliche Versammlungen unter freiem Himmel und für Aufzüge.

371 **II. Tatbestandsmerkmale**

1. Zum Begriff des Leiters gelten die allgemeinen Ausführungen. (Siehe dazu die Erläuterungen zu §§ 7 ff.VersG.)

2. Wesentlich anders als in der Anmeldung angegeben ist die Veranstaltung nur dann durchgeführt, wenn erhebliche Abweichungen zwischen Anmeldung und Durchführung bestehen.[355] Entscheidend sind insoweit die Umstände vor Ort. Geringere Abweichungen genügen jedenfalls nicht.

3. Mit Auflagen sind nach dem ausdrücklichen Wortlaut des § 25 Nr. 2 VersG nur einschränkende Verfügungen vor Beginn der Versammlung i.S.d. § 15 Abs. 1 und Abs. 2 VersG gemeint. Die Nichtbeachtung von Auflagen nach § 15 Abs. 3 VersG ist weder strafbar noch ordnungswidrig. Diese Gesetzeslücke ist nur schwer zu begründen, de lege lata aber hinzunehmen. Sie lässt sich wegen des strafrechtlichen Analogieverbots des Art. 103 Abs. 2 GG auch nicht im Wege der teleologischen Auslegung schließen. (Möglicherweise hat der Gesetzgeber bei der nachträglichen Einfügung des § 15 Abs. 2 VersG übersehen, dass dadurch der bisherige Absatz 2 zu Absatz 3 wird und vergessen, die Strafvorschrift des § 25 Nr. 2 VersG an diese numerische Verschiebung anzupassen.) Auch der Verstoß gegen Auflagen, die ein Gericht angeordnet hat, wird von der Strafvorschrift des § 25 Nr. 2 VersG nicht erfasst.

4. Umstritten ist die Frage, ob die Auflage i.S.d. § 25 Nr. 2 VersG vollziehbar sein muss, damit ein Verstoß dagegen strafbar sein kann.

a) Teilweise wird die Vollziehbarkeit der Auflage für das Entstehen einer möglichen Strafbarkeit als entbehrlich erachtet. Die Befürworter dieser Sichtweise berufen sich vor allem auf den Wortlaut des § 25 Nr. 2 VersG und auf dessen Vergleich mit dem Wortlaut anderer, ähnlicher Straftatbestände. So ist in § 23, § 26 Nr. 1 und § 29 Abs. 1 Nr. 1, Nr. 3 VersG im ob-

---

[355] Dietel/Gintzel/Kniesel, Versammlungsgesetze, Teil II, § 25 Rdnr. 1, 2.

jektiven Tatbestand die Vollziehbarkeit des betreffenden Verwaltungsaktes ausdrücklich erwähnt. Das Attribut „vollziehbar" taucht im Wortlaut des § 25 Nr. 2 VersG gerade nicht auf. Daraus sei im Umkehrschluss (argumentum e contrario, „beredtes Schweigen" des Gesetzgebers) die Konsequenz zu ziehen, dass § 25 Nr. 2 VersG die Vollziehbarkeit der Auflage nicht fordere.

b) Nach h.M. gehört auch bei § 25 Nr. 2 VersG die Vollziehbarkeit der Auflage zum objektiven Tatbestand, obwohl sie dort nicht ausdrücklich genannt ist.[356] Das Fehlen des Attributes „vollziehbar" sei lediglich auf ein redaktionelles Versehen des Gesetzgebers zurückzuführen. Dies zeige bereits der Vergleich mit der parallel gelagerten Bußgeldnorm des § 29 Abs. 1 Nr. 3 VersG, in der die Vollziehbarkeit der Auflage sehr wohl erwähnt sei. Das Versäumnis des Gesetzgebers sei letztendlich unschädlich, da im Versammlungsrecht bereits nach den allgemeinen Regeln des Straf- und Verwaltungsprozessrechts nur der Verstoß gegen eine vollziehbare Auflage strafbar sein könne. Nur wenn der Betroffene im Zeitpunkt der Tatbegehung die Auflage vorbehaltlos gegen sich gelten lassen müsse, könne ihm die Missachtung strafrechtlich vorgeworfen werden. Für diese Sichtweise sprechen auch verfassungsrechtliche Aspekte (Rechtsstaatsprinzip gem. Art. 20 Abs. 3 GG, Gebot des effektiven Rechtsschutzes gem. Art. 19 Abs. 4 GG), denn wenn bei einem erlaubnisfreien Verhalten (hier: Durchführung einer Versammlung) bereits die bloße Existenz eines wirksamen Verwaltungsaktes (hier: Auflage) im Falle der Zuwiderhandlung eine Strafbarkeit auslösen würde, hätte die Behörde es in der Hand, einseitig und mit einfachsten Mitteln die Grundrechtsausübung dauerhaft zu verhindern.

(Die Kontroverse beleuchtet schlaglichtartig die Kompliziertheit der verwaltungsrechtlichen Akzessorietät des materiellen Strafrechts und die Ungeklärtheit einzelner Teilaspekte auch in Bezug auf das Versammlungsrecht.[357])

5. Zur Bedeutung der Vollziehbarkeit eines Verwaltungsaktes als solche gelten die Erläuterungen zu § 23.

---

356 Dürig-Friedl/Enders, Versammlungsrecht, § 25 Rdnr. 8.

357 Instruktiv zu diesem Problemkreis BVerfGE 87, 399 sowie Sternberg-Lieben, in: Schönke/Schröder, StGB, Vorbem. zu §§ 32 ff. Rdnr. 62 ff. m.w.N.; Heine/Schittenhelm, in: Schönke/Schröder, Vorbem. zu §§ 324 ff. Rdnr. 15 ff. m.w.N.

§ 26 Nr. 1 VersG
[Durchführung einer öffentlichen Versammlung oder eines Aufzuges entgegen eines vollziehbaren Verbotes, einer Auflösung oder einer Unterbrechung durch die Polizei]

Wer als Veranstalter oder Leiter

1. eine öffentliche Versammlung oder einen Aufzug trotz vollziehbaren Verbots durchführt oder trotz Auflösung oder Unterbrechung durch die Polizei fortsetzt ...

wird mit Freiheitsstrafe bis zu einem Jahr oder mit Geldstrafe bestraft.

372 **Tatbestandliche Struktur des § 26 Nr. 1 VersG**

I. Objektiver Tatbestand

1. Öffentliche Versammlung oder Aufzug,

2.
a) die/der vollziehbar verboten wurde oder
b) von der Polizei aufgelöst wurde oder
c) von der Polizei unterbrochen wurde.

3.
a) Veranstalter oder
b) Leiter

3.
a) führt die Veranstaltung trotz des vollziehbaren Verbotes durch oder
b) setzt die Veranstaltung trotz der Auflösung oder Unterbrechung durch die Polizei fort.

II. Subjektiver Tatbestand

Vorsatz (bezüglich aller objektiven Tatbestandsmerkmale).

Erläuterungen: 373

I. Allgemeines und Deliktsstruktur

1. § 26 Nr. 1 VersG ist ein echtes Sonderdelikt, welches nur durch einen Veranstalter oder Leiter einer öffentlichen Versammlung oder eines Aufzuges begehbar ist.

2. Strafbar ist nach § 26 Nr. 1 VersG nur der Verstoß gegen behördlicherseits ausgesprochene Untersagungen von öffentlichen Versammlungen (durch Verwaltungsakt). Verstöße gegen von Gesetzes wegen bestehende Versammlungsverbote (etwa gem. § 16 VersG i.V.m. dem Bannmeilengesetz) werden von § 26 Nr. 1 VersG nicht erfasst, stellen aber eine Ordnungswidrigkeit nach § 29a VersG dar.

II. Tatbestandsmerkmale 374

1. Verbot ist nach allgemeinen Regeln die Untersagung einer Versammlung vor deren Beginn. (Siehe dazu § 5 und § 15 Abs. 1 VersG.)

2. Auflösung ist die Untersagung einer Versammlung nachdem sie begonnen hat. (Siehe dazu § 13 und § 15 Abs. 3 VersG.)

3. Eine Unterbrechung einer Versammlung liegt vor, wenn das versammlungsspezifische Geschehen vorübergehend nicht fortgesetzt werden darf und die Versammlungsteilnehmer mit ihren Aktivitäten innehalten müssen.

4. Vollziehbar ist ein Verbot (nach allgemeinen Regeln), wenn es unanfechtbar ist oder wenn ein Rechtsbehelf keine aufschiebende Wirkung hat. Zur Bedeutung der Vollziehbarkeit eines Verwaltungsaktes als solche gelten die Erläuterungen zu § 23. Auflösung und Unterbrechung einer Versammlung erfolgen in aller Regel durch die Polizei, so dass derartige Verwaltungsakte normalerweise gem. § 80 Abs. 2 S. 1 Nr. 2 VwGO sofort vollziehbar sind.

5. Durchgeführt wird eine verbotene Versammlung i.S.d. § 26 Nr. 1 VersG, wenn sie - auf Veranlassung des Veranstalters oder Leiters - gleichwohl stattfindet.

6. Fortgesetzt wird eine unterbrochene oder aufgelöste Versammlung i.S.d. § 26 Nr. 1 VersG, wenn - auf Veranlassung des Veranstalters oder Leiters - weitere versammlungstypische Aktivitäten erfolgen.

§ 26 Nr. 2 VersG
[Durchführung einer öffentlichen Versammlung unter freiem Himmel oder eines Aufzugs als Veranstalter oder Leiter ohne Anmeldung]

Wer als Veranstalter oder Leiter

...

2. eine öffentliche Versammlung unter freiem Himmel oder einen Aufzug ohne Anmeldung (§ 14) durchführt, wird mit Freiheitsstrafe bis zu einem Jahr oder mit Geldstrafe bestraft.

375 **Tatbestandliche Struktur des § 26 Nr. 2 VersG**

I. Objektiver Tatbestand

1. Öffentliche Versammlung unter freiem Himmel oder Aufzug.

2. Veranstalter oder Leiter

3. führt die Veranstaltung ohne Anmeldung durch (obwohl eine solche erforderlich gewesen wäre).

II. Subjektiver Tatbestand

Vorsatz (bezüglich aller objektiven Tatbestandsmerkmale).

376 **Erläuterungen:**

I. Allgemeines, Deliktsstruktur und Tatbestand

1. § 26 Nr. 2 VersG ist ein echtes Sonderdelikt, welches nur durch den Veranstalter oder Leiter einer öffentlichen Versammlung unter freiem Himmel oder eines Aufzuges begehbar ist.

2. Ähnlich wie § 25 VersG erfordert § 26 Nr. 2 VersG das Vorliegen einer öffentlichen Versammlung unter freiem Himmel oder eines Aufzuges. Von vornherein nicht anwendbar ist § 26 Nr. 2 VersG somit bei nichtöffentlichen Versammlungen sowie bei Versammlungen in geschlossenen Räumen. Dies liegt nicht nur im Wortlaut sondern auch im Gesamtzusammenhang der Vorschrift zwingend begründet, denn § 26 Nr. 2 VersG sanktioniert Verstöße gegen die Anmeldepflicht aus § 14 VersG. Diese gilt nur für öffentliche Versammlungen unter freiem Himmel und für Aufzüge.

3. Die bloße Teilnahme an einer nicht angemeldeten Versammlung unter freiem Himmel oder an einem nicht angemeldeten Aufzug ist weder strafbar noch ordnungswidrig.

II. Verfassungsrechtliche Problematik des § 26 Nr. 2 VersG 377

1. Vorwurf der Verfassungswidrigkeit

Ähnlich wie § 14 VersG, welcher die Anmeldepflicht grundsätzlich statuiert, und § 15 Abs. 3 Var. 1 und 2 VersG, die die Auflösung einer Versammlung vorsehen, die nicht angemeldet wurde oder bei der von den Angaben in der Anmeldung abgewichen wird, ist auch § 26 Nr. 2 VersG in seiner Eigenschaft als Strafbewehrung der verfassungsrechtlich umstrittenen Anmeldepflicht selbst höchst umstritten:

a) Eine beachtliche Minderheitsmeinung hält § 26 Nr. 2 VersG für verfassungswidrig und nichtig. Erstens gehe es nicht an, dass die verfassungsrechtlich bedenkliche Anmeldepflicht für Versammlungen auch noch mit einer strafrechtlichen Sanktionsvorschrift versehen und damit verschärft werde. Zweitens verstoße § 26 Nr. 2 VersG gegen das strafrechtliche Bestimmtheitsgebot des Art. 103 Abs. 2 GG (nullum crimen nulla poena sine lege certa), denn angesichts der allgemein anerkannten Notwendigkeit einer verfassungskonformen restriktiven Interpretation des § 14 VersG, die dazu führt, dass Spontanversammlungen gänzlich und Eilversammlungen weitestgehend vom Anwendungsbereich des § 14 VersG ausgenommen werden, sei für den Bürger und Normadressaten nicht mehr hinreichend bestimmt und erkennbar, welche Verhaltensweisen der Nichtanmeldung einer Versammlung noch strafbar seien und welche nicht.[358]

b) Die noch h.M. hält im Anschluss an eine Entscheidung des BVerfG[359] an der Verfassungsmäßigkeit und Wirksamkeit des § 26 Nr. 2 VersG fest.

---

[358] So zwei Richter des Bundesverfassungsgerichts in einem lesenswerten Sondervotum gegen die Mehrheit des Gerichts (BVerfGE 85, 69 [77]) sowie Dietel/Gintzel/Kniesel, Versammlungsgesetze, Teil II, § 26 Rdnr. 13 m.w.N.
[359] BVerfGE 85, 69.

2. Gebot der restriktiven und verfassungskonformen Auslegung

a) Ebenso wie § 14 VersG ist aber auch dessen Pönalisierung durch § 26 Nr. 2 VersG restriktiv und verfassungskonform auszulegen:

- Die Durchführung einer nichtangemeldeten Spontanversammlung wird nicht vom Straftatbestand des § 26 Nr. 2 VersG erfasst.

- Die Durchführung einer Eilversammlung, die nicht innerhalb der 48-Stunden-Frist des § 14 VersG angemeldet wurde, ist ebenfalls straflos nach § 26 Nr. 2 VersG.

b) Strafbar bleibt somit nach § 26 Nr. 2 VersG nur die Durchführung einer nicht angemeldeten „normalen" Versammlung, die ohne weiteres, d.h. ohne zeitliche Schwierigkeiten, hätte angemeldet werden können sowie die Durchführung einer Eilversammlung, bei der auch keine verspätete Anmeldung wenigstens versucht wurde. Ob es angesichts der durch die mangelnde Bestimmtheit unweigerlich aufkommenden Vorsatz- und Irrtumsprobleme überhaupt zu einer strafgerichtlichen Verurteilung kommen kann, sei hier dahingestellt.

§ 27 Abs. 1 VersG [Führen von Waffen bei öffentlichen Versammlungen]

Wer bei öffentlichen Versammlungen oder Aufzügen Waffen oder sonstige Gegenstände, die ihrer Art nach zur Verletzung von Personen oder Beschädigung von Sachen geeignet und bestimmt sind, mit sich führt, ohne dazu behördlich ermächtigt zu sein, wird mit Freiheitsstrafe bis zu einem Jahr oder mit Geldstrafe bestraft. Ebenso wird bestraft, wer ohne behördliche Ermächtigung Waffen oder sonstige Gegenstände im Sinne des Satzes 1 auf dem Weg zu öffentlichen Versammlungen oder Aufzügen mit sich führt, zu derartigen Veranstaltungen hinschafft oder sie zur Verwendung bei derartigen Veranstaltungen bereithält oder verteilt.

Tatbestandliche Struktur des § 27 Abs. 1 VersG 378

I. Objektiver Tatbestand

1. Öffentliche Versammlung oder Aufzug.

2.
a) Waffe oder
b) sonstiger Gegenstand, der seiner Art nach zur Verletzung von Personen oder zur Beschädigung von Sachen geeignet und bestimmt ist.

3.
a) Mit sich führen bei der Veranstaltung (ohne behördliche Ermächtigung) oder
b) Mit sich führen auf dem Weg zu der Veranstaltung (ohne behördliche Ermächtigung) oder
c) Hinschaffen zu der Veranstaltung (ohne behördliche Ermächtigung) oder
d) Bereithalten oder Verteilen zur Verwendung bei solchen Veranstaltungen (ohne behördliche Ermächtigung).

II. Subjektiver Tatbestand

Vorsatz (bezüglich aller objektiven Tatbestandsmerkmale).

Erläuterungen: 379

I. Allgemeines und Deliktsstruktur

§ 27 Abs. 1 VersG ist die Strafbewehrung des versammlungsrechtlichen Waffentragungsverbotes aus § 2 Abs. 3 VersG.

II. Tatbestandsmerkmale

1. Zum Begriff der Waffe (= Waffe im eigentlichen und technischen Sinne) gelten die Ausführungen zu § 2 Abs. 3 VersG.

2. Zum Begriff des sonstigen Gegenstandes, der seiner Art nach zur Verletzung von Personen oder zur Beschädigung von Sachen geeignet und bestimmt ist (= waffenähnlicher Gegenstand, „gefährliches Werkzeug", Waffe im weiteren und untechnischen Sinne) gelten ebenfalls die Ausführungen zu § 2 Abs. 3 VersG.

3. Auch zu den verschiedenen Tathandlungen des § 27 Abs. 1 VersG kann auf die Erläuterungen zu § 2 Abs. 3 VersG verwiesen werden.

4. Zu beachten ist, dass für § 27 Abs. 1 VersG in seiner Eigenschaft als materielles Strafrecht in besonderem Maße die Beweisführungspflicht der staatlichen Behörden und Strafverfolgungsorgane gilt (in dubio pro reo). Eine Strafbarkeit wegen des Mitführens gefährlicher Gegenstände besteht also nur dann, wenn sich nachweisen lässt, dass diese zur Verletzung von Personen oder zur Beschädigung von Sachen bestimmt waren. Der entsprechende Nachweis wird sich bei neutralen Gegenständen und üblichen, sozialadäquaten Gebrauchsgegenständen nur schwer führen lassen - sofern keine besonderen Begleitumstände vorliegen.

Beispiele für tendenziell unverfängliche Gegenstände:
- *Essbesteck.*
- *Einfaches zusammenklappbares Gebrauchstaschenmesser.*
- *Regenschirm.*
- *Bordwerkzeug im Kofferraum des Kfz.*
- *Einfache Fahnenstange mit Fahne daran.*

Beispiele für „verdächtige" Gegenstände:
- *Faules Obst, welches in größerer Menge in einer geräumigen Tasche mitgeführt wird.*
- *Vorbereitete Wurfgeschosse.*
- *Größere Gebrauchsmesser.*
- *Beile, Macheten, Eisenstangen u.ä.*
- *Unter Umständen auch große und aggressive Hunde.*

§ 27 Abs. 2 Nr. 1 VersG
[Führen von Schutzwaffen bei öffentlichen Versammlungen unter freiem Himmel oder bei öffentlichen Veranstaltungen unter freiem Himmel]

(2) Wer

1. entgegen § 17a Abs. 1 bei öffentlichen Versammlungen unter freiem Himmel, Aufzügen oder sonstigen öffentlichen Veranstaltungen unter freiem Himmel oder auf dem Weg dorthin Schutzwaffen oder Gegenstände, die als Schutzwaffen geeignet und den Umständen nach dazu bestimmt sind, Vollstreckungsmaßnahmen eines Trägers von Hoheitsbefugnissen abzuwehren, mit sich führt,

...

wird mit Freiheitsstrafe bis zu einem Jahr oder mit Geldstrafe bestraft.

Tatbestandliche Struktur des § 27 Abs. 2 Nr. 1 VersG 380

I. Objektiver Tatbestand

1.
a) Öffentliche Versammlung unter freiem Himmel oder Aufzug oder
b) sonstige öffentliche Veranstaltung unter freiem Himmel.

2.
a) Schutzwaffe oder
b) Gegenstand, der als Schutzwaffe geeignet und den Umständen nach dazu bestimmt ist, Vollstreckungsmaßnahmen eines Trägers von Hoheitsbefugnissen abzuwehren.

3.
a) Mitsichführen einer solchen Schutzwaffe oder eines solchen Gegenstandes bei der Veranstaltung oder
b) Mitsichführen einer solchen Schutzwaffe oder eines solchen Gegenstandes auf dem Weg zu der Veranstaltung.

II. Subjektiver Tatbestand

Vorsatz (bezüglich aller objektiven Tatbestandsmerkmale).

381 **Erläuterungen:**

I. Allgemeines und Deliktsstruktur

§ 27 Abs. 2 Nr. 1 VersG ist die Strafbewehrung des Schutzwaffenverbots aus § 17a Abs. 1 VersG. Ebenso wie das verwaltungsrechtliche Verbot der Schutzwaffen in § 17a Abs. 1 VersG überschreitet die dazugehörige Strafvorschrift des § 27 Abs. 2 Nr. 1 VersG rechtssystematisch den üblichen Rahmen des Anwendungsbereiches des VersG gleich in zweifacher Hinsicht:

1. Erstens gilt die Vorschrift auch für die Vorbereitungsphase einer Versammlung *(„...oder auf dem Weg dorthin...“)*. Normalerweise beschäftigt sich das VersG nicht mit Vorfeldgefahren, sondern erfasst nur die Gefahren, die in der Phase der Versammlung selbst entstehen.

2. Zweitens gilt die Vorschrift für alle öffentlichen Veranstaltungen unter freiem Himmel, gleich, ob es sich dabei um Versammlungen handelt oder nicht *(„...oder sonstigen öffentlichen Veranstaltungen unter freiem Himmel...“)*. Normalerweise beschäftigt sich das VersG nur mit Versammlungen.

Eine Strafvorschrift für das Tragen von Schutzwaffen bei Veranstaltungen jedweder Art würde rechtsystematisch nicht ins VersG, sondern als allgemeines, materielles Strafrecht normalerweise ins StGB gehören.

382 **II. Tatbestandsmerkmale**

1. Zu den einzelnen Tatbestandsmerkmalen des § 27 Abs. 2 Nr. 1 VersG kann zur Vermeidung unnötiger Wiederholungen auf die Erläuterungen zu § 17a Abs. 1 VersG verwiesen werden.

2. Bei § 27 Abs. 2 Nr. 1 VersG handelt es sich um materielles Strafrecht, so dass die polizeirechtlichen Erleichterungen, die für die Auslegung der verwaltungsrechtlichen Verbotsvorschrift des § 17a Abs. 1 VersG gelten (ex-ante-Betrachtung, Anscheinsgefahr wird der realen Gefahr gleichgestellt, Gefahrenverdacht genügt für Aufklärungsmaßnahmen etc.) strafprozessual im Ergebnis nicht tragfähig sind. Es gilt hier vielmehr die volle Beweisführungspflicht der staatlichen Behörden und Strafverfolgungsorgane (in dubio pro reo). Eine Strafbarkeit wegen des Mitführens von Schutzwaffen im untechnischen Sinne besteht also nur, wenn sich einwandfrei nachweisen lässt, dass die betreffenden Gegenstände auch als solche verwendet werden sollten.

§ 27 Abs. 2 Nr. 2 VersG
[Vermummtes Auftreten bei öffentlichen Versammlungen unter freiem Himmel oder bei öffentlichen Veranstaltungen unter freiem Himmel]

Wer

...

2. entgegen § 17a Abs. 2 Nr. 1 an derartigen Veranstaltungen in einer Aufmachung, die geeignet und den Umständen nach darauf gerichtet ist, die Feststellung der Identität zu verhindern, teilnimmt oder den Weg zu derartigen Veranstaltungen in einer solchen Aufmachung zurücklegt

...

wird mit Freiheitsstrafe bis zu einem Jahr oder mit Geldstrafe bestraft.

Tatbestandliche Struktur des § 27 Abs. 2 Nr. 2 VersG 383

I. Objektiver Tatbestand

1.
a) Öffentliche Versammlung unter freiem Himmel oder Aufzug oder
b) sonstige öffentliche Veranstaltung unter freiem Himmel.

2. Aufmachung, die geeignet und den Umständen nach darauf gerichtet ist, die Feststellung der Identität zu verhindern (sog. Vermummung).

3.
a) Teilnahme an der betreffenden Veranstaltung in dieser Aufmachung oder
b) Zurücklegen des Weges zu der betreffenden Veranstaltung in dieser Aufmachung.

II. Subjektiver Tatbestand

Vorsatz (bezüglich aller objektiven Tatbestandsmerkmale).

384 **Erläuterungen:**

I. Allgemeines und Deliktsstruktur

1. Bei § 27 Abs. 2 Nr. 2 VersG handelt es sich um die Strafbewehrung des Vermummungsverbotes aus § 17a Abs. 2 Nr. 1 VersG.

2. Rechtssystematisch und strukturell gilt für § 27 Abs. 2 Nr. 2 i.V.m. § 17a Abs. 2 Nr. 1 VersG das gleiche wie für § 27 Abs. 2 Nr. 1 i.V.m. § 17a Abs. 1 VersG: Ebenso wie das verwaltungsrechtliche Verbot der Vermummung in § 17a Abs. 2 VersG überschreitet die dazugehörige Strafvorschrift des § 27 Abs. 2 Nr. 2 VersG den üblichen Rahmen des Anwendungsbereiches des VersG gleich in zweifacher Hinsicht:

a) Erstens gilt die Vorschrift auch für die Vorbereitungsphase einer Versammlung bzw. Veranstaltung *(„...oder den Weg zu derartigen Veranstaltungen in einer solchen Aufmachung zurücklegt...“)*. Normalerweise reglementiert das VersG keine Vorfeldgefahren, sondern erfasst nur Gefahren, die in der Phase der Versammlung selbst entstehen.

b) Zweitens gilt die Norm für alle öffentlichen Veranstaltungen unter freiem Himmel, gleich, ob es sich dabei um Versammlungen handelt oder nicht *(„...oder sonstigen öffentlichen Veranstaltungen unter freiem Himmel...“)*. Normalerweise beschäftigt sich das VersG nur mit Versammlungen.

Eine allgemeine Strafvorschrift für das Tragen einer sog. Vermummung bei Veranstaltungen unter freiem Himmel jedweder Art würde rechtssystematisch nicht ins VersG, sondern - als allgemeines, materielles Strafrecht - normalerweise ins StGB gehören.

385 **II. Tatbestandsmerkmale**

1. Auch bei § 27 Abs. 2 Nr. 2 VersG kann zur Erläuterung der einzelnen Tatbestandsmerkmale zur Vermeidung unnötiger Wiederholungen auf die Ausführungen zu § 17a Abs. 2 VersG verwiesen werden.

2. Auch bei § 27 Abs. 2 Nr.2 VersG ist zu beachten, dass für es sich um materielles Strafrecht handelt und daher die polizeirechtlichen Erleichterungen, die für die Auslegung der verwaltungsrechtlichen Verbotsvorschrift des § 17a Abs. 2 VersG gelten (ex-ante-Betrachtung, Anscheinsgefahr wird der realen Gefahr gleichgestellt, Gefahrenverdacht genügt für

Aufklärungsmaßnahmen etc.) strafprozessual im Ergebnis nicht tragfähig sind. Es gilt hier in vollem Umfang die Beweisführungspflicht der staatlichen Behörden und Strafverfolgungsorgane (in dubio pro reo). Eine Strafbarkeit wegen des Tragens einer solchen Aufmachung besteht nur, wenn sich der Nachweis führen lässt, dass der Betreffende damit die Feststellung seiner Identität gegenüber den staatlichen Behörden verhindern wollte.

§ 27 Abs. 2 Nr. 3 VersG
[Zusammenrotten bewaffneter, schutzbewaffneter oder vermummter Personen im Anschluss an eine oder im Zusammenhang mit einer öffentlichen Versammlung oder Veranstaltung unter freiem Himmel]

Wer ...

3. sich im Anschluss an oder sonst im Zusammenhang mit derartigen Veranstaltungen mit anderen zusammenrottet und dabei

a) Waffen oder sonstige Gegenstände, die ihrer Art nach zur Verletzung von Personen oder Beschädigung von Sachen geeignet und bestimmt sind, mit sich führt,

b) Schutzwaffen oder sonstige in Nummer 1 bezeichnete Gegenstände mit sich führt oder

c) in der in Nummer 2 bezeichneten Weise aufgemacht ist,

wird mit Freiheitsstrafe bis zu einem Jahr oder mit Geldstrafe bestraft.

386 **Tatbestandliche Struktur des § 27 Abs. 2 Nr. 3 VersG**

I. Objektiver Tatbestand

1.
a) Öffentliche Versammlung unter freiem Himmel oder Aufzug oder
b) sonstige öffentliche Veranstaltung unter freiem Himmel.

2.
a) Im Anschluss an eine derartige Veranstaltung oder
b) im Zusammenhang mit einer derartigen Veranstaltung.

3. Zusammenrotten mit anderen.

4.
a) Mit sich führen einer Waffe oder eines sonstigen Gegenstandes, der nach seiner Art zur Verletzung von Personen oder zur Beschädigung von Sachen geeignet und bestimmt ist oder

b) Mit sich führen einer sog. Schutzwaffe oder eines dieser nach § 27 Abs. 2 Nr. 1 gleichgestellten Gegenstandes oder

c) Tragen einer sog. Vermummung i.S.d. § 27 Abs. 2 Nr. 2 VersG.

II. Subjektiver Tatbestand

Vorsatz (bezüglich aller objektiven Tatbestandsmerkmale).

Erläuterungen: 387

I. Allgemeines und Deliktsstruktur

1. Die zwangsläufig etwas unübersichtlich gestaltete Vorschrift soll das Verhalten von Kleingruppen unter Strafe stellen, die im Umfeld von öffentlichen Veranstaltungen unter freiem Himmel bewaffnet, schutzbewaffnet oder vermummt den öffentlichen Frieden stören.

2. Ebenso wie die bereits vorangegangenen § 27 Abs. 2 Nr. 1 und § 27 Abs. 2 Nr. 2 VersG geht auch § 27 Abs. 2 Nr. 3 VersG in mehrfacher Hinsicht über den üblichen Rahmen des VersG hinaus:

a) § 27 Abs. 2 Nr. 3 VersG erfasst nicht nur öffentliche Versammlungen unter freiem Himmel, sondern öffentliche Veranstaltungen unter freiem Himmel schlechthin.

b) Darüber hinaus beschäftigt sich § 27 Abs. 2 Nr. 3 VersG gerade nicht mit Gefahren während und in unmittelbarem Zusammenhang mit der eigentlichen Versammlung oder Veranstaltung, sondern mit solchen Situationen, die im Zusammenhang mit einer Versammlung oder Veranstaltung oder nach deren Beendigung entstehen.

II. Tatbestandsmerkmale 388

1. Zusammenrotten bedeutet, dass sich mehrere Personen mit dem Willen zu erkennbar friedensstörendem Verhalten treffen. Die Mindestanzahl der Personen ist umstritten. Dem allgemeinem Sprachgebrauch folgend wird man wohl mindestens drei Personen verlangen müssen. Nicht erforderlich ist, dass es sich um eine Menschenmenge handelt oder eine gewisse Unüberschaubarkeit der Gruppe besteht.

2. Täter kann nur derjenige sein, der entweder eine Waffe mit sich führt oder der einen Gegenstand mit sich führt, der als Waffe eingesetzt werden soll oder der eine Schutzwaffe oder eine Vermummung trägt. Personen, bei denen dies nicht der Fall ist, können sich allenfalls als Teilnehmer einer Straftat nach § 27 Abs. 2 Nr. 3 VersG strafbar machen.

§ 28 VersG [Verstöße gegen das Uniformierungsverbot]

Wer der Vorschrift des § 3 zuwiderhandelt, wird mit Freiheitsstrafe bis zu zwei Jahren oder mit Geldstrafe bestraft.

389 **Tatbestandliche Struktur des § 28 VersG**

I. Objektiver Tatbestand

Zuwiderhandeln gegen die Vorschrift des § 3 VersG.

D.h. mit anderen Worten:

1. Uniform, Uniformteil oder gleichartiges Kleidungsstück.

2. Dieses ist Ausdruck einer gemeinsamen politischen Gesinnung.

3.
a) Tragen dieser Bekleidung oder dieses Bekleidungsstückes in einer Versammlung oder
b) in der Öffentlichkeit.

II. Subjektiver Tatbestand

Vorsatz (bezüglich aller objektiven Tatbestandsmerkmale).

390 **Erläuterungen:**

I. Allgemeines und Deliktsstruktur

1. § 28 VersG ist die Strafbewehrung des Uniformierungsverbotes aus § 3 VersG. Auch der Straftatbestand des § 28 VersG überschreitet - wie seine Bezugsnorm, die verwaltungsrechtliche Verbotsvorschrift des § 3 VersG - den normalen Anwendungsbereich des VersG erheblich, da § 28 VersG nicht nur für öffentliche Versammlungen gilt (wie üblicherweise die Vorschriften des VersG), sondern darüber hinaus aufgrund des ausdrücklichen Wortlautes auch für nichtöffentliche Versammlungen sowie für Auftritte in der Öffentlichkeit schlechthin *(„Es ist verboten, öffentlich oder in einer Versammlung....“).*

Daher enthält § 28 VersG zu einem großen Teil allgemeines materielles Strafrecht, nämlich die Pönalisierung aller politisch motivierten Uniformierungen in der Öffentlichkeit, was nicht unbedingt einen Bezug zu Versammlungen i.S.d. Art. 8 GG bzw. des VersG haben muss. Auch diese Vorschrift würde rechtssystematisch zumindest teilweise ins StGB gehören.

2. Gesetzestechnisch und methodisch interessant ist die Gestaltung des § 28 VersG als Blankettvorschrift. Im Gegensatz zu § 27 VersG, welcher in seinen einzelnen Begehungsvarianten jeweils mit großem sprachlichem Aufwand die Tatbestandsmerkmale der in Bezug genommenen verwaltungsrechtlichen Verbotsvorschrift nochmals auflistet, begnügt sich § 28 VersG mit der lapidaren - aber dennoch hinreichend klaren - Festlegung, dass sich strafbar macht, *„wer der Vorschrift des § 3 VersG zuwiderhandelt"*. § 28 VersG ist ein signifikanter Beweis dafür, dass es bei allem Bemühen um rechtsstaatliche Bestimmtheit nicht unbedingt der Formulierung langer Katalogtatbestände bedarf.

II. Tatbestandsmerkmale

Für die Tathandlungen des § 28 VersG kann zur Erläuterung auf die Ausführungen zu § 3 VersG verwiesen werden.

III. Verfassungsrechtliche Aspekte 391

Bei der Anwendung des § 28 VersG ist zu berücksichtigen, dass es sich um eine verfassungsrechtlich problematische Vorschrift handelt, die aus den bereits unter § 3 VersG genannten Gründen verfassungskonform und restriktiv ausgelegt werden muss, um dem Vorwurf der Verfassungswidrigkeit zu entgehen (Freiheitsgrundrechte, Grundsatz der Verhältnismäßigkeit).

Für § 28 VersG gilt dies in noch stärkerem Maße als für § 3 VersG, da es hier um materielles Strafrecht geht, also um die schärfste Sanktionierungsmöglichkeit, die die Rechtsordnung kennt. Nicht jedes - möglicherweise harmlose - Tragen gemeinsamer Kleidungsstücke in der Öffentlichkeit kann jedoch eine Bestrafung nach sich ziehen. Erforderlich zum Vorwurf des Strafwürdigen ist vielmehr der Nachweis der unter den Erläuterungen zu § 3 VersG dargelegten Kriterien (plakativer Charakter der Uniformierung, Ausdruck gemeinsamer politischer Gesinnung, beabsichtigte aggressive und einschüchternde Wirkung).

§ 29 VersG [Ordnungswidrigkeiten]

(1) Ordnungswidrig handelt, wer

1. an einer öffentlichen Versammlung oder einem Aufzug teilnimmt, deren Durchführung durch vollziehbares Verbot untersagt ist,

1a. entgegen § 17a Abs. 2 Nr. 2 bei einer öffentlichen Versammlung unter freiem Himmel, einem Aufzug oder einer sonstigen öffentlichen Veranstaltung unter freiem Himmel oder auf dem Weg dorthin Gegenstände, die geeignet und den Umständen nach dazu bestimmt sind, die Feststellung der Identität zu verhindern, mit sich führt.

2. sich trotz Auflösung einer öffentlichen Versammlung oder eines Aufzuges durch die zuständige Behörde nicht unverzüglich entfernt,

3. als Teilnehmer einer öffentlichen Versammlung unter freiem Himmel oder eines Aufzuges einer vollziehbaren Auflage nach § 15 Abs. 1 oder 2 nicht nachkommt,

4. trotz wiederholter Zurechtweisung durch den Leiter oder einen Ordner fortfährt, den Ablauf einer öffentlichen Versammlung oder eines Aufzuges zu stören,

5. sich nicht unverzüglich nach seiner Ausschließung aus einer öffentlichen Versammlung oder einem Aufzug entfernt,

6. der Aufforderung der Polizei, die Zahl der von ihm bestellten Ordner mitzuteilen, nicht nachkommt oder eine unrichtige Zahl mitteilt (§ 9 Abs. 2),

7. als Leiter oder Veranstalter einer öffentlichen Versammlung oder eines Aufzuges eine größere Zahl von Ordnern verwendet, als die Polizei zugelassen oder genehmigt hat (§ 9 Abs. 2, § 18 Abs. 2), oder Ordner verwendet, die anders gekennzeichnet sind, als es nach § 9 Abs. 1 zulässig ist, oder

8. als Leiter den in eine öffentliche Versammlung entsandten Polizeibeamten die Anwesenheit verweigert oder ihnen keinen angemessenen Platz einräumt.

(2) Die Ordnungswidrigkeit kann in den Fällen des Absatzes 1 Nr. 1 bis 5 mit einer Geldbuße bis tausend Deutsche Mark und in den Fällen des Absatzes 1 Nr. 6 bis 8 mit einer Geldbuße bis zu fünftausend Deutsche Mark geahndet werden.

§ 29a VersG [Ordnungswidrigkeiten]

(1) Ordnungswidrig handelt, wer entgegen § 16 Abs. 1 an einer öffentlichen Versammlung unter freiem Himmel oder an einem Aufzug teilnimmt oder zu einer öffentlichen Versammlung unter freiem Himmel oder zu einem Aufzug auffordert.

(2) Die Ordnungswidrigkeit kann mit einer Geldbuße bis zu dreißigtausend Deutsche Mark geahndet werden.

Erläuterungen: 392

I. Die §§ 29, 29a VersG normieren Ordnungswidrigkeiten im Zusammenhang mit Versammlungen. Sie beziehen sich auf einzelne Vorschriften der Abschnitte I., II. und III. des VersG und auf die dort statuierten Obliegenheiten. Aus Platzgründen wird auf eine ausführliche Erläuterung der einzelnen Tatbestände verzichtet. Der Sinngehalt erschließt sich in aller Regel durch die Lektüre des Bußgeldtatbestandes und der jeweiligen Bezugsnorm. Im Einzelnen nehmen die Ordnungswidrigkeiten auf folgende Vorschriften und Themenkomplexe Bezug:

§ 29 Abs. 1 Nr. 1 VersG:
Verstoß gegen vollziehbare Versammlungsverbote gem. § 5 VersG sowie § 15 Abs. 1 und Abs. 2 VersG. (Zur Vollziehbarkeit eines Verbots siehe § 68 und § 80 VwGO sowie die Ausführungen zu § 23 VersG.)

§ 29 Abs. 1 Nr. 1a VersG:
Verstoß gegen das Vermummungsverbot gem. § 17a Abs. 2 Nr. 2 VersG, soweit es um das bloße Mitführen entsprechender Gegenstände geht.

§ 29 Abs. 1 Nr. 2 VersG:
Verstoß gegen die Verpflichtung, sich unverzüglich nach Auflösung einer Versammlung zu entfernen. (Siehe § 13 Abs. 2 VersG, § 15 Abs. 3 und Abs. 4 VersG.)

§ 29 Abs. 1 Nr. 3 VersG:
Verstoß gegen vollziehbare Auflagen gem. § 15 Abs. 1 und Abs. 2 VersG. (Zur Vollziehbarkeit von Auflagen siehe § 68 und § 80 VwGO sowie die Ausführungen zu § 23 VersG.)

§ 29 Abs. 1 Nr. 4 VersG:
Fortgesetztes Stören einer Versammlung trotz wiederholter Zurechtweisung durch den Leiter oder durch einen Ordner. (Zum Störungsverbot siehe

§ 2 Abs. 2 VersG, zur Ordnungsgewalt des Leiters einer Versammlung und der Ordner siehe § 8 und § 9 VersG.)

§ 29 Abs. 1 Nr. 5 VersG:
Verstoß gegen die Verpflichtung, sich als Teilnehmer einer Versammlung unverzüglich nach erfolgtem Ausschluss zu entfernen gem. § 11, § 18 Abs. 3 oder § 19 Abs. 4 VersG.

§ 29 Abs. 1 Nr. 6 VersG:
Verstoß des Leiters einer Versammlung gegen die Pflicht zur - sachlich richtigen - Mitteilung der Zahl der Ordner gem. § 9 Abs. 2 VersG.

§ 29 Abs. 1 Nr. 7 VersG:
Verstoß des Leiters oder des Veranstalters einer Versammlung gegen die Pflichten bei der Bestellung und beim Einsatz von Ordnern gem. § 9 und § 18 Abs. 2 VersG.

§ 29 Abs. 1 Nr. 8 VersG:
Verstoß des Leiters einer Versammlung gegen die Pflicht, Polizeibeamten Zutritt zu gewähren und ihnen einen angemessenen Platz einzuräumen gem. § 12 VersG.

§ 29a Abs. 1 VersG:
Verstoß gegen die Bannmeilenregelungen der Länder gem. § 16 VersG i.V.m. dem jeweiligen Landesgesetz.

393 **II.** Zusammenfassend lässt sich festhalten, dass mit den genannten Ordnungswidrigkeiten all jene Verhaltensweisen erfasst werden sollen, deren Sozialschädlichkeit dem Gesetzgeber nicht schwer genug erschien, um als Straftatbestand sanktioniert zu werden, die aber dennoch den ordnungsgemäßen Ablauf einer Versammlung beeinträchtigen und nicht sanktionslos hingenommen werden sollen.

1. Dabei umlagern die Ordnungswidrigkeiten teilweise bestehende Straftatbestände, beispielsweise
- Ordnungswidrigkeit des § 29 Abs. 1 Nr. 1a VersG (Bloßes Mitführen von Vermummungsgegenständen) gegenüber der Straftat des § 27 Abs. 2 Nr. 2 VersG (Vermummung);
- Ordnungswidrigkeit des § 29 Abs. 1 Nr. 4 VersG („einfache" Störung) gegenüber der Straftat des § 21 VersG (grobe Störung).

Auch sind teilweise Verhaltensweisen erfasst, die - würden der Veranstalter oder Leiter sie begehen - strafbar wären, bei Begehung durch einen einfachen Versammlungsteilnehmer aber lediglich eine Ordnungswidrigkeit darstellen, beispielsweise § 29 Abs. 1 Nr. 1 VersG.

2. Befremdlich wirkt der Umstand, dass der finanzielle Rahmen der möglichen Bußgelder sowohl in § 29 als auch in § 29a VersG in DM-Beträgen angegeben ist. Dies ist kein Druckfehler, sondern aktuell geltendes Recht. Als im Jahre 2001 die Deutsche Mark durch den Euro als Währung ersetzt wurde, hat man in den geltenden Gesetzen grundsätzlich alle dadurch unrichtig gewordenen gesetzlichen Bestimmungen entsprechend umformuliert. Das VersG wurde dabei vergessen. Bis heute haben die Verantwortlichen offenbar keine Notwendigkeit gesehen, dies zu ändern (sapienti sat). Bei der Verhängung von Bußgeldern nach dem VersG bleibt daher nur die Möglichkeit, eine Umrechnung unter Zugrundelegung des allgemeinen Euro-Umstellungsgesetzes aus dem Jahre 2001 vorzunehmen.

§ 30 VersG [Einziehung deliktisch verwendeter Gegenstände]

Gegenstände, auf die sich eine Straftat nach § 27 oder § 28 oder eine Ordnungswidrigkeit nach § 29 Abs. 1 Nr. 1a oder 3 bezieht, können eingezogen werden. § 74a des Strafgesetzbuches und § 23 des Gesetzes über Ordnungswidrigkeiten sind anzuwenden.

394 **Erläuterungen:**

I. Allgemeines und Rechtsnatur der Einziehung

Mit § 30 statuiert das VersG eine eigene Rechtsgrundlage für die Einziehung bestimmter deliktisch verwendeter Gegenstände. Angesichts der Tatsache, dass für die Einziehung bereits allgemeingültige Vorschriften im StGB bestehen, erschließt sich die Notwendigkeit der Vorschrift nicht auf den ersten Blick. Dahinter stehen folgende Erwägungen:

Einziehung bedeutet, dass das Eigentum an einer Sache oder die Inhaberschaft an einem Recht durch gerichtliche Entscheidung auf den Staat übergeht (§ 75 StGB). Rechtssystematisch handelt es sich bei der Einziehung um eine Sanktion eigener Art, d.h. keine Strafe oder Nebenstrafe im eigentlichen Sinne, sondern eine strafähnliche Maßnahme, die häufig von generalpräventiven und/oder spezialpräventiven Erwägungen getragen wird. In der Strafrechtswissenschaft ist man sich über die genaue dogmatische Einordnung nicht ganz einig *(vgl. § 11 Abs. 1 Nr. 8 StGB: sonstige Maßnahme)*, was auch an den vielfältigen Erscheinungsformen und Möglichkeiten der Einziehung liegen dürfte (vgl. §§ 74 ff. StGB).

Der Einziehung liegt jedenfalls - vereinfacht skizziert - die rechtspolitische Überlegung zugrunde, dass das Eigentum an bestimmten Gegenständen, mit denen eine Straftat begangen wurde (instrumenta sceleris) oder die durch eine Straftat hervorgebracht wurden (producta sceleris), nicht beim Täter oder sonstigen Inhaber verbleiben soll. (Man spricht in Bezug auf den Einziehungsgegenstand auch von einer inkriminierten oder deliktisch bemakelten Sache.) Mit dem Verlust des Eigentums soll entweder dem Täter - zusätzlich zu seiner eigentlichen Strafe - eine weitere Sanktion auferlegt werden oder die Allgemeinheit soll vor weiteren missbräuchlichen Verwendungen des Gegenstandes geschützt werden. Aus der letztgenannten Erwägung folgt die präventive Dimension der Einziehung.

II. Einziehungsgegenstände im Versammlungsrecht 395

1. In Bezug auf deliktische Verhaltensweisen im Versammlungsrecht kommen typischerweise folgende Objekte als Einziehungsgegenstände in Betracht:

a) Waffen (Waffen im technischen und eigentlichen Sinne),

b) Gegenstände, die ihrer Art nach zur Verletzung von Personen oder zur Beschädigung von Sachen geeignet und bestimmt sind (Waffen im untechnischen und weiteren Sinne),

c) Schutzwaffen (Schutzausrüstungen) im eigentlichen Sinne,

d) Gegenstände, die als Schutzwaffen (Schutzausrüstungen) geeignet und den Umständen nach dazu bestimmt sind, Vollstreckungsmaßnahmen eines Trägers von Hoheitsbefugnissen abzuwehren (Schutzwaffen im weiteren Sinne),

e) Aufmachungs- oder Kleidungsstücke, die geeignet und den Umständen nach darauf gerichtet sind, die Feststellung der Identität zu verhindern (Vermummungsgegenstände),

f) Uniformierungen oder Uniformteile.

2. Derartige Gegenstände werden durch § 30 VersG und die dort aufgelisteten Straftatbestände und Ordnungswidrigkeiten als potentielle Einziehungsobjekte bezeichnet. Nach weit verbreiteter Ansicht[360] soll ihre Einziehung nach der allgemeinen Vorschrift des § 74 StGB nicht möglich sein, da es sich nicht um Tatwerkzeuge i.S.d. § 74 StGB handele (instrumenta sceleris), sondern um Gegenstände, die lediglich mittelbar der Tatbegehung gedient hätten und in einem entfernteren Bezug zu ihr stünden (bloße Beziehungsgegenstände). Diese restriktive Auslegung des Tatwerkzeugs i.S.d. § 74 StGB erscheint meines Erachtens nicht unbedingt überzeugend in Ansehung der genannten versammlungsrechtlichen Delikte bzw. Objekte. Wenn man sie sich jedoch zu Eigen macht, wird der Erlass einer besonderen versammlungsrechtlichen Einziehungsvorschrift erforderlich, was durch § 30 VersG geschehen ist.

3. Möglich ist gem. § 30 VersG i.V.m. §§ 74a StGB und § 23 OWiG unter den dort genannten Voraussetzungen auch die Dritteinziehung, d.h. die

---

[360] Dietel/Gintzel/Kniesel, Versammlungsgesetze, Teil II, § 30 Rdnr. 1.

Einziehung von Gegenständen, die nicht im Eigentum des Täters stehen. § 74a StGB statuiert insoweit jedoch qualifizierte Voraussetzungen für die deliktische Zurechenbarkeit des Tatgeschehens - was auch geboten erscheint angesichts der Tatsache, dass es sich bei der Dritteinziehung vor dem Hintergrund des Art. 14 GG um eine verfassungsrechtlich problematische Variante der Einziehung handelt.

396 **III. Beschlagnahme als Beweismittel**

Neben der möglichen Einziehung besteht - nach allgemeinen Regeln - die Möglichkeit einer Beschlagnahme von deliktischen Gegenständen als Beweismittel nach §§ 94 ff. StPO.

F. Anhang

I. Schaubild: 397

Versammlung i.S.d. Art. 8 GG und i.S.d. VersG
(verfassungsrechtlicher und einfachgesetzlicher Versammlungsbegriff)

Versammlung i.S.d. Art. 8 GG	**Versammlung i.S.d. VersG**
Zusammenkunft mehrerer natürlicher Personen	Zusammenkunft mehrerer natürlicher Personen
Gemeinsame innere Zweckbindung (Gemeinschaftsgefühl, inneres Band)	Gemeinsame innere Zweckbindung (Gemeinschaftsgefühl, inneres Band)
Kommunikative Dimension, gemeinsame Erörterung oder Kundgabe	Kommunikative Dimension, gemeinsame Erörterung oder Kundgabe
Teilhabe an der öffentlichen Meinungsbildung beabsichtigt Thematischer Bezug zu politischen Angelegenheiten im weiteren Sinne Es muss um ein Anliegen gehen, welches das Gemeinwesen betrifft und von öffentlichem Interesse ist. (strittig)	Teilhabe an der öffentlichen Meinungsbildung beabsichtigt Thematischer Bezug zu politischen Angelegenheiten im weiteren Sinne Es muss um ein Anliegen gehen, welches das Gemeinwesen betrifft und von öffentlichem Interesse ist. (strittig)
Friedlich	-----
ohne Waffen	-----
Deutsche i.S.d. Art. 116 GG	-----
-----	Öffentlich

398 II. Schaubild:

Unterschiedliche Versammlungstypen und das auf sie anwendbare Recht

	Es besteht eine geschlossene, d.h. bauliche Abgrenzung nach außen.	Der Versammlungsort ist räumlich, d.h. baulich nach außen offen.
An der Versammlung kann grundsätzlich jeder teilnehmen, ein unbegrenzter Kreis von Interessenten hat also Zutritt.	**Öffentliche Versammlung in geschlossenen Räumen** Maßgebliche Vorschriften: §§ 5 - 13 VersG	**Öffentliche Versammlung unter freiem Himmel** Maßgebliche Vorschriften: §§ 14 - 20 VersG
Der Teilnehmerkreis der Versammlung ist auf individuell bezeichnete Personen beschränkt.	**Nichtöffentliche Versammlung in geschlossenen Räumen** Maßgebliche Vorschriften: Allgemeines Polizei- und Ordnungsgesetz[361]	**Nichtöffentliche Versammlung unter freiem Himmel[362]** Maßgebliche Vorschriften: Allgemeines Polizei- und Ordnungsgesetz[363]

[361] Nach anderer Auffassung sollen die Vorschriften des VersG bei nichtöffentlichen Versammlungen analoge Anwendung finden (Siehe dazu Rdnr. 64).

[362] Dieser Versammlungstypus dürfte nur selten anzutreffen sein.

[363] Nach anderer Auffassung sollen die Vorschriften des VersG bei nichtöffentlichen Versammlungen analoge Anwendung finden (Siehe dazu Rdnr. 64).

III. Schaubild:

399

Gebots- oder Verbotsvorschriften und ihre Bewehrung durch Straftatbestände oder Ordnungswidrigkeiten im VersG

Gebots- oder Verbotsvorschrift des VersG	Straftatbestand oder Ordnungswidrigkeit des VersG
§ 2 Abs. 2 VersG [Verbot, öffentliche Versammlungen zu stören]	§ 21 VersG [Strafbarkeit grober Störungen nichtverbotener Versammlungen] Der Straftatbestand erfasst nur besonders schwere (= grobe) Störungen. Zudem muss es sich um eine nichtverbotene Versammlung handeln. ----- § 29 Abs. 1 Nr. 4 VersG [Ordnungswidrigkeit fortgesetzter Störungen trotz wiederholter Zurechtweisung durch den Leiter oder einen Ordner] Als Ordnungswidrigkeit erfasst werden nur fortgesetzte Störungen. Zudem muss zuvor eine wiederholte Zurechtweisung durch den Leiter oder einen Ordner erfolgt sein.
§ 2 Abs. 3 VersG [Waffentragungsverbot bei öffentlichen Versammlungen]	§ 27 Abs. 1 VersG [Strafbarkeit des Mitsichführens von Waffen bei öffentlichen Versammlungen] ----- § 27 Abs. 2 Nr. 3a VersG [Strafbarkeit des bewaffneten Zusammenrottens im Zusammenhang mit öffentlichen Veranstaltungen]
§ 3 VersG [Uniformierungsverbot in der Öffentlichkeit]	§ 28 VersG [Strafbarkeit uniformierten Auftretens in der Öffentlichkeit]

§ 9 Abs. 1 S. 2 VersG (ggf. i.V.m. § 18 Abs. 1 VersG) [Waffentragungsverbot für Ordner bei öffentlichen Versammlungen]	§ 24 VersG [Strafbarkeit der Verwendung bewaffneter Ordner bei öffentlichen Versammlungen] Der Straftatbestand erfasst nur das Fehlverhalten des Leiters.
§ 9 Abs. 1 S. 2 VersG (ggf. i.V.m. § 18 Abs. 1 VersG) [Vorgaben über die äußere Aufmachung der Ordner]	§ 29 Abs. 1 Nr. 7 Var. 2 VersG [Ordnungswidrigkeit der andersartigen Kennzeichnung der Ordner] Als Ordnungswidrigkeit erfasst wird nur das Fehlverhalten des Veranstalters oder Leiters.
§ 9 Abs. 2 VersG [Verpflichtung des Leiters, die Zahl der bestellten Ordner der Polizei mitzuteilen]	§ 29 Abs. 1 Nr. 6 VersG [Ordnungswidrigkeit der unterlassenen oder fehlerhaften Mitteilung der Zahl der bestellten Ordner] Als Ordnungswidrigkeit erfasst wird nur das Fehlverhalten des Leiters.
§ 10 VersG (ggf. i.V.m. § 18 Abs. 1 VersG) [Verpflichtung, den Anweisungen des Leiters oder der Ordner zu folgen]	§ 22 VersG [Strafbarkeit des Widerstandes gegen den Leiter oder die Ordner] Der Straftatbestand erfasst nur besonders schwere Formen des Widerstandes *(„...mit Gewalt, Drohung mit Gewalt oder durch tätliches Angreifen...“).* Auch setzt der Straftatbestand die rechtmäßige Ausübung der Ordnungsbefugnisse voraus.
§ 11 Abs. 2 VersG (ggf. i.V.m. § 18 Abs. 1 VersG) [Verpflichtung, bei Ausschluss aus einer Versammlung den Versammlungsort sofort zu verlassen]	§ 29 Abs. 1 Nr. 5 VersG [Ordnungswidrigkeit des weiteren Verweilens am Versammlungsort trotz Ausschließung]

§ 12 S. 2 VersG (ggf. i.V.m. § 18 Abs. 1 VersG) [Verpflichtung, den in die Versammlung entsandten Polizeibeamten Zugang zu gewähren und ihnen einen angemessenen Platz einzuräumen]	§ 29 Abs. 1 Nr. 8 VersG [Ordnungswidrigkeit der Verweigerung des Zugangs oder der Einräumung eines angemessenen Platzes] Als Ordnungswidrigkeit erfasst wird nur das Fehlverhalten des Leiters.
§ 13 Abs. 2 VersG (ggf. i.V.m. § 18 Abs. 1 VersG) [Verpflichtung, bei Auflösung einer Versammlung sich sofort vom Versammlungsort zu entfernen]	§ 29 Abs. 1 Nr. 2 VersG [Ordnungswidrigkeit des weiteren Verweilens am Versammlungsort trotz Auflösung der Versammlung]
§ 14 VersG [Anmeldepflicht für öffentliche Versammlungen unter freiem Himmel]	§ 26 Nr. 2 VersG [Strafbarkeit der Durchführung einer öffentlichen Versammlung unter freiem Himmel ohne Anmeldung] Als Straftat erfasst wird nur das Fehlverhalten des Veranstalters oder Leiters.
§ 16 VersG [Generelles Verbot öffentlicher Versammlungen unter freiem Himmel innerhalb der befriedeten Bannkreise]	§ 29a VersG [Ordnungswidrigkeit der Teilnahme oder Aufforderung zur Teilnahme an einer öffentlichen Versammlung unter freiem Himmel innerhalb der befriedeten Bannkreise]
§ 17 a Abs. 1 VersG [Schutzwaffenverbot bei öffentlichen Veranstaltungen unter freiem Himmel oder auf dem Weg dorthin]	§ 27 Abs. 2 Nr. 1 VersG [Strafbarkeit des Mitsichführens von Schutzwaffen bei öffentlichen Veranstaltungen unter freiem Himmel oder auf dem Weg dorthin] ----- § 27 Abs. 2 Nr. 3b VersG [Strafbarkeit des schutzbewaffneten Zusammenrottens im Zusammenhang mit öffentlichen Veranstaltungen]

§ 17 a Abs. 2 VersG [Vermummungsverbot bei öffentlichen Veranstaltungen unter freiem Himmel oder auf dem Weg dorthin]	§ 27 Abs. 2 Nr. 2 VersG [Strafbarkeit der Teilnahme an öffentlichen Veranstaltungen unter freiem Himmel in vermummter Aufmachung oder des Zurücklegens des Weges dorthin in vermummter Aufmachung] ----- § 27 Abs. 2 Nr. 3c VersG [Strafbarkeit des Zusammenrottens in vermummter Aufmachung im Zusammenhang mit öffentlichen Veranstaltungen] ----- § 29 Abs. 1 Nr. 1a VersG [Ordnungswidrigkeit des Mitsichführens von Vermummungsgegenständen bei einer öffentlichen Veranstaltung unter freiem Himmel oder auf dem Weg dorthin]
§ 18 Abs. 2 VersG [Einholung einer polizeilichen Genehmigung für die Verwendung von Ordnern]	§ 29 Abs. 1 Nr. 7 Var. 1 VersG [Ordnungswidrigkeit der Verwendung einer größeren Anzahl von Ordnern, als dies von der polizeilichen Genehmigung gedeckt ist] Als Ordnungswidrigkeit erfasst wird nur das Fehlverhalten des Veranstalters oder Leiters.

Sachverzeichnis

Die Angaben beziehen sich auf die Randnummern

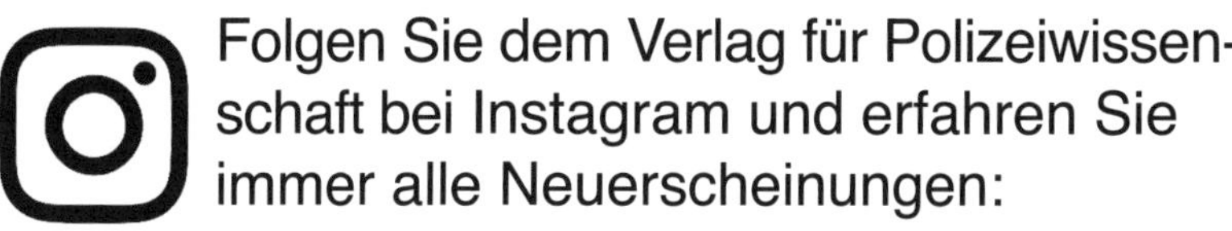